Casta

Isabel Wilkerson

Casta
As origens de nosso mal-estar

Tradução:
Denise Bottmann e Carlos Alberto Medeiros

2ª reimpressão

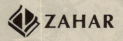

Copyright © 2020 by Isabel Wilkerson

Grafia atualizada segundo o Acordo Ortográfico da Língua Portuguesa de 1990, que entrou em vigor no Brasil em 2009.

Título original
Caste: The Origins of Our Discontents

Capa
Estúdio Daó

Foto de capa e miolo
Rowland Scherman/Courtesy National Archives, photo nº 306-SSM-4D-101-21

Preparação
Diogo Henriques

Revisão
Huendel Viana
Jane Pessoa
Ana Maria Barbosa

Índice remissivo
Probo Poletti

Dados Internacionais de Catalogação na Publicação (CIP)
(Câmara Brasileira do Livro, SP, Brasil)

Wilkerson, Isabel,
  Casta : as origens de nosso mal-estar / Isabel Wilkerson ; tradução Denise Bottmann e Carlos Alberto Medeiros — 1ª ed. — Rio de Janeiro : Zahar, 2021.

  Título original: Caste : The Origins of Our Discontents.
  Bibliografia.
  ISBN 978-85-378-1914-2

  1. Castas – Estados Unidos 2. Etnia – Estados Unidos 3. Estados Unidos – Relações raciais 4. Estratificação social – Estados Unidos 5. Poder (Ciências sociais) – Estados Unidos I. Título.

21-57087   CDD: 305.5122

Índice para catálogo sistemático:
1. Castas : Classes sociais : Sociologia 305.5122

Cibele Maria Dias — Bibliotecária — CRB-8/9427

Todos os direitos desta edição reservados à
EDITORA SCHWARCZ S.A.
Praça Floriano, 19, sala 3001 — Cinelândia
20031-050 — Rio de Janeiro — RJ
Telefone: (21) 3993-7510
www.companhiadasletras.com.br
www.blogdacompanhia.com.br
facebook.com/editorazahar
instagram.com/editorazahar
twitter.com/editorazahar

*À memória de meus pais,
que sobreviveram ao sistema de castas,
e à memória de Brett,
que o enfrentou*

Pois, mesmo que eu falasse, ninguém acreditaria em mim. E não acreditariam em mim justamente porque saberiam que era verdade.

JAMES BALDWIN[1]

Se a maioria conhecesse a raiz desse mal, o caminho para curá-lo não seria longo.

ALBERT EINSTEIN[2]

Sumário

O homem na multidão   13

PARTE I Toxinas no gelo e o calor aumentando por todos os lados   15

1. A sobrevivência dos patógenos   17

Os órgãos vitais da história   27

2. Uma casa velha e uma luz infravermelha   28

3. Um intocável americano   34

Um programa invisível   46

PARTE II A construção arbitrária das divisões humanas   49

4. Uma peça há muito tempo em cartaz e o surgimento da casta nos Estados Unidos   51

5. "A caixa que construímos para você"   66

6. A medida da humanidade   74

7. Do nevoeiro de Delhi aos paralelos entre a Índia e os Estados Unidos   86

8. Os nazistas e a aceleração das castas   91

9. O mal do silêncio   102

PARTE III **Os oito pilares da casta** 107

Os alicerces da casta: As origens de nosso mal-estar 109

Pilar número um: A vontade divina e as leis da natureza 110

Pilar número dois: Hereditariedade 114

Pilar número três: Endogamia e controle do casamento e do intercurso 118

Pilar número quatro: Pureza versus conspurcação 124

Pilar número cinco: Hierarquia ocupacional: Os *jatis* e a base de sustentação 140

Pilar número seis: Desumanização e estigma 150

Pilar número sete: O terror como imposição, a crueldade como forma de controle 159

Pilar número oito: Superioridade intrínseca versus inferioridade intrínseca 166

PARTE IV **Os tentáculos da casta** 173

Olhos castanhos versus olhos azuis 175

10. Escalação errada 178

11. A ameaça à posição do grupo dominante e a precariedade do nível superior 185

12. Um bode expiatório para carregar os pecados do mundo 198

13. O alfa inseguro e a finalidade de um ômega 210

14. A intromissão da casta na vida cotidiana 216

15. A necessidade premente de um escalão inferior 230

16. A angústia de ficar por último: Espremidos num porão inundado 244

17. Nas primeiras linhas de frente da casta 250

18. Satchel Paige e a ilogicidade da casta 262

PARTE V **As consequências da casta** 267

19. A euforia do ódio 269

20. O inevitável narcisismo da casta 273

21. A garota alemã com cabelo escuro e ondulado 284

22. A síndrome de Estocolmo e a sobrevivência da casta subordinada 287

23. Tropas de choque nas fronteiras da hierarquia 298

24. Cortisol, telômeros e a letalidade da casta 308

PARTE VI **Retrocesso** 315

25. Uma mudança de roteiro 317

26. O ponto de virada e o renascimento da casta 328

27. Os símbolos da casta 339

28. A democracia na cédula 356

29. O preço que pagamos por um sistema de castas 360

PARTE VII **Despertar** 367

30. Tirando o cordão sagrado 369

A radicalização da casta dominante 373

31. O coração é a última fronteira 376

Epílogo: Um mundo sem castas 383

Agradecimentos 395

Notas 400

Referências bibliográficas 435

Índice remissivo 444

O homem na multidão

Existe uma famosa imagem em preto e branco da época do Terceiro Reich. É uma foto tirada em 1936 em Hamburgo, na Alemanha, com cem ou mais operários portuários, todos olhando na direção do sol. Eles fazem uma saudação em uníssono, com o braço direito rigidamente estendido declarando lealdade ao Führer.

Olhando com atenção, podemos ver um homem no canto superior direito que se diferencia dos outros. Seu rosto tem uma expressão calma, mas inflexível. As reproduções modernas dessa foto costumam acrescentar um círculo vermelho em volta do homem ou uma flecha apontando para ele. Ele está cercado por concidadãos que caíram sob o fascínio dos nazistas. Mantém os braços cruzados no peito, a poucos centímetros das mãos estendidas dos demais. Só esse homem se recusa a fazer a saudação. É o único que se levanta contra a corrente.

Olhando em retrospecto, é a única pessoa em toda a cena que está no lado certo da história. Todos ao redor estão tragicamente, fatidicamente, categoricamente errados. Naquele momento, só ele conseguia enxergar isso.

Acredita-se que seu nome era August Landmesser. Na época, ele não tinha como saber o rumo facínora que aquela histeria em torno dele iria tomar. Mas já vira o suficiente para rejeitá-la.

Ele próprio, anos antes, havia se filiado ao Partido Nazista. Mas àquela altura já sabia por experiência própria que os nacional-socialistas estavam alimentando os alemães com mentiras sobre os judeus, os párias da época, e que, mesmo naqueles anos iniciais do Reich, haviam causado instabilidade, terror e destruição. Ele sabia que os judeus não eram Untermenschen; sabia que eram cidadãos alemães, humanos como todos os demais. Ariano, amava uma judia, mas por causa da recente implantação das Leis de Nuremberg a relação se tornara ilegal. Eles estavam proibidos de se casar ou de ter relações sexuais, o que, nos dois casos, constituía o que os nazistas chamavam de "infâmia racial".[1]

Sua experiência pessoal e sua íntima ligação com a casta tomada como bode expiatório lhe permitiam enxergar para além das mentiras e estereótipos tão prontamente abraçados por membros sugestionáveis — a maioria, infelizmente — da casta dominante. Embora ariano, ele tinha clareza quanto à humanidade das pessoas ditas inferiores e se importava com o bem-estar delas, com seus destinos unidos ao dele. Via o que seus conterrâneos decidiram não ver.

Num regime totalitário como o do Terceiro Reich, erguer-se contra todo um oceano constituía um ato de bravura. Todos nós queremos crer que faríamos o mesmo. Temos a certeza de que, se fôssemos cidadãos arianos sob o Terceiro Reich, sem dúvida enxergaríamos mais além, nos ergueríamos como ele, seríamos aquela pessoa que, diante da histeria da massa, resistira ao autoritarismo e à brutalidade.

Queremos crer que tomaríamos o caminho mais difícil de se postar contra a injustiça, em defesa dos párias. Mas, a menos que todos nos dispuséssemos a vencer nossos medos, a suportar o desconforto e a ridicularização, a sofrer o escárnio de parentes, vizinhos, amigos e colegas de trabalho, a cair em desgraça entre talvez todos os nossos conhecidos, a enfrentar a exclusão e até a expulsão, seria numericamente impossível, humanamente impossível, que todos nós fôssemos aquele homem. Qual o custo de sê-lo em qualquer época? Qual o custo de sê-lo agora?

PARTE I

Toxinas no gelo e o calor aumentando por todos os lados

1. A sobrevivência dos patógenos

No terrível verão de 2016, uma onda de calor incomum atingiu a tundra siberiana no ponto extremo daquilo que, outrora, os antigos chamavam de Finisterra, Fim da Terra. Acima do Círculo Ártico e longe da colisão entre as placas tectônicas da política americana, o calor aumentou sob e sobre a superfície terrestre, o ar atingindo inconcebíveis 35°C na península russa de Yamal. Incêndios alastraram-se e bolsões de metano explodiram sob o solo normalmente congelado da região polar.

Logo os filhos dos nenets, os pastores nômades nativos, foram acometidos por uma doença misteriosa, que muita gente não reconheceu e nunca vira antes. Um menino de doze anos teve febre alta e fortes dores no estômago e morreu. As autoridades russas decretaram estado de emergência e começaram a transferir de avião centenas de nenets doentes para o hospital mais próximo, em Salekhard.

Os cientistas então identificaram o que havia atingido os povoados siberianos. O calor insólito penetrara no permafrost a uma profundidade muito maior do que a normal, atingindo uma toxina que estava enterrada debaixo dela desde 1941, quando o mundo estava em guerra. Era o antraz, um bacilo patogênico que havia matado rebanhos inteiros de renas várias décadas antes e, durante todo esse tempo, permanecera oculto nas carcaças enterradas no gelo. Uma carcaça contaminada se descongelou e aflorou à superfície naquele verão, e então o bacilo despertou, intacto e poderoso como sempre fora.[1] Os esporos patogênicos se infiltraram nas pastagens, infectaram as renas e depois os pastores que cuidavam e conviviam com os animais. O antraz, tal como os patógenos humanos do ódio e do tribalismo neste século, nunca morrera. Ele aguardou, adormecido, até aflorar à superfície e voltar à vida por ação de circunstâncias extremas.

No outro lado do planeta, a democracia mais antiga e mais poderosa do mundo convulsionava por causa de uma eleição que iria monopolizar a atenção do mundo ocidental e causar uma ruptura psíquica na história americana que provavelmente será estudada e dissecada por gerações. Naquele verão, no outono e nos anos seguintes, entre comentários sobre expulsar muçulmanos, mulheres desagradáveis, muros na fronteira e nações de merda, era comum ouvir em certos círculos exclamações incrédulas como "Isso não são os Estados Unidos", "Não reconheço meu país" ou "Não é isso que nós somos". Só que este era e é o nosso país, e é isso que éramos e somos, saibamos ou não, aceitemos ou não.

O calor aumentou no Ártico e em confrontos espalhados pelos Estados Unidos. Mais tarde naquele verão, na cidade de Nova York, um porto seguro num estado solidamente democrata, um artista branco no Brooklyn ajudava uma senhora branca de meia-idade a carregar suas sacolas de compras até uma estação de metrô da linha de Coney Island.

Na época, era impossível não falar sobre a campanha. Tinha sido uma temporada política sem precedentes. Pela primeira vez na história, uma mulher concorria à presidência do país como candidata de um dos partidos principais. Muito conhecida, era uma figura nacional sensata, altamente qualificada segundo algumas avaliações, convencional e cautelosa, quando não insípida, de acordo com seus detratores, mas com mão firme em qualquer crise ou questão política que fosse chamada a resolver. O adversário era um bilionário impetuoso, um apresentador de reality show sempre disposto a insultar qualquer um que fosse diferente dele, um homem que nunca havia ocupado nenhum cargo público e que, segundo os analistas, não tinha a menor possibilidade de vencer as primárias de seu partido, que dirá a disputa presidencial.

Antes do fim da campanha, o candidato infernizou a oponente durante um debate visto em todo o globo. Ele se vangloriava de agarrar as mulheres pelos órgãos genitais, ridicularizava os portadores de deficiências, incentivava a violência contra a imprensa e contra os que discordavam dele.

Seus seguidores escarneciam da candidata aos gritos de "Cadeia nela!" nos comícios lotados presididos pelo bilionário. Suas atividades e declarações eram consideradas tão grosseiras que alguns noticiários, antes da transmissão, apresentavam advertências aos pais.²

Ali estava um candidato "tão visivelmente não qualificado para o cargo", afirmou o jornal inglês *The Guardian*, em 2016, "que sua candidatura parecia mais uma piada do que uma aposta séria para a Casa Branca".³

O que estava em questão não era o que se costuma chamar de raça nos Estados Unidos. Os dois candidatos eram brancos, pertencentes à maioria histórica dominante do país. Mas a candidata representava o partido mais liberal, composto de uma variedade de alianças de humanitaristas e marginalizados, por assim dizer. Seu oponente representava o partido conservador, que, em décadas recentes, passara a ser visto como guardião de uma velha ordem social que favorecia e exercia ampla influência entre o eleitorado branco.

Os candidatos estavam em polos opostos, sendo igualmente odiados pelos fãs do respectivo adversário. Os extremos daquela época obrigaram os americanos a tomar partido e assumir sua posição ou a lidar com a questão de alguma maneira. Assim, no dia em que o artista do Brooklyn ajudou a senhora a carregar as sacolas até o metrô, um dia que normalmente seria como qualquer outro, ela se virou de repente e perguntou em quem ele pretendia votar. O artista, sendo um progressista, disse que estava pensando em votar na candidata democrata, mais experiente. A senhora com as sacolas de compras decerto já havia suspeitado disso e não gostou da resposta. Ela, como milhões de outros americanos da maioria histórica, se sentira atraída pelos discursos grosseiros do bilionário nativista.

Poucas semanas antes, o bilionário tinha dito que podia dar um tiro em alguém na Quinta Avenida e não perderia nenhum voto, pois seus seguidores eram muito fiéis.⁴ A mulher das sacolas era um deles. No principal santuário democrata do país, ela ouvira o chamado e decodificara as mensagens do bilionário. Incumbiu-se então de esclarecer ao artista seu erro de avaliação e se pôs a explicar a importância premente de que ele votasse certo.

"Sim, eu sei que às vezes ele se excede ao falar", admitiu a mulher, aproximando-se de seu potencial convertido. "Mas ele vai restaurar nossa soberania."

Foi aí, antes mesmo dos debates e da enxurrada de revelações que viriam, que o homem do Brooklyn se deu conta de que, apesar da improbabilidade e de todos os precedentes históricos, um apresentador de reality show com uma experiência formal mais ínfima do que, talvez, a de qualquer outro candidato anterior à presidência poderia se tornar o líder do mundo livre.

A campanha fora além de uma rivalidade política — era uma luta existencial pelo primado num país cuja composição demográfica vinha mudando a olhos vistos. Pessoas com a mesma aparência do artista do Brooklyn e da mulher a caminho de Coney Island, com origens que remontavam à Europa, faziam parte da maioria histórica dominante, a casta racial principal numa hierarquia velada, desde antes da criação da república. Nos últimos anos, porém, o rádio e a televisão vinham divulgando notícias sobre o encolhimento da parcela branca da população. No verão de 2008, a agência de recenseamento dos Estados Unidos anunciou que, em 2042, os brancos provavelmente deixariam de constituir, pela primeira vez na história americana, a maioria num país que nunca conhecera outra configuração nem outra maneira de ser.[5]

Então, naquele outono, em meio ao que parecia ser uma crise financeira catastrófica, e como que para anunciar a possível derrocada da casta que por tanto tempo havia dominado, um afro-americano, um homem daquela que, historicamente, era a casta mais baixa, foi eleito presidente dos Estados Unidos. Com sua ascensão ao cargo, surgiram declarações prematuras sobre o surgimento de um mundo pós-racial, ao mesmo tempo que se formava um grande movimento com o único objetivo de mostrar que ele não havia nascido no país — uma campanha conduzida pelo mesmo bilionário que agora, em 2016, concorria à presidência.

Um ronco baixo vinha se adensando sob a superfície, os neurônios se alvoroçando com a perspectiva de um arrogante paladino da casta dominante, um porta-voz de suas ansiedades. Alguns ficaram mais ousados por conta disso. Um comandante da polícia no sul de Nova Jersey falou em liquidar os afro-americanos e reclamou que a candidata democrata ia "ceder a todas as minorias". Naquele mês de setembro, ele espancou um adolescente negro algemado, que fora detido por estar nadando numa piscina sem autorização. O comandante agarrou a cabeça do adolescente "como uma bola de basquete", segundo testemunhas, e a bateu com força numa porta de metal. Aproximando-se a eleição, o comandante disse a seus policiais que o apresentador do reality show era "a última esperança para os brancos".[6]

Analistas do mundo inteiro viam a importância da eleição. Observadores em Berlim e Johannesburgo, em Delhi e Moscou, em Beijing e Tóquio, ficaram acordados até altas horas da noite ou até a manhã seguinte para acompanhar os resultados naquela primeira terça-feira de novembro de 2016. O resultado, uma coisa difícil de entender para muitos fora dos Estados Unidos, era decidido não pelo voto popular, mas pelo Colégio Eleitoral, uma invenção americana da época da escravidão por meio da qual cada estado tem voz para decidir o vencedor com base nos votos de que dispõe no colégio e no resultado da votação popular em sua jurisdição.[7]

Até então, houvera apenas cinco eleições na história do país em que o Colégio Eleitoral ou um mecanismo semelhante prevalecera sobre o voto popular, com duas ocorrências concentradas no século XXI. Uma delas foi a eleição de 2016, uma colisão de circunstâncias incomuns.[8]

A eleição viria colocar os Estados Unidos na rota do isolacionismo, do tribalismo, do cercamento e da autoproteção, do culto à riqueza e ao consumo em detrimento dos outros, até do próprio planeta. Depois de contados os votos e declarada a vitória do bilionário, para o choque do mundo e daqueles talvez menos imersos na história racial e política do país, um homem num campo de golfe na Geórgia se sentiu à vontade para se manifestar. Era um filho da Confederação, que entrara em guerra contra os Estados Unidos pelo direito de escravizar outros seres humanos. A eleição foi uma vitória para ele e para a ordem social em que nascera. Ele disse aos que estavam em volta: "Lembro-me de uma época em que todos conheciam seu devido lugar. É hora de voltarmos a isso".

O sentimento de que se retornava a uma velha ordem das coisas, à hierarquia fechada dos antepassados, logo se espalhou pelo país numa onda de crimes de ódio e violência de massa que ocuparam as manchetes. Pouco tempo depois da cerimônia de posse do bilionário, um homem branco no Kansas disparou e matou um engenheiro indiano, dizendo ao imigrante e a seu colega também indiano, enquanto atirava neles: "Saiam do meu país". No mês seguinte, um veterano branco das Forças Armadas pegou um ônibus em Baltimore para Nova York, com o objetivo de matar negros. Ele perseguiu um negro de 66 anos na Times Square e o matou com um golpe de espada. O agressor se tornou o primeiro supremacista branco condenado por terrorismo no estado de Nova York.

Num trem lotado em Portland, no Oregon, um homem branco berrando ofensas raciais e antimuçulmanas atacou duas adolescentes, uma das quais usava um hijab. "Caiam fora", gritava ele. "Aqui precisamos de americanos." Quando três homens brancos saíram em defesa das jovens, o agressor os esfaqueou. "Sou um patriota", disse à polícia, ao ser levado para a cadeia, "e espero que todos que esfaqueei tenham morrido." Tragicamente, dois dos homens não sobreviveram aos ferimentos. Então, naquele verão de 2017, um supremacista branco se lançou de carro sobre manifestantes num comício contra o ódio em Charlottesville, na Virgínia, matando uma jovem branca, Heather Heyer, num conflito sobre os monumentos à Confederação que atraiu a atenção do mundo todo.

O ano de 2017 se tornou o mais fatal em tiroteios em massa na história americana moderna. O maior massacre do gênero no país ocorreu em Las Vegas, sendo seguido por uma série de tiroteios em escolas públicas, estacionamentos, ruas e supermercados de toda a nação. No outono de 2018, onze judeus foram mortos numa sinagoga em Pittsburgh, no pior ataque antissemita perpetrado em solo americano. Na periferia de Louisville, no Kentucky, um homem tentou um ataque parecido a uma igreja negra, forçando as portas trancadas para entrar e atirar nos paroquianos durante seus estudos bíblicos. Não conseguindo arrombar as portas, ele foi até um supermercado próximo e matou os primeiros negros que viu — uma mulher no estacionamento e um homem comprando cartolina com o neto.

Um passante armado por acaso viu o atirador no estacionamento. "Não atire em mim e eu não atiro em você", o atirador teria dito ao homem, segundo os noticiários. "Brancos não matam brancos."

Nos meses seguintes, enquanto o novo presidente abandonava tratados internacionais e se empenhava em granjear o apoio de autocratas, muitos observadores passaram a recear o fim do regime democrático e a temer pela república. Por iniciativa própria, o novo líder retirou a democracia mais antiga do mundo do Acordo de Paris de 2016, no qual nações de todo o mundo haviam se unido para combater a mudança climática, para a angústia de muitos na corrida já em desvantagem para proteger o planeta.

Logo um grupo de importantes psiquiatras, cuja profissão só lhes permite falar sobre seus diagnósticos caso a pessoa seja uma ameaça para si ou para outras, tomou a iniciativa extraordinária de alertar o público americano para o fato de que o líder recém-empossado do mundo livre era um narcisista maligno, um perigo para o povo. No segundo ano do governo, crianças latinas foram encarceradas na fronteira com o México, separadas dos pais que procuravam asilo. Medidas de proteção do ar, da água e das espécies ameaçadas, há décadas em vigor, foram sumariamente revogadas. Vários consultores de campanha foram presos ao se ampliarem investigações de corrupção, e um presidente em exercício estava sendo descrito como agente de uma potência estrangeira.

O partido de oposição fora derrotado nos três poderes e estava preocupado com o que fazer. Ele conseguiu recuperar a Câmara em 2018, o que lhe deu apenas um sexto do governo — isto é, metade do Poder Legislativo —, e a princípio hesitou em dar início ao processo de impeachment dentro de sua esfera de competência. Muitos temiam que isso pudesse aumentar a fúria das bases do bilionário e gerar uma forte reação, em parte porque, embora representassem uma minoria do eleitorado, elas eram maciçamente formadas por pessoas da casta dominante. A obstinação cega dos seguidores do presidente e a angústia da oposição pareciam comprometer o sistema de freios e contrapesos tido como basilar, indicando que, por algum tempo, os Estados Unidos não eram, nas palavras de um dirigente do Partido Democrata na Carolina do Sul, uma "democracia plenamente funcional".[9]

No começo do terceiro ano, o presidente foi condenado em um processo de impeachment por seus adversários na Câmara e absolvido por seus seguidores no Senado, em votações que seguiam as linhas partidárias e refletiam as fraturas no país como um todo. Esse processo de impeachment foi apenas o terceiro na história americana.[10] A essa altura, tinham se passado mais de trezentos dias sem nenhum informe da Casa Branca à imprensa, um ritual de prestação de contas de Washington que cessara tão discretamente que poucos pareceram perceber mais essa ruptura da normalidade.[11]

Então a pior pandemia em mais de cem anos paralisou o mundo. O presidente descartou o problema como um vírus chinês que desapareceria num passe de mágica, desqualificou o alarde crescente dizendo que tudo aquilo não passava de uma farsa e destratou os que discordavam dele ou tentavam preveni-lo. Poucas semanas depois, os Estados Unidos teriam o maior surto do planeta, governadores solicitando kits de exames e respiradores, enfermeiras se enrolando em sacos de lixo para se proteger do contágio enquanto atendiam os doentes. O país estava perdendo a capacidade de se chocar; o inexplicável se tornara parte do cotidiano.[12]

O que acontecera com os Estados Unidos? Como explicar que dezenas de milhões de eleitores tivessem resolvido deixar de lado todos os costumes e colocar o país — e, portanto, o mundo — nas mãos de uma celebridade inexperiente, um homem que nunca servira na guerra nem em qualquer cargo público, ao contrário de todos os anteriores, e cuja retórica parecia um ímã para os extremistas?[13] Será que os mineiros e operários da indústria automobilística estavam descontentes com a estagnação econômica? Será que os moradores do interior estavam se vingando das elites costeiras? Será que uma parcela do eleitorado simplesmente desejava uma mudança? Será que a mulher na disputa, a primeira a chegar tão perto do cargo mais alto da nação, tinha mesmo feito uma campanha que fora uma "confusão total", como afirmaram dois veteranos jornalistas políticos?[14] Será que os eleitores urbanos (significando negros) não tinham comparecido às urnas, ao contrário dos eleitores evangélicos (significando brancos)? Como era possível que tanta gente, tantos trabalhadores comuns, dependentes de assistência médica e educação pública para os filhos, de proteção à água que bebiam e de seus salários, tivesse votado "contra seus próprios interesses", como afirmaram muitos progressistas no nevoeiro daquela guinada na história política? Todas essas teorias ganharam popularidade após a divulgação dos resultados, algumas com boas doses de verdade.

A terra mudara da noite para o dia, ou pelo menos assim parecia. Há tempos definimos os terremotos como resultado da colisão entre placas tectônicas que se empurram uma sob a outra, e acreditamos que é fácil identificar essa luta interna sob a superfície. Nos terremotos clássicos, podemos sentir o solo tremendo e rachando debaixo de nossos pés, podemos ver a devastação da paisagem ou os tsunamis que os seguem.

O que os cientistas descobriram apenas recentemente é que os terremotos mais conhecidos, aqueles que, enquanto ocorrem, são fáceis de medir e geram destruição instantânea, muitas vezes são precedidos por perturbações mais longas, lentas, catastróficas, que ocorrem mais de 35 quilômetros abaixo da crosta terrestre, profundas demais para serem sentidas e silenciosas demais para serem medidas. Elas são tão poderosas quanto os terremotos que podemos ver e sentir, mas passam muito tempo sem ser detectadas porque se desenvolvem em silêncio, despercebidas, até que um grande abalo se anuncia na superfície. Só nos últimos tempos os geofísicos passaram a dispor de tecnologia com sensibilidade suficiente para detectar os movimentos ocultos mais profundos no centro da Terra. Eles são chamados de terremotos silenciosos. E apenas recentemente as circunstâncias nos obrigaram, nessa era atual de ruptura humana, a buscar os movimentos ocultos do coração humano, a descobrir as origens de nosso mal-estar.

Na época da eleição americana naquele ano fatídico, os siberianos tentavam se recuperar do calor que os atingira meses antes. Dezenas de pastores nativos foram transferidos para outros locais, alguns precisaram ficar em quarentena e tiveram suas tendas desinfetadas. As autoridades procederam à vacinação em massa dos pastores e das renas remanescentes. Eles haviam passado anos sem ser vacinados, pois o último surto ocorrera várias décadas antes, e considerava-se que o problema ficara no passado. "Um erro evidente", disse um biólogo russo a um site de notícias.[15] As forças armadas precisaram estudar a melhor forma de se desfazer das 2 mil renas mortas, a fim de impedir que os esporos voltassem a se espalhar.[16] Para se livrar dos patógenos, não bastava apenas enterrar as carcaças. Era preciso incinerá-las em campos de combustão a uma temperatura de até 500°C e encharcar as cinzas e a terra ao redor com água sanitária para matar os esporos e proteger as pessoas em trânsito.[17]

Acima de tudo, e de maneira mais preocupante para a humanidade em geral, havia a grave mensagem de 2016 e da segunda década em curso de um novo milênio: a de que o aumento do calor nos oceanos da Terra e no coração humano poderia reviver ameaças há longo tempo sepultadas, e a de que alguns patógenos jamais poderiam ser extintos, apenas contidos — ou, talvez, na melhor das hipóteses, controlados com vacinas em constante aperfeiçoamento contra suas esperadas mutações.

O que a humanidade aprendeu, espera-se, foi que um vírus antigo e resistente exige, talvez acima de tudo, que se tenha consciência de seu perigo sempre presente, que se tomem medidas preventivas contra a exposição a ele, que se dê atenção ao poder de sua longevidade, sua capacidade de sofrer mutação, sobreviver e hibernar até ser despertado novamente. Esses agentes contagiosos não parecem poder ser destruídos, pelo menos não ainda, apenas administrados e previstos, como ocorre com qualquer vírus, e a previdência e a vigilância, a prudência de nunca descartar sua possibilidade, nunca subestimar sua persistência, talvez sejam, por ora, o antídoto mais eficiente.

Os órgãos vitais da história

Quando vamos ao consultório, o médico não nos passa um tratamento sem levar em conta o nosso histórico — e não só o nosso, mas também o de nossos pais e avós. Ele só nos atenderá depois de preenchermos várias folhas numa prancheta que recebemos ao chegar. Não arriscará nenhum diagnóstico enquanto não souber o histórico pregresso de algumas gerações.

Enquanto preenchemos os papéis sobre nosso passado clínico e nossas queixas atuais, informando as doenças a que nosso corpo foi exposto e aquelas a que sobreviveu, de nada nos vale esconder que tivemos tal ou tal enfermidade, negar a plena verdade do que nos trouxe até esse momento. Raramente se resolve algum problema ignorando-o.

Examinar a história de um país é como descobrir que o alcoolismo ou a depressão são comuns na família, que o suicídio ocorre com mais frequência do que o habitual ou, com os avanços da genética, que uma pessoa herdou marcadores de mutação no gene BRCA para câncer de mama. Diante dessas descobertas, não nos encolhemos num canto, com vergonha ou sentimentos de culpa. Se somos sensatos, não impedimos que elas sejam mencionadas. Na verdade, fazemos o contrário. Nos instruímos. Conversamos com pessoas que passaram pela mesma situação, com especialistas que pesquisaram o assunto. Nos informamos sobre as consequências e as dificuldades, as opções e os tratamentos. Podemos rezar e meditar. Então tomamos precauções para proteger a nós mesmos e às gerações futuras, e trabalhamos para que essas coisas, sejam o que forem, não voltem a acontecer.

2. Uma casa velha e uma luz infravermelha

O INSPETOR APONTOU A LENTE INFRAVERMELHA para um arco disforme no teto, o feixe invisível de luz perscrutando as ripas para examinar o que os olhos não conseguiam ver. A casa fora construída várias gerações atrás, e eu notara uma levíssima marca num canto do reboco de um quarto de hóspedes, que pensei que não fosse nada de mais. Com o tempo, a marca no teto se transformou em uma onda que se alargou e avolumou, apesar do telhado novo. Ela viera aumentando imperceptivelmente durante anos. Uma casa velha tem uma espécie de aura própria, uma tia viúva com uma bela história para contar, um mistério, uma série de enigmas entrelaçados aguardando solução. Por que essa viga está enfiada no canto de uma cornija? O que haverá por trás desse pedaço de tijolo descorado? Numa casa velha, o trabalho nunca termina, e não se espera que termine.

Os Estados Unidos são uma casa velha. Nunca podemos dizer que o trabalho terminou. Ventos, enchentes, secas e levantes humanos desgastam uma estrutura que já enfrenta todas as eventuais falhas que passaram despercebidas na fundação original. Quando moramos numa casa velha, às vezes nem queremos entrar no porão depois de uma tempestade para ver se houve algum estrago. Mas, se decidimos não olhar, é por nossa conta e risco. Quem tem uma casa velha sabe que aquilo que prefere ignorar não irá desaparecer. O que está escondido virá à tona, quer decidamos olhar ou não. A ignorância não protege das consequências da inação. Aquilo que queremos que desapareça continuará nos incomodando até reunirmos coragem para encarar o que preferiríamos não ver.

Nós no mundo desenvolvido somos como herdeiros de uma casa que é linda por fora, mas foi construída sobre um solo instável de barro e pedra, oscilando e se contraindo ao longo das gerações, com rachaduras que são consertadas, mas com fissuras mais profundas que se espraiam por décadas, mesmo por séculos. Muita gente pode dizer, e com razão: "Não tenho nada a ver com o começo disso tudo. Não tenho nada a ver com os pecados do passado. Meus ancestrais nunca atacaram os povos indígenas, nunca tiveram escravos". Certo. Nenhum de nós estava aqui quando a casa foi construída. Nossos antepassados imediatos podiam não ter nada a ver com isso, mas aqui estamos nós, os ocupantes atuais de uma propriedade com rachaduras causadas pela corrosão, com paredes abauladas e fissuras na fundação. Somos os herdeiros de tudo o que há de certo ou errado com ela. Não fomos nós que erguemos as vigas e os pilares tortos, mas somos nós que agora temos de lidar com eles.

E qualquer deterioração adicional está, de fato, em nossas mãos.

Se não forem consertadas, as fendas e rachaduras transversais não irão se consertar sozinhas. As toxinas não desaparecerão; pelo contrário, se espalharão, se infiltrarão e sofrerão mutações, como já fizeram. Quando moramos numa casa velha, acabamos nos adaptando às idiossincrasias e aos evidentes perigos de uma estrutura antiga. Colocamos um balde sob o teto pingando, escoramos o assoalho que range, aprendemos a pular o degrau da escada que está com a madeira podre. O desleixo se torna aceitável, e o inaceitável se torna apenas inconveniente. Depois de conviver com isso por um tempo, o impensável se torna normal. Depois de conviver com isso por gerações, passamos a achar que o incompreensível é como a vida deve mesmo ser.

O INSPETOR ESTAVA DIANTE do mistério do teto deformado, e primeiro colocou um sensor na superfície para verificar se ela estava úmida. Como o resultado foi inconclusivo, pegou a câmera de infravermelho para tirar uma espécie de radiografia do que estava acontecendo, seguindo o princípio de que não se pode resolver um problema sem se ver do que se trata. Agora ele podia enxergar através do reboco, por trás da superfície que fora pintada ou revestida com papel de parede, tal como agora devemos fazer na casa em que todos moramos, para examinar uma estrutura construída muito tempo atrás.

Como acontece com outras casas velhas, os Estados Unidos têm um esqueleto que não se vê, um sistema de castas que é fundamental para seu funcionamento, tal como as vigas e as traves que não vemos nas construções físicas que chamamos de casas. A casta é a infraestrutura das nossas divisões. É a arquitetura da hierarquia humana, o código subconsciente de instruções para manter, no nosso caso, uma ordem social de quatrocentos anos. Examinar a casta é como segurar a radiografia do país contra a luz.

Um sistema de castas é uma construção artificial, uma classificação do valor humano fixada e arraigada que estabelece a suposta supremacia de um grupo contra a suposta inferioridade de outros, com base na ancestralidade e em traços muitas vezes inalteráveis, traços que seriam neutros no plano abstrato, mas que recebem um significado de vida ou morte numa hierarquia que favorece a casta dominante concebida pelos antepassados. Um sistema de castas utiliza limites rígidos, muitas vezes arbitrários, para manter os grupos separados, diferenciados uns dos outros, em seus respectivos lugares.

Na história humana, três sistemas de castas se destacam. O sistema de castas da Alemanha nazista, assustador, tragicamente acelerado e oficialmente derrotado. O sistema indiano, que subsiste ao longo de milênios. E a pirâmide de castas dos Estados Unidos, fundamentada na raça, que é tácita e muda de forma ao longo do tempo. Cada versão se baseou na estigmatização dos supostos inferiores a fim de justificar a desumanização necessária para manter na base as pessoas de classificação mais baixa e os protocolos para a vigência dessa ordem. Um sistema de castas perdura porque muitas vezes é justificado em nome da vontade divina, originando-se dos textos sagrados ou das pretensas leis da natureza, reforçado por toda a cultura e transmitido ao longo das gerações.

Em nossa vida cotidiana, a casta é como uma sala de teatro escura onde entramos em silêncio, o lanterninha apontando para baixo o facho de luz, nos conduzindo aos lugares que nos foram designados para assistir ao espetáculo. A hierarquia de castas não tem a ver com a moral ou os sentimentos, mas com o poder — quais grupos o têm, quais não —, os recursos — qual casta é tida como merecedora deles, qual não, quem pode ou não adquiri-los e controlá-los —, o respeito, a autoridade e os pressupostos de competência — a quem são ou não concedidos.

Como meio de atribuir valor a setores inteiros da espécie humana, a casta serve de parâmetro para cada um de nós, muitas vezes para além de nossa consciência. Ela embute em nossa estrutura óssea uma classificação inconsciente das características humanas e apresenta as regras, as expectativas e os estereótipos que têm sido usados para justificar brutalidades contra grupos inteiros dentro de nossa espécie. No sistema de castas americano, o sinal indicador da classificação é o que chamamos de raça, a divisão dos seres humanos com base em sua aparência. Nos Estados Unidos, a raça é o instrumento básico, o marcador visível, a fachada da casta.

A raça faz o trabalho pesado para um sistema de castas que exige um meio de divisão humana. Se somos ensinados a ver os seres humanos na linguagem da raça, a casta, por sua vez, é a gramática subjacente que assimilamos desde crianças, como quando aprendemos nossa língua materna. A casta, como a gramática, se torna um guia invisível não só para o modo como falamos, mas também para o modo como processamos as informações, os cálculos que fazemos por reflexo condicionado diante de uma frase sem precisar pensar nela. Muitos de nós nunca tiveram aulas de gramática, mas mesmo assim sabemos que um verbo transitivo pede um objeto, que um sujeito precisa de um predicado; sabemos, sem precisar pensar, a diferença entre a terceira pessoa do singular e a terceira do plural. Podemos dizer "raça" nos referindo às pessoas como negras, brancas, latinas, asiáticas ou indígenas, mas o que está por trás de cada rótulo são séculos de história e de atribuição de pressupostos e valores a traços físicos dentro de uma estrutura hierárquica dos seres humanos.

A aparência das pessoas, ou melhor, a raça que lhes é atribuída ou a que pertencem, segundo a percepção alheia, é a pista visível de sua casta. É o crachá histórico para o público, indicando como devem ser tratadas, onde é de supor que morem, que tipo de posição é de supor que ocupem, se são de tal ou tal parte da cidade ou se têm tal ou tal cargo numa diretoria, se é de esperar que falem com autoridade sobre tal ou tal assunto, se receberão analgésico num hospital, se o bairro onde vivem provavelmente é vizinho a uma área de despejo de resíduos tóxicos ou se a água das torneiras de suas casas é contaminada, se têm maior ou menor probabilidade de sobreviver ao parto na nação mais avançada do mundo, se podem ser alvejadas impunemente pelas autoridades.

Sabemos que as letras do alfabeto são neutras e só têm sentido quando se combinam para formar uma palavra, que, por sua vez, não tem significado até ser inserida numa sentença e interpretada pelo falante. Assim como "negro" e "branco" foram termos aplicados a pessoas que, literalmente, não eram nem uma coisa nem outra, e sim gradações de marrom, bege e marfim, o sistema de castas coloca as pessoas em polos opostos e atribui significado aos extremos e às gradações intermediárias, e então reforça esses significados reproduzindo-os nos papéis que eram e são atribuídos a cada casta, sendo ela autorizada ou obrigada a cumprir.

Casta e raça não são sinônimos nem mutuamente excludentes. Podem coexistir e de fato coexistem na mesma cultura, e servem para reforçar uma à outra. A raça, nos Estados Unidos, é o agente visível da força invisível da casta. A casta é a ossatura, a raça é a pele. A raça é o que podemos ver, os traços físicos que receberam um significado arbitrário e se tornaram um resumo do que a pessoa é. A casta é a poderosa infraestrutura que mantém cada grupo em seu lugar.

A casta é fixa e rígida. A raça é fluida e superficial, sujeita a redefinições periódicas para atender às necessidades da casta dominante nos Estados Unidos de hoje. Os requisitos para se qualificar como branco mudaram ao longo dos séculos, enquanto a existência concreta de uma casta dominante persiste desde seus primórdios — a quem quer que coubesse a definição de branco, em qualquer momento da história, eram concedidos os direitos legais e os privilégios da casta dominante. De modo talvez mais crítico e mais trágico, na parte de baixo da escala, a casta subordinada também se fixou desde o começo como o chão psicológico abaixo do qual nenhuma outra casta pode cair.

Assim, todos nascemos num jogo de guerra silencioso, com séculos de existência, em equipes que não escolhemos. O lado para o qual somos designados no sistema americano de classificação humana é anunciado pelo uniforme da equipe, usado por cada casta, indicando nosso suposto potencial e valor. Que alguém consiga criar ligações duradouras por sobre essas linhas divisórias inventadas é um atestado da beleza do espírito humano.

O uso de características físicas hereditárias para diferenciar capacidades internas e valores de grupo é, talvez, o meio mais engenhoso já concebido por uma cultura para gerir e manter um sistema de castas.

"Como divisão social e humana", escreveu o cientista político Andrew Hacker sobre a utilização de traços físicos para criar categorias humanas, "ela ultrapassa todas as outras — inclusive o gênero — em intensidade e subordinação."[1]

3. Um intocável americano

No inverno de 1959, depois de liderar o boicote aos ônibus de Montgomery após a prisão de Rosa Parks, e antes que viessem os julgamentos e as vitórias, Martin Luther King e sua esposa, Coretta, chegaram à Índia, à cidade então conhecida como Bombaim, para visitar a terra de Mohandas Gandhi, o pai do protesto pacífico. Foram cobertos de guirlandas floridas na chegada, e King disse aos repórteres: "A outros países posso ir como turista, mas à Índia venho como peregrino".

Fazia tempo que ele sonhava em ir à Índia, e lá o casal passou um mês inteiro, a convite do primeiro-ministro Jawaharlal Nehru. King queria ver pessoalmente o local cuja luta pela libertação do domínio britânico inspirara sua luta pela justiça nos Estados Unidos. Queria ver os chamados intocáveis, a casta mais baixa no antigo sistema de castas indiano, sobre os quais lera e com os quais se solidarizava, mas que ainda tinham ficado para trás após a independência da Índia, na década anterior.

King descobriu que os indianos haviam acompanhado os julgamentos do povo negro oprimido dos Estados Unidos e sabiam do boicote aos ônibus que ele liderara. Aonde quer que fosse, as pessoas nas ruas de Bombaim e Delhi se aglomeravam em volta, pedindo-lhe autógrafos.

Uma tarde, King e a esposa viajaram até o extremo sul do país, à cidade de Trivandrum, no estado de Kerala, e visitaram uma escola de ensino médio com estudantes de famílias que haviam sido intocáveis. O diretor o anunciou.

"Jovens", disse ele, "quero lhes apresentar um colega intocável dos Estados Unidos da América."

King ficou perplexo. Não esperava que aplicassem o termo a ele. Na verdade, de início ficou desconcertado. Viera de avião de outro continente, jantara com o primeiro-ministro. Não via a conexão, não via a relação que o sistema de castas indiano podia ter com ele, não via por que as pessoas da casta mais baixa da Índia tratavam a ele, um negro americano e visitante ilustre, como alguém da casta inferior como elas mesmas, como se fosse igual a elas. "Por um momento", escreveu King, "fiquei um pouco chocado e irritado por se referirem a mim como um intocável."

Então ele começou a pensar sobre a realidade da vida daqueles pelos quais lutava — 20 milhões de pessoas, relegadas durante séculos ao nível mais baixo nos Estados Unidos, "ainda sufocando numa asfixiante jaula de pobreza", fechadas em guetos isolados, exiladas dentro de seu próprio país.

E disse para si mesmo: "Sim, sou um intocável, e todos os negros nos Estados Unidos da América são intocáveis".[1]

Naquele momento, King entendeu que a Terra dos Livres havia imposto um sistema de castas não diferente do sistema indiano e que ele passara toda a sua vida sob esse sistema. Era isso que estava por trás das forças que ele combatia nos Estados Unidos.

O QUE MARTIN LUTHER KING RECONHECEU acerca de seu país naquele dia se iniciara muito antes que os antepassados de nossos antepassados começassem a respirar. Mais de 150 anos antes da Revolução Americana, uma hierarquia humana se desenvolveu no disputado solo que viria a se tornar os Estados Unidos, um conceito de direito de nascença, a tentação de um expansionismo legítimo que poria em movimento a primeira democracia do mundo e, com ela, uma classificação do valor e do uso dos seres humanos.

Ela distorceria as mentes dos homens quando a ganância e o alto conceito sobre si mesmos eclipsassem a consciência a fim de tomar a terra e os corpos humanos, coisa que os conquistadores se consideravam no direito de fazer. Se desejavam converter aquela terra selvagem e civilizá-la a seu gosto, eles concluíram que era preciso conquistar, escravizar ou remover as pessoas que já estavam ali, e deslocar aquelas que consideravam seres inferiores para desbravar e trabalhar a terra, extraindo as riquezas que jaziam no solo e junto ao litoral.

Para justificar seus planos, adotaram ideias preexistentes sobre sua própria importância central, reforçadas por uma interpretação da Bíblia que atendia a seus interesses, e criaram uma hierarquia estabelecendo quem podia fazer o quê, possuir o quê, quem estava em cima, quem estava embaixo, quem estava no meio. Surgiu então uma escala de humanidade, de natureza mundial, na qual as pessoas do escalão superior descendiam da Europa em diferentes graus, estando os protestantes ingleses no grau mais alto, na medida em que suas armas e recursos acabariam por prevalecer na luta sangrenta pela América do Norte. Todos os demais vinham em escala decrescente, com base em sua proximidade com aqueles considerados superiores a todos. A classificação seguia descendo até chegar ao nível mais inferior — cativos africanos transportados para construir o Novo Mundo e servir aos vencedores durante toda a vida, uma geração após a outra, por doze gerações.

Desenvolveu-se um sistema de castas baseado na aparência das pessoas, uma classificação interiorizada, não dita, não nomeada, não reconhecida pelos cidadãos comuns que até hoje vivem segundo essa classificação, comportando-se subconscientemente de acordo com ela. Assim como as vigas, as traves e os caibros que formam a infraestrutura de uma construção não são visíveis a seus moradores, da mesma forma a casta não se vê. É sua própria invisibilidade que lhe confere poder e longevidade. E, embora possa entrar e sair da consciência, embora possa aflorar e se reafirmar em épocas de revolta e recuar em épocas de relativa calma, ela é um eixo sempre presente no funcionamento do país.

A palavra "casta" não é aplicada com muita frequência aos Estados Unidos. É mais relacionada à Índia ou à Europa feudal. Mas alguns antropólogos e estudiosos da raça nos Estados Unidos a utilizam há várias décadas. Antes dos tempos modernos, um dos primeiros americanos a adotar a ideia de casta foi o senador e abolicionista pré-Guerra Civil Charles Sumner, quando lutava contra a segregação no Norte do país. "A separação das crianças nas escolas públicas de Boston por cor ou raça", escreveu ele, "tem a natureza de casta e, por isso, é uma violação da igualdade". E citou um colega humanitarista: "A casta cria distinções onde Deus não criou nenhuma".[2]

Não é possível entender as revoltas atuais e praticamente nenhum ponto de inflexão na história americana sem levar em conta a pirâmide humana entranhada em todos nós. O sistema de castas, bem como as tentativas de defender, sustentar ou abolir a hierarquia, está por trás da Guerra Civil e do movimento pelos direitos civis um século depois, e permeia a política dos Estados Unidos do século XXI. Assim como o DNA é o código de instruções para o desenvolvimento das células, a casta é o sistema operacional para a interação econômica, política e social nos Estados Unidos desde sua gestação.

Em 1944, o economista social sueco Gunnar Myrdal e uma equipe que contava com os pesquisadores mais talentosos do país produziram uma obra de 2800 páginas, em dois volumes, que ainda é considerada talvez o estudo mais abrangente da raça nos Estados Unidos: *An American Dilemma*. Sua análise da raça o levou a concluir que a palavra mais precisa para descrever as operações da sociedade americana não era "raça" e sim "casta", e que esse era talvez o único termo que tratava de maneira adequada o que parecia ser uma classificação obstinadamente fixa do valor humano. Ele chegou à conclusão de que os Estados Unidos haviam criado um sistema de castas e que o empenho em "manter a linha divisória da cor tem, para o homem branco comum, a 'função' de sustentar aquele mesmo sistema de castas, de manter o 'preto em seu lugar'".[3]

O antropólogo Ashley Montagu foi um dos primeiros a afirmar que a raça é uma invenção humana, uma construção social e não biológica, e que, ao tentar entender as divisões e disparidades nos Estados Unidos, costumamos cair na mitologia e na areia movediça da raça. "Quando falamos do problema da raça nos Estados Unidos", escreveu ele em 1942, "na verdade nos referimos ao sistema de castas e aos problemas que esse sistema cria no país."[4]

Alguns dos principais supremacistas brancos do século passado não tinham muitas dúvidas sobre as ligações entre o sistema de castas da Índia e o do Sul dos Estados Unidos, onde se implantou o sistema de castas legalizado mais puro do país. "Um registro dos desesperados esforços das classes superiores conquistadoras na Índia para preservar a pureza de seu sangue persiste até hoje em seu sistema de castas meticulosamente regulamentado", escreveu o popular eugenista Madison Grant em seu best-seller de 1916, *A passagem da grande raça*. "Nos estados do Sul dos Estados Unidos, os meios de transporte segregados e as discriminações sociais segregacionistas têm exatamente o mesmo objetivo."[5]

Um sistema de castas é capaz de se infiltrar em todos os habitantes. Seus códigos são absorvidos como água, estabelecendo as expectativas da posição em que cada indivíduo se encaixa na escala. "O operário fabril que não tem ninguém que possa 'olhar de cima' se considera eminentemente superior ao preto", observou Liston Pope, catedrático de Yale, em 1942. "O homem preto representa seu último recurso contra a anulação social."[6]

Foi em 1913 que um importante pedagogo sulista, Thomas Pearce Bailey, se incumbiu de montar o que chamou de credo racial do Sul. Ele resultou nos postulados centrais do sistema de castas. Um desses postulados dizia: "Que o branco na mais baixa posição valha mais do que o negro na mais alta posição".[7]

Naquele mesmo ano, chegou a Nova York, vindo de Bombaim, um homem nascido na base inferior do sistema de castas da Índia, um intocável originário das províncias centrais. Naquele outono, Bhimrao Ambedkar chegou aos Estados Unidos para fazer pós-graduação em economia na Universidade Columbia, com foco nas diferenças entre raça, casta e classe. Morando a poucas quadras do Harlem, ele pôde ver de perto a condição de seus correlatos nos Estados Unidos, e concluiu sua tese em 1915, precisamente quando estreava em Nova York o filme *O nascimento de uma nação*, homenagem incendiária ao Sul Confederado. Ambedkar continuou seus estudos em Londres e voltou à Índia, tornando-se o líder mais destacado dos intocáveis e um importante intelectual que ajudaria a redigir uma nova Constituição indiana. Ele se empenhou em acabar com o termo depreciativo "intocáveis" e rejeitou o termo "harijans", usado por Gandhi, por soar condescendente demais. Ele se referia a seu povo como "dalits", ou "povo alquebrado" — coisa que, devido ao sistema de castas, realmente eram.

É difícil avaliar o efeito do contato de Ambedkar com a ordem social nos Estados Unidos sobre sua própria pessoa. Mas, ao longo dos anos, ele prestou grande atenção, como muitos outros dalits, à casta subordinada nos Estados Unidos. Os indianos conheciam desde longa data as provações dos africanos escravizados e de seus descendentes nos Estados Unidos de antes da Guerra Civil. Já nos anos 1870, após o fim da escravidão e durante o breve período do avanço negro conhecido como Reconstrução, um reformador social indiano chamado Jotiba Phule encontrou inspiração nos abolicionistas e manifestou sua esperança "de que meus conterrâneos possam tomar o nobre exemplo deles como guia".[8]

Muitas décadas depois, no verão de 1946, ao saber que os americanos negros estavam fazendo uma petição às Nações Unidas para ter proteção como minoria, Ambedkar entrou em contato com o intelectual afro-americano mais conhecido da época, W. E. B. Du Bois. Ele lhe disse que fora um "estudioso do problema negro" do outro lado do oceano e reconhecia seus destinos em comum.

"Há tantas similaridades entre a posição dos intocáveis na Índia e a posição dos negros nos Estados Unidos", escreveu a Du Bois, "que o estudo desta última é não só natural, mas também necessário."[9]

Du Bois respondeu a Ambedkar dizendo que conhecia seu trabalho e manifestou "toda a solidariedade pelos intocáveis da Índia".[10] Foi Du Bois quem pareceu ter falado pelos marginalizados nos dois países, ao identificar a dupla consciência de sua existência. E foi Du Bois quem, décadas antes, invocara um conceito indiano ao expressar o triste lamento de seu povo nos Estados Unidos: "Por que Deus me fez um pária e um estrangeiro em minha própria casa?".[11]

INICIEI ESTE LIVRO com a mesma vontade de atravessar os oceanos e entender melhor como tudo isso se iniciou nos Estados Unidos: a atribuição de significado a características físicas inalteráveis, a pirâmide transmitida ao longo dos séculos que define e orienta a política, as linhas de ação do poder e as interações pessoais. Quais são as origens e os mecanismos da hierarquia que invade o cotidiano e as oportunidades de vida de todos os americanos? Que invadiu minha própria vida com impressionante regularidade e consequências perturbadoras?

Comecei examinando o sistema de castas americano depois de quase duas décadas estudando a história do Sul segregacionista, o sistema de castas legalizado que nasceu da escravidão e perdurou até o começo dos anos 1970, quando já eram nascidos muitos americanos de hoje. Quando trabalhava em *The Warmth of Other Suns*, descobri que estava escrevendo não sobre a geografia e a migração, mas sim sobre o sistema de castas americano, uma hierarquia artificial em que praticamente tudo o que se podia e não se podia fazer tinha como base a aparência da pessoa e se manifestava no Norte e no Sul do país. Eu estava escrevendo sobre um povo estigmatizado, 6 milhões de pessoas que procuravam se libertar do sistema de castas no Sul apenas para descobrir que a hierarquia as acompanhava aonde quer que fossem — da mesma forma como a sombra da casta segue os indianos em sua diáspora mundial, como vim a descobrir mais tarde.

Neste livro, eu queria entender as origens e a evolução do processo de classificar e elevar um grupo humano acima de outro, e as consequências disso para os presumidos beneficiários e aqueles apontados como inferiores. Estando eu mesma presente no mundo como uma experiência viva de casta, queria entender as hierarquias que eu e milhões de outras pessoas temos de percorrer para perseguir nosso trabalho e nossos sonhos.

Isso significava, entre outras coisas, investigar o sistema de castas mais conhecido do mundo, o da Índia, e examinar os paralelos, as sobreposições e os contrastes entre ele e o sistema vigente em meu país. Também procurei compreender o mal molecular e concentrado que produzira o sistema de castas imposto na Alemanha nazista, e descobri ligações surpreendentes e desconcertantes entre os Estados Unidos e a Alemanha nas décadas que levaram ao Terceiro Reich. Ao pesquisar a história dessas três hierarquias e consultar uma infinidade de estudos sobre casta em diversas áreas de conhecimento, comecei a compilar os paralelos de maneira mais sistemática e identifiquei as características essenciais comuns a essas hierarquias, que denomino como os oito pilares da casta, traços que estão presentes em todas elas.

Muitos estudiosos têm dedicado enorme energia a investigar o sistema de castas do segregacionismo americano, sob cuja sombra os Estados Unidos ainda se debatem, enquanto outros estudam com fervor o sistema de castas milenar da Índia. Eles tendem a estudá-los em separado, especializando-se num ou noutro sistema. Poucos colocaram ambos lado a lado, e os que assim procederam muitas vezes enfrentaram resistência. Perseverando nesta que passou a ser minha missão, procurei escavar as raízes principais da hierarquia e as distorções e injustiças geradas por ela. Além dos Estados Unidos, minhas pesquisas me levaram a Londres, Berlim, Delhi e Edimburgo, seguindo os fios históricos da desigualdade da classificação humana herdada. Para documentar esse fenômeno mais a fundo, optei por descrever cenas de casta ao longo do livro — algumas relutantemente extraídas de minhas próprias experiências, outras que me foram narradas por pessoas que as viveram ou tiveram conhecimento íntimo delas.

Este livro procura avaliar os efeitos sobre todos que estão presos na hierarquia, mas dedica especial atenção aos polos do sistema de castas americano: os que estão no topo, os euro-americanos, que foram seus principais beneficiários, e os que estão na base, os afro-americanos, contra os quais o sistema de castas direcionou todo o seu poder de desumanização.

O SISTEMA DE CASTAS AMERICANO COMEÇOU a se formar após a chegada dos primeiros africanos à Virgínia, no verão de 1619, quando a colônia procurou refinar as distinções entre os que podiam ou não ser escravizados em caráter permanente. Com o tempo, as leis coloniais concederam aos trabalhadores em servidão por contrato privilégios maiores do que aos africanos com quem trabalhavam, e os europeus se fundiram numa nova identidade, sendo classificados como brancos, no polo oposto dos negros. O historiador Kenneth M. Stampp chamou essa atribuição de raça de "sistema de castas, que estabelecia uma divisão entre os dotados de uma aparência que lhes permitia invocar uma linhagem caucasiana pura e aqueles cuja aparência indicava que alguns ou todos os seus antepassados eram negros". Os integrantes da casta caucasiana, como ele a denominava, "acreditavam na 'supremacia branca' e mantinham um alto grau de solidariedade de casta para assegurá-la".[12]

Assim, ao longo do livro, haverá muitas referências ao Sul dos Estados Unidos, local de nascimento desse sistema de castas. Foi no Sul que a maioria da casta subordinada teve de viver durante a maior parte da história do país, e por isso é onde o sistema de castas foi formalizado e implantado de forma mais brutal. Foi lá que os postulados das relações intercastas se estabeleceram inicialmente, antes de se difundirem pelo resto do país, levando o escritor Alexis de Tocqueville a observar em 1831: "O preconceito de raça me parece mais forte nos estados que aboliram a escravidão do que nos estados em que ela ainda existe, e em lugar algum ele se mostra tão intolerante quanto nos estados que nunca conheceram a servidão".[13]

Para recalibrar a maneira como nos enxergamos, uso uma linguagem normalmente associada a pessoas de outras culturas, a fim de propor uma nova forma de entendermos nossa hierarquia. *Casta dominante, maioria dominante, casta favorecida* ou *casta superior* em lugar de (ou em acréscimo a) *branco*. *Castas médias* em lugar de (ou em acréscimo a) *asiático* ou *latino*. *Casta subordinada, casta inferior, casta mais baixa, casta desfavorecida, historicamente estigmatizada* em lugar de (ou em acréscimo a) *afro-americano*. *Povos aborígines, conquistados* ou *indígenas* em lugar de (ou em acréscimo a) *nativo americano*. *Pessoas marginalizadas* em acréscimo a (ou em lugar de) mulheres de qualquer raça ou minorias de qualquer espécie.

Parte dessa terminologia pode acabar soando como uma língua estrangeira. Em certo sentido, é e pretende mesmo ser. Pois, para realmente entender os Estados Unidos, precisamos abrir os olhos para o funcionamento oculto de um sistema de castas que não chega a ser nomeado, mas prevalece entre nós para nosso prejuízo coletivo. Só assim poderemos ver que temos mais coisas em comum uns com os outros e com culturas que de outra forma poderíamos desconsiderar, e reunir a coragem para pensar que talvez aí residam as respostas.

Ao me lançar a este trabalho, devorei livros sobre as castas na Índia e nos Estados Unidos. Qualquer coisa que trouxesse a palavra "casta" atiçava meus neurônios. Descobri espíritos afins no passado — sociólogos, antropólogos, etnógrafos, escritores — cujos trabalhos me transportaram pelo tempo e pelas gerações. Muitos tinham trabalhado contra a corrente, e senti que não caminhava sozinha, mas dava prosseguimento a uma tradição.

Durante o trabalho de pesquisa, a notícia de minhas investigações chegou a alguns estudiosos indianos da casta estabelecidos nos Estados Unidos. Eles me convidaram para falar na abertura de uma conferência sobre casta e raça na Universidade de Massachusetts em Amherst, a cidade onde W. E. B. Du Bois nasceu e onde estão seus arquivos.

Lá, falei ao público que tinha escrito um livro de seiscentas páginas sobre a "era Jim Crow" no Sul dos Estados Unidos, a era da legislação segregacionista, a época da supremacia branca explícita, mas que a palavra "racismo" não aparece em lugar algum da narrativa. Falei que, depois de passar quinze anos estudando o tema e ouvindo os depoimentos dos sobreviventes da época, percebi que o termo era insuficiente. Casta era a denominação mais precisa, e expus as razões. O público ficou surpreso e animado. Os pratos de comida indiana que eram gentilmente postos à minha frente, na recepção após o evento, esfriaram devido à quantidade de perguntas e trocas de experiências que seguiram noite adentro.

Numa cerimônia de encerramento da qual eu não fora informada previamente, os anfitriões me presentearam com um busto cor de bronze do santo padroeiro da casta inferior indiana, Bhimrao Ambedkar, o líder dalit que, décadas antes, trocara correspondência com Du Bois. Foi como uma iniciação numa casta à qual, de certa forma, eu sempre pertencera. Ouvi sobre inúmeros episódios que eles tinham vivido, e neles reconheci experiências pessoais, chegando a antecipar, por exemplo, algum desdobramento ou desfecho específico. Para o espanto deles, comecei a me sentir capaz de dizer quem entre os indianos ali presentes era de nascimento elevado e quem era de nascimento baixo — não a partir da aparência, como se faria no sistema americano, mas com base na reação humana universal à hierarquia: no caso de uma pessoa de casta superior, uma indisfarçável segurança na postura física, na atitude, no comportamento, uma visível expectativa de ser tratada como alguém importante.

Após uma palestra, fui até uma participante cuja casta eu havia adivinhado observando suas interações. Notei que ela adotara, por reflexo, uma atitude de controle sobre a oradora dalit e se punha a explicar o que esta tinha acabado de dizer, assumindo uma posição de autoridade como que por instinto, talvez sem nem se dar conta.

Conversamos um pouco, e então comentei: "Acho que você é da casta superior, não é?". Ela fez uma expressão desapontada e respondeu: "Como você sabe? Eu me esforço tanto...". Conversamos mais, por cerca de uma hora, e pude ver todo o seu empenho em controlar os sinais inconscientes de superioridade codificada, a presença de espírito necessária para se contrapor à programação da casta. Pude perceber como isso era difícil mesmo para uma pessoa engajada em eliminar a divisória das castas, casada, como vim a saber depois, com um homem da casta subordinada e profundamente imbuída de ideais igualitários.

No meu retorno para casa, logo me vi de volta a meu mundo quando o segurança do aeroporto apontou minha maleta para ser revistada. Por acaso, ele era um afro-americano na casa dos vinte e poucos anos. Ele vestiu as luvas de látex para começar a inspeção. Revistou minha maleta, pegou uma caixinha, desembrulhou e pôs na palma da mão o busto de Ambedkar que eu havia ganhado de presente.

"Foi isso que apareceu no raio X", disse ele.

Pesava o mesmo que um peso de papel. O rapaz virou o busto de ponta-cabeça e o examinou por todos os lados, demorando o olhar na base. Parecia preocupado que houvesse alguma coisa ali dentro.

"Vou ter de fazer uma varredura", avisou.

Depois de um tempo ele voltou, disse que estava tudo em ordem e que eu podia seguir viagem. Mas continuou fitando o rosto de óculos, a testa saliente e a expressão firme do busto, parecendo se perguntar por que eu andava com um objeto que parecia um totem de outra cultura.

"Então, quem é ele?", perguntou o rapaz.

O nome Ambedkar provavelmente não significaria muita coisa; eu mesma só soubera da existência dele no ano anterior, e não havia tempo para explicar o sistema paralelo de castas. Então soltei o que me parecia capaz de fazer mais sentido:

"Ah, este é o Martin Luther King da Índia."

"Bacana", disse ele, agora satisfeito e parecendo sentir um certo orgulho.

Então embrulhou Ambedkar de volta como se fosse o próprio King e o recolocou cuidadosamente dentro da maleta.

Um programa invisível

Na imaginação de duas cineastas da segunda metade do século XX, uma força invisível de inteligência artificial assumiu o domínio sobre a espécie humana, conseguindo controlar os seres humanos numa realidade alternativa em que tudo o que as pessoas veem, sentem, ouvem, provam, cheiram e tocam é, na verdade, um programa. Há programas dentro de programas, e os seres humanos não só passaram a ser programados mas correm o risco de se tornar nada mais do que programas — na verdade, já estão bem perto disso. O que é realidade e o que é programa se fundem numa coisa só. O programa interligado se faz passar pela vida.

O grande tema da série de filmes Matrix diz respeito aos seres humanos que se dão conta disso e procuram uma saída da armadilha em que estão presos.[1] Os que aceitam ser programados levam uma vida apenas de superfície, amortecida, escravizada a uma aparência de realidade. São cativos e aparentemente não oferecem riscos, pois não têm consciência do cativeiro. A aceitação irrefletida, a cegueira à própria prisão são, talvez, a maneira mais eficiente de manter os seres humanos cativos. As pessoas que não sabem que são prisioneiras não resistirão à servidão.

Mas os que despertam para sua condição de cativos ameaçam o funcionamento da Matrix. Qualquer tentativa de escapar à prisão corre o risco de ser descoberta, assinala um rompimento da ordem, expõe o artifício de irrealidade que foi imposto aos seres humanos. A Matrix, o programa central invisível, alimentado pelo instinto de sobrevivência de um coletivo automatizado, não reage bem a ameaças contra sua existência.

Num momento decisivo, um homem que apenas há pouco se deu conta do programa em que ele e sua espécie estão presos consulta uma mulher sábia, chamada Oráculo, que talvez possa lhe dar uma orientação. Inseguro, preocupado, ele se *senta ao lado dela no banco de um parque que pode ou não ser real. Ela fala em código e por metáforas. Um bando de pássaros pousa na calçada à frente deles.*

"Veja esses pássaros", diz o Oráculo. "Em algum momento, foi escrito um programa para comandá-los."

Ela ergue os olhos e fita o horizonte.

"Foi escrito um programa para controlar as árvores e o vento, a aurora e o crepúsculo. Há programas rodando por toda parte."

Alguns desses programas passam despercebidos, de tão sintonizados com sua tarefa, de tão profundamente inseridos no zunido constante da existência.

"Os que cumprem sua tarefa", diz a mulher, "aquilo a que se destinam, são invisíveis. Você nem percebe que estão ali."

Assim também acontece com o sistema de castas, enquanto faz seu trabalho em silêncio, os fios do mestre titereiro invisíveis àqueles cujo subconsciente é comandado por esses fios, suas instruções entrando como um gotejamento intravenoso na mente, a casta disfarçada de normalidade, a injustiça parecendo justa, as atrocidades parecendo inevitáveis para manter a máquina funcionando, a matriz da casta como um fac-símile da própria vida cujo objetivo é manter o primado dos que acumulam e se aferram ao poder.

PARTE II

A construção arbitrária das divisões humanas

4. Uma peça há muito tempo em cartaz e o surgimento da casta nos Estados Unidos

DIA APÓS DIA, ergue-se a cortina num palco de proporções colossais, para uma peça que é encenada há séculos. Os atores usam os trajes de seus antecessores e interpretam os papéis outrora atribuídos a eles. As pessoas nesses papéis não são os personagens que interpretam, mas interpretam esses papéis há tanto tempo que acabaram por incorporá-los a seu próprio ser, por fundi-los com a sua própria identidade e com a imagem que apresentam ao mundo.

Os trajes foram entregues no momento em que os atores nasceram e jamais podem ser retirados. Eles indicam a todos do elenco o papel que cada personagem deve interpretar e o lugar de cada um no palco.

Com a repetição das apresentações, o elenco se acostumou com a distribuição: quem interpreta qual papel. Há gerações todos sabem quem ocupa o centro do palco. Todos sabem quem é o herói, quais são os coadjuvantes, quem é o personagem secundário que desperta risadas, quem fica na sombra, o coro indiferenciado sem nenhuma fala e nenhuma voz, mas indispensável para o êxito da peça.

Os papéis estão tão incorporados à identidade dos atores que ninguém espera que o ator ou a atriz principal saiba os nomes ou sequer note os que estão atrás, e nem haveria necessidade disso. Basta permanecer por tempo suficiente no papel e todos começam a crer que os papéis são predeterminados, que cada integrante do elenco é, por talento e temperamento, o mais talhado para o papel designado, e talvez apenas para esse papel, que seu lugar é ali e lhe cabia ser escalado para ele, como de costume.

Os integrantes do elenco ficam associados a seus personagens, em papéis fixos, encerrados em pressupostos que os enaltecem ou desfavorecem. Transformam-se em seus personagens. Como ator, você deve se movimentar da maneira como é orientado a se movimentar, a falar como se espera que seu personagem fale. Você não é você. Você não deve ser você. Atenha-se ao roteiro e ao papel para o qual foi escalado, e terá sua recompensa. Afaste-se do roteiro, e enfrentará as consequências. Afaste-se do roteiro, e outros integrantes do elenco virão lhe apontar onde você saiu do roteiro. Faça isso repetidas vezes, ou num momento crítico, e poderá ser despedido, rebaixado, excluído, e seu personagem será convenientemente eliminado do enredo.

A pirâmide social conhecida como sistema de castas [caste] não é igual ao elenco [cast] de uma peça, mas a semelhança entre as duas palavras sugere um entrecruzamento interessante. Quando somos escalados para um papel, não somos nós mesmos. Não devemos ser nós mesmos. Estamos atuando conforme nosso lugar dentro da peça, e não necessariamente como somos em nosso íntimo. Somos todos atores num palco construído muito antes que nossos antepassados chegassem a essa terra. Somos o elenco mais recente de um drama longevo que estreou nesse solo no começo do século XVII.

Foi no final de agosto de 1619, um ano antes que os peregrinos chegassem a Plymouth Rock, que um navio de guerra holandês ancorou na foz do rio James, em Point Comfort, nas terras agrestes do que hoje é conhecido como a Virgínia. Só sabemos disso por causa de uma frase fortuita numa carta escrita pelo colono John Rolfe. É a referência remanescente mais antiga a africanos nas colônias inglesas da América, pessoas com aparência diferente da dos colonizadores e que acabariam sendo designadas por lei para o escalão inferior de um incipiente sistema de castas. Rolfe se refere a elas como mercadorias, e não necessariamente a mercadoria que os colonos ingleses estavam esperando. O navio "não trouxe nada além de vinte e poucos pretos", escreveu ele, "que o governador e mercador chefe trocou por vitualhas".

Esses africanos tinham sido capturados de um navio negreiro com destino às colônias espanholas, mas foram vendidos aos britânicos, mais ao norte. Não há acordo entre os historiadores sobre a condição deles, se eram destinados a um contrato de servidão por tempo determinado ou se foram imediatamente relegados à condição de escravidão permanente, que recairia sobre quase todas as pessoas semelhantes a eles que chegassem àquelas costas ou ali nascessem pelos 250 anos seguintes.

Os poucos registros restantes da época da chegada desses africanos mostram que eles "ocuparam desde o início uma posição singularmente degradada aos olhos dos virginianos brancos", escreveu o historiador Alden T. Vaughan. Se ainda não estavam formalmente destinados à escravidão permanente, "os virginianos negros estavam pelo menos bem próximos de tal condição".[1]

Nas décadas seguintes, as leis coloniais colocaram os trabalhadores europeus e os trabalhadores africanos em filas separadas e desiguais, pondo em movimento o sistema de castas que se tornaria a pedra basilar do sistema social, político e econômico dos Estados Unidos. Esse sistema de castas desencadearia a guerra mais sangrenta em solo americano, levaria à matança ritual de milhares de pessoas da casta subordinada em linchamentos e se tornaria a fonte de desigualdades que obscurecem e desestabilizam o país até hoje.

Em 1630, com as primeiras tentativas rudimentares de se fazer um censo colonial na Virgínia, começou a se formar uma hierarquia. Poucos africanos foram considerados merecedores de constar do censo pelo nome, tal como se daria nas gerações subsequentes, à diferença da maioria dos habitantes europeus, em regime de servidão ou não. A idade e a data de chegada dos africanos não eram registradas, como acontecia com os europeus, informação vital para estabelecer os termos e o prazo do contrato de servidão para os que vinham da Europa — ou para os africanos, se estivessem na mesma categoria, se fossem vistos como iguais, ou se fosse considerado necessário ter uma contagem precisa deles.

Assim, antes que houvesse os Estados Unidos da América, houve o sistema de castas, nascido na Virgínia colonial. De início, o que definia a posição das pessoas na colônia não era a raça como a conhecemos, mas a religião. O cristianismo, como representante dos europeus, costumava isentar os trabalhadores vindos da Europa da escravidão permanente. Foi essa distinção inicial que primeiro condenou os povos indígenas e depois os africanos — em sua maioria não cristãos, ao chegar — ao escalão mais baixo de uma hierarquia incipiente, antes que o conceito de raça tivesse se cristalizado para justificar a degradação total que se seguiria.

A criação de um sistema de castas foi um processo de testagem dos limites das categorias humanas, e não o resultado de um decreto isolado. Foi um aguçamento das linhas divisórias levado a cabo ao longo de décadas, sempre que os colonizadores tinham que tomar alguma decisão. Quando os africanos começaram a se converter ao cristianismo, criou-se um problema para uma hierarquia baseada na religião. Suas tentativas de conseguir plena participação nas colônias se opunham diretamente à avidez europeia em obter a mão de obra barata e fácil de controlar para extrair o máximo de riquezas do Novo Mundo.

As qualidades dos trabalhadores africanos se tornaram sua desgraça. Os colonizadores britânicos nas Índias Ocidentais, por exemplo, viam os africanos como "uma população civilizada e relativamente dócil", pessoas "acostumadas à disciplina" que trabalhavam bem em conjunto numa determinada tarefa. Os africanos se mostravam imunes às doenças europeias e, assim, mais viáveis do que os povos indígenas que os europeus haviam originalmente tentado escravizar.[2]

Um aspecto premente era que as colônias de Chesapeake estavam começando a estagnar e precisavam de mão de obra para o cultivo do tabaco. As colônias mais ao sul eram propícias ao plantio de cana-de-açúcar, arroz e algodão — culturas em que os ingleses não tinham muita experiência, mas que os africanos ou haviam cultivado em sua terra natal ou tinham grande facilidade em aprender. "Os colonizadores logo perceberam que, sem os africanos e as habilidades que eles traziam, seus empreendimentos não dariam certo", escreveram os antropólogos Audrey e Brian Smedley.[3]

Aos olhos dos colonizadores europeus, e para a trágica desvantagem dos africanos, eles traziam pelo corpo inteiro uma inadvertida marca de nascença, que não deveria ser nada mais do que uma variação neutra na aparência humana, mas que os destacava dos servos ingleses e irlandeses.

Os europeus podiam escapar e de fato escapavam de seus senhores, misturando-se entre a população branca geral que se consolidava como uma casta única. "As rebeliões gaélicas levaram os ingleses a procurar substituir totalmente essa fonte de mão de obra servil por outra, a de escravos africanos", escreveram os Smedley.[4]

Os colonizadores não conseguiram escravizar as populações indígenas e julgaram ter resolvido o problema de mão de obra com a importação de africanos. Vendo pouca utilidade nos habitantes autóctones, começaram a exilá-los de suas terras ancestrais e do incipiente sistema de castas. Com isso, os africanos ficaram solidamente presos na base inferior, e na segunda metade do século XVII já não eram apenas escravos; eram cativos submetidos a torturas indizíveis que seus captores documentavam sem remorsos. E não havia ninguém no planeta disposto a pagar resgate por eles.

Se os americanos tanto abominam falar sobre a escravidão, em parte é porque o pouco que sabemos sobre ela contraria nossa ideia de que os Estados Unidos são uma nação justa e esclarecida, um farol da democracia para o mundo. A escravidão costuma ser sumariamente descartada como um "capítulo triste, sombrio" na história do país. Quanto maior a distância que pudermos criar entre nós e ela, mais fácil se torna evitar a culpa e a vergonha que ela desperta.

Mas assim como o indivíduo não pode seguir em frente e se sentir em sã unidade consigo mesmo a menos que examine os episódios de violência doméstica que viveu na infância, ou o alcoolismo presente em sua família, da mesma forma o país não terá unidade enquanto não enfrentar algo que não se resume a um mero capítulo de sua história, mas que é a base de sua ordem econômica e social. Durante um quarto de milênio, a escravidão *foi* o país.

A escravidão fazia parte do cotidiano, um espetáculo que funcionários públicos e visitantes europeus percorrendo as províncias escravistas não podiam deixar de comentar com curiosidade e repugnância.

Num discurso à Câmara dos Representantes no século XIX, um congressista de Ohio lamentou que, "na bela avenida em frente ao Capitólio, membros do Congresso, durante essa sessão, foram obrigados a se desviar do caminho para permitir a passagem de uma caravana de escravos, *homens e mulheres acorrentados uns aos outros pelo pescoço*, a caminho desse *mercado nacional de escravos*".⁵

O secretário da Marinha americana manifestou horror à vista de mulheres e homens descalços, acorrentados sob o peso de cangas de boi, debaixo de um sol escaldante, condenados a marchar até um estado mais ao sul, seguidos por "um branco montado a cavalo, com pistolas no cinto, que, enquanto passávamos por ele, teve a impudência de nos encarar sem enrubescer".

O oficial da Marinha James K. Paulding afirmou:

> Quando eles [os proprietários de escravos] permitem ultrajes tão flagrantes e indecentes contra a humanidade como os que descrevi; quando sancionam uma vilania, fazendo mulheres e homens seminus — sob o peso de correntes, sem terem sido acusados de nenhum crime senão o de serem *negros* — andarem de uma parte a outra dos Estados Unidos por centenas de quilômetros em pleno sol, eles desgraçam a si mesmos e ao país a que pertencem.⁶

A ESCRAVIDÃO NOS ESTADOS UNIDOS não foi apenas uma desventura que ocorreu com os negros. Foi uma inovação americana, uma instituição criada pelas e para as elites da casta dominante e mantida por membros mais pobres da casta dominante que vinculavam seu destino mais ao sistema de castas do que à própria consciência. Todos os integrantes da casta dominante eram senhores, pois a lei e os costumes ditavam que "é exigida a submissão do escravo, não só à vontade do dono, mas à vontade de todos os brancos".⁷ Não se tratava apenas de um fio esgarçado em "uma roupa de resto perfeita", como escreveu o sociólogo Stephen Steinberg. "Seria mais correto dizer que a escravidão fornecia o tecido com que a roupa era feita."⁸

A escravidão americana, que se estendeu de 1619 a 1865, não foi como a escravidão da Grécia antiga nem como a escravidão sexual ilícita dos dias de hoje. A abominável escravidão dos dias atuais é absolutamente ilegal, e qualquer vítima que consiga fugir encontra um mundo que reconhece sua liberdade e que trabalhará para punir o escravizador. A escravidão americana, em contraste, era legalizada e sancionada pelo Estado e por uma rede de agentes. Qualquer vítima que conseguisse escapar encontrava um mundo que não só não reconhecia sua liberdade, mas a devolvia a seus captores, que a castigavam com horrores indizíveis. Na escravidão americana, a punição recaía não sobre os escravizadores, mas sobre as vítimas, sujeitas a qualquer atrocidade que seus donos concebessem para servir como lição para os demais.

O que os colonizadores criaram foi "uma forma extrema de escravidão que não existira em parte alguma do mundo", escreveu a historiadora do direito Ariela J. Gross. "Pela primeira vez na história, uma categoria da humanidade foi excluída da 'raça humana' e colocada num subgrupo separado que permaneceria escravizado perpetuamente por gerações."[9]

A instituição da escravidão foi, durante um quarto de milênio, a conversão de seres humanos em moeda corrente, em máquinas que existiam exclusivamente para o lucro de seus proprietários, destinadas a operar pelo tempo que estes quisessem, sem nenhum direito ao próprio corpo ou a seus entes queridos. Os escravos podiam ser dados em garantia, usados para fins de reprodução, obtidos em apostas, dados como presente de casamento, legados a herdeiros, separados do cônjuge ou dos filhos e entregues para cobrir uma dívida do proprietário, usados para criar despeito num rival ou para firmar um acordo patrimonial. Eram sistematicamente açoitados, estuprados e marcados a ferro, submetidos a qualquer capricho ou destempero daqueles a quem pertenciam. Alguns eram castrados ou sofriam torturas pavorosas demais para serem descritas nestas páginas, torturas que as Convenções de Genebra teriam banido como crimes de guerra se tivessem sido aplicadas a pessoas de ascendência africana em solo americano.

Antes que houvesse os Estados Unidos da América, houve a escravização. Foi uma morte em vida transmitida por doze gerações.

"O escravo está condenado a labutar para que outros possam colher os frutos": foi assim que o autor de uma carta, identificando-se como juiz Ruffin, expôs o que viu no Sul Profundo.[10]

"O escravo está totalmente submetido à vontade de seu senhor", declarou William Goodell, pastor que escreveu uma crônica sobre a instituição da escravidão nos anos 1830. "O que [o senhor] decide lhe infligir, ele deve suportar. Não pode jamais erguer a mão para se defender. Não pode pronunciar nenhuma palavra de protesto. Não tem direito a nenhuma proteção ou reparação", menos ainda que os animais no campo. Os escravos eram vistos como "incapazes de ser feridos", escreveu Goodell. "Podem ser punidos à vontade por seu senhor ou mesmo condenados à morte por ordem dele."[11]

Para se ter uma ideia do nível de exploração, observe-se que a Carolina do Sul, assim como outros estados escravocratas, finalmente decidiu, em 1740, limitar a jornada de trabalho dos afro-americanos escravizados a quinze horas diárias nos meses de março a setembro e a catorze horas diárias nos meses de setembro a março, o dobro da jornada regular de seres humanos que eram pagos para trabalhar. Naquela mesma época, o serviço forçado dos prisioneiros condenados por crimes era limitado a um máximo de dez horas diárias. Que ninguém diga que os afro-americanos, como grupo, não trabalharam pelo nosso país.[12]

Para o esforço incessante das horas despertas, muitos subsistiam com cerca de 7,5 quilos semanais de milho, que precisavam triturar à mão, à noite, após a faina no campo. Alguns donos chegavam até a lhes negar isso, como forma de castigá-los, e o consumo de carne lhes era permitido apenas uma vez por ano. "Mal lhes permitiam catar as migalhas que caíam da mesa de seus donos", escreveu George Whitefield.[13] O roubo de alimento era "crime, punido com chicotadas".

"Seus escravos, creio eu, trabalham tanto, se não mais, quanto os cavalos que vocês montam", escreveu Whitefield numa carta aberta às colônias de Chesapeake em 1739. "Estes, depois de terminar o trabalho, são alimentados e devidamente tratados."[14]

Os escravizadores oprimiam seus cativos para extrair o maior lucro possível, açoitando os que se mostravam incapazes de alcançar metas impossíveis e açoitando ainda mais os que se mostravam capazes de cumpri-las, buscando extrair mais de seus corpos exaustos.

"O açoitamento foi uma forma inicial de violência que levou a níveis estranhamente criativos de sadismo", escreveu o historiador Edward Baptist. Os escravizadores usavam "todos os métodos modernos de tortura", observou ele, desde a mutilação a técnicas de afogamento simulado.[15]

Com a escravidão, os escravizadores passaram a estar entre as pessoas mais ricas do mundo, tendo "condições de converter uma pessoa em dinheiro no prazo mais curto possível". Contudo, desde a época da escravidão, os sulistas minimizavam os horrores que infligiam e aos quais tinham se acostumado. "Ninguém", escreveu Baptist, "estava disposto a admitir que vivia numa economia cujo mecanismo de base era a tortura."

A IMENSA MAIORIA DOS AFRO-AMERICANOS que aqui viveram nos primeiros 246 anos dessa terra que agora são os Estados Unidos vivia sob o terror de pessoas que detinham poder absoluto sobre seus corpos e até sobre suas vidas, sujeitos a pessoas que não sofriam nenhuma sanção por qualquer atrocidade que pudessem praticar.

"Esse fato é de grande importância para o entendimento do conflito racial", escreveu o sociólogo Guy B. Johnson, "pois significa que os brancos, durante o longo período da escravidão, se acostumaram à ideia de 'controlar' a insolência e a insubordinação dos pretos pela força, com o consentimento e a aprovação da lei."[16]

A escravidão, assim, distorceu o equilíbrio de poder a tal ponto que fez com que a degradação de casta se afigurasse normal e correta. "Nas casas mais refinadas, volta e meia se ouvia o som de correntes e grilhões se arrastando, o uivar dos cães de caça, o disparo de pistolas no rastro do fugitivo", escreveu o autor sulista Wilbur J. Cash. "E, como provam de modo incontestável os anúncios da época, eram comuns a mutilação e a marca do ferro em brasa."[17]

As pessoas de sociedade mais respeitadas e benevolentes supervisionavam os campos de trabalho forçado eufemisticamente chamados de plantations [latifúndios ou fazendas de monocultura], onde se concentravam centenas de prisioneiros desprotegidos cujo único crime era terem nascido com pele escura. Mães e pais bondosos e amorosos, pilares de suas comunidades, infligiam pessoalmente torturas horrendas a seus semelhantes.

"Não existe praticamente linguagem alguma", escreveu James Baldwin, "para os horrores da vida do negro americano."[18]

Foi isso que os Estados Unidos foram durante a maior parte de sua existência. Para se ter uma medida do longo tempo da escravidão no país, basta observar que 2022 marcará o primeiro ano em que a idade do país, como nação independente, empatará com o tempo de duração da escravidão em seu solo. Nenhum adulto dos dias de hoje viverá para ver o ano em que os afro-americanos, como grupo, estarão libertos pelo mesmo tempo durante o qual estiveram escravizados. Isso só acontecerá em 2111.[19]

Foi preciso haver uma Guerra Civil, a morte de 750 mil soldados e civis,[20] o assassinato de um presidente, Abraham Lincoln, e a aprovação da Décima Terceira Emenda para que a instituição da escravidão nos Estados Unidos da América chegasse ao fim. Durante um breve intervalo, o período de doze anos conhecido como Reconstrução, o Norte procurou reconstruir o Sul e ajudar os 4 milhões de escravos recém-libertados. Mas em 1877, por razões de conveniência política, o governo federal recuou, deixando os integrantes da casta subordinada nas mãos das mesmas pessoas que os haviam escravizado.

Agora, ressentidos com a derrota na guerra, os integrantes da casta dominante lançavam sua hostilidade sobre a casta subordinada com novas torturas e violências, a fim de restaurar sua soberania num sistema de castas reconstituído.

A casta dominante concebeu um labirinto de leis para manter os recém-libertos ainda mais presos no escalão inferior, enquanto uma nova pseudociência popular, chamada eugenia, se dedicava a justificar a renovada degradação. Os integrantes do escalão inferior podiam ser espancados ou mortos impunemente por qualquer transgressão do sistema de castas, como, por exemplo, não sair da calçada rápido o suficiente ou tentar votar.

Os colonizadores tomaram decisões que criaram o sistema de castas muito antes da chegada dos antepassados da maioria das pessoas que hoje se identificam como americanas. Eles controlavam todos os recursos — se, como e quando um negro comia, dormia, se reproduzia ou vivia — e criaram uma casta de pessoas que, por definição, seriam vistas como ignorantes, pois era ilegal ensiná-las a ler ou a escrever; preguiçosas, para justificar o chicote; imorais, para justificar o estupro e a reprodução forçada; e criminosas, porque transformaram a reação natural ao sequestro, aos açoitamentos e à tortura — o impulso humano de se defender ou fugir — em crime, caso a pessoa fosse negra.

Assim, cada novo imigrante — os antepassados da maioria dos americanos de hoje — ingressava numa hierarquia preexistente, de construção bipolar, surgida da escravidão, que lançava os extremos da pigmentação humana em polos opostos. Cada imigrante precisava entender onde e como se posicionar na hierarquia da nova terra. Oprimidos de todo o mundo, sobretudo da Europa, passavam por Ellis Island, abandonavam a antiga identidade e, muitas vezes, o antigo nome para serem admitidos na poderosa maioria dominante.

A certa altura da jornada, os europeus se tornaram algo que nunca tinham sido antes, nem jamais tinham precisado ser. De tchecos, húngaros ou poloneses passaram a ser brancos, designação política que só tem sentido quando é contraposta a algo não branco. Ingressaram assim numa nova invenção, uma categoria geral para qualquer pessoa que viesse da Europa para o Novo Mundo. Segundo Ian Haney López, em seus estudos sobre direito e imigração, os alemães foram aceitos como parte da casta dominante nos anos 1840, os irlandeses entre os anos 1850 e os 1880, e os europeus meridionais e orientais no começo do século XX. Ao se tornarem americanos, se tornavam brancos.

"Na Irlanda ou na Itália", escreveu López, "entre quaisquer identidades sociais ou raciais que essas pessoas pudessem ter tido, não se incluía a de branco."[21]

Sérvios e albaneses, suecos e russos, turcos e búlgaros, povos que podiam ter guerreado entre si agora se fundiam, não por terem em comum uma cultura étnica, uma língua, uma religião ou uma origem nacional, mas exclusivamente por parecerem adequados para reforçar a casta dominante na hierarquia.

"Ninguém era branco antes de vir para os Estados Unidos", disse James Baldwin certa vez.[22]

O passaporte para a casta dominante era a origem geográfica. "A experiência dos imigrantes europeus foi decisivamente moldada por seu ingresso numa arena onde a europeidade — isto é, a branquitude — estava entre os bens mais importantes que uma pessoa podia reivindicar", escreveu Matthew Frye Jacobson, historiador de Yale. "Era sua branquitude, e não qualquer espécie de magnanimidade do Novo Mundo, que abria o Portão Dourado."[23]

Para conquistar a aceitação, cada nova leva de imigrantes tinha de concordar com um pacto tácito e silencioso por meio do qual se separava e se distanciava da casta inferior estabelecida. Tornar-se branco significava se definir o mais longe possível de seu oposto — o negro. Os imigrantes podiam consolidar sua nova posição observando como a casta mais baixa era vista e imitando ou intensificando o desdém e o desprezo por ela, aprendendo os epítetos, somando-se à violência contra ela, tornando-se, assim, dignos de ser aceitos na casta dominante.

Eles podiam ter chegado como inocentes neutros, mas, se quisessem sobreviver na nova terra, eram forçados a escolher um lado. Nos Estados Unidos, tinham de aprender a ser brancos. Assim, os imigrantes irlandeses, que ao chegar não tinham nada contra nenhum grupo e estavam eles próprios fugindo da fome e da perseguição que sofriam nas mãos dos britânicos, foram lançados contra os residentes negros ao serem recrutados para combater numa guerra sobre a escravidão, uma guerra que não fora causada por eles e não lhes trazia qualquer proveito.

Incapazes de atacar as elites brancas que os enviavam à guerra e haviam proibido o alistamento de homens negros, os imigrantes irlandeses dirigiram sua frustração e raiva contra os bodes expiatórios que, como agora sabiam, eram inferiores a eles na hierarquia americana. Assim, penduraram negros em postes e queimaram até o chão qualquer coisa associada à população negra — casas, lojas, oficinas, igrejas, até mesmo um orfanato — durante os motins do recrutamento de 1863, considerado o maior motim racial na história americana.[24] Um século depois, num episódio ainda vivo na memória, cerca de 4 mil imigrantes italianos e poloneses tiveram um acesso de fúria quando um veterano negro tentou se mudar com a família para o subúrbio totalmente branco de Cicero, em Illinois, em 1951. A hostilidade em relação à casta mais baixa passou a fazer parte do rito de iniciação na cidadania americana.

Assim, as pessoas que descendiam de africanos se tornaram o elemento unificador de contraste na consolidação do sistema de castas, o parâmetro com que todos os outros avaliavam favoravelmente a si mesmos. "Não foi apenas o fato de que o sucesso econômico dos vários grupos de imigrantes brancos se deu em detrimento dos não brancos", escreveu Jacobson, "e sim que esses grupos devem em parte sua própria branquitude, agora estabilizada e amplamente reconhecida, aos grupos não brancos."[25]

A INSTITUIÇÃO ESCRAVISTA CRIOU uma distorção mutiladora das relações humanas, em que as pessoas de um dos lados eram obrigadas a desempenhar o papel de subserviência e sublimar qualquer talento inato ou inteligência de que podiam ser dotadas. Elas tinham de sufocar a dor pela perda de filhos ou cônjuges que ainda estavam vivos, mas de certa forma tinham morrido, pois lhes haviam sido arrancados para nunca ser vistos novamente, por obra das mesmas pessoas de que dependiam para sobreviver — e a recompensa era talvez não serem açoitadas naquele dia, ou talvez não serem afastadas de um filho ou filha remanescente.

Os membros da casta dominante, por sua vez, viviam na ilusão de uma superioridade genuína sobre todos os demais grupos humanos, dizendo a si mesmos que as pessoas que obrigavam a trabalhar por até dezoito horas por dia, sem o pagamento a que qualquer um tinha o direito, não eram de fato pessoas, mas animais, criaturas pueris, nem homens nem mulheres, e que as mostras de servilidade extraídas à base do chicote eram expressões de respeito e admiração por sua grande glória inata.

Essas relações desfiguradas eram transmitidas ao longo das gerações. As pessoas que haviam sido postas por seus antepassados no topo da hierarquia se acostumaram à deferência imerecida do grupo subjugado, e passaram a esperá-la. Diziam a si mesmas que aqueles abaixo delas não sentiam dor nem sofrimento, sendo máquinas degradadas que apenas aparentavam ser humanas e às quais se podia infligir qualquer atrocidade. As pessoas que se diziam essas coisas estavam mentindo para si mesmas. Em certa medida, suas vidas não passavam de uma grande mentira. Ao desumanizar aqueles que consideravam como animais, elas desumanizavam a si mesmas.

Os americanos de hoje herdaram essas regras distorcidas de relacionamento, quer suas famílias tenham ou não escravizado seres humanos, ou mesmo morado nos Estados Unidos. A escravidão construiu o abismo, feito pela mão humana, entre negros e brancos, o qual obriga as castas médias de asiáticos, latinos, indígenas e novos imigrantes de ascendência africana a se moverem dentro de algo que se iniciou como uma hierarquia bipolar.

Os recém-chegados aprendem a buscar os favores da casta dominante e a se distanciar dos da casta inferior, como se todos estivessem sob o controle de um dramaturgo invisível. Aprendem a se adequar aos ditames da casta dominante caso queiram prosperar em sua nova terra, e o atalho para isso passa pela criação de um contraste entre eles e a casta degradada mais baixa, pelo uso da casta inferior como contraste histórico para crescerem numa economia árdua, em que prevalece o princípio do cada um por si.

No final dos anos 1930, enquanto a guerra e o autoritarismo fermentavam na Europa, o sistema de castas nos Estados Unidos estava em plena forma, em seu terceiro século. Seus princípios de funcionamento eram evidentes por todo o país, mas a casta vigorava sem misericórdia no regime segregacionista autoritário da ex-Confederação.

"A casta no Sul", escreveram os antropólogos W. Lloyd Warner e Allison Davis, "é um sistema para definir arbitrariamente a posição de todos os negros e de todos os brancos em relação aos privilégios e oportunidades mais fundamentais da sociedade humana."[26] Ela viria a ser o modelo social, econômico e psicológico vigente, em maior ou menor grau, ao longo de gerações.

Alguns anos atrás, uma dramaturga nascida na Nigéria foi assistir a uma palestra minha na Biblioteca Britânica, em Londres. Ela ficou intrigada ao ouvir que 6 milhões de afro-americanos precisaram buscar asilo político dentro das fronteiras de seu próprio país durante a Grande Migração, história que não conhecia. Ela veio conversar comigo após a apresentação e me disse uma coisa da qual jamais me esqueci, que me surpreendeu pela simplicidade.

"Você sabe que não existem negros na África, não é?", perguntou.

Os americanos em geral, alimentados desde o berço com o mito de que é possível traçar linhas divisórias entre os seres humanos, ficariam perplexos diante dessa afirmativa. Ela parece absurda a nossos ouvidos. Claro que há negros na África. Há um continente inteiro de negros na África. Como não enxergar isso?

"Os africanos não são negros", disse ela. "São ibos e iorubás, jejes, acãs, ndebeles. Não são negros. São apenas eles mesmos. São seres humanos na Terra. É assim que eles se veem e é o que são."

O que tomamos como evangelho na cultura americana é desconhecido para eles, ela comentou.

"Eles só se tornam negros quando vão para os Estados Unidos ou vêm para o Reino Unido", disse ela. "É aí que se tornam negros."

Foi na formação do Novo Mundo que os europeus se tornaram brancos, os africanos negros e todos os outros amarelos, vermelhos ou pardos. Foi na formação do Novo Mundo que os seres humanos foram separados pela aparência, identificados exclusivamente pelo contraste entre si e classificados para formar um sistema de castas baseado num novo conceito, chamado raça. Foi no processo de classificação que todos nós fomos designados para papéis que atendessem às necessidades da peça como um todo.

Não somos nós mesmos, nenhum de nós.

5. "A caixa que construímos para você"

O NOME DELA É MISS [SENHORITA]. Apenas Miss. É Miss por uma razão. Ela nasceu no Texas nos anos 1970, de pais que chegaram à idade adulta durante o regime segregacionista autoritário que lançou regras básicas para todo um país que as recebeu de bom grado. A grande regra geral era que a casta mais baixa devia permanecer baixa em todos os aspectos por todos os tempos, a qualquer custo. Qualquer referência a ela devia ter como objetivo reforçar sua inferioridade. Ao descrever um acidente de trem, por exemplo, os jornais noticiavam: "Morreram dois homens, duas mulheres e quatro negros".[1] Os homens negros nunca deviam ser tratados por "senhor", nem as mulheres negras por "senhora" ou "senhorita", e sim pelo primeiro nome, ou por "tia" ou "menina", qualquer que fosse sua idade ou estado civil.

Essas regras eram tão básicas quanto a mudança das estações, e uma disputa para a prefeitura de Birmingham, no Alabama, girou quase inteiramente em torno da violação de um protocolo sacrossanto. O chefe de polícia supremacista, Bull Connor, tinha um favorito naquela disputa eleitoral de 1961 e resolveu garantir a eleição do homem que queria que ganhasse, montando um ardil para o homem que queria que perdesse. Ele pagou um negro para apertar a mão do candidato adversário em público, enquanto um fotógrafo permanecia à espreita. O caso ocupou uma página inteira num jornal local, e o adversário perdeu a eleição, como Bull Connor sabia que aconteceria. Para os sulistas brancos, era um "pecado capital", era "excruciante", escreveu o historiador Jason Sokol, "chamar um negro de 'senhor' ou trocar um aperto de mão com ele".[2]

Um garoto que morava 150 quilômetros mais ao sul, em Selma, via gente branca, completos desconhecidos e até crianças tratarem sua mãe e sua avó pelo primeiro nome. Apesar do porte aprumado, das luvas impecáveis e das roupas finas, elas diziam "Pearlie!" para chamar sua mãe, em vez de "sra. Hale". Harold Hale passou a odiar essa pretensão de familiaridade excessiva, de quererem pôr sua mãe e sua avó, que tinham princípios morais tão elevados, no devido lugar e, pior ainda, saber que não havia nada que ele pudesse fazer a respeito.

No começo de 1965, o dr. Martin Luther King chegou à cidade. Fazia cem anos que a Guerra Civil terminara e a casta subordinada ainda não podia votar, apesar de a Décima Quinta Emenda conceder esse direito. Harold Hale se alistou na passeata que o dr. King planejava fazer entre Selma e Montgomery.

A ponte Edmund Pettus, que eles teriam de atravessar para iniciar a marcha, ficava a algumas quadras da casa de Hale. Quando ele e os outros seiscentos manifestantes chegaram para cruzá-la a pé, uma coluna de soldados a cavalo bloqueou o caminho. Os soldados investiram contra os manifestantes. Lançaram gás, espancaram e pisotearam, "arremetendo com os cavalos, os cascos passando por cima dos caídos", nas palavras do escritor George B. Leonard, que assistiu horrorizado às cenas em sua tevê em preto e branco. A ABC News havia interrompido *Julgamento em Nuremberg*, um filme sobre os crimes de guerra nazistas, para transmitir as cenas granuladas de Selma, um pesadelo se fundindo no outro.[3]

O adolescente Hale, que estava distante dos líderes na linha de frente, saiu ileso fisicamente. Mas sua preocupação, agora, era quanto tempo levaria até ocorrer uma mudança. Foi nesse momento que ele tomou uma decisão: obrigaria a classe dominante a respeitar a próxima geração de sua família. Ele decidiu que enfrentaria o sistema de castas dando à sua primeira filha, quando essa dádiva lhe viesse, o nome de Miss. Não concederia a ninguém da casta dominante outra opção a não ser chamá-la pelo tratamento que haviam negado à mãe e à avó. Quando a menina nasceu, sua esposa, Linda, concordou com a ideia.

Miss estava agora sentada diante de mim, numa noite de verão, à sua mesa de jantar com toalha de renda. A lasanha e a torta de morango já haviam sido retiradas. As crianças e o marido estavam ocupados com outras coisas e ela me contava sua vida, no Norte e no Sul, e como os sonhos de seu pai geravam atritos de casta quando ela se movimentava pelo mundo.

Havia um açucareiro de porcelana branca entre nós, sobre a mesa. Miss passou a mão por cima dele.

"Acho que os brancos me tratam bem", disse ela, "desde que eu fique em meu lugar. Desde que eu fique dentro da 'caixa que construímos para você'."

Ela deu batidinhas na lateral do açucareiro, batidinhas leves e insistentes.

"Na hora em que saio da caixa", disse ela, levantando a tampa do açucareiro, "é um problema."

Miss ergueu a tampa contra a luz e então a colocou de volta no lugar.

Quando ela era pequena, sua família se mudou para uma cidadezinha no leste do Texas. Era a única família negra no quarteirão. Seu pai gostava de manter o jardim da frente impecável e cuidava dele nos momentos de folga. Trocava as plantas nos canteiros de flores durante a noite, para que as pessoas, ao acordar, tivessem a surpresa de ver um jardim praticamente novo. Um dia, um branco que morava na vizinhança viu o pai de Miss aparando a grama. Depois de elogiar seu trabalho, perguntou quanto cobrava pelo serviço de jardinagem.

"Ah, não cobro nada", respondeu Harold Hale. "Durmo com a senhora da casa."

E sorriu para o homem, acrescentando:

"Moro aqui."

Quando a notícia se espalhou, várias pessoas pegaram seus tacos de beisebol e derrubaram a caixa de correio na frente do jardim bem cuidado dos Hale. Então Harold Hale cimentou a nova caixa de correio na calçada. Um dia, alguém passou de carro e tentou derrubá-la outra vez pela janela do automóvel; a família, dentro de casa, ouviu um berro do lado de fora.

"A pessoa tinha machucado o braço ao golpear a caixa de correio nova", disse Miss. "Mas ela estava cimentada no chão e o taco bateu de volta na pessoa."

Depois disso, deixaram a caixa de correio em paz.

As escolas de ensino médio locais começaram a permitir que as duas castas estudassem juntas no início dos anos 1970, antes da chegada dos Hale. Quando Miss estava no segundo ano, ela e os amigos atraíram uma atenção inesperada por conta dos walkie-talkies que usavam para se encontrar. Isso foi antes dos celulares, e permitia que ela se comunicasse com os amigos, que se reuniam em frente ao armário dela durante os intervalos. Um dia, ela foi chamada à sala do diretor. Ele estava desconfiado daquela atividade, queria saber por que aqueles jovens se reuniam perto do seu armário. Ela lhe mostrou o aparelho.

O diretor então perguntou seu nome.

"Miss Hale", respondeu ela.

"Qual é o seu primeiro nome?"

"É Miss."

"Perguntei qual é o seu primeiro nome."

"Meu nome é Miss."

"Não tenho tempo para brincadeiras. Qual é o seu nome de verdade?"

Ela repetiu o nome que seu pai lhe dera. O diretor agora estava nervoso e mandou um assistente ir pegar seus registros. Os registros confirmaram o nome.

"Hale, Hale...", repetia o diretor para si mesmo, tentando descobrir as origens dessa quebra de protocolo.

Nas cidadezinhas do Sul, os brancos conheciam ou imaginavam conhecer todos os negros, os quais, em sua maioria, dependiam da casta dominante de uma forma ou de outra para ter renda ou sobreviver. Ele estava tentando descobrir qual família negra havia tido o desplante de dar à filha o nome de Miss, sabendo do embaraço que isso criaria para os brancos.

"Hale... Não conheço nenhum Hale", disse por fim. "Vocês não são daqui. De onde é seu pai?"

"Do Alabama."

"Para quem ele trabalha?"

Ela lhe disse o nome da empresa, que ficava fora do Texas. E acrescentou que era uma das quinhentas mais ricas do país, segundo a revista *Fortune*. Os pais lhe haviam ensinado a mencionar o fato, na esperança de que isso servisse como proteção adicional.

"Eu sabia que vocês não eram daqui", disse o diretor. "Sabe como eu sei?"

Ela balançou a cabeça, esperando ser liberada.

"Você me olhou nos olhos enquanto eu falava", disse, citando a transgressão de casta. "Gente preta daqui sabe que isso não se faz."

Por fim ela foi liberada; quando chegou em casa naquele dia, contou ao pai o que havia acontecido. Ele aguardara vinte anos por esse momento.

"O que ele disse? E aí, o que você disse? E então o que ele disse depois?"

O pai mal podia se conter. O plano estava dando certo.

Ele sempre lhe dizia que ela devia viver à altura do nome que recebera.

"Eles não detêm o controle sobre a humanidade", ele lhe ensinou. "Não detêm o controle sobre a feminilidade. Não detêm o controle sobre tudo o que significa ser uma integrante feminina sadia, admirável, nobre e respeitável da espécie. Não têm controle sobre isso."

Anos depois, Miss teve a oportunidade de conhecer a vida em outra parte do país. Na faculdade, foi convidada a passar o verão com a família de uma colega em Long Island, em Nova York. Foi bem recebida pela família, que achou divertida a história de seu nome e a desforra de sua família contra os fanáticos do Sul.

A jovem era atenciosa com a avó da família, que criou grande afeição por ela. Miss tinha maneiras graciosas e descontraídas e era respeitosa com os mais velhos, seguindo a longa tradição da vida sulista negra. Quando o verão terminou e chegou a hora de voltar para a escola, a avó, que se apegara muito a ela, ficou triste com a partida.

"Eu gostaria que você ficasse", disse a matriarca, parecendo abatida e ainda esperando convencê-la.

Miss lembrou a ela que precisava ir embora.

"Houve um tempo", disse a matriarca, em tom de advertência e pesar, "em que eu poderia obrigá-la a ficar."

Ela se recompôs, a voz baixa diante de sua impotência...

CADA UM DE NÓS ESTÁ em algum tipo de caixa. O rótulo indica ao mundo o que se supõe que esteja ali dentro e o que cabe fazer com aquilo, em qual prateleira a caixa deve ficar. Num sistema de castas, em geral o rótulo não condiz com o conteúdo, a caixa é colocada por engano na prateleira errada e isso fere as pessoas e as instituições de formas que nem sempre percebemos.

Antes da Amazon e dos iPhones, eu era correspondente nacional do *New York Times* em Chicago. Tinha resolvido fazer uma matéria leve e alegre sobre a Magnificent Mile, um trecho nobre da avenida Michigan que sempre fora a vitrine da cidade e que agora abrigaria alguns nomes famosos de Nova York e de outros lugares. Imaginei que os lojistas de Nova York gostariam de dar um depoimento. Depois de planejar a matéria, entrei em contato com eles para marcar a entrevista. Todos com quem falei pelo telefone ficaram entusiasmados com a ideia de comentar suas incursões em Chicago e conversar com o *Times*.

As entrevistas saíram conforme o esperado, até que chegou a última. Eu tinha chegado alguns minutos antes para garantir que começaríamos pontualmente, por causa do prazo para entregar a matéria.

A loja estava vazia naquele horário tranquilo de final da tarde. Uma assistente me disse que o gerente havia tido outro compromisso, mas já ia chegar. Respondi que esperaria, sem problemas. Estava feliz em ter mais um nome famoso na matéria. A assistente foi para um canto no fundo e fiquei sozinha no showroom aberto. Um homem de terno e sobretudo entrou, afobado e ofegante. Do canto onde estava, a assistente me fez sinal com a cabeça indicando que era o gerente, e assim fui me apresentar, para começarmos a entrevista. Ele estava sem fôlego, tinha vindo correndo. Ainda de sobretudo, consultou o relógio.

"Ah, não posso falar com você agora", disse, passando por mim. "Estou muito ocupado. Estou atrasado para um compromisso."

Na hora, fiquei um pouco confusa. Será que ele havia marcado outro compromisso para o mesmo horário? Por que marcaria dois compromissos ao mesmo tempo? Na loja estávamos nós dois e a assistente, e mais ninguém.

"Acho que seu compromisso é comigo", falei.

"Não, é um compromisso muito importante com o *New York Times*", respondeu ele, tirando o sobretudo. "Não posso falar com você agora. Vai ter de ficar para outra hora."

"Mas estou aqui pelo *New York Times*", falei, de caderno e caneta na mão. "Nós conversamos pelo telefone e marcamos uma entrevista para as quatro e meia."

"Como você se chama?"

"Isabel Wilkerson, do *New York Times*."

"E como posso ter certeza disso?", retrucou ele, impaciente. "Escute, eu já disse que não tenho tempo de falar com você agora. Ela vai chegar a qualquer instante."

Ele olhou para a porta e voltou a consultar o relógio.

"Mas eu sou a Isabel. Já devíamos ter começado a entrevista."

Ele soltou um suspiro e perguntou:

"Você tem algum tipo de identificação? Algum cartão de visita?"

Aquela era a última entrevista para a matéria, e a essa altura eu já tinha distribuído todos os meus cartões.

"Passei o dia fazendo entrevistas", respondi. "Já não tenho mais nenhum."

"E documento de identidade? Tem carteira de motorista?"

"Eu não devia ter que lhe mostrar a minha carteira, mas aqui está."

Ele deu uma olhada rápida.

"Você não tem nada que traga o nome *New York Times*?"

"E por que outra razão eu estaria aqui se não fosse para entrevistá-lo? Já se passou um bom tempo, estamos parados aqui e não apareceu mais ninguém."

"Ela deve ter se atrasado. Vou lhe pedir para ir embora, preciso me preparar."

Saí e voltei para a redação do *Times*, perplexa e furiosa, tentando entender o que tinha acabado de acontecer. Era a primeira vez que me acusavam de me passar por mim mesma. As noções de casta daquele homem, sobre quem devia fazer o que na sociedade, o tinham cegado a tal ponto que ele descartara a ideia de que a repórter que aguardava tão ansiosamente, com quem estava tão animado para conversar, estava bem ali na sua frente. Pelo visto, não lhe passou pela cabeça que uma correspondente do *New York Times* podia vir numa caixa como a minha, apesar de todas as indicações de que eu era ela.

A matéria saiu naquele domingo. Como não consegui entrevistá-lo, ele não foi mencionado. Teria sido uma boa publicidade, mas as outras entrevistas deram conta do recado. Enviei-lhe um recorte da matéria com o cartão de visita que ele havia pedido. Até hoje não ponho os pés naquela loja. Não vou citar o nome, não por censura ou vontade de proteger a reputação de uma empresa, mas por causa de nossa tendência cultural de imaginar que, ao identificarmos uma conduta ofensiva tida como um caso isolado, teremos erradicado o problema. O problema poderia ter acontecido em qualquer lugar, porque o problema, na verdade, está na raiz.

6. A medida da humanidade

Num universo paralelo com leis naturais semelhantes às nossas, um povo conquistador com armamentos poderosos atravessou os oceanos e encontrou um povo de aparência diferente. Eles ficaram perplexos ao encontrar seres humanos que os sobranceavam, que eram mais altos do que qualquer um que já tinham visto antes. Não sabiam o que fazer com a descoberta. Até então, pensavam-se e tomavam-se como o padrão da existência humana. Mas o povo indígena que viam agora estava no limite máximo de um traço humano específico: a altura. Mesmo as mulheres tinham em média mais de 1,80 metro, e alguns homens passavam dos dois metros. Os exploradores poderosamente armados eram o contrário. Tinham armas letais e um corpo mais próximo do chão.

Nesse momento da história humana, quando o mundo era disputado por tribos rivais de indivíduos bem armados, dois povos que estavam nos extremos de uma característica humana claramente visível, porém arbitrária — ser alto ou baixo —, se confrontavam pela primeira vez. Uma tribo dos mais baixos seres humanos agora estava diante dos mais altos. Os que tinham as armas mais desenvolvidas prevaleceram e encontraram uma utilidade para o povo alto. Resolveram transportá-lo para o Novo Mundo que estavam criando.

Eles juntaram forças com outros baixotes do mundo, formando uma causa comum. Com seus estratagemas e armas superiores, conquistaram os altos, escravizaram-nos por um quarto de milênio e construíram uma grande democracia. Diziam a si mesmos que era isso que os altos mereciam, pois eram incultos, atrasados, inferiores, não tinham utilizado suas forças e recursos. Eles constituíam uma espécie totalmente diferente, nascida para servir aos conquistadores, merecedora de sua degradação. Uma raça separada e subordinada.

A história dessa conquista soa totalmente descabida a nossos ouvidos, não porque não tenha ocorrido, mas porque parece absurdo usar a altura como parâmetro para classificar a humanidade e determinar a raça.

Podíamos ter sido divididos por qualquer outro traço. No entanto, a altura, assim como a pigmentação da pele, é um traço esmagadoramente hereditário, controlado por nada menos que 80% dos genes do indivíduo e de grande regularidade em grupos familiares e tribais.[1] Tal como a pigmentação da pele, a altura se insere num amplo espectro entre os adultos da espécie: a maioria das pessoas se encontra no meio, e há casos extremos nos dois polos, desde um máximo de 2,10 metros para indivíduos adultos a um mínimo que não chega a 1,20 metro. Se a altura fosse o parâmetro para determinar a raça, arbitrário como muitos outros e menos arbitrário do que alguns tantos, os holandeses dos Países Baixos seriam da mesma "raça" dos nilotas do Sudão do Sul ou dos tútsis de Ruanda, pois todos eles estão entre os mais altos de nossa espécie — mesmo as mulheres estão em média bem acima de 1,80 metro. No outro extremo, os pigmeus e os sardos seriam para eles uma "raça" separada, pois estão historicamente entre os seres humanos mais baixos.

Se o comportamento de casta atual servisse de guia para alguma coisa, todas as demais pessoas ficariam no meio, talvez querendo agradar à estatura que estivesse no poder, usando salto alto e plataforma se fossem os altos no comando, gabando-se de que a estatura elevada corria no sangue de suas famílias, escolhendo as pessoas mais altas para namorar e casar, a fim de obter as vantagens da casta dominante. Os estereótipos se cristalizariam, como já ocorre com os dois extremos da altura, mas se engrandeceriam para justificar a posição alta ou baixa do grupo que estivesse no poder.

Num sistema de castas dominado por pessoas baixas, qualquer pessoa da raça subordinada do povo alto seria vista depreciativamente como mera massa física, destinada a posições reles e servis, prestando-se apenas ao entretenimento ou à servidão. As pessoas baixas seriam congenitamente aptas para a liderança, devido à pretensa inteligência inata e à suposta cultura, admiradas pela longevidade tida como concomitante à estatura menor, vistas como padrão de beleza, como molde exemplar do ser humano.

As pessoas altas seriam levadas a se sentir inseguras e acanhadas, feias e desengonçadas, por terem nascido no extremo oposto do ideal. A sociedade suporia que qualquer pessoa alta era boa nos esportes e no trabalho físico, tivesse ou não interesse ou aptidão para eles. Os cientistas conceberiam testes para medir diferenças entre altos e baixos além da estatura, testes que rastreariam à exaustão os resultados das vantagens ou da exclusão ao longo das gerações e decerto confirmariam os pressupostos amplamente partilhados sobre a supremacia intrínseca dos baixos e as lamentáveis deficiências dos altos. Seriam poucas as pessoas altas nas diretorias e nos corredores do poder, e haveria uma quantidade desproporcional delas nas prisões e nas ruas. Ser alto indicaria ser inferior num sistema de castas dirigido por pessoas baixas, e vice-versa.

Por mais absurdo que agora nos possa parecer, se a altura tivesse sido durante séculos o meio de classificar os seres humanos, tal como a cor da pele e os traços fisionômicos, as pessoas teriam aceitado isso como um senso comum quanto às leis da natureza. Pareceria ridículo que, num outro universo, as pessoas fossem divididas pela cor, visto que era claramente evidente que a altura era o fator determinante da beleza, da inteligência, da liderança e da supremacia. Se a ideia de vincular grupos díspares com base na característica arbitrária comum de serem extremamente altos ou baixos nos parece um disparate, é apenas porque não é essa a característica que tem sido usada para dividir os seres humanos em "raças" aparentemente imutáveis.

A ideia de raça é um fenômeno recente na história humana. Data do começo do tráfico escravo transatlântico e, portanto, do sistema subsequente de castas que surgiu a partir da escravidão. A palavra "raça" derivou provavelmente do espanhol *raza* e era de início utilizada para se referir à "'casta ou qualidade de cavalos autênticos', marcados a ferro para ser reconhecidos", escreveram os antropólogos Audrey e Brian Smedley. Ao explorar o mundo, os europeus começaram a usar o termo para se referir aos novos povos que encontravam. Por fim, "os ingleses na América do

Norte desenvolveram a forma mais rígida e excludente da ideologia de raça", escreveram os Smedley. "A raça na mentalidade americana era e é uma afirmação de diferenças profundas e intransponíveis [...]. Expressa o significado de uma distância social que não pode ser transposta."[2]

Há muito tempo os geneticistas e os antropólogos veem a raça como uma invenção humana sem qualquer base na ciência ou na biologia. O antropólogo Paul Broca, do século XIX, tentou usar 34 tons de cor de pele para traçar os contornos das raças, mas não conseguiu chegar a nenhuma conclusão.[3] Se todos os seres humanos do planeta fossem alinhados segundo um único traço físico, digamos, a altura ou a cor, em ordem crescente ou decrescente, dos mais altos para os mais baixos, dos mais escuros para os mais claros, teríamos dificuldade em definir a linha entre essas divisões arbitrárias. Um ser humano se fundiria no seguinte e seria praticamente impossível estabelecer um corte entre, digamos, o povo boxímane da África do Sul e o povo indígena ao longo do rio Marañón, no Peru, que nas medições científicas têm a mesma cor, muito embora vivam a milhares de quilômetros de distância entre si e não tenham antepassados imediatos em comum.

Como mostra da natureza aleatória dessas categorias, a utilização do termo "caucasiano" para rotular pessoas de ascendência europeia é uma prática relativamente nova e arbitrária na história. A palavra não veio da Antiguidade, mas nasceu da cabeça de um professor alemão de medicina, Johann Friedrich Blumenbach, em 1795.[4] Blumenbach passou décadas estudando e medindo crânios — testas, mandíbulas, cavidades oculares — na tentativa de classificar as variedades da espécie humana.

Ele cunhou o termo "caucasiano" com base num de seus crânios favoritos, que lhe chegara às mãos oriundo das montanhas do Cáucaso, na Rússia. Blumenbach o considerava o crânio mais belo que tinha. Assim, deu ao grupo a que pertencia o crânio, o dos europeus, o mesmo nome da região que produzira aquele exemplar. Foi assim que as pessoas agora identificadas como brancas receberam o nome de *caucasianas*, que tem uma ressonância científica, mas é aleatório. Mais de um século depois, em 1914, durante um processo para decidir a concessão de cidadania norte-americana, discutia-se se um sírio poderia ser caucasiano (e, portanto, branco), o que levou um especialista, em seu depoimento, a comentar a propósito da desconcertante e fatídica descoberta de Blumenbach: "Nunca uma cabeça causou tanto dano à ciência".[5]

O épico mapeamento do genoma humano e os resultados mais discretos e há tanto sonhados de kits de DNA encomendados a tempo para uma reunião de família nos mostraram que a raça, como viemos a saber, não é real. É uma ficção narrada por tanto tempo pelos seres humanos modernos que veio a ser vista como uma verdade sagrada.

Duas décadas atrás, as análises do genoma humano estabeleceram que todos os seres humanos são 99,9% iguais. "A raça é um conceito social, não científico", disse J. Craig Venter, o geneticista que dirigia o Celera Genomics quando o mapeamento foi concluído em 2000. "Todos nós evoluímos nos últimos 100 mil anos a partir do pequeno número de tribos que migraram da África e colonizaram o planeta."[6] Isso significa que todo um sistema racial de castas, o catalisador de ódios e guerras civis, foi montado a partir de "uma seleção arbitrária e superficial de traços", segundo os termos do antropólogo Ashley Montagu, derivados de alguns poucos genes entre os milhares que formam um ser humano. "A ideia de raça", escreveu Montagu, "foi, de fato, uma criação deliberada da classe exploradora procurando manter e defender seus privilégios contra aquela que era rentavelmente vista como uma casta inferior."[7]

Aceitamos a ilogicidade da raça porque são coisas que nos contaram. Vemos uma pessoa com pele mais branca do que a maioria das pessoas "brancas" e aceitamos que ela não é "branca" (e, portanto, pertence a uma outra categoria) porque apresenta uma ínfima diferença na dobra de suas pálpebras e porque, talvez, seus bisavós tenham nascido no Japão. Vemos uma pessoa cuja pele é de um marrom muito carregado, mais escura do que a pele da maioria das pessoas "negras" nos Estados Unidos, e aceitamos que ela, na verdade, não é "negra", de forma alguma é "negra" (e, portanto, pertence a uma categoria totalmente separada), porque tem cabelo menos crespo, com cachos mais soltos, e nasceu, talvez, em Madagascar. Temos de aprender essa ilogicidade. As crianças pequenas que ainda não aprenderam as regras descreverão as pessoas conforme as veem, e não segundo as designações políticas de negro, branco, asiático ou latino, até serem "corrigidas" pelos adultos, que lhes ensinam a usar as designações adequadas de casta para que o irracional pareça racional. A cor é um fato. A raça é uma construção social.

"Pensamos 'ver' a raça quando encontramos certas diferenças físicas entre as pessoas, tais como a cor da pele, o formato dos olhos e a textura do cabelo", escreveram os Smedley. "O que realmente 'vemos' […] são os significados sociais aprendidos, os estereótipos que foram associados a esses traços físicos pela ideologia de raça e pela herança histórica que ela nos legou."

Mesmo assim, observou o historiador Nell Irvin Painter, "os americanos se aferram à raça como os incultos se aferram à superstição".[8]

A PALAVRA "CASTA", que se tornou sinônimo de Índia, não se originou na Índia. Ela vem do português "casta", termo renascentista para "raça" ou "linhagem". Os portugueses, que estiveram entre os primeiros mercadores europeus no Sul da Ásia, aplicaram o termo ao povo indiano depois de observar as divisões hinduístas. Assim, uma palavra que atualmente atribuímos à Índia nasceu, na verdade, das interpretações que os europeus deram ao que viam, brotou da cultura ocidental que criou os Estados Unidos.

O conceito indiano dos graus hierárquicos, porém, remonta a muitos milênios no passado e é milhares de anos mais antigo do que o conceito europeu de raça. Os graus eram originalmente conhecidos como "varnas", o termo usado para as grandes categorias daquilo que os indianos, em séculos recentes, passaram a chamar de sistema de castas. O impulso humano de criar hierarquias atravessa as sociedades e as culturas, precede a ideia de raça, sendo, portanto, mais abrangente, mais profundo e mais antigo do que o puro e simples racismo e a divisão relativamente nova dos seres humanos pela cor da pele.

Antes que os europeus se expandissem para o Novo Mundo e se deparassem com pessoas de aparência diferente da deles, o conceito de racismo, tal como o conhecemos, não existia na cultura ocidental. "O racismo é uma concepção moderna", escreveu o historiador Dante Puzzo, "pois antes do século XVI não havia praticamente nada na vida e no pensamento do Ocidente que possa ser descrito como racista."[9]

A palavra com R

O que vemos em nossos dias não é o racismo clássico da época de nossos antepassados, mas uma mutação do programa que se adapta às necessidades atualizadas do sistema operacional. No meio século transcorrido desde que os protestos pelos direitos civis obrigaram os Estados Unidos a tornar ilegal a discriminação sancionada pelo Estado, o que os americanos consideram racismo mudou, e agora a palavra é uma das mais controversas e incompreendidas na cultura americana. Para a casta dominante, a palavra é radioativa — abominada, temida, negada, invertida e devolvida a quem ousa proferi-la. A resistência ao termo muitas vezes impede qualquer discussão do comportamento subjacente que ele pretende descrever, privando-o, assim, de significado.

Os cientistas sociais muitas vezes definem o racismo como uma combinação entre viés racial e poder sistêmico, vendo o racismo, assim como o sexismo, basicamente como a ação de pessoas ou sistemas com poder pessoal ou de grupo sobre outra pessoa ou grupo com menos poder, tal como os homens têm poder sobre as mulheres, os brancos sobre as pessoas de cor, os dominantes sobre os subordinados.

Mas, com o tempo, o racismo foi com frequência reduzido a um sentimento, a uma falha de caráter, combinado com o preconceito, usado para definir se determinado indivíduo é boa pessoa ou não. Passou a significar um ódio explícito e declarado a uma pessoa ou grupo por causa da raça que lhe é atribuída, perspectiva que poucos se disporiam a admitir. As pessoas podem reconhecer ou admitir que têm um viés sexista, xenófobo ou homofóbico, mas rejeitam imediatamente as acusações de racismo, dizendo que não têm "qualquer sombra de racismo" ou são "a pessoa menos racista que você vai encontrar na vida", que "não olham a cor", que seu "melhor amigo é negro", e até podem estar convencidas disso no plano da consciência.

O que significa *racista* numa época em que mesmo os extremistas não se reconhecem como tal? Qual é o teste decisivo para o racismo? Quem é racista numa sociedade em que alguém pode se recusar a alugar um imóvel a pessoas de cor, prender imigrantes pardos em massa ou exibir uma bandeira dos Confederados, mas não ser "declarado" como racista a menos que confesse ou seja flagrado usando sinais ou termos depreciativos? A fixação em desmascarar racistas e sexistas talvez seja uma batalha perdida, na qual somos tolamente levados a pensar que estamos erradicando a injustiça ao forçar uma admissão que (a) não é provável que ocorra; (b) mantém o foco num indivíduo isolado e não no sistema que criou esse indivíduo; (c) dá cobertura aos que, denunciando outros, podem invocar para si nobreza de caráter e ausência de preconceitos por terem apontado o dedo antes. Tudo isso mantém a hierarquia intacta.

Curiosamente, a vontade instintiva de rejeitar a própria ideia da discriminação com base num composto químico da pele é uma admissão inconsciente do absurdo da raça como conceito.

Isso não significa que as consequências dessa construção social não sejam reais ou que não se deva aplicar aos abusos a lei em toda a sua competência. Significa que a palavra "racismo" talvez não seja o único termo ou o termo mais adequado para descrever os fenômenos e as tensões que vivemos em nossa época. Em vez de utilizar o termo "racismo" como acusação contra um indivíduo, talvez seja mais construtivo se concentrar em ações depreciativas que prejudicam um grupo menos poderoso em lugar de em algo que é geralmente visto como um atributo fácil de negar e impossível de medir.

Sem nenhuma definição que tenha aceitação universal, podemos ver o racismo como um continuum em vez de um absoluto. Podemos dispensar o teste de pureza para determinar se uma pessoa é ou não racista e trocar essa mentalidade por uma que veja as pessoas como existindo numa escala baseada nas toxinas que absorveram do ar poluído e inescapável da instrução social que recebemos desde a infância.

A casta, por outro lado, é anterior à noção de raça e sobreviveu à era do racismo formal, patrocinado pelo Estado, que foi por muito tempo praticado abertamente na sociedade. A versão atual do racismo facilmente negável pode encobrir a estrutura invisível que criou e mantém a hierarquia e a desigualdade. Mas a casta não nos permite ignorar a estrutura. A casta *é* a estrutura. A casta é a gradação hierárquica. A casta são as fronteiras que reforçam os papéis estabelecidos com base na aparência das pessoas. A casta é uma entidade viva. É como uma corporação que procura se sustentar a qualquer custo. Para alcançar um mundo realmente igualitário, é preciso olhar mais a fundo e além do que pensamos ver. Não há como vencer um holograma.

A casta é a concessão ou a negação de respeito, posição, honra, atenção, privilégios, recursos, benefício da dúvida e bondade humana a alguém com base no nível ou na posição que esse alguém, na percepção dos outros, ocupa na hierarquia. A casta reage contra uma mulher afro-americana que, sem se desculpar ou fazer piada, ocupa o lugar à cabeceira da mesa falando russo. A casta prefere um homem asiático-americano que põe seus conhecimentos tecnológicos especializados a serviço da empresa, mas não aspira ao cargo de presidente executivo. No entanto, a casta considera lógico que um adolescente branco, de dezesseis anos de idade, seja o gerente da loja, comandando funcionários da casta subordinada com o triplo de sua idade. A casta é insidiosa, e portanto poderosa, porque não é ódio, não é algo necessariamente pessoal. A casta são as trilhas batidas de rotinas reconfortantes e expectativas irrefletidas, os padrões de uma ordem social que existe há tanto tempo que parece ser a ordem natural das coisas.

Qual é a diferença entre racismo e castismo? Uma vez que casta e raça nos Estados Unidos estão entrelaçadas, pode ser difícil separá-las. Qualquer ação ou instituição que escarneça, prejudique, pressuponha ou atribua uma inferioridade ou um estereótipo a alguém com base na construção social da raça pode ser considerada racismo. Qualquer ação ou estrutura que procure limitar, deter ou colocar uma pessoa numa posição hierárquica definida, elevando-a ou rebaixando-a com base naquilo que é percebido como sua categoria, pode ser vista como castismo.

O castismo é o investimento na preservação da hierarquia tal como ela é, a fim de manter a posição, as vantagens e os privilégios próprios, de se elevar acima dos outros ou manter os outros abaixo de si. Para aqueles nas castas marginalizadas, o castismo pode significar tentar impedir os que estão num patamar mais baixo de se equiparar, ter sucesso e permanecer nas boas graças da casta dominante, o que serve apenas para manter a estrutura intacta.

Nos Estados Unidos, o racismo e o castismo costumam ocorrer ao mesmo tempo, ou se sobrepõem ou figuram no mesmo cenário. O castismo consiste em atribuir posições e restringir essas posições em relação aos outros. O que a raça e seu precursor, o racismo, fazem com extraordinária habilidade é confundir e desviar a atenção do oculto Lorde dos Sith da casta, mais poderoso e estrutural. Como um molde [cast] de gesso num braço quebrado, como o elenco [cast] numa peça, um sistema de castas [caste] mantém todos num lugar fixo e definido.

Por isso, muitas pessoas — inclusive as que consideramos gentis e bondosas — podem ser castistas, isto é, interessadas em manter a hierarquia vigente ou contentando-se em não fazer nada para mudá-la, mas não racistas no sentido clássico, não odiando explícita e ativamente este ou aquele grupo. Os efetivos racistas, os efetivos *haters*, seriam castistas por definição, na medida em que seu ódio exige que as pessoas que eles veem como inferiores conheçam e mantenham seu lugar na hierarquia.

Trocando em miúdos, não é o racismo que leva um cliente branco numa loja de roupas a se aproximar de uma pessoa aleatória qualquer, negra ou parda, para lhe pedir que traga um suéter de outro tamanho, ou que leva um convidado branco numa festa a pedir a uma pessoa negra ou parda, que também é convidada, que lhe traga um drinque, como aconteceu com Barack Obama quando era senador estadual,[10] ou que leva talvez até um juiz a condenar uma pessoa da casta subordinada por um delito que, se fosse cometido por uma pessoa da casta dominante, nem seria objeto de uma peça de acusação. É a casta, ou melhor, é a adesão ao sistema de castas e aos procedimentos para mantê-lo em vigor. É a resposta reflexa, autônoma, inconsciente a expectativas geradas por milhares de inputs imagéticos e downloads societais neurológicos que fixam as pessoas em certos papéis, com base em sua aparência e nos papéis que lhes têm sido historicamente designados, ou nas características e estereótipos usados para classificá-las em categorias. Nenhuma categoria étnica ou racial está imune às mensagens sobre a hierarquia que todos nós recebemos, e, assim, ninguém escapa de suas consequências.

O que alguns chamam de racismo pode ser visto apenas como uma manifestação do grau em que interiorizamos o sistema de castas americano mais amplo, uma medida da importância que atribuímos a ele e da intensidade com que o sustentamos, agimos a partir dele e o colocamos em prática, muitas vezes de maneira inconsciente, em nossa vida cotidiana.

Quando supomos que uma mulher não está capacitada para presidir a reunião, a empresa ou o país, ou que uma pessoa de cor ou imigrante não poderia ocupar um cargo de autoridade, não reside numa determinada comunidade, não poderia ou não mereceria ter frequentado uma escola particular, quando sentimos uma pontada de ressentimento e espanto, uma mágoa e um sentimento pessoal de injustiça e talvez até de vergonha por ficarmos incomodados ao ver alguém de um grupo marginalizado num emprego, num carro, numa casa, numa faculdade ou num cargo de maior prestígio do que fomos levados a esperar, quando achamos que o cidadão de idade devia estar jogando ludo em vez de trabalhar em desenvolvimento de softwares, estamos refletindo a eficiente codificação de casta, o reconhecimento subconsciente de que aquela pessoa saiu de seu suposto lugar em nossa sociedade. Estamos reagindo às instruções embutidas em nós, determinando quem deveria estar em que lugar e fazendo o quê, à transgressão da estrutura e dos limites que são as marcas distintivas de casta.

A raça e a casta não causam nem explicam todos os resultados insatisfatórios ou encontros desagradáveis. Mas a casta se torna um fator, mesmo que em grau infinitesimal, nas interações e decisões sobre gênero, etnia, raça, condição de imigrante, orientação sexual, idade ou religião que têm consequências em nossa vida cotidiana e nas políticas que afetam nosso país e muito além dele. Talvez ela não seja tão devastadora quanto pode parecer a seus alvos, mas tampouco é a antiga relíquia, o anacronismo há muito ultrapassado, que os pós-racialistas, os pós-*haters* de tudo, continuam desejando. É a invisibilidade da casta que lhe confere poder e vida longa. A casta, junto com sua leal serva, a raça, desempenha um papel importante em praticamente qualquer equação americana, e se não a levarmos em conta, qualquer proposta para resolver nossos problemas atuais estará condenada ao fracasso.

7. Do nevoeiro de Delhi aos paralelos entre a Índia e os Estados Unidos

O AVIÃO ATÉ A ÍNDIA ATERRISSOU em meio a uma bruma cinzenta que ocultava o terminal e sua torre de controle no aeroporto internacional de Delhi. Estávamos em janeiro de 2018, meus primeiros momentos no subcontinente. O piloto procurava uma pista de pouso entre a neblina. Eram duas da manhã, e parecia que tínhamos aterrissado numa chaleira de vapor, ainda envoltos numa nuvem, o ar noturno se comprimindo contra as janelas da cabine, e não conseguíamos enxergar nada no solo. A previsão do tempo não falava em chuva, e fiquei fascinada com aquele nevoeiro sobrenatural no meio da noite, até que percebi que não era nevoeiro, e sim fumaça — das usinas termoelétricas a carvão, dos carros e das queimadas — estagnada no ar parado. A poluição, de início, encobria a visão da Índia como ela realmente era.

Ao amanhecer, o sol penetrou pela cerração. Depois de contatar meus anfitriões, segui com eles e atravessamos um cruzamento, um amplo trecho de asfalto com carros passando por todos os lados, sem faixas nem limites de velocidade. Fomos pelas ruas secundárias até o local da conferência. Vi os altares na beira das calçadas e os templos que se multiplicavam com suas grinaldas e flores de seda, ofertadas às divindades hinduístas sob as figueiras sagradas. Ali, os transeuntes a caminho do trabalho, de um exame ou de uma consulta médica podem parar para meditar.[1] Os santuários nas calçadas me pareceram exóticos, até que me lembrei do ritual americano de montar altares espontâneos com flores e balões no local de algum acontecimento incomum, como um acidente ou tragédia — como no caso da jovem morta no deplorável comício de Charlottesville, na Virgínia, poucos meses antes. Ambos refletem o desejo humano de se conectar e honrar algo ou alguém além de nós mesmos.

Os Estados Unidos e a Índia são profundamente diferentes entre si — na cultura, na tecnologia, na economia, na composição étnica. Apesar disso, muitas gerações atrás, havia diversos paralelos entre essas duas grandes terras férteis e cobiçadas, ambas protegidas por oceanos e governadas por britânicos. Tanto os Estados Unidos quanto a Índia adotavam hierarquias sociais e mantinham um grande fosso de distância entre quem estava na base e quem estava no topo. Os dois países foram conquistados por povos ditos arianos, chegando, num caso, pelo oceano Atlântico, e, no outro, pelo norte. Os considerados inferiores em cada país serviam aos considerados superiores. O país mais novo, os Estados Unidos, se tornaria a democracia mais poderosa do mundo. O país mais antigo, a Índia, a mais populosa.

Suas respectivas hierarquias são profundamente diferentes. Apesar disso, como se operassem com o mesmo manual de instruções, traduzido para se adequar a suas diferentes culturas, esses dois países adotaram métodos similares para manter rígidos protocolos e linhas de demarcação. Ambos mantinham sua casta dominante separada, à parte e acima dos considerados inferiores. Ambos exilaram seus povos indígenas — os adivasis na Índia, os americanos nativos nos Estados Unidos — para terras distantes e margens invisíveis da sociedade. Ambos criaram um emaranhado de leis para confinar os grupos de status mais baixo — os dalits na Índia e os afro-americanos nos Estados Unidos — à base inferior, usando o terror e a força para mantê-los ali.

"Talvez somente os judeus tenham uma história de sofrimentos por discriminação tão longa quanto a dos dalits", escreveu o jornalista V. T. Rajshekar. "Mas, quando consideramos a natureza dos sofrimentos suportados pelos dalits, apenas o paralelo afro-americano de escravização, segregação e assimilação forçada é que vem à mente."[2]

Os dois países aboliram a legislação formal que definia seus sistemas de casta — os Estados Unidos nos anos 1960, com uma série de leis sobre os direitos civis, e a Índia décadas antes, nos anos 1940 —, mas tais sistemas continuam vivos nos sentimentos e nos hábitos, nas instituições e nas infraestruturas. Os dois países ainda convivem com o resíduo de códigos que perduraram por um período muito mais longo do que o tempo transcorrido desde que foram abolidos.

Essa descrição da história das castas, apresentada no livro indiano *Ground Down by Growth*, de 2017, pode se aplicar ao sistema de castas americano com a mera mudança de algumas palavras, assinaladas entre parênteses: "Os poderes coloniais aboliram a escravidão na Índia (Estados Unidos) em 1843 (1865), mas isso levou simplesmente à sua transformação em trabalho compulsório por endividamento, o que os estudiosos chamam de 'servidão por dívida'".[3]

Nos dois países e na mesma época, as castas inferiores trabalhavam para seus senhores — os afro-americanos nas plantações de tabaco ao longo da baía de Chesapeake ou nas lavouras de algodão do Mississippi, os dalits colhendo chá em Kerala e algodão em Nandurbar. Ambos trabalhavam em regime escravo e mais tarde em troca do direito de viver na terra que cultivavam — os afro-americanos no sistema de meação, os dalits no sistema indiano equivalente, conhecido como *saldari*, os dois ainda confinados a seus papéis fixos na base de seus respectivos mundos.

"Ambos ocupam as posições mais baixas na hierarquia de suas sociedades", escreveu Sidney Verba, cientista político de Harvard, com seus colegas, num estudo sobre os dalits e os afro-americanos. Ambos foram "particularmente separados de outros grupos" com base em características atribuídas.[4]

Embora tenham sido abertas algumas portas às castas subordinadas na Índia e nos Estados Unidos desde a proibição oficial da discriminação, os dois países têm sido afligidos pelos mesmos espasmos de resistência. O que é chamado de "ação afirmativa" nos Estados Unidos é chamado de "reservas" na Índia, sendo igualmente impopulares entre as castas superiores de ambas as nações, com termos pejorativos seguindo em fila cerrada logo atrás e reclamações de discriminação reversa num e castismo reverso no outro.

Há muitas semelhanças gerais entre os dois sistemas de castas, mas eles são estruturados e operados de maneiras diferentes. O sistema americano foi fundado basicamente como uma hierarquia de dois níveis, com seus contornos definidos pelo grupo superior, composto daqueles identificados como brancos, e pelo grupo subordinado, composto daqueles identificados como negros, com imigrantes não europeus formando castas médias indistintas que procuraram se adaptar dentro de uma estrutura bipolar.

O sistema de castas indiano, por sua vez, é um complexo entrançamento de milhares de subcastas, ou *jatis*, relacionadas com a região e a aldeia, que recaem nas quatro *varnas* principais — brâmanes, xátrias, vaixás, sudras — e numa quinta excluída, conhecida como intocáveis ou dalits. Torna-se ainda mais complexo com os não hinduístas — muçulmanos, budistas e cristãos — que estão fora do sistema de castas, mas se incorporaram ao funcionamento do país e, embora evitem castas rígidas, podem ou não ter classificações hierárquicas informais entre eles e em relação às *varnas*.

Ao contrário dos Estados Unidos, que utilizam basicamente traços físicos para separar as castas, na Índia são os sobrenomes das pessoas que podem indicar mais prontamente sua respectiva casta. Os nomes dalits geralmente têm um significado "desprezível", referente ao trabalho sujo ou humilde a que são relegados, ao passo que os brâmanes portam os nomes das divindades. Em termos gerais, é preciso conhecer o significado do nome, saber a profissão dos antepassados e talvez conhecer a aldeia ou o lugar das pessoas nela para se certificar de sua casta. Mas, após séculos de submissão forçada e casamentos endógenos, os dalits também podem ser identificados pela postura corporal, pela pronúncia e pela roupa, as quais, ao longo dos séculos, exigia-se que fossem humildes e servis. Eles tendem também a ter a pele mais escura, embora nem sempre, do que as pessoas de casta superior.

Os que vivem dentro do sistema de castas indiano dizem que ele é estável e incontestado, unido pela religião e pela crença hinduísta na reencarnação, a crença de que a pessoa vive nesta vida o carma das vidas anteriores, sofre os castigos ou colhe os frutos de suas ações numa vida pregressa, e de que, quão mais fielmente seguir as regras da casta em que nasceu, mais elevada será sua posição na vida seguinte.

Alguns observadores dizem que é isso o que diferencia o sistema de castas indiano de todos os demais, a saber, que as pessoas na casta inferior aceitam seu destino, que ele é fixo e inalterável, que os dalits cumprem o carma decretado pelos deuses e fazem o trabalho servil sem se queixar, sem sonhar com algo mais. A fim de sobreviver, algumas pessoas numa casta subordinada podem ser levadas a crer que a resistência é inútil. Mas essa visão condescendente ignora décadas e séculos de resistência, ignora o trabalho de Ambedkar e, antes dele, do reformador Jotiba Phule. Fez-se também a mesma suposição equivocada sobre os africanos escravizados, ignorando-se uma verdade fundamental da espécie, a de que todos os seres humanos desejam ser livres.

Os dalits estavam descontentes com seu destino tanto quanto qualquer outra pessoa estaria. Num sistema de castas, a identificação entre obediência e aprovação pode ser, em si mesma, desumanizadora. Muitos dalits procuraram outras terras além de sua terra natal, examinaram povos oprimidos por todo o mundo e identificaram os mais próximos a seus sofrimentos. Viram um destino em comum com os afro-americanos, que no geral pouco sabiam do sofrimento dos dalits. Alguns dalits sentiram uma afinidade tão grande com uma ala do movimento americano pelos direitos civis e o acompanharam tão de perto que, nos anos 1970, criaram os Panteras Dalits, inspirados no Partido dos Panteras Negras.

Alguns anos atrás, um grupo de professores afro-americanos foi visitar uma aldeia rural em Uttar Pradesh, na Índia. Centenas de aldeões da subcasta mais baixa, os limpadores de dejetos, se reuniram numa cerimônia para receber os americanos. Os aldeões entoaram cantos pela libertação dalit. Então se viraram para os visitantes americanos e os convidaram a cantar pela libertação deles mesmos. Um professor de direito da Universidade de Indiana, Kenneth Dau Schmidt, começou a entoar um canto que os manifestantes pelos direitos civis tinham cantado em Birmingham e Selma, antes de enfrentarem os cães e as mangueiras de água da polícia. Quando ele chegou ao refrão, os anfitriões dalits se juntaram e começaram a cantar com seus semelhantes americanos. Do outro lado do oceano, conheciam bem a letra de "We Shall Overcome".[5]

8. Os nazistas e a aceleração das castas

Berlim, junho de 1934

Nas fases iniciais do Terceiro Reich, antes que o mundo pudesse imaginar os horrores que viriam, um comitê de funcionários nazistas se reuniu para avaliar as opções para impor uma nova e rígida hierarquia que, agora que os nazistas haviam tomado o controle, isolaria o povo judeu dos arianos. Os homens reunidos naquele final de primavera de 1934 não estavam planejando nem se encontravam em posição de planejar o extermínio. Este viria anos depois, após uma reunião assustadoramente apática e cataclísmica em Wannsee, avançando cada vez mais para uma guerra mundial que ainda não se iniciara.

Naquele dia, 5 de junho de 1934, eles estavam reunidos para debater o arcabouço jurídico para uma nação ariana, para converter a ideologia em lei, e ansiosos por discutir os resultados das pesquisas que haviam feito examinando como outros países protegiam a pureza racial contra a mácula dos desfavorecidos. Eles se encontraram numa sessão a portas fechadas na capital do Reich, considerando-a de seriedade suficiente para incluírem um estenógrafo a fim de registrar os trabalhos e fazer a transcrição. Ao tomarem assento para discutir o que, por fim, resultaria nas leis de Nuremberg, o primeiro ponto da pauta foram os Estados Unidos e o que poderiam aprender com o país.

O homem que presidia a reunião, Franz Gürtner, ministro da Justiça do Reich, abriu a sessão apresentando um memorando que expunha em detalhes as medidas dos Estados Unidos para lidar com seus grupos marginalizados e proteger o bloco dominante de cidadãos brancos. Os dezessete juristas e funcionários percorreram de trás para a frente as leis de pureza americanas que regulamentavam a imigração e o casamento inter-racial. Ao debater "como institucionalizar o racismo no Terceiro Reich", escreveu James Q. Whitman, historiador de direito de Yale, eles "começaram se perguntando como os americanos faziam".[1]

Os nazistas não precisavam de gente de fora para plantar entre eles as sementes do ódio. Mas, nos primeiros anos do regime, quando ainda tinham interesse em manter uma aparência de legitimidade e a esperança de atrair investimentos estrangeiros, buscaram protótipos jurídicos para o sistema de castas que estavam montando. Eles desejavam prosseguir rapidamente com seus planos de pureza e separação racial, e sabiam que os Estados Unidos estavam séculos à frente, com seus estatutos legais contra a miscigenação e a proibição da imigração com base na raça. "Para nós, alemães, é especialmente importante saber e ver como um dos maiores Estados do mundo com linhagem nórdica já tem uma legislação racial plenamente comparável à do Reich alemão", escreveu a agência de imprensa alemã Grossdeutscher Pressedienst quando os nazistas consolidaram seu controle sobre o país.[2]

Os europeus ocidentais estavam cientes desde longa data do paradoxo americano de proclamar a liberdade para todos os homens e ao mesmo tempo manter subconjuntos de seu corpo de cidadãos numa subjugação quase completa. O escritor francês Alexis de Tocqueville percorreu a América pré-Guerra Civil, nos anos 1830, e observou que apenas a "superfície da sociedade americana está coberta por uma camada de tinta democrática". A Alemanha entendia bem a fixação americana na pureza de raça e na eugenia, a pseudociência de hierarquizar os seres humanos segundo a pretensa superioridade de grupo. Muitos americanos de destaque haviam se juntado ao movimento eugenista do começo do século XX, entre eles o inventor Alexander Graham Bell, o magnata do setor automobilístico Henry Ford e o reitor da Universidade Harvard, Charles W. Eliot. Durante a Primeira Guerra Mundial, a Sociedade Alemã pela Higiene Racial aplaudiu "a dedicação com que os americanos patrocinam pesquisas no campo da higiene racial e transpõem o conhecimento teórico para a prática".[3]

Os nazistas haviam se entusiasmado sobretudo com as teorias raciais militantes de dois eugenistas americanos bastante famosos, Lothrop Stoddard e Madison Grant. Ambos eram homens em posições privilegiadas, nascidos e criados no Norte e formados na Ivy League. Ambos fizeram renome, agora desacreditado, com a ideologia do ódio que concebia uma tosca classificação da "linhagem" europeia, declarava os europeus orientais e meridionais inferiores aos "nórdicos" e defendia a exclusão e a eliminação de "raças" que, a seu ver, constituíam ameaças à pureza racial nórdica, sobretudo os judeus e os "pretos".

Um termo racial ofensivo que os nazistas adotaram na campanha para desumanizar os judeus e outros não arianos — a palavra "Untermensch", isto é, "sub-humano" — chegou a eles a partir do eugenista Lothrop Stoddard, nascido na Nova Inglaterra. Um livro que ele escrevera em 1922 trazia o subtítulo *The Menace of the Under-man*, "A ameaça do sub-homem", que foi traduzido como *Untermenscher* na edição alemã. Os nazistas adotaram o termo, associando-se a ele em larga medida. Incluíram o livro de Stoddard sobre a supremacia branca como bibliografia obrigatória no currículo escolar do Reich e, em dezembro de 1939, concederam ao autor uma audiência reservada com Adolf Hitler, que costumava ser deliberadamente inacessível, na Chancelaria do Reich.[4] Em plena Segunda Guerra Mundial, Stoddard acompanhou as experiências nazistas de esterilização e elogiou os nazistas por "extirparem os piores veios na linhagem germânica de maneira científica e verdadeiramente humanitária". Porém lamentou que "seus julgamentos fossem, no mínimo, quase demasiado conservadores".[5]

Madison Grant, um importante eugenista de Nova York cujo círculo social incluía os presidentes Theodore Roosevelt e Herbert Hoover, empregou seu ardoroso entusiasmo pela supremacia ariana para ajudar a implantar uma série de restrições americanas à imigração e ao casamento nos anos 1920, enquanto o Partido Nazista estava se formando no outro lado do Atlântico. Grant ia muito além dos segregacionistas sulistas no desprezo pelas pessoas marginalizadas, sustentando que as "linhagens inferiores" deviam ser esterilizadas e mantidas em isolamento num "rígido sistema de eliminação dos fracos ou incapazes" ou "talvez tipos raciais imprestáveis".

Ele publicou um colérico manifesto pela limpeza do conjunto genético dos indesejáveis, seu livro *A passagem da grande raça*, de 1916, cuja edição alemã ocupava lugar especial na biblioteca do Führer. Hitler escreveu uma nota pessoal de agradecimento a Grant, dizendo: "O livro é minha Bíblia".[6]

Hitler estudara os Estados Unidos à distância, com inveja e ao mesmo tempo admiração, e atribuía as realizações americanas à sua linhagem ariana.[7] Elogiava o quase genocídio dos indígenas americanos e o desterro para reservas daqueles que restaram. Agradava-lhe que os Estados Unidos tivessem "abatido os milhões de peles-vermelhas, reduzindo-os a algumas centenas de milhares".[8] Como escreveu o historiador Jonathan Spiro, ele via a Lei de Restrição à Imigração, promulgada pelos Estados Unidos em 1924, como "modelo para seu programa de purificação racial".[9] Os nazistas ficaram impressionados com o costume americano de linchar sua casta subordinada de afro-americanos, tendo tomado conhecimento das torturas e mutilações rituais que em geral o acompanhavam. Hitler sentia especial admiração pela "habilidade [americana] de manter um ar de grande inocência na esteira das mortes em massa".[10]

Quando Hitler subiu ao poder, os Estados Unidos "não eram apenas um país onde havia racismo", escreveu Whitman, o estudioso de direito de Yale. "Eram *a* principal jurisdição racista — a tal ponto que mesmo a Alemanha nazista buscou inspiração nos Estados Unidos".[11] Os nazistas reconheciam os paralelos, ainda que muitos americanos não os vissem.

Assim, naquele dia de junho de 1934, quando dezessete juristas e funcionários do Reich começaram a deliberar sobre a nova legislação, sem precedentes para a Alemanha, eles haviam examinado atentamente os Estados Unidos e tinham aprendido muitas coisas. Um dos homens, Heinrich Krieger, estudara direito no Sul dos Estados Unidos, pelo programa de intercâmbio estudantil da Universidade do Arkansas. Ele escrevera extensamente sobre os regimes raciais estrangeiros, tendo passado dois anos na África do Sul, e naquele momento estava concluindo um livro que se chamaria *Race Law in the United States*, que seria publicado na Alemanha dali a dois anos. Os juristas nazistas haviam pesquisado a jurisprudência americana com profundidade suficiente para saber que, desde os casos de escravos fugitivos até o caso Plessy v. Ferguson, e mais, ainda, "a Suprema Corte americana ouviu depoimentos dos estados sulistas cujos argumentos não se distinguiam dos argumentos nazistas", observou Whitman.[12]

Na busca por protótipos, os nazistas haviam examinado países de dominação branca como a Austrália e a África do Sul, mas "não conseguiram encontrar nenhum outro modelo no mundo para a legislação antimiscigenação", escreveu Whitman. "Eles concentraram seu interesse maciçamente no 'exemplo clássico', os Estados Unidos da América."[13]

AQUELES DEZESSETE HOMENS estavam reunidos numa época de intrigas e distúrbios num país que descia rumo à ditadura. Os nazistas estavam nos estágios finais de se consolidar no poder, após o terem tomado no ano anterior. Hitler assumira como chanceler, mas ainda não era o Führer. Isso se daria pouco tempo depois, em agosto de 1934, quando a morte do presidente da Alemanha, Paul von Hindenburg, o último bastião do regime de Weimar, abriu caminho para que ele assumisse o controle total.

Hitler chegara à chancelaria numa negociação com as elites conservadoras, que só haviam feito o acordo porque achavam que conseguiriam controlá-lo e poderiam usá-lo para seus próprios fins políticos. Elas subestimaram a astúcia do chanceler e superestimaram sua base de apoio — esta a razão pela qual julgaram precisar dele, em primeiro lugar. No auge de seu poder nas urnas, os nazistas não alcançaram a maioria que desejavam, e conquistaram apenas 38% dos votos na última eleição livre e limpa do país, que deu início aos doze anos de reinado nazista.[14] A velha guarda não previu, ou preferiu não ver, que a real missão de Hitler era "usar os métodos da democracia para destruir a democracia".[15]

Quando as elites conservadoras perceberam seu erro fatal de cálculo, já era tarde demais. Hitler subira ao poder como agitador externo, uma figura de culto que adorava cerimônias pomposas e comícios com desfiles em que as pessoas carregavam archotes e, segundo um observador, faziam lembrar "rios de fogo". Hitler se via como a voz do *Volk* [povo], de suas reclamações e apreensões, sobretudo dos setores rurais, como um salvador enviado por Deus, agindo por instinto. Até então, nunca fora eleito para nenhum cargo.

Assim que ele tomou posse como chanceler, os nazistas empunharam suas suásticas, um símbolo sânscrito que os vinculava a suas "raízes" arianas, e começaram a fechar o cerco contra os judeus. Acumulavam antigos ressentimentos, remontando à Idade Média, que redespertaram quando os judeus foram transformados nos bodes expiatórios da derrota e humilhação da Alemanha no final da Primeira Guerra Mundial. Vistos como figuras dominantes no setor bancário e financeiro, os judeus foram acusados de não dar apoio suficiente ao esforço de guerra, embora os historiadores agora reconheçam amplamente que a Alemanha perdeu no campo de batalha, e não apenas por falta de fundos.

Apesar disso, a propaganda nazista se empenhou em virar os alemães contra os cidadãos judeus. Brutamontes nazistas perseguiam e espancavam os judeus nas ruas, e quaisquer arianos que mantivessem relações com eles. O regime começou a restringir a presença de judeus em cargos no governo ou em profissões liberais de status elevado, como a medicina ou o direito, campos que despertavam inveja entre os alemães comuns que não dispunham de meios para obter os dispendiosos carros e mansões que muitos judeus bem-sucedidos haviam adquirido. Estava-se no meio da Grande Depressão; em 1933, ano em que os nazistas chegaram ao poder, mais de um terço dos alemães estava desempregado.[16] Considerava-se que o prestígio e a riqueza dos judeus estavam acima da posição de um grupo que, conforme decretaram os nazistas, era inferior aos arianos.

Ciosos em manter as aparências fora de suas fronteiras, pelo menos por ora, os nazistas se perguntavam como os Estados Unidos tinham conseguido transformar sua hierarquia social numa legislação rígida, conservando ao mesmo tempo excelente reputação no cenário mundial. Eles notaram que, nos Estados Unidos, em se tratando dessas proibições raciais, "a opinião pública as aceitava como naturais", escreveu a historiadora Claudia Koonz.[17]

Um jovem intelectual nazista chamado Herbert Kier ficou encarregado de montar uma tabela das leis raciais americanas, e se espantou ao ver a que ponto os Estados Unidos chegavam para segregar sua população. Observou que, por lei, na maioria dos estados sulistas, "as crianças brancas e as crianças pretas são enviadas a escolas diferentes", e que a maioria dos estados "exige também que a raça conste das certidões de nascimento, dos documentos e dos atestados de óbito". Kier descobriu que "muitos estados americanos chegam ao ponto de exigir por lei instalações segregadas para pretos e brancos nas salas de espera, vagões de trem, vagões-dormitórios, bondes, ônibus, vapores e mesmo nas prisões e cadeias". No Arkansas, observou, os registros de bens eram segregados. Mais tarde, ele comentou que, em vista da "proposição fundamental da igualdade de tudo o que tenha um semblante humano, é ainda mais espantosa a extensão da legislação racial nos Estados Unidos".[18]

Kier era apenas um dos vários pesquisadores nazistas "que pensavam que a legislação americana exagerava", escreveu Whitman.[19]

Tendo diante de si os resultados de suas pesquisas, os homens na reunião de junho começaram a discutir dois caminhos principais para sua versão de um sistema de castas: primeiro, criar uma definição jurídica para as categorias de judeus e arianos; segundo, proibir o casamento entre eles. Décadas antes, a Alemanha examinara as leis contra a miscigenação nos Estados Unidos e testara sua própria proibição ao casamento inter-racial na virada do século xx, quando vetou a miscigenação de seus colonos com os povos indígenas em suas colônias no sudoeste da África. Com isso a Alemanha foi além da maioria das outras potências coloniais, mas não chegou nem perto do modelo americano. Agora, os extremistas nazistas insistiam em formas de impedir "qualquer introdução adicional de sangue judeu no corpo do *Volk* alemão".[20]

Enquanto prosseguia o debate, Krieger, o ex-estudante de direito na Universidade do Arkansas, informou que os americanos tinham chegado a converter o casamento inter-racial em crime punível por lei, sujeito a até dez anos de prisão em diversas jurisdições. Ele destacou que os Estados Unidos haviam dividido sua população em duas partes, com uma "linha artificial" entre brancos e negros. Krieger e outros nazistas se mostraram fascinados com o costume americano de classificar os seres humanos por categorias usando frações de ancestralidade que se faziam visíveis. "Há uma tendência crescente na prática judicial", disse ele, "de classificar a pessoa num grupo de pretos sempre que haja um mínimo traço visível de características físicas pretas."[21]

Os homens presentes naquela reunião discordavam até que ponto se baseariam na jurisprudência americana. Os moderados à mesa, entre eles o próprio presidente da reunião, Franz Gürtner, defendiam métodos menos onerosos do que os utilizados pelos americanos. Ele sugeriu que "a educação e o esclarecimento" sobre "os perigos da mistura racial" talvez fossem suficientes para desencorajar o casamento dos arianos com outros grupos. A certo ponto, ele tentou diminuir a relevância do protótipo americano, pois tinha dificuldade em acreditar que os americanos realmente aplicavam as leis que os nazistas haviam encontrado. "Gürtner simplesmente se negava a admitir que os americanos chegavam ao ponto de processar os que se miscigenavam", escreveu Whitman.[22]

Um dos linha-dura da mesa, o radical nazista Roland Freisler, estava impaciente com o ritmo dos trabalhos. Ele havia ingressado no Partido Nazista nos anos 1920 e insistia numa lei que punisse judeus e arianos por "traição racial" caso se casassem entre si. Ele e os outros extremistas na sala retomavam reiteradamente a discussão sobre os estatutos americanos, explicavam-nos, defendiam-nos e tentavam convencer os céticos.

"Como eles fazem isso?", perguntou Freisler a certa altura, detalhando sua pesquisa sobre os Estados Unidos e suas leis de classificação humana. Os americanos, explicou ele, usavam uma série de parâmetros de cores variadas para separar os brancos de todos os outros. Um estado, disse ele, classificava todas e quaisquer "pessoas da África, Coreia ou Malásia" como não brancas. Em outro exemplo, disse ele, "Nevada fala de etíopes ou raça negra, malásios ou raça parda, mongóis ou raça amarela". Freisler sustentou que a superposição das contradições podia operar em benefício deles. A variedade de definições americanas conferia à tarefa da divisão humana uma amplitude e uma falta de coerência que seriam úteis. Os americanos tinham criado uma definição de raça que não seguia a lógica nem a ciência, com uma abordagem que Freisler definiu como "construção política da raça".[23]

O que os nazistas não conseguiam entender, porém, era a razão pela qual, nos Estados Unidos, "os judeus, que também são de interesse para nós, não estão incluídos entre os grupos de gente de cor", pois era mais do que evidente para os nazistas que eles constituíam uma "raça" separada, e os Estados Unidos já haviam mostrado alguma aversão a eles ao impor cotas à imigração judaica. À exceção desse ponto, que para os nazistas era uma omissão vergonhosa, "essa jurisprudência se adequaria perfeitamente a nós", disse Freisler, que, sem que os presentes à mesa soubessem, um dia poderia utilizá-la implacavelmente em sua carreira de juiz adepto da pena capital no Reich. "Sou da opinião de que precisamos proceder com o mesmo primitivismo que é utilizado por esses estados americanos", disse ele. "Tal procedimento seria tosco, mas bastaria."[24]

Os que estavam em dúvida continuaram a questionar os estatutos americanos. Indagaram repetidas vezes como uma proibição matrimonial funcionaria, examinaram atentamente as propostas de definição de judeus e arianos, tentaram entender o sistema fracionário americano. Os moderados ficaram incomodados com a ideia de que pessoas em parte judias e em parte arianas perderiam o lado ariano e seriam privadas de privilégios de casta que, de outra forma, lhes seriam concedidos. Em vez de defini-las como em parte judias, indagavam-se os céticos, não poderiam designá-las em parte arianas? Mas um linha-dura, Achim Gercke, retomou o protótipo que estavam analisando, e propôs a definição de $1/16$ de origem judaica para a classificação dos judeus, escreveu Koonz, "pois não queria ser menos rigoroso do que os americanos".[25]

Naquele dia, a discussão se arrastou por dez horas, e a reunião terminou sem que chegassem a um acordo. "Ficamos falando de coisas diferentes", disse Freisler ao final, frustrado por não terem feito nenhum progresso.[26] Os moderados tinham, por ora, conseguido conter os radicais que defendiam o protótipo americano. Mas, quinze meses depois, os radicais viriam a prevalecer.

Em setembro de 1935, Hitler convocou o Reichstag para a reunião nazista anual em Nuremberg a fim de anunciar a nova legislação que vinha sendo preparada desde a tomada nazista. A essa altura, ele mandara prender ou matar muitos de seus adversários políticos, inclusive com o assassinato de doze membros do Reichstag e de seu velho amigo Ernst Röhm, chefe de uma unidade paramilitar nazista, as SA. Com tudo isso, o Reichstag se tornara um fantoche do governo, que se submetera por força das intimidações. Naquele mesmo momento, os nazistas estavam construindo campos de concentração por todo o país. Um deles logo seria aberto em Sachsenhausen, a norte da capital do Reich, tornando-se uma de suas "vitrines".

O plano era anunciar a legislação, que passou a ser conhecida como as Leis de Sangue, no último dia da reunião. Na noite anterior, Hitler determinou que um pequeno grupo de deputados lhe redigisse uma versão que seria entregue ao Reichstag para homologação. Os pesquisadores nazistas haviam encontrado uma cláusula em algumas das leis americanas contra a miscigenação que poderia ajudá-los a definir se uma pessoa parcialmente judia devia ser considerada judia ou ariana. Descobriu-se que o Texas e a Carolina do Norte tinham uma "cláusula por associação" em suas proibições a casamentos mistos que os ajudava a decidir se uma pessoa ambígua era negra ou branca, privilegiada ou desfavorecida. Essa pessoa seria incluída no grupo desfavorecido se tivesse se casado ou estivesse sabidamente associada a pessoas do grupo desfavorecido, ameaçando assim a pureza da casta.

Foi isso o que Hitler anunciou naquele mês de setembro e ampliou nos meses subsequentes: a Lei para a Proteção do Sangue Alemão e da Honra Alemã definia o judeu como pessoa que tivesse três avós judeus. Também "contava" como judia qualquer pessoa com dois avós judeus que praticasse o judaísmo, fosse aceita na comunidade judaica ou casada com um judeu, na mesma linha da cláusula por associação dos americanos.

Em segundo lugar, a lei proibia o casamento e as relações sexuais fora do casamento entre judeus e alemães, e proibia as mulheres alemãs com menos de 45 anos de idade de trabalharem numa residência judaica.

Assim se iniciou uma campanha de restrições cada vez mais rigorosas. A partir de então, os judeus perderam a cidadania, foram proibidos de ostentar a bandeira alemã, não puderam mais tirar passaporte. Com aquele anúncio, "a Alemanha se tornou um regime racista pleno", escreveu o historiador George M. Fredrickson. "As leis americanas foram os principais precedentes estrangeiros para tal legislação."[27]

Mas, devido à obsessão dos nazistas pela raça, o protótipo americano tinha seus limites. "Nesse sentido, os estudiosos que veem paralelos entre os esquemas de classificação racial americanos e nazistas estão errados", disse Whitman, "mas somente porque subestimam a severidade comparada da legislação americana."[28]

Por cataclísmicas que fossem as Leis de Nuremberg, os nazistas não chegaram na legislação ao ponto a que haviam chegado em suas pesquisas sobre os Estados Unidos. O que não ganhou impulso naquele dia da sessão a portas fechadas nem na versão final das Leis de Nuremberg foi um único aspecto do sistema americano. Ainda que elogiassem "o empenho americano em legislar sobre a pureza racial", os nazistas não conseguiram aceitar "o implacável rigor" de que "'um americano ou uma americana que tenha mesmo que seja uma única gota de sangue negro nas veias' se incluísse entre os negros", escreveu Whitman. "A regra de uma única gota era severa demais para os nazistas."[29]

9. O mal do silêncio

As cinzas se ergueram do crematório e subiram ao ar, carregadas pelo carma e pela brisa, e pousaram nos degraus da entrada e nos canteiros de gerânios das residências daqueles que moravam do lado de fora dos portões da morte em Sachsenhausen, ao norte de Berlim. As cinzas cobriram os balanços e as piscinas infantis nos quintais dos moradores da cidade.

Não havia como negar a carnificina e o tormento do outro lado do arame farpado. O fruto do mal caía sobre os moradores como flocos de neve. Eles estavam cobertos de mal, e alguns eram bons pais e cônjuges, mas ainda assim não faziam nada para deter o mal, que agora crescera demais para que uma pessoa apenas o detivesse, e assim ninguém era cúmplice e todos eram cúmplices. O mal crescera mais do que eles porque o haviam permitido, e agora chovia sobre seus chalés e suas vidas de impecável conformidade.

O teólogo dissidente Dietrich Bonhoeffer foi um dos milhões que sofreram e morreram atrás dos muros eletrificados de um campo de concentração nazista, torturado e confinado numa solitária. Os moradores do vilarejo ouviam as preces dos inocentes? "O silêncio perante o mal é, ele mesmo, o mal", disse Bonhoeffer certa vez sobre os circunstantes. "Deus não nos julgará inocentes. Não falar é falar. Não agir é agir."

Nem todos os moradores eram nazistas; na verdade, muitos alemães não eram nazistas, mas seguiam os líderes nazistas na rádio, esperavam para ouvir as últimas notícias de Hitler e Goebbels, pois os nazistas tinham aproveitado as vantagens dessa nova tecnologia, a chance de chegar aos alemães ao vivo, diretamente em seus lares, a qualquer hora que desejassem, num gotejamento intravenoso em suas mentes. As pessoas haviam ingerido as mentiras sobre um Untermensch inato, sobre prisioneiros — judeus, ciganos, homossexuais, oponentes do Reich — que não eram seres humanos como elas, e assim os moradores locais varriam as cinzas dos degraus de entrada e prosseguiam com seu cotidiano. Quando o vento soprava, as mães puxavam os filhos para dentro de casa, apressavam-nos para que não ficassem cobertos com as cinzas de seus semelhantes.[1]

No meio da rua principal de uma cidadezinha do Sul americano, havia uma árvore antiga e majestosa, olmo, carvalho ou sicômoro, que fora plantada antes da pavimentação das ruas modernas. Ela ocupava um lugar sagrado no coração dos moradores, embora estivesse num local muito inconveniente para uma árvore frondosa. Atrapalhava o trânsito nas duas mãos, tinha de ser contornada para se atravessar a cidade. Também provocava muitos acidentes, pois os motoristas nem sempre enxergavam adiante dela e nem sempre sabiam quem estava na preferencial.

Apesar disso, ela não podia ser derrubada. Era a árvore de linchamento local, e cumpria sua função de relembrar "perpétua e eternamente" aos moradores negros qual fora o último deles e quem seria o próximo a ser pendurado ali de cabeça para baixo.[2] Ela aguardava sua hora marcada, e os moradores brancos estavam dispostos a enfrentar os inconvenientes, os riscos de ferimento e morte, até mesmo deles próprios, para mantê-la em seu lugar, assim como a casta subordinada. A árvore era uma prova silenciosa para os cidadãos negros do eterno quinhão que lhes cabia e, com isso, sussurrava garantias tranquilizadoras à casta dominante.

Os moradores do vilarejo de Leesburg, no leste do Texas, cravaram um eixo de carroça no chão, para servir de estaca.[3] Então, acorrentaram ali Wylie McNeely, um rapaz de dezenove anos. Juntaram os gravetos que usariam para acender o fogo na base dos pés do rapaz, apesar de seus protestos de inocência ante a acusação de que atacara a jovem branca. Quinhentas pessoas se reuniram naquele outono de 1921 para assistir enquanto o fogo consumia Wylie McNeely. Mas, antes disso, os líderes do linchamento tinham de resolver uma questão importante. Eles fizeram um sorteio para decidir quem ficaria com qual parte do corpo de McNeely, depois de o queimarem vivo, e quais delas "consideravam mais especiais". E fizeram isso na frente do rapaz em seus últimos instantes nesta terra, ali acorrentado, ouvindo como seriam distribuídos seus dedos e orelhas aos homens que o haviam capturado ilegalmente.

Os líderes discutiram o assunto na frente das quinhentas pessoas que tinham vindo para assistir à morte de McNeely, e que aguardavam impacientes o começo das festividades. Depois de tudo decidido e acertado, os homens riscaram o fósforo.

As menininhas parecem estar na escola primária, com vestidinhos leves de algodão com gola de marinheiro e o cabelo cortado logo abaixo das orelhas, em estilo pajem.[4] Na foto, as duas mais novas parecem irrequietas na sombra, perto das mulheres do grupo, talvez suas mães ou tias. A primeira menina que se nota, porém, aparenta ter uns dez anos de idade, e está posicionada na frente do grupo de adultos e crianças, com olhar fixo e alerta. Junto a ela, há um homem bem alinhado, de calças brancas, camisa branca e chapéu-panamá branco, como se estivesse indo para um coquetel numa festa a bordo de um barco, os braços cruzados, o rosto tranquilo, imperturbável, com ar levemente entediado.

Estamos em 19 de julho de 1935. Todos estão ao pé de uma árvore nos pinheirais de Fort Lauderdale, na Flórida. Acima deles pende o corpo mutilado de Rubin Stacy, o macacão rasgado e ensanguentado, crivado de balas, as mãos algemadas na frente do corpo, a cabeça pendendo da corda, morto por assustar uma mulher branca. A menina na parte da frente tem os olhos erguidos para o negro morto, com um ar mais de admiração do que de horror, um sorriso animado no rosto, como se estivesse num circo assistindo ao número dos cavalos adestrados. O fascínio estampado no rosto da menina, naquela ocasião de natureza horrenda, foi capturado por um fotógrafo e é uma das imagens de maior circulação entre todas as fotos de linchamentos americanos no século XX.

Os linchamentos eram em parte festivais, em parte câmaras de tortura, e atraíam milhares de espectadores que se tornavam cúmplices coletivos do sadismo público. Os fotógrafos eram avisados com antecedência e instalavam equipamentos portáteis para imprimir as fotos no próprio local e vendê-las aos linchadores e aos espectadores, como se estivessem num baile de formatura.[5] Eles também faziam cartões-postais a partir das fotografias impressas, para que as pessoas pudessem enviá-los a seus entes queridos.[6] Elas enviavam cartões-postais da cabeça cortada e semiqueimada de Will James no alto de um mastro em Cairo, em Illinois, em 1907. Enviavam cartões-postais de torsos queimados que pareciam as vítimas petrificadas do Vesúvio, salvo por esses horrores terem se dado por obra de seres humanos em tempos modernos. Algumas emolduravam as fotos de linchamentos com cachos do cabelo da vítima sob o vidro, caso conseguissem obtê-los. Um espectador escreveu no verso de seu cartão-postal, em Waco, no Texas, em 1916: "Este foi o churrasco que tivemos ontem à noite minha imagem está à esquerda marcada com a cruz seu filho Joe".

Era uma coisa especificamente americana. "Nem mesmo os nazistas se degradaram a ponto de vender lembranças de Auschwitz", escreveu um jornalista da revista Time muitos anos depois. Os cartões-postais de linchamentos eram uma forma de comunicação tão corrente nos Estados Unidos na virada do século XX que as cenas de linchamento "se tornaram um florescente subdepartamento da indústria de cartões-postais. Em 1908, o setor se ampliara a tal ponto, e a prática de enviar cartões-postais mostrando as vítimas dos assassinos de turba se tornara tão repugnante, que o chefe-geral dos correios americanos proibiu a sua remessa".[7] Mas o novo decreto não impediu que os americanos continuassem a compartilhar suas proezas linchadoras. Passaram apenas a pôr os cartões dentro de um envelope.

No centro de Omaha, acenderam e prepararam uma fogueira para Will Brown. Os jornais tinham anunciado previamente o linchamento, e nada menos que 15 mil pessoas se reuniram na praça do tribunal naquele dia de setembro de 1919, e era tanta gente que não é possível distinguir os rostos no mar humano numa foto tirada do alto. Aqueles milhares de pontinhos numa fotografia — pais, avós, tios, sobrinhos, irmãos, adolescentes — estavam unidos no mesmo espírito, fundidos num organismo em si, voltados para uma única missão, não apenas para matar, mas para humilhar, torturar e incinerar outro ser humano e, juntos, aspirar a fumaça da carne queimada.

Dois dias antes, uma mulher branca e seu namorado haviam dito que um negro a molestara quando o casal estava passeando na cidade. Nenhuma pessoa ainda viva sabe o que realmente aconteceu, e desde então surgiram muitas perguntas. O rancor contra o influxo de sulistas negros, indo para o Norte durante a Grande Migração, vinha aumentando, e os policiais prenderam Will Brown, que trabalhava num abatedouro. Não houve investigação, não houve processo. Naquele dia, a turba saqueou as armas das lojas e casas de penhores locais e disparou contra o tribunal onde Brown ficara detido.

Antes que conseguisse chegar até ele, a turba de brancos matou dois dos seus — um circunstante e um colega de amotinamento — com seus tiros a esmo. Atearam fogo ao tribunal para obrigar que o xerife lhes entregasse Brown. Cortaram as mangueiras de água para impedir que os bombeiros apagassem o fogo. E, quando o prefeito tentou conversar com a turba, os líderes passaram uma corda em seu pescoço e lhe infligiram ferimentos que o levaram ao hospital.

Os líderes da turba puxaram Brown do alto do telhado do tribunal, para onde os funcionários tinham fugido, levando os prisioneiros, a fim de escapar ao fogo.[8] *Então a turba deu início à tarefa para a qual se reunira. Primeiro, despiram Will Brown, e os que estavam mais à frente brigaram entre si para espancá-lo. Em seguida, içaram-no, semi-inconsciente, a um poste de luz, e dispararam no corpo suspenso, vibrando enquanto atiravam, e foram esses tiros, segundo o médico-legista, que mataram Brown. Então eles queimaram o corpo na fogueira que tinham acendido na praça do tribunal. A seguir, amarraram o corpo a uma viatura e arrastaram o cadáver pelas ruas de Omaha.*

A corda usada para içar Brown foi cortada em vários pedaços e vendida como lembrança, para que as pessoas a expusessem em suas cristaleiras e consoles de lareira. Os fotógrafos presentes à cena registraram o linchamento de vários ângulos diferentes e fizeram cartões-postais com os homens de terno e os adolescentes com boina de jornaleiro posando como se estivessem numa recepção de casamento, amontoando-se no espaço acima do tronco chamuscado, centelhas de fogo entre as cinzas, imagem que enviariam a primos, parentes e ex-vizinhos de todo o país.

Um rapazinho de catorze anos estava ajudando o pai na gráfica, do outro lado da rua onde ficava o tribunal, em meio ao motim. Ao crescer, o menino, que se chamava Henry Fonda, deixou Omaha e veio a criar fama em Hollywood.

Naquele entardecer de 1919, entre a gritaria da turba, o homem pendurado no poste e as cinzas da fogueira, Fonda e o pai fecharam a gráfica e foram para casa em silêncio. "Foi a cena mais horrenda que vi na vida", disse ele anos mais tarde, já idoso. As décadas não tinham removido as cinzas de sua memória.

Talvez não por coincidência ele tenha aparecido em muitos filmes como a voz moral defendendo que se poupasse a vida de alguém. Em Consciências mortas, de 1943, sobre a violência dos justiceiros, é o personagem de Fonda que adverte a turba sedenta de sangue: "O homem não pode simplesmente tomar a lei nas próprias mãos e enforcar os outros sem ferir todas as pessoas do mundo".[9]

PARTE III

Os oito pilares da casta

OS ALICERCES DA CASTA
As origens de nosso mal-estar

Estas são as origens históricas, os pilares de sustentação de um sistema de crenças, os suportes sob a superfície de uma hierarquia de castas. Quando esses postulados se radicaram no firmamento, pouco importava se os pressupostos eram verdadeiros, pois na maioria não o eram. Pouco importava se eram percepções errôneas ou distorções por motivos de conveniência, desde que fossem aceitas pelas pessoas, que assim obtinham um senso de ordem e uma justificação para as crueldades a que haviam se costumado, para as desigualdades que tomavam como leis da natureza.

Estes são os pilares da casta, os antigos princípios que pesquisei e reuni enquanto examinava os paralelos, as sobreposições e os pontos em comum das três grandes hierarquias de casta. São os princípios sobre os quais se constrói um sistema de castas, seja nos Estados Unidos, na Índia ou na Alemanha nazista, crenças que, num ou noutro momento, se entranharam profundamente na cultura e no subconsciente coletivo de quase todos os habitantes, a fim de possibilitar o funcionamento do sistema.

PILAR NÚMERO UM
A vontade divina e as leis da natureza

ANTES DA ERA DA CONSCIÊNCIA HUMANA, segundo o antigo texto hinduísta da Índia, Manu, o onisciente, estava sentado meditando quando os grandes homens se acercaram e lhe pediram: "Por favor, Senhor, diga-nos com precisão e na devida ordem quais são as Leis de todas as classes sociais, e também dos que nasceram no espaço intermediário".

Manu passou a falar de um tempo em que o universo, tal como o conhecemos, estava num sono profundo e o Um "que está além do alcance dos sentidos" gerou as águas e deu nascimento a si mesmo como Brama, o "ancestral de todos os mundos".

E então, para preencher a terra, a partir da sua boca ele criou os brâmanes, a casta mais alta; a partir dos braços os xátrias, das coxas os vaixás e dos pés os sudras, a mais baixa das quatro *varnas*, ou divisões do homem, milênios atrás e para todo o sempre.

A parte do corpo da qual foi formada cada casta prenunciava a posição que cada uma ocuparia e sua ordem de colocação no sistema de castas. Do mais baixo para o mais alto, da base para o topo: o sudra, os pés, o servo, o carregador; o vaixá, as coxas, o motor, o mercador, o negociante; o xátria, os braços, o guerreiro, o protetor, o dirigente; e, acima de todos eles, o brâmane, a cabeça, a boca, o filósofo, o sábio, o sacerdote, o mais próximo dos deuses.

"O brâmane é por lei o senhor de toda essa criação", segundo as Leis de Manu. "É pela bondade do brâmane que as outras pessoas se alimentam."[1]

Entre as quatro *varnas* originais não eram citados aqueles considerados tão inferiores que estavam abaixo até mesmo dos pés dos sudras. Eles pagavam o triste carma do passado, não podiam ser tocados, e alguns nem sequer vistos. Sua mera sombra maculava. Eles estavam fora do sistema de castas, e assim eram párias. Eram os intocáveis que mais tarde seriam conhecidos como dalits, a casta subordinada da Índia.

NAS PALAVRAS DO TEXTO SAGRADO do mundo ocidental, o Velho Testamento, houve um grande dilúvio. Abriram-se as janelas do céu e as fontes das profundezas. Por instruções divinas, Noé e seus filhos sobreviveram às águas do dilúvio numa arca, durante mais de quarenta dias e quarenta noites, e a partir daí Noé se assentou em terra. Seus filhos eram Sem, Cam e Jafé, que se tornaram progenitores de toda a humanidade.

Certa feita, Noé plantou uma vinha e, mais tarde, tomou o vinho do fruto da vinha. Embriagou-se e deitou-se nu dentro de sua tenda. Cam, que teria um filho chamado Canaã, entrou por acaso na tenda, viu a nudez do pai e contou aos dois irmãos lá fora. Sem e Jafé pegaram um manto e puseram nos ombros. Entraram na tenda e cobriram a nudez do pai. Estavam com o rosto virado para o outro lado, para não ver o pai despido. Quando Noé despertou da embriaguez e soube o que Cam havia feito, amaldiçoou Canaã, o filho de Cam, e as gerações seguintes, dizendo: "Maldito seja Canaã! Que ele seja, para seus irmãos, o último dos escravos!".[2]

A história de Cam vendo a nudez de Noé foi transmitida ao longo dos milênios. Os filhos de Sem, Cam e Jafé se espalharam pelos continentes, dizia-se, Sem para o Oriente, Cam para o Sul e Jafé para o Ocidente. Os que se decretaram descendentes de Jafé se aferraram firmemente a essa história, utilizando-a em proveito próprio. Enquanto as rendas do tráfico escravo da África para o Novo Mundo enriqueciam os espanhóis, os portugueses, os holandeses e, depois, os ingleses, invocava-se a passagem bíblica para condenar os filhos de Cam e justificar o sequestro e a escravização de milhões de seres humanos, e a violência contra eles.[3] A partir da Idade Média, alguns intérpretes do Velho Testamento descreveram Cam com pele negra e traduziram a maldição de Noé contra ele como uma maldição contra todos os seres humanos de pele escura, as pessoas que, segundo os europeus diziam a si mesmos, haviam sido condenadas à escravização pelo emissário de Deus, o próprio Noé.

Eles encontraram um reforço adicional no Levítico, que os exortava: "Os servos e as servas que tiveres deverão vir das nações que vos circundam; delas podereis adquirir servos e servas". Assim, tomaram a passagem como licença adicional para escravizar os que consideravam pagãos religiosos para construir um país novo na terra erma.[4]

E dessa forma se desenvolveu uma hierarquia no Novo Mundo que eles criaram, na qual os que tinham a pele mais clara foram colocados acima dos que tinham a pele mais escura. Os que eram os mais escuros e os descendentes dos que eram os mais escuros seriam designados para a casta subordinada da América durante séculos.

"A maldição de Cam está sendo executada agora sobre seus descendentes", escreveu Thomas R. R. Cobb, um importante membro da Confederação e defensor da escravidão, no 240º ano da era da servidão humana nos Estados Unidos. "O grande Arquiteto os havia moldado em termos físicos e mentais para ocupar a esfera a que foram lançados. Sua sabedoria e misericórdia se combinaram para que fossem formados de maneira apropriada à posição degradada que estavam destinados a ocupar."[5]

A escravidão terminou oficialmente em 1865, porém a estrutura de castas se manteve intocada, não só sobrevivendo mas também se endurecendo. "O preto que fique com as migalhas que caem da mesa do homem branco", anotou Thomas Pearce Bailey, autor do século XX, em sua lista dos códigos de casta do Sul americano, ecoando as Leis de Manu.[6]

Os Estados Unidos e a Índia viriam a se tornar, respectivamente, a democracia mais antiga e a democracia mais populosa na história humana, ambas construídas sobre sistemas de castas reforçados por interpretações dos textos sagrados das respectivas culturas. Em ambos os países, as castas subordinadas foram designadas para a base, tidas como merecedoras de sua degradação, por conta dos pecados do passado.

Esses princípios, interpretados pelos que se colocaram no topo, se tornariam os fundamentos para a crença numa pirâmide humana segundo a vontade de Deus, uma Grande Cadeia dos Seres, que os fundadores continuariam a entalhar nos séculos seguintes, conforme exigissem as circunstâncias. E assim temos o que se pode chamar de primeiro pilar da casta, a vontade divina e as leis da natureza, o primeiro dos princípios organizadores inerentes a qualquer sistema de castas.

PILAR NÚMERO DOIS
Hereditariedade

Para funcionar, toda sociedade de castas se baseava em linhas demarcatórias claras, em que a cada um, ao nascer, eram atribuídos um nível e um papel a cumprir, como se cada pessoa fosse uma molécula num organismo de autoperpetuação. Nascia-se numa determinada casta e nela se permanecia, sujeitando-se à posição elevada ou ao estigma inferior que ela conferia por toda a vida e pela vida dos descendentes. Assim, a hereditariedade se tornou o segundo pilar da casta.

Na Índia, geralmente era o pai que transmitia seu nível aos filhos. Nos Estados Unidos, desde a Virgínia colonial, os filhos herdavam a casta da mãe, tanto por lei quanto por costume. E, havendo disputa entre esses parâmetros, o filho costumava assumir a posição do genitor de nível mais baixo.

Em 1962, a Assembleia Geral da Virgínia estipulou a posição de todas as pessoas nascidas na colônia:

> Tendo surgido algumas dúvidas quanto à condição dos filhos de homens ingleses com mulheres pretas, se devem ser escravos ou livres, fica decretado e declarado por esta Grande Assembleia que todas as crianças nascidas neste território serão consideradas escravas ou livres de acordo exclusivamente com a condição da mãe.[1]

Com esse decreto, os colonizadores romperam com o precedente jurídico inglês, únicos preceitos que conheciam, a saber, a antiga ordem que dava aos filhos a posição do pai. A nova lei permitia que os escravizadores reivindicassem como propriedade deles, durante toda a vida e pelas gerações subsequentes, os filhos de mulheres negras, que em sua imensa maioria eram escravizadas. A lei os incentivava a engravidar pessoalmente as mulheres, se o quisessem, pois assim enriqueceriam ainda mais. Desse modo, ela converteu o ventre negro numa central de lucros e traçou linhas ainda mais rígidas em torno da casta subordinada, pois nem mãe nem filho poderiam prestar queixa contra um homem de casta superior, e nenhum filho de ventre negro poderia escapar à condenação de integrar o escalão mais baixo. A lei acabou por levar as colônias a uma hierarquia bipolar de brancos e não brancos, e, especificamente, a uma casta conjunta de brancos num dos extremos da escala e, no outro, aqueles considerados negros, devido a qualquer manifestação física de uma linhagem africana.

Estando convenientemente vinculada à aparência, a pertença à casta superior ou inferior era considerada imutável, primordial, estabelecida desde o nascimento até a morte e, assim, tida como inescapável. "A pessoa não tem saída nem pelo trabalho, nem pelo casamento", escreveram os estudiosos Allison Davis e Burleigh e Mary Gardner em *Deep South*, o estudo seminal das castas nos Estados Unidos, de 1941.[2]

É a natureza fixa da *casta* que a diferencia da *classe*, termo a que é comparada com grande frequência. A classe é outro critério de medida, totalmente independente, da posição do indivíduo numa sociedade, marcada pelo grau de instrução, renda e ocupação, além das características relacionadas — como a pronúncia, o gosto, as maneiras —, que decorrem da posição socioeconômica. Estas podem ser adquiridas com esforço e engenho, ou perdidas por decisões equivocadas ou por alguma calamidade. Se é possível uma saída, então trata-se de classe, não de casta. Ao longo dos anos, a riqueza e a classe podem ter resguardado algumas pessoas nascidas na casta subordinada nos Estados Unidos, mas não as protegeram de tentativas humilhantes de colocá-las em seu lugar ou de lembrá-las de sua posição de casta.

Séculos depois da formação do sistema de castas americano no Chesapeake, os indivíduos de maiores realizações entre a casta inferior muitas vezes encontraram formas de vencer as limitações de casta, mas não de escapar totalmente a elas.

"Como o sistema hindu [indiano] de castas, a distinção negro/branco nos Estados Unidos forneceu uma hierarquia social determinada no nascimento e considerada imutável, mesmo pelas realizações em vida", escreveram os estudiosos de direito Raymond T. Diamond e Robert J. Cottrol. "Os negros se tornaram como que um grupo de intocáveis americanos, ritualmente separados do resto da população."[3]

No inverno de 2013, o ator Forest Whitaker, premiado com o Oscar, um homem afro-americano muito distinto, de meia-idade, entrou numa delicatessen no West Side de Manhattan para comer alguma coisa. Vendo que o lugar estava lotado ou não encontrando o que queria, preparou-se para sair sem comprar nada, como fazem muitos clientes. Um funcionário achou a atitude suspeita e o deteve à porta. Aquele nível de intervenção era atípico num local frequentado por celebridades e universitários. O funcionário o revistou de cima a baixo na frente de outros clientes. Não encontrando nada, deixou que Whitaker, visivelmente abalado, saísse. Os donos da delicatessen se desculparam mais tarde pelo episódio e demitiram o funcionário. Mas a degradação daquele momento permaneceu com o ator. "É uma coisa humilhante que venha alguém e faça isso", disse Whitaker mais tarde. "É uma tentativa de desempoderamento."[4]

A riqueza ou a fama tampouco resguardaram os nascidos na casta subordinada da brutalidade policial, que parece desproporcionalmente empregada contra os que ocupam a base da hierarquia. Em 2015, policiais de Nova York quebraram a perna de um jogador da NBA na frente de uma boate em Manhattan. A lesão deixou o jogador, um ala do Atlanta Hawks, incapacitado pelo resto da temporada. O caso resultou num acordo de 4 milhões de dólares, que o jogador declarou prontamente que doaria a uma fundação de defensores públicos.[5]

Em 2018, policiais derrubaram um ex-jogador da NFL depois de uma discussão que, segundo os noticiários, ele havia tido com outro motorista, que jogara café em seu carro. O vídeo que apareceu naquela primavera mostra os policiais torcendo os braços e as pernas de Desmond Marrow e o derrubando de bruços no solo. Eles então o desviram e o seguram no chão pela garganta. Marrow desmaiou sob o peso dos policiais.

Depois que o vídeo viralizou, foi feito um inquérito interno e um policial foi demitido.[6]

"Por mais que você suba na vida, por mais que enriqueça, por mais que as pessoas adorem você ou o que você faz", dissera o astro da NBA LeBron James no ano anterior, "se você é um afro-americano ou uma afro-americana, é sempre isso o que você será."[7]

PILAR NÚMERO TRÊS
Endogamia e controle do casamento e do intercurso

Os ARQUITETOS DO SISTEMA DE castas americano tomaram providências, desde a sua criação, para manter as castas separadas e vedar a linhagem daqueles situados no escalão superior. Esse propósito levou ao terceiro pilar da casta — a endogamia, que significa restringir o casamento a pessoas da mesma casta. Esse é um fundamento férreo de qualquer sistema de castas, da antiga Índia às primeiras colônias americanas e ao regime nazista na Alemanha. A endogamia foi brutalmente imposta nos Estados Unidos durante a maior parte de sua história e preparou o terreno, cavando o fosso para as divisões étnicas correntes.

A endogamia impõe fronteiras entre as castas proibindo o casamento do indivíduo fora de seu grupo e chegando ao ponto de proibir relações sexuais ou mesmo mostras de um interesse romântico que cruze as linhas de casta. Ela constrói um muro entre as castas e se torna o principal meio para manter os recursos e as afinidades dentro de cada parte do sistema de castas. A endogamia, ao vetar a ligação familiar legal, bloqueia qualquer possibilidade de empatia ou senso de destino comum entre as castas. Torna menos provável que alguém da casta dominante venha a ter interesse pessoal na felicidade, na realização ou no bem-estar de qualquer pessoa considerada inferior, ou a se identificar com sua situação. A endogamia, de fato, torna mais provável que os integrantes da casta dominante vejam aqueles considerados inferiores não só como sub-humanos, mas também como inimigos, não pertencentes à mesma espécie, e como uma ameaça que precisa ser contida a todo custo.

"A casta", escreveu Bhiamro Ambedkar, o pai do movimento anticasta na Índia, "significa um recorte artificial da população em unidades fixas e definidas, impedidas de se fundir devido ao costume da endogamia." Assim, "ao mostrar como a endogamia é mantida", acrescentou ele, "provaremos empiricamente a gênese e também o mecanismo da casta".[1]

Antes que houvesse os Estados Unidos da América houve a endogamia, estabelecida, dizia-se, por ordem divina. Uma das primeiras referências ao que viria a ser conhecido como raça no país surgiu a propósito das relações sexuais entre um europeu e uma africana. Em 1630, a Assembleia Geral da Virgínia condenou Hugh Davis ao açoitamento público por ter "ofendido a si próprio, para a desonra de Deus e a vergonha dos cristãos, ao conspurcar seu corpo deitando-se com uma preta". A assembleia se deu ao trabalho de especificar que os africanos, que não costumavam ter permissão para assistir à punição de indivíduos da classe dominante, deveriam comparecer e presenciar o açoitamento de Davis. O castigo atendia a uma dupla função no sistema de castas emergente: aumentava a humilhação de Davis perante um público de pessoas consideradas inferiores e servia de advertência para os que estavam sendo banidos para a casta mais baixa num país que ainda nem sequer existia: *Se esta foi a sina de um homem branco que não aderiu às fronteiras de casta, com vocês será muito pior.*

Na época da condenação de Davis, os europeus vinham mantendo relações sexuais com as africanas, muitas vezes sem o consentimento delas, e sem sofrer qualquer tipo de consequência, ao longo de toda a era do tráfico escravo, e haviam se acostumado a agir com base em sua pretensa soberania sobre os africanos. Assim, o fato de os fundadores coloniais condenarem Hugh Davis à humilhação pública por uma conduta que muitos tomavam como um direito inato significava que ele havia transposto uma linha que parecia ameaçar a hierarquia, alguma coisa na forma como ele se relacionava com a parceira que chamou a atenção dos fundadores e exigiu sua intervenção. O sistema de castas emergente permitia a exploração da casta inferior, mas não a igualdade ou a aparência de igualdade, e é por isso que a endogamia, que constitui uma aliança entre iguais perante os olhos da lei, era estritamente vigiada e o estupro de mulheres da casta inferior, ignorado.[2] O caso de Hugh Davis foi não só a primeira menção a raça e hierarquia no país, mas também a primeira tentativa de estabelecer as fronteiras de relações publicamente conhecidas segundo linhas de casta.³

Dez anos mais tarde, outro homem branco, Robert Sweet, teve de fazer um ato de contrição quando se descobriu que havia engravidado uma escrava negra de propriedade de outro branco. A essa altura, a forma de imposição da casta havia mudado. Nesse caso, o açoitamento coube à mulher grávida, sinal de sua posição degradada, apesar de uma condição clínica que a teria protegido na maioria das nações civilizadas.

Em 1691, a Virgínia se tornou a primeira colônia a vetar o casamento entre negros e brancos, uma proibição que seria adotada pela maioria dos estados americanos nos três séculos seguintes. Alguns proibiram também o casamento entre brancos e asiáticos ou indígenas, além dos afro-americanos, que eram sistematicamente excluídos. Embora nunca tenha existido uma proibição nacional geral do casamento entre raças, a despeito de várias tentativas de criá-la, 41 dos cinquenta estados aprovaram leis tornando crime o casamento inter-racial, com punições que iam desde multas de até 5 mil dólares a dez anos de prisão.⁴ Alguns estados chegaram a proibir a aprovação de qualquer lei *futura* permitindo esse tipo de casamento. Fora da lei, em especial no Sul, os afro-americanos enfrentavam a pena de morte se apenas dessem a impressão de estar ferindo esse pilar da casta.

A Suprema Corte só derrubou essas proibições em 1967. Mesmo assim, alguns estados demoraram para revogar oficialmente suas leis endogâmicas. O último deles, o Alabama, só eliminou sua lei contra o casamento inter-racial em 2000. Mesmo então, 40% do eleitorado no referendo votou a favor de manter a proibição em vigor.⁵

Foi o sistema de castas, por meio da prática da endogamia — essencialmente, a regulamentação estatal das escolhas românticas das pessoas ao longo dos séculos —, que criou e reforçou as "raças", ao permitir o intercurso legal apenas entre pessoas com traços físicos semelhantes. Somadas às proibições de imigrantes que não viessem da Europa, que persistiram por grande parte da história americana, as leis de endogamia resultaram numa reprodução controlada, numa seleção da população dos Estados Unidos. Essa forma de engenharia social servia para manter as diferenças superficiais sobre as quais se baseava a hierarquia, vindo a "raça" a se tornar a consequência da procriação oficialmente autorizada. A endogamia assegura a reprodução da própria diferença sobre a qual se baseia um sistema de castas para justificar a desigualdade.

"Nossa aparência física", escreveu o jurista Ian Haney López, "os traços literais e 'raciais' que exibimos neste país, é, em larga medida, o resultado de regras e decisões jurídicas."[6]

Esse pilar de casta era entendido e aceito em grau suficiente para que, ainda em 1958, uma pesquisa Gallup mostrasse que 94% dos americanos brancos desaprovavam o casamento inter-racial.[7] "Sabemos que a raça preta é mentalmente inferior", disse um médico sulista aos pesquisadores em 1940, expondo uma concepção amplamente adotada. "Todos sabem disso, e não penso que Deus pretendia que uma raça superior como os brancos se misturasse com uma raça inferior."[8]

Como esse foi o sentimento dominante durante a maior parte da história do país, uma quantidade incontável de vidas foi perdida devido a esse pilar definidor de casta, cuja pretensa transgressão desencadeou os casos mais divulgados de linchamento nos Estados Unidos. O dispositivo era rigorosamente aplicado contra homens da casta inferior e mulheres da casta superior, ao passo que os homens da casta superior, aqueles que escreviam as leis, mantiveram pleno e explícito acesso a mulheres da casta inferior, de qualquer idade ou estado conjugal. Desse modo, o gênero dominante da casta dominante, além de controlar os meios de subsistência e as oportunidades de vida de todas as pessoas abaixo de si, eliminou a concorrência por suas próprias mulheres e, na verdade, por todas as mulheres. Durante grande parte da história americana, os homens da casta dominante controlaram as relações românticas e a reprodução, determinando quem tinha acesso a quem.

Isso invertia a expressão natural da masculinidade — liberdade total para um grupo e controle de vida ou morte do outro —, e serviu para reforçar ainda mais as fronteiras entre as castas e a impotência dos homens subordinados que se atrevessem a tentar proteger suas filhas, esposas, irmãs e mães. Ao mesmo tempo, relembrava a todos na hierarquia o poder absoluto dos homens da casta dominante. Era uma nuvem que pairava sobre a vida de todas as pessoas entregues à casta inferior durante a maior parte do tempo desde que surgiram os Estados Unidos.

Em meados dos anos 1830, no Grande Golfo, no Mississippi, homens brancos queimaram vivo um homem negro e fincaram sua cabeça num mastro no limite da cidade, para que todos o vissem, como lição para os homens da casta subordinada. O homem negro fora torturado e decapitado depois de reagir e matar o homem da casta dominante "que possuía sua esposa e tinha o hábito de dormir com ela", segundo um relato da época. Ao enfrentar a morte por ter dado um passo extremo e indubitavelmente suicida a fim de proteger a esposa, o marido condenado declarou que "acreditava que seria recompensado no céu" pelo que havia feito.[9]

Passado mais de um século, em dezembro de 1943 um rapazinho diligente de quinze anos de idade, chamado Willie James Howard, estava trabalhando durante as férias escolares numa loja de produtos baratos em Live Oak, na Flórida. Ele era filho único, e havia conseguido chegar ao ensino médio; assim, esperava-se que fosse mais longe do que qualquer outra pessoa em sua família. Ele estava cheio de esperanças, animado com o novo emprego, e queria tanto se sair bem que enviou cartões de Natal para todos os colegas de trabalho. Num dos cartões, para uma mocinha de sua idade chamada Cynthia, que trabalhava lá e por quem tinha uma queda, ele assinou "com A" (A de "amor").

Parecia um gesto normal, e até gentil, para aquela época do ano, mas estava-se no Sul segregacionista; o rapazinho era negro e a garota era branca. Ela mostrou o cartão ao pai. Willie James ficou sabendo que ela havia ficado um tanto perturbada com o cartão. Assim, no dia de Ano-Novo de 1944, entregou pessoalmente um bilhete de desculpas, tentando se justificar: "Sei que vocês não nos têm em alta conta, mas não odiamos vocês, só queremos ser seus amigos, mas vocês [não] nos deixam. Por favor, não deixe mais ninguém ver isso, espero que não tenha ficado zangada comigo...". E acrescentou alguns versinhos: "Amo seu nome, amo sua voz, como N [namorada] é minha escolhida".

No dia seguinte, o pai da garota e dois outros brancos arrastaram Willie James e seu pai até as margens do rio Suwannee. Em seguida, o amarraram pelas mãos e pelos pés e apontaram uma arma para sua cabeça. Obrigaram-no a pular no rio e forçaram seu pai, sob a mira da arma, a assistir ao afogamento do filho. Subjugado e sendo apenas um contra três, ele não pôde salvar seu filho único.[10]

Os homens admitiram às autoridades que haviam raptado o rapazinho e amarrado seus pés e suas mãos. Disseram que ele havia saltado no rio e se afogado sozinho. Dali a alguns dias, os pais do garoto fugiram para salvar a própria pele. Um jovem chamado Thurgood Marshall, da National Association for the Advancement of Colored People (NAACP), alertou o governador da Flórida, mas de nada adiantou. O secretário de campo da NAACP, Harry T. Moore, conseguiu convencer os pais do garoto a superar o pavor e a assinar depoimentos sobre o que acontecera no dia em que o filho deles foi morto. Um grande júri local se negou a indiciar os raptores do rapaz, e os promotores federais não intervieram.

Ninguém foi responsabilizado nem passou um único dia na cadeia pela morte de Willie James. Considerou-se que seu sequestro e morte favoreciam a sustentação da ordem de castas. Assim, os terrores do sistema sulista de castas prosseguiram, infligidos impunemente. Sancionado pelo governo americano, o sistema deixara de ser apenas sulista e se tornara americano.

PILAR NÚMERO QUATRO
Pureza versus conspurcação

O QUARTO PILAR DE CASTA se baseia na crença fundamental sobre a pureza da casta dominante e o medo de conspurcação pelas castas consideradas inferiores. Ao longo dos séculos, a casta dominante tomou medidas extremas para proteger sua santidade contra a imaginada mácula das castas inferiores. Tanto a Índia quanto os Estados Unidos, no auge de seus respectivos sistemas de castas, e o regime efêmero mas hediondo dos nazistas elevaram a obsessão pela pureza ao nível de uma grande arte, ainda que absurda.

Em algumas partes da Índia, as pessoas da casta mais baixa, ao andar em público, deviam se manter a determinado número de passos de qualquer pessoa de casta dominante — algo entre doze e 96 passos de distância, a depender da casta em questão.[1] Elas tinham que usar cincerros para alertar os tidos como superiores, a fim de não os conspurcar com sua presença. Uma pessoa nas subcastas inferiores na região de Maratha tinha de "arrastar atrás de si um ramo espinhoso para apagar suas pegadas" e se prostrar no solo caso um brâmane passasse, para que sua "sombra imunda não maculasse o brâmane sagrado".[2]

Considerava-se que tocar ou se aproximar de qualquer coisa em que um intocável tivesse encostado conspurcava as castas superiores e exigia rituais de purificação da pessoa de casta alta após o infortúnio. Esses rituais consistiam em se banhar em água corrente ou fazer a respiração pranayama junto com a meditação, para se limpar dos elementos conspurcadores.[3]

Na Alemanha, os nazistas proibiram os moradores judeus de passar à praia em suas próprias casas de veraneio, como no Wannsee, um balneário no sudoeste de Berlim, e de frequentar piscinas públicas no Reich. "Eles acreditavam que a piscina inteira ficaria poluída com a imersão de um corpo judeu", observou certa vez Jean-Paul Sartre.[4]

Nos Estados Unidos, a casta subordinada ficou isolada em todas as esferas da vida, tornando-se intocável em termos americanos durante a maior parte da história do país, até anos bem adiantados do século xx. No Sul, onde a maioria das pessoas da casta subordinada estava confinada desde longa data, as crianças negras e as crianças brancas estudavam em cartilhas separadas. Na Flórida, os livros para as crianças negras e as crianças brancas nem sequer podiam ser guardados juntos.[5] Os afro-americanos estavam proibidos de usar os bebedouros dos brancos e, antes que houvesse bebedouros separados, tinham de tomar água do cocho dos cavalos no calor escaldante do Sul.[6] Nas cadeias sulistas, os lençóis dos prisioneiros negros eram guardados em separado dos lençóis dos prisioneiros brancos.[7] Todas as atividades humanas públicas e privadas eram segregadas do nascimento à morte, desde as alas hospitalares às plataformas ferroviárias, ambulâncias, carros fúnebres e cemitérios. Nas lojas, era proibido aos negros experimentar roupas, sapatos, chapéus ou luvas, isso supondo que pudessem entrar na loja. Se um negro morresse num hospital público, "o corpo seria colocado num canto da morgue distante dos cadáveres brancos", escreveu o historiador Bertram Doyle em 1937.[8]

Esse pilar de casta virou lei nos Estados Unidos em 1896, depois que um homem de New Orleans contestou uma lei da Louisiana de 1890 que separava "a raça branca e a raça de cor" nos vagões ferroviários. A Louisiana tinha aprovado a lei após o colapso da Reconstrução e o retorno dos antigos Confederados ao poder. Um comitê de cidadãos de cor preocupados se reuniu e arrecadou fundos para contestar a lei no tribunal. No dia marcado, 7 de junho de 1892, Homer A. Plessy, um sapateiro que parecia branco, mas era classificado como negro segundo a definição americana de raça, comprou uma passagem de primeira classe de New Orleans até Covington na Linha Ferroviária da Louisiana Oriental e ocupou seu assento no vagão exclusivo de brancos. Naquela época, uma pessoa de origem racial ambígua era tida como não branca, de modo que o cobrador ordenou que ele fosse para o vagão dos pretos. Plessy se recusou e foi preso, como o comitê havia previsto. O caso foi à Suprema Corte, que decidiu por sete a um em favor da lei da Louisiana, "separados, mas iguais". Isso levou a quase setenta anos de isolamento e exclusão formal, sancionada pelo Estado, entre as castas nos Estados Unidos.

Nos tribunais sulistas, até a palavra de Deus era segregada. Havia duas Bíblias separadas — uma para negros e outra para brancos — para o juramento. O mesmo objeto sagrado não podia ser tocado por mãos de raças diferentes.

Esse pilar da pureza, assim como os demais, punha em risco a vida das pessoas da casta subordinada. Num dia dos anos 1930, um guarda-chaves ferroviário negro estava trabalhando em Memphis quando escorregou e caiu sob um locotrator. Ele ficou ali sangrando até a morte, com o braço e a perna direita decepados. "As ambulâncias acorreram em auxílio ao homem", segundo notícias do acidente. "Deram uma olhada, viram que era negro e foram embora."[9]

A santidade da água

As águas e os litorais eram proibidos às castas subordinadas, se assim quisesse a casta dominante. Nos Estados Unidos, os afro-americanos eram banidos de praias, lagos e piscinas dos brancos, tanto no Norte quanto no Sul, para não poluir as águas, assim como os dalits eram proibidos nas águas dos brâmanes e os judeus nas águas arianas do Terceiro Reich.

Este foi um princípio sagrado até anos bastante adiantados na segunda metade do século XX, e a casta dominante se empenhou ativamente em mantê-lo em vigor. No começo dos anos 1950, quando Cincinatti, sob pressão, concordou em autorizar a presença de negros em algumas de suas piscinas públicas, brancos atiraram pregos e cacos de vidro na água para impedi-los de entrar.[10] Nos anos 1960, um ativista negro pelos direitos civis tentou fazer a integração de uma piscina pública dando uma volta completa e então saindo para se enxugar. "A reação foi drenar totalmente a piscina", escreveu o historiador do direito Mark S. Weiner, "e renovar a água."[11]

Décadas antes, em 1919, um adolescente negro pagou com a própria vida por transgredir inadvertidamente esse pilar de casta, e desencadeou uma revolta em Chicago. Eugene Williams, de dezessete anos, estava nadando no lago Michigan, numa praia pública na zona sul da cidade, quando transpôs sem querer a linha imaginária que separava as raças. Sem perceber, ele entrou na água dos brancos, que corria ali e era igual à água dos negros. Por conta disso, foi apedrejado e afogado. As tensões pela violação das fronteiras naquele verão instigaram a casta dominante e desencadearam um dos piores motins raciais na história dos Estados Unidos.

Nas décadas seguintes, em locais do centro do país como Newton, no Kansas, e Marion, em Indiana, em Pittsburgh e St. Louis, indivíduos da casta superior ficavam histéricos ao ver alguém da casta subordinada se aproximando de suas águas. Em agosto de 1931, foi inaugurado um parque público em Pittsburgh com piscinas do tamanho de um campo de futebol e com capacidade para 10 mil nadadores. Mas, logo a seguir, como noticiou o *Pittsburgh Post-Gazette*, "todos os negros que entraram na piscina ontem foram imediatamente cercados por brancos que os esmurraram ou os mantiveram submersos até desistirem de nadar e irem embora".[12]

No verão de 1949, o município de St. Louis tinha aquela que era considerada a maior piscina do país, em seu Fairground Park. Quando a cidade, sob pressão de cidadãos negros, levantou a questão de permitir a sua presença na piscina, a reação foi imediata. Um homem que por acaso tinha o mesmo nome do funcionário encarregado de fazer a integração da piscina pediu proteção policial contra as ameaças que lhe foram feitas por engano. Os salva-vidas pensaram em abandonar o posto como forma de protesto.

No dia em que chegaram os primeiros afro-americanos para nadar, havia uma multidão com canivetes, tijolos e tacos. Eles pegaram as crianças negras que tinham ido nadar e as obrigaram a passar por um corredor polonês, insultando-as e batendo nelas. A turba chegou a 5 mil pessoas, que corriam atrás de qualquer negro que vissem se aproximar do parque — crianças de bicicleta, um homem descendo de um bonde, em um caminhão parado no trânsito, um negro na varanda de uma casa perto do parque —, desferindo-lhe pontapés enquanto estava caído no chão, machucado e sangrando.[13]

A cidade de Newton, no Kansas, recorreu ao tribunal superior do estado para manter os negros longe da piscina construída em 1935. O município e o empreiteiro argumentaram que eles não deveriam ter permissão para entrar na piscina em momento algum, nem em dias alternados, nem em horas separadas, nunca, por causa das características daquela piscina. Eles disseram ao tribunal que se tratava de "uma piscina circulatória", em que "a água só é trocada uma vez durante a temporada de nado". Os brancos, argumentaram, não iam entrar em água que tivesse tocado em pele negra. "A única maneira de os residentes brancos entrarem numa piscina depois dos negros", escreveu o historiador Jeff Wiltse, "era drenando a água e escovando o tanque." Os operadores não poderiam fazer isso a cada vez que um negro entrasse na piscina, e assim proibiram totalmente a sua presença. O tribunal decidiu pelo município e a única piscina pública da cidade continuou reservada, durante décadas, ao uso exclusivo da casta dominante.[14]

Uma piscina pública nos arredores de Pittsburgh resolveu o problema proibindo a presença dos negros até o final da temporada em setembro, o que significava que ela era vetada a nadadores negros bem na época em que eles ou qualquer outra pessoa iriam querer usá-la. O administrador argumentou que essa era a única maneira de a equipe de manutenção ter "tempo suficiente para limpá-la e desinfetá-la devidamente depois de ser usada pelos negros".

Ao declarar que os brancos não nadavam com os pretos porque "não queriam se manchar com sua pretice", uma mulher branca em Marion, Indiana, pelo visto expressava a posição de muita gente da casta dominante de todo o país. No município de Elizabeth, em Nova Jersey, distante de Marion, na primeira semana depois de a prefeitura ter autorizado a presença de nadadores negros na piscina pública, os brancos impediram a passagem de afro-americanos, bloqueando as escadas e as entradas no local. Lá e em outros lugares, escreveu Wiltse, "todos os negros que entravam na água estavam quase literalmente arriscando a vida".

Foi nesse clima que, em 1951, um time de beisebol da Liga Infantil em Youngstown, Ohio, ganhou o campeonato da cidade. Os técnicos, irrefletidamente, resolveram comemorar com um piquenique numa piscina municipal. Quando o time chegou ao portão, um salva-vidas impediu a entrada de um dos meninos. Era Al Bright, o único jogador negro da equipe. Os pais do menino não tinham conseguido ir ao piquenique, e os técnicos e alguns dos outros pais tentaram convencer os funcionários da piscina a deixar o menino entrar, mas sem sucesso. A única coisa que os salva-vidas se dispuseram a fazer foi deixar que estendessem uma toalha no chão para o garoto, do outro lado da cerca, e lhe trouxessem comida. Não lhe restou muita escolha, e ele ficou sentado ali sozinho, do lado de fora, assistindo aos colegas de equipe que pulavam na água e brincavam de pega-pega em volta da piscina.

"De tempos em tempos, um ou outro jogador ou adulto saía e se sentava com ele, e depois voltava para ficar com os outros", narrou anos depois o escritor Mel Watkins, seu amigo de infância.

Demorou cerca de uma hora até que um funcionário do time finalmente convenceu os salva-vidas de "que deviam ao menos deixar que o menino entrasse na piscina por alguns minutos". O supervisor concordou e deixou o garoto entrar, mas só se todos os outros saíssem da água e só se Al seguisse as regras que estabeleceram para ele.

Primeiro, todos — isto é, os companheiros de equipe, os pais, todas as pessoas brancas — tiveram que sair da água. Depois disso, "Al foi levado até a piscina e colocado num botezinho de borracha", escreveu Watkins. Um salva-vidas entrou na água e, empurrando o botezinho com Al, deu uma única volta na piscina, enquanto uma centena de colegas, técnicos, pais e circunstantes ao redor assistiam à cena.

Depois dos "poucos e angustiantes minutos" para completar a volta na piscina, Al foi "escoltado até seu lugar designado" do lado de fora da cerca. Durante o curto tempo que ele permaneceu no botezinho, deslizando na superfície, o salva-vidas repetia incessantemente uma coisa muito importante. "Não toque na água", dizia ele, enquanto empurrava. "Não toque na água de jeito nenhum."

O salva-vidas conseguiu manter a pureza da água então, mas uma parte daquele menino morreu naquela tarde. Quando um dos técnicos lhe ofereceu carona para casa, ele recusou. "Com o troféu de campeão na mão", escreveu Watkins, Al foi a pé para casa, a cerca de um quilômetro e meio. Depois disso, nunca mais foi o mesmo.[15]

A hierarquia pela quantidade de traços:
Griffes, *marabons* e *sangmelees*

O sistema de castas americano teve uma formação acelerada, condensada numa fração do tempo de existência do sistema de castas na Índia. Seus fundadores usaram a história de Noé e seus filhos para justificar a base inferior da hierarquia, mas, sem maior instrução bíblica, como nas Leis de Manu, foram moldando a casta superior à medida que prosseguiam. Esse controle da pureza nos Estados Unidos começou com a tarefa de definir a casta dominante.

Enquanto todos os países do Novo Mundo criaram hierarquias com os europeus no topo, somente os Estados Unidos criaram um sistema baseado no absolutismo racial, na ideia de que uma única gota de sangue africano ou porcentagens variáveis de sangue asiático ou indígena americano conspurcariam a pureza do indivíduo que, não fosse por isso, poderia ser tomado por europeu; uma mácula que impedia que a pessoa fosse admitida à casta dominante. Era um modelo punitivo de superioridade racial, em oposição ao modelo sul-africano, que premiava os que tivessem qualquer grau de proximidade da branquitude e criava uma casta média oficial de pessoas de cor como uma camada amortecedora entre negros e brancos. A África do Sul concedia privilégios numa escala graduada, com base na quantidade de sangue europeu que a pessoa pensasse correr em suas veias, vendo o sangue "branco" como um antisséptico purificador do sangue de grupos inferiores segundo o paradigma de conspurcação da pureza. Ambas eram formas de supremacia branca, moldadas para se adequar à composição demográfica de cada país. A minoria branca da África do Sul tinha um incentivo para aumentar seu poder e seu número, concedendo branquitude honorária a quem fosse considerado próximo o suficiente. A maioria branca dos Estados Unidos não tinha esse incentivo e, na verdade, beneficiava-se elevando a si mesma e mantendo a parcela numericamente menor separada e abaixo de si, para lhe servir como subordinada.[16]

"O rebaixamento, resultante da mácula de sangue, cola-se aos descendentes de Cam neste país como a túnica envenenada de Nesso", escreveu Joseph Henry Lumpkin, o presidente da Suprema Corte da Geórgia antes da Guerra Civil, juntando mitologia grega e dois pilares de casta — vontade divina e conspurcação — numa mesma decisão. (A túnica mítica era a veste encharcada de sangue do centauro Nesso, morto por Hércules, que veio a representar o inevitável infortúnio e a ruína de quem a vestisse.)[17]

Os fundadores se empenharam desde o começo em definir quem deveria ser aceito na casta dominante. A imensa maioria dos seres humanos, inclusive muitos que agora são considerados brancos, não se encaixava em sua definição. Vinte e cinco anos antes da Revolução Americana, Benjamin Franklin expressou a preocupação de que a Pensilvânia, com sua crescente população germânica, iria "se tornar uma colônia de estrangeiros, que logo serão tão numerosos que nos germanizarão, em vez de sermos nós a anglicizá-los, e nunca adotarão nossa língua ou costumes, assim como não podem adquirir nossa tez".[18]

Ao fim e ao cabo, a casta dominante utilizou a lei de imigração e casamento para controlar quem poderia se unir a suas fileiras e quem estaria excluído delas. Isso exigiu redefinições constantes. "A lei não podia separar o que não conseguira classificar", escreveram os estudiosos de direito Raymond T. Diamond e Robert J. Cottrol. "Um sistema de castas legalmente estatuído precisava no mínimo definir a pertença à casta."[19]

Inicialmente, o Congresso restringiu em 1790 a cidadania americana aos imigrantes brancos, "pessoas brancas livres", segundo o estatuto. Mas ainda era preciso estabelecer a "branquitude", e, em meados do século XIX, com milhões de pessoas imigrando da Alemanha e fugindo da fome na Irlanda, os supremacistas dos dois lados do Atlântico se afligiam com o que se tornaria um país inundado pelas "raças mais degeneradas da Europa de outrora", nas palavras de Arthur de Gobineau, famoso defensor oitocentista da supremacia ariana. "São os rebotalhos humanos de todas as eras: irlandeses, alemães e franceses híbridos e italianos de linhagem ainda mais duvidosa."[20]

Durante a maior parte da história americana, qualquer um que não fosse anglo-saxão recaía em algum ponto de uma escala decrescente de "conspurcação" humana. Como um marechal de campo defendendo seus flancos em múltiplos cenários, a casta dominante combateu o influxo "maculado" de novos imigrantes com duas das mais rígidas leis contra a imigração existentes na história, logo antes e logo depois da virada para o século xx.

O país tentou bloquear o fluxo de imigrantes chineses nos estados do Oeste com a Lei de Exclusão Chinesa de 1882. Em seguida voltou sua atenção para os imigrantes vindos da Europa meridional e oriental, a "escória e escumalha", como disse um antigo governador da Virgínia, recém-chegados que portavam deliberadamente o crime e a doença e conspurcavam a linhagem de sangue da estirpe branca original dos Estados Unidos.[21] O Congresso encomendou uma análise da crise, um importante documento conhecido como Relatório Dillingham, e o Comitê sobre Imigração e Naturalização da Câmara manteve audiências enquanto os Estados Unidos procuravam selecionar ainda mais sua população.

"A fibra moral da nação tem sido enfraquecida e seu sangue vital viciado com o influxo dessa escumalha oriental", afirmou o reverendo M. D. Lichliter, um pastor de Harrisburg, na Pensilvânia, em seu depoimento perante o comitê, em 1910. "Nosso grandioso caráter anglo-saxão deve ser preservado, e o sangue puro e sem mistura proveniente de nossos progenitores arianos não pode se misturar com a raça ibérica", prosseguiu, usando o termo aplicado aos italianos na era da eugenia.[22]

As conclusões da análise prepararam o terreno para a Lei de Imigração de 1924, que restringiu a imigração a cotas baseadas na demografia de 1890 — isto é, antes que chegassem grandes quantidades de poloneses, judeus, gregos, italianos e outros povos não pertencentes à Europa Ocidental.

Com seu status contestado, esses grupos nem sempre recebiam as proteções concedidas a pessoas inatacavelmente "brancas", pelo menos na época. Houve uma tentativa de excluir eleitores italianos das primárias "brancas" na Louisiana em 1903. Na década anterior, em 1891, onze imigrantes italianos em New Orleans haviam perdido a vida num dos maiores linchamentos em massa da história americana, depois que o chefe de polícia foi assassinado e os imigrantes foram considerados os principais suspeitos. Após o episódio, centenas de outros imigrantes foram cercados e presos. Um dos organizadores do linchamento, John M. Parker, declarou mais tarde que os italianos eram "um pouco piores do que os negros, com hábitos na verdade mais imundos, desregrados e traiçoeiros".[23] Parker, depois, foi eleito governador da Louisiana.

Mais tarde, em 1922, um negro do Alabama chamado Jim Rollins foi condenado por miscigenação ao coabitar como marido de uma branca chamada Edith Labue. Mas, ao saber que a mulher era siciliana, e não dispondo de "nenhuma prova cabal" de que ela fosse de fato branca, o juiz reformou a condenação. A incerteza levou o tribunal a tomar a extraordinária decisão de libertar um homem negro que, em outras circunstâncias, provavelmente teria enfrentado um linchamento.[24]

Àquela altura, a maioria dos estados já elaborara ou estava elaborando definições ainda mais tortuosas de *branco* e *negro*.

O Arkansas inicialmente definiu o *preto* como "alguém com uma mistura visível e distinta de sangue africano". Então, em 1911, mudou a definição para "qualquer um que tenha [...] o mínimo vestígio de sangue preto", ao converter o sexo inter-racial em crime.[25] O estado do Alabama, em sua proibição do casamento inter-racial, definia como negro qualquer um com "uma única gota de sangue preto". O Oregon definia como não branca qualquer pessoa "com ¼ de sangue preto, chinês ou kanaka, ou com mais de ½ de sangue indiano". A Carolina do Norte proibia o casamento entre brancos e qualquer pessoa de "ascendência preta ou indiana até a terceira geração". O estado da Geórgia definia *branco* como aquele que não tinha "nenhum traço verificável de sangue preto, africano, indiano ocidental, asiático".

Ainda em data recente, até 1983, a Louisiana tinha uma lei estabelecendo a fronteira em "¹/₃₂ de sangue preto". O estado utilizava um grande grau de especificidade, não muito diferente das Leis de Manu, para delinear as várias subcastas. Havia o *griffe* (¾ negro), o *marabon* (⅝ negro), o mulato (½), o *quadroon* (¼), o *octaroon* (⅛), o *sextaroon* (1/16), o *demi-meamelouc* (1/32) e o *sangmelee* (1/64). As últimas categorias, como demonstram hoje os exames genéticos do século XXI, abrangeriam milhões de americanos atualmente classificados como caucasianos. Todas essas categorias mostram uma preocupação da casta dominante com a pureza de raça e de casta ao longo da história americana.

A Virgínia foi com tudo e aprovou a chamada Lei de Integridade Racial de 1924, que, além de proibir o casamento inter-racial, definia como branco "aquele que não tem traço algum de qualquer sangue além do caucasiano".[26]

"A 'quantidade rastreável' se destinava a garantir que mesmo os negros que não parecessem negros fossem mantidos em seu lugar", escreveram Diamond e Cottrol. "O rastreamento da ancestralidade negra até a data mais longínqua possível se tornou um pré-requisito para o bom funcionamento do sistema de castas."[27]

Os julgamentos das castas médias:
A corrida para se abrigar na tenda branca

Ao estender a qualquer pessoa capaz de corresponder à definição de *branco* o sonho de domínio sobre a terra e todos os outros seres humanos nela existentes, o sistema de castas americano se tornou uma disputa de tudo ou nada pelo escalão mais alto. Foi por isso que, quando Ybor City, na Flórida, começou a segregar seus bondes, em 1905, os cubanos, que não tinham certeza da classificação que receberiam, ficaram aliviados e extremamente contentes "ao descobrir que podiam sentar no setor branco".[28]

Os autorizados a se abrigar na tenda branca podiam colher as recompensas da cidadania plena, ascender a posições de status elevado ou até onde seus talentos permitissem, ter acesso ao melhor que o país tinha a oferecer ou, no mínimo, ser tratados com respeito nas interações cotidianas dos grupos subordinados que corriam o risco de sofrer ataques por qualquer passo em falso. Um sistema de castas bipolar aumentava os interesses em jogo pela branquitude, levando aos tribunais inúmeras petições de pessoas em posição limítrofe, pleiteando ingresso na casta superior.

Um imigrante japonês chamado Takao Ozawa morava nos Estados Unidos havia mais de vinte anos. Ele pleiteou a cidadania e alegou que se qualificava como branco porque tinha pele mais clara do que muitos "brancos". E argumentou: qual era realmente a diferença? Como ele podia não ser branco se tinha a pele branca? O que significava ser branco se alguém com pele realmente branca não era branco?

Sua ação passou por todas as instâncias até chegar à Suprema Corte americana. Em 1922, o tribunal decidiu por unanimidade que *branco* não significava a cor da pele, mas sim "caucasiano", e que os japoneses não eram caucasianos, a despeito do fato de que poucos americanos brancos provinham das montanhas russas do Cáucaso e de que estes, naquele momento, também estavam excluídos.

Depois da sentença, um jornal voltado ao público japonês zombou da decisão: "Este jornal, que não acredita que os brancos sejam a 'raça superior', sente-se 'encantado' que o alto tribunal 'não tenha considerado os japoneses como pessoas brancas livres'".[29]

Alguns meses mais tarde, quando seu pedido de cidadania chegou à Suprema Corte, um imigrante da casta dominante da Índia tentou formar causa comum com seus análogos de casta superior nos Estados Unidos. Bhagat Singh Thind declarou que era caucasiano, na verdade ariano, e descendia da mesma linhagem dos europeus, visto que era de conhecimento geral que os arianos haviam migrado para o sul e chegado à Índia, onde formaram a casta superior do país. Podia-se dizer que sua pretensão de ser caucasiano era mais legítima do que a dos indivíduos que o julgavam. Afinal, as montanhas do Cáucaso eram próximas do Irã e ficavam mais perto de sua vizinha Índia do que da Europa Ocidental.

A Suprema Corte não concordou e rejeitou o pedido de Thind em 1923. "Pode ser verdade que o escandinavo louro e o hindu [indiano] pardo tenham um ancestral comum nos brumosos primórdios da Antiguidade", dizia a sentença, "mas o homem médio sabe perfeitamente bem que hoje existem diferenças profundas e inequívocas entre eles."[30]

Essas decisões constituíram uma confrangedora catástrofe para os asiáticos que buscavam a cidadania. Com os sentimentos em favor do europeu ocidental em alta, o governo começou a cancelar a naturalização de pessoas de ascendência asiática que já moravam no país. Isso significava abandonar pessoas que tinham passado a maior parte da vida adulta morando legalmente nos Estados Unidos, situação que se repetiria um século depois com os imigrantes atravessando a fronteira americana com o México.

As consequências foram trágicas. Na época em que a Suprema Corte decidiu que os indianos não eram brancos e, portanto, não podiam pleitear a cidadania americana, fazia oito anos que o imigrante indiano Vaishno Das Bagai morava nos Estados Unidos. Ele tinha esposa e três filhos e era dono de um armazém na rua Fillmore, em San Francisco. Atendia vestido de terno, com o cabelo curto repartido do lado. Primeiro, Bagai perdeu a cidadania, com o endurecimento da lei contra os imigrantes não brancos. Então, perdeu o negócio que havia criado, devido a uma lei californiana que restringia os direitos econômicos de quem não fosse cidadão. Sem passaporte, ele não podia voltar para a Índia, e agora era um apátrida.

Longe da terra de origem e rejeitado pela terra que adotara, ele alugou um cômodo em San Jose, ligou o gás e tirou a própria vida. Em seu bilhete de suicídio, lamentou a inutilidade de tudo o que sacrificara para vir para os Estados Unidos: "Obstáculos aqui, bloqueios lá, pontes queimadas".[31]

Tanto fazia que um pleiteante limítrofe tomasse esse ou aquele caminho para ter aceitação: o sistema de castas mudava suas formas a fim de manter a pureza da casta superior segundo seus próprios termos. Era um fio fino e esgarçado que mantinha as ilusões. Um romancista japonês comentou certa vez que, ao menos no papel, era um mero apóstrofo que se interpunha entre a rejeição e a cidadania para um Ohara japonês e um O'Hara irlandês.[32] Esses casos desnudavam não só o absurdo, mas também a imprecisão desses rótulos artificiais e a ideia de pureza ou conspurcação neles implícita. Ao mesmo tempo, expunham a inflexível rigidez de um sistema de castas que desafiava as evidências contrárias à sua fundamentação, resistindo solidamente à lógica.

A definição de pureza e a constância do nível inferior

Enquanto as castas médias pressionavam para ser admitidas aos níveis acima delas, a absoluta exclusão da casta inferior "conspurcadora" era constante e sistemática. Os afro-americanos não só eram *não* cidadãos, mas também, como seus análogos dalits na Índia, estavam excluídos do contrato social.

Eles e os dalits carregavam o peso diário da mácula atribuída a seu ser. Os dalits não podiam beber do mesmo copo das castas dominantes na Índia, morar nas mesmas vilas dos indivíduos da casta superior nem entrar pela porta da frente das casas destes, o que também ocorreu com os afro-americanos em grande parte dos Estados Unidos durante a maior parte da história americana. Os afro-americanos no Sul deviam entrar pela porta lateral ou dos fundos de qualquer estabelecimento branco de que se aproximassem. Por todo o país, as leis do pôr do sol proibiam que fossem vistos em cidades e bairros brancos depois do crepúsculo, sob o risco de serem agredidos ou linchados. Em bares e restaurantes do Norte, embora pudessem se sentar e comer, era comum que o atendente quebrasse espalhafatosamente o copo que acabara de ser usado por um cliente negro. Os clientes do restaurante se viravam para ver de onde viera o som e quem ofendera as sensibilidades da conspurcação de casta.

Os intocáveis não podiam entrar nos templos hinduístas, e nos Estados Unidos os mórmons negros, por exemplo, até 1978 não podiam entrar nos templos da religião que seguiam nem se ordenar sacerdotes.[33] Os negros escravizados estavam proibidos de aprender a ler a Bíblia ou qualquer livro religioso, assim como os intocáveis estavam proibidos de aprender o sânscrito e os textos sagrados. Em igrejas no Sul, os fiéis negros eram obrigados a se sentar nas galerias ou nas filas do fundo, e quando tais arranjos eram inconvenientes para a casta dominante, tinham "de ouvir o evangelho conforme ele passa pelas janelas e portas", do lado de fora.[34] Até hoje, a manhã dos domingos é conhecida como o horário mais segregado dos Estados Unidos.

Quando a era dos direitos civis já ia adiantada, o sistema de castas ainda excluía os afro-americanos das atividades diárias do público geral no Sul, região onde a maioria deles morava. Eles sabiam ignorar qualquer notícia de um circo chegando à cidade ou de um comício político; essas coisas não eram para eles. "Estavam excluídos dos desfiles do Dia da Independência", escreveu o historiador David Roediger, por serem considerados "'conspurcadores' do corpo político".[35]

O que um magistrado britânico observou sobre as castas inferiores da Índia se aplicaria plenamente aos afro-americanos. "Elas não tinham permissão de estar presentes aos grandes sacrifícios nacionais ou aos festejos subsequentes", escreveu o historiador e administrador colonial W. W. Hunter. "Nunca podiam sair de sua condição servil; e a elas estava reservado o trabalho mais pesado nos campos."[36]

A exclusão era usada para justificar a exclusão. A posição degradada justificava a degradação. Aqueles que estavam na base do sistema de castas eram incumbidos dos trabalhos mais sujos e vis e, assim, eram vistos como sujos e vis, e todos no sistema absorviam essa mensagem de degradação.

Recaía sobre a casta mais baixa, sempre que tinha algum contato com a casta dominante, o ônus de se adaptar às conveniências desta última. Um afro-americano que, no século XIX, conseguisse se tornar arquiteto precisava aprender a "ler os projetos arquitetônicos de ponta-cabeça", escreveu o estudioso Charles W. Mills, "porque sabia que os clientes brancos se sentiriam incomodados em tê-lo no mesmo lado da mesa".[37]

Em anos já adiantados do século XX, os indivíduos da casta dominante podiam ser tomados de pânico caso ocorresse alguma transgressão. Um dia, no Mississippi da era dos direitos civis, uma mãe branca quase histérica puxou a filha menina para dentro de casa, ergueu-a na pia da cozinha e esfregou freneticamente sua mãozinha com uma esponja, como se a vida delas dependesse disso. A menina tinha encostado na mão de uma menina negra que estava trabalhando na terra da família. A mãe lhe disse para nunca mais encostar na mão daquela menina, embora tenha usado outros termos.

"Eles têm germes", disse a mãe. "São nojentos." O frenesi da mãe assustou a menina, que começou a chorar enquanto estavam ali, debruçadas junto à pia. E as lágrimas da menina fizeram a mãe chorar, devido ao terror fabricado que deixara tomar conta de si e devido à caixa em que, como percebeu naquele momento, estava encerrada pelo resto da vida.[38]

Essa era uma proibição sagrada, e consta que, até os anos 1970, a maioria dos brancos no Sul jamais trocara um aperto de mão com um negro.

Um rapaz da casta dominante criado no Sul da época da Depressão aprendera bem as regras do sistema de castas, que seguia conforme o esperado. Quando foi para o Norte, em meados do século XX, e entrou nas Forças Armadas, teve de enfrentar as mitologias de sua formação. "Quando nos libertamos de nossas ilusões, coisas estranhas saltam diante de nós como gárgulas", disse o sulista branco.

De vez em quando, no Norte, ele se via em situações com pessoas negras nas mesmas condições de trabalho das brancas. "Eu pensava que estava plenamente preparado para isso, em termos emocionais e intelectuais", relembrou o homem, um editor da revista *Look*, anos mais tarde. Mas ele descobriu que era prisioneiro de seu próprio condicionamento, o que, segundo ele, era uma espécie de loucura.

A cada vez que chegava ao ponto de precisar apertar a mão de uma pessoa negra, sentia uma repugnância automática que fora incutida e desenvolvida nele. Retraía-se, muito embora tivessem sido mulheres negras a lhe dar banho quando criança e a lhe preparar a massa dos biscoitos, e suas mãos não lhe causavam repugnância quando se estendiam servis. Mas, com pessoas presumidamente iguais, "a cada vez que apertava a mão de um negro", disse ele, "eu sentia uma necessidade premente de lavar as mãos. Todos os impulsos racionais, tudo que eu considerava ter de melhor em mim mesmo lutavam contra essa premência. Mas a mão que havia tocado na pele escura tinha vontade própria e não desistia de anunciar que estava suja. É isso o que quero dizer com loucura".[39]

PILAR NÚMERO CINCO

Hierarquia ocupacional:
Os *jatis* e a base de sustentação

Quando se constrói uma casa, a peça mais importante da estrutura é a primeira viga de madeira enterrada no solo para sustentar os alicerces. Essa peça se chama baldrame, a caixaria que corre ao longo da fundação de uma casa e é a base que dá sustentação a todo o peso da estrutura acima dela. As vigas e os contrapisos, os forros e as janelas, as portas e o telhado, todos os componentes que formam uma casa se erguem sobre o baldrame. Num sistema de castas, essa base de sustentação é a casta inferior, sobre a qual tudo se apoia.

Um político sulista expôs essa doutrina central na plenária do Senado americano em março de 1858. "Em todos os sistemas sociais, precisa haver uma classe para cumprir as tarefas servis, para fazer as lidas diárias da vida", disse o senador James Henry Hammond, da Carolina do Sul, aos colegas senadores. "É uma classe que requer apenas baixo nível de inteligência e baixa qualificação. Seus requisitos são vigor, docilidade, fidelidade. Essa classe vocês precisam ter [...]. Constitui o próprio baldrame da sociedade."[1]

O senador enalteceu a argúcia do Sul, que "encontrou a seu alcance uma raça adaptada a esse fim [...]. Nossos escravos são negros, de outra raça, inferior. A posição em que os colocamos é uma ascensão. Ao torná--los nossos escravos, eles ascenderam da condição em que Deus os criou inicialmente".

Hammond possuía várias fazendas e mais de trezentas almas, tendo adquirido essa fortuna ao se casar com a filha simples e ingênua de um fazendeiro rico da Carolina do Sul. Tornou-se governador do estado e uma figura importante no Sul pré-Guerra Civil. Muito antes de fazer esse discurso, ele já se firmara como um dos homens mais repulsivos que subiram ao Senado, sendo descrito por um estudioso como "nada menos que um monstro".[2] Sabe-se que estuprava reiteradamente pelo menos duas das mulheres que escravizara, e consta que uma delas era sua filha com outra escrava.

Sua carreira política quase desandou quando veio a público que ele havia abusado sexualmente de suas quatro jovens sobrinhas, que tiveram a vida tão arruinada que, depois de atingir a idade adulta, nenhuma delas se casou. Em seu diário, ele falava sobre as sobrinhas com tranquila indiferença, pondo nelas a culpa pelas "intimidades". Por essas e outras coisas, a esposa o abandonou, levando os filhos, porém mais tarde voltou. Hammond se recuperou do escândalo por esses crimes e foi eleito para o Senado federal.[3]

Mas ele é mais conhecido pelo discurso que sintetiza a hierarquia do Sul, cujo espírito se difundiu pelo resto do país, como uma estrutura erguida sobre um baldrame. Com isso, Hammond definiu o quinto pilar de casta: a divisão do trabalho segundo a posição do indivíduo na hierarquia. Ele apontou, em primeiro lugar, a finalidade econômica de uma hierarquia, isto é, garantir que as tarefas necessárias para o funcionamento de uma sociedade sejam executadas, mesmo que contra a vontade, nesse caso das pessoas que nasceram na laje de fundação desfavorecida.

No sistema de castas indiano, que constitui uma hierarquia muito mais elaborada, era a subcasta — ou *jati* — de nascimento da pessoa que estabelecia a tarefa a ser cumprida pelos membros da família, de limpadores de latrinas a sacerdotes nos templos. Aqueles que haviam nascido em famílias que recolhiam dejetos, curtiam couro ou lidavam com os mortos eram vistos como os membros mais baixos e mais maculados da hierarquia, intocáveis devido à necessária mas temida e ingrata tarefa que supostamente lhes cabia por nascimento.

De maneira análoga, os afro-americanos, durante a maior parte do tempo, foram relegados por definição aos serviços mais sujos, degradantes e indesejáveis nos Estados Unidos. Após a escravização e já em anos bem avançados do século xx, eles estavam basicamente restritos ao papel de meeiros e serventes — empregados domésticos, roçadores, motoristas e faxineiros. O máximo a que podiam aspirar os que conseguiam estudar era dar aulas, cuidar de doentes, atender às necessidades de saúde ou sepultar outras pessoas da casta subordinada.

"Há uma grave carência ocupacional nos dois países", escreveram em 1971 os acadêmicos Sidney Verba, Bashiruddin Ahmed e Anil Bhatt, num estudo comparativo entre Índia e Estados Unidos. "Uma carência — pelo menos em termos de nível — de magnitude bastante semelhante."[4]

O estado da Carolina do Sul, logo após a Guerra Civil, proibiu explicitamente que os negros realizassem qualquer trabalho que não fosse doméstico ou agrícola, estabelecendo seu lugar no sistema de castas. O Legislativo decretou que "nenhuma pessoa de cor deve seguir ou praticar a arte, o ofício ou o negócio de artesão, mecânico ou lojista ou qualquer outro ofício, emprego ou negócio (exceto na agricultura ou como servente sob contrato de trabalho) por sua própria conta ou em benefício próprio enquanto não obtiver uma licença do juiz do tribunal distrital, que valerá por apenas um ano". A licença tinha um custo deliberadamente proibitivo de cem dólares por ano, o equivalente a 1500 dólares em 2018.[5] Não se exigia essa taxa à casta dominante, cujos integrantes, por não terem sido escravizados durante um quarto de milênio, tinham mais condições de pagar.

A lei deixou nominalmente de vigorar no período conhecido como Reconstrução, a década em que o Norte assumiu o controle da ex-Confederação, mas retornou em espírito e na prática após a retirada do Norte e a retomada do poder pelos ex-escravizadores, que estavam prontos para se desforrar da derrota na Guerra Civil. Na Carolina do Norte, durante a escravidão e depois na era da meação, os indivíduos da casta inferior eram proibidos de vender ou comercializar qualquer espécie de produto, sob pena de receber 39 chicotadas. Com isso, bloqueou-se a principal via para receberem por seu trabalho agrícola, o que forçou sua dependência econômica em relação à casta dominante.[6]

"A ordem de castas que se seguiu à escravidão definiu os pretos como trabalhadores e empregados domésticos dos brancos", escreveu o estudioso Edward Reuter. "O leque de ocupações era estreito, e muitas das atividades fora da órbita do trabalho braçal estavam vedadas aos pretos."[7]

O Sul lhes fechou qualquer caminho para uma posição acima da que lhes fora designada. "Qualquer coisa que leve o preto a aspirar a algo acima do arado e da panela, em suma, acima das funções de servente", disse o governador James K. Vardaman, do Mississippi, "será a pior coisa do mundo para ele. Deus Todo-Poderoso o destinou ao trabalho servil. Ele não se presta a mais nada."[8]

Os que conseguiram ir para o Norte após a Guerra Civil e durante as ondas maiores da Grande Migração, iniciada na Primeira Guerra Mundial, descobriram que podiam fugir do Sul, mas não da casta. Ingressaram no Norte na base inferior, abaixo dos europeus meridionais e orientais, que podiam nem ter ainda aprendido o inglês, mas eram admitidos nos sindicatos e em bairros mais bem atendidos, que não aceitavam cidadãos negros que tinham desbravado a terra agreste e construído a riqueza do país. Embora não houvesse lei federal restringindo atividades profissionais com base na raça, estatutos no Sul e costumes arraigados no Norte mantinham as pessoas da casta inferior em seu lugar. As indústrias do Norte muitas vezes contratavam afro-americanos apenas como fura-greves, e os sindicatos os impediam de ingressar em ofícios reservados aos brancos. Os inspetores municipais se negavam a assinar oficialmente o trabalho de eletricistas negros. Uma fábrica em Milwaukee, ao perceber a aproximação de homens negros à procura de serviço, já os mandava embora antes mesmo que chegassem ao portão de entrada. Em Nova York e na Filadélfia, por muito tempo as pessoas negras não podiam tirar licença nem mesmo para conduzir uma carroça.[9]

"Todos os meios para melhorar de vida estavam vedados a eles", escreveu William A. Sinclair, autor de uma história da escravidão e suas consequências, a propósito do destino do homem de casta subordinada.[10]

Havia exceções — aqueles indivíduos escravizados seletos, geralmente filhos de donos de escravos, que eram autorizados a trabalhar como carpinteiros, ferreiros ou em outros ofícios necessários em fazendas grandes, como a de Thomas Jefferson em Monticello.

Mesmo na Índia, onde há milhares de castas dentro das castas, dentro das quatro *varnas* principais, "nenhuma ocupação tem apenas uma casta designada para ela", escreveram os antropólogos W. Lloyd Warner e Allison Davis. "Embora em teoria a casta exija uma especialização ocupacional, na prática mesmo a casta mais bem organizada de todas, a dos brâmanes, tem uma grande variedade de ocupações."[11] O antropólogo e filósofo francês Célestin Bouglé escreveu que, no sistema de castas indiano, "podem-se distinguir seis castas de mercadores, três de escribas, quarenta de camponeses, 24 de diaristas rurais, nove de pastores e caçadores, catorze de pescadores e marinheiros, doze de vários tipos de artesãos, carpinteiros, ferreiros, ourives e oleiros, treze de tecelões, treze de destiladores, onze de serventes domésticos".[12]

Assim, as linhas de casta nos Estados Unidos podem ter sido ao mesmo tempo ainda mais rígidas do que as da Índia. Em 1890, "85% dos homens negros e 96% das mulheres negras estavam empregados em apenas duas categorias ocupacionais", escreveu o sociólogo Stephen Steinberg, "a agricultura e o serviço doméstico ou pessoal". Quarenta anos depois, quando veio a Depressão e os afro-americanos se mudaram para cidades do Norte, as porcentagens de pessoas negras na base da hierarquia de trabalho se mantiveram as mesmas, embora, naquela altura, quase metade dos homens negros trabalhasse em serviços braçais que exigiam apenas força física. Somente 5% constavam como trabalhadores do setor terciário — muitos deles pastores religiosos, professores e pequenos lojistas com atendimento voltado para outras pessoas negras.[13]

No Norte e no Sul, o status dos afro-americanos era tão claramente entendido que as pessoas da casta dominante abominavam cumprir tarefas que consideravam abaixo de sua posição. Um turista britânico nos anos 1810 observou que os americanos brancos sabiam muito bem quais tarefas eram tidas como adequadas apenas a pessoas negras. Os miseráveis brancos em Ohio "se recusavam a transportar água para seu próprio uso", escreveu o historiador David R. Roediger, "por medo de serem vistos 'como escravos'".[14]

A associação histórica entre trabalho bruto e negritude serviu para prender ainda mais os negros num círculo de subserviência na mentalidade americana. Eles eram punidos por estar na condição que eram obrigados a suportar. E a imagem de servidão os acompanhou como uma sombra na liberdade.

Quando o sistema de castas mudou de forma no século xx, a casta dominante encontrou meios cada vez mais elaborados para impor uma hierarquia ocupacional. "Se brancos e pretos estão empregados juntos", escreveu o historiador Bertram Doyle nos anos 1930, "geralmente não executam as mesmas tarefas e com certeza não como iguais [...]. Os pretos nunca ou quase nunca ocupam posição de autoridade sobre brancos. Além disso, já preveem que ficarão nos escalões inferiores; vão subir, no máximo, apenas acima de outros pretos." Por melhor que seja seu desempenho, escreveu Doyle, "eles não podem ter muita esperança de serem promovidos".[15]

O lugar do indivíduo era determinado antes de seu nascimento. "Um preto pode se tornar foguista de trem", escreveu Doyle, "mas nunca um engenheiro."

A casta, então, não implicava apenas fazer certo tipo de trabalho; implicava desempenhar um papel dominante ou subserviente. "Assim, é preciso haver uma divisão do trabalho em que as duas raças sejam empregadas, e o trabalho braçal é geralmente tido como a parte atribuída aos pretos", escreveu Doyle, "e eles devem observar e cumprir o papel."

Nos anos 1930, um homem negro estava indo visitar uma moça da qual gostava, o que o levou a passar pela praça da cidade. Lá, alguns homens brancos o abordaram e "o obrigaram a arranjar um macacão, dizendo que ele estava 'arrumado demais para um dia de semana'".[16]

A escravidão estabeleceu os parâmetros artificiais para os papéis que cada casta desempenharia, e o único serviço para a casta inferior — afora o arado e a panela — incentivado pelo sistema de castas era o de entretenimento, que constituía uma forma própria de servidão naquele mundo. Condizia com as noções de casta que a casta inferior servisse ao prazer da dominante. Isso reafirmava os estereótipos da corporeidade negra inata, de uma materialidade baseada mais no instinto animal do que na criatividade humana, e não apresentava qualquer ameaça à supremacia da casta dominante em termos de intelecto e liderança.

A ordem para que as pessoas escravizadas se apresentassem em espetáculo também reforçava sua subjugação. Elas eram obrigadas a cantar apesar da exaustão ou das dores de um recente açoitamento, do contrário se arriscavam a receber novas punições. A alegria forçada se tornou uma arma de sujeição para amenizar a culpa da casta dominante e humilhar ainda mais os escravizados. Se eles estavam acorrentados e felizes, como alguém poderia dizer que eram maltratados? A alegria, mesmo que extraída à base do chicote, era considerada essencial para confirmar que a estrutura de castas era justa, que tudo estava bem, que todos aceitavam e até apreciavam sua posição na hierarquia. Assim, os negros eram forçados a compactuar com sua própria degradação, a cantar e dançar mesmo quando estavam sendo apartados dos cônjuges, dos filhos ou dos pais, à venda nos leilões. "Fazia-se isso para que eles parecessem alegres e felizes", escreveu William Wells Brown, assistente de um especulador antes da Guerra Civil cuja função era apresentar a mercadoria humana em condições vendáveis. "Muitas vezes coloquei-os para dançar", disse ele, "com as faces molhadas de lágrimas."[17]

Mais tarde, os afro-americanos converteriam o papel de diversão que haviam sido obrigados a ocupar — e o talento que desenvolveram a partir disso — numa excelência na arte do entretenimento e na cultura americana, e de maneira desproporcional a seu número. Desde o começo do século XX, os afro-americanos mais ricos — de Louis Armstrong a Muhammad Ali — costumam pertencer ao mundo do entretenimento e dos esportes. Mesmo hoje, numa classificação de 2020 dos afro-americanos mais ricos, dezessete dos vinte principais — desde Oprah Winfrey a Jay-Z e Michael Jordan — enriqueceram como inovadores e depois magnatas na indústria do entretenimento ou nos esportes.

Historicamente, esse grupo viria a dominar o âmbito forjado para si, sendo muito celebrado, a menos que investisse frontalmente contra alguém da casta superior, como fez o boxeador negro Jack Johnson no inesperado nocaute que aplicou em James Jeffries em 1910. O escritor Jack London convencera Jeffries a voltar à ativa para lutar com Johnson, numa era de virulento ódio racial, e a imprensa atiçou as paixões ao designar Jeffries como "a Grande Esperança Branca". A derrota de Jeffries naquele Quatro de Julho foi uma afronta à supremacia branca e desencadeou revoltas em todo o país, de norte a sul, onze delas em Nova York, onde os brancos atearam fogo a bairros negros e tentaram linchar dois negros após a derrota. A mensagem era clara: mesmo numa arena à qual a casta inferior fora admitida, os negros deviam conhecer seu lugar e se manter nele.

Durante séculos, as pessoas escravizadas foram obrigadas a se apresentar segundo os caprichos do senhor, fosse tocando música nos bailes, como objeto de arremedo em jogos de salão ou na dura labuta no campo. "Os papéis servis e cômicos eram os principais designados aos negros em suas relações com os brancos", escreveram os antropólogos W. Lloyd Warner e Allison Davis sobre as relações de casta baseadas na escravidão que se instalaram na cultura americana.[18]

O sistema de castas se reconfortava com a caricatura negra, pois ela sustentava a mitologia de uma raça simplória, de bobos da corte, cuja natureza jovial a protegia de qualquer sofrimento verdadeiro. As imagens aliviavam a consciência e justificavam as atrocidades. E assim os espetáculos teatrais conhecidos como *minstrelsy*, em que os atores brancos pintavam o rosto de preto com rolha queimada e arremedavam a casta subordinada, tornaram-se um entretenimento de grande popularidade, enquanto o regime segregacionista se endurecia após o fim da escravidão. Os brancos mantiveram o hábito no século xxi, em festas de confrarias, shows de talentos e festejos de Halloween.

Ao mesmo tempo, desde longa data os artistas negros foram reconhecidos e muitas vezes limitados a desempenhar papéis ligados ao estereótipo de casta. A primeira afro-americana a ganhar um Oscar, Hattie McDaniel, foi premiada pelo papel de Mammy, um contraponto solícito e obesamente dessexuado a Scarlett O'Hara, o ideal feminino, em ...*E o vento levou*, de 1939. Mammy era mais devotada à sua família branca do que à própria família, mostrando-se disposta a lutar contra soldados negros a fim de proteger sua escravizadora branca.

Essa figura se tornou um elemento constante e reconfortante nos filmes que retratavam a escravidão, mas era uma invenção a-histórica criada pela imaginação de casta. Sob a escravidão, as mulheres negras eram quase sempre magras e até esqueléticas, devido ao parco alimento que recebiam, e poucas trabalhavam dentro de casa, pois eram consideradas mais valiosas no campo. Todavia, a casta dominante preferia ver a criada ou escrava gorda e alegre, e McDaniel e outras atrizes negras da época descobriram que estes eram os únicos papéis que conseguiriam. Como muitas dessas mulheres tinham crescido no Norte ou no Oeste, pouco conheciam o vernáculo negro sulista que os roteiros demandavam, e tinham de aprender a falar da maneira exagerada e às vezes farsesca que os diretores hollywoodianos imaginavam ser o linguajar das pessoas negras.[19]

Essa ridicularização convencional contraria a séria história de abusos arbitrários dos afro-americanos sob a escravidão, quando sua degradação servia de entretenimento para a casta dominante. Num caso, dois fazendeiros da Carolina do Sul estavam jantando numa de suas fazendas, passando o tempo, conversando sobre seus escravos e discutindo se eram capazes de ter genuína fé religiosa. O fazendeiro de visita afirmou não acreditar muito nisso.

O fazendeiro anfitrião discordou e disse: "Tenho um escravo que preferiria morrer a negar seu Salvador".

O convidado fez troça do anfitrião, desafiando-o a provar o que dizia. Este, então, mandou chamar o homem e ordenou que negasse sua fé em Jesus Cristo, Nosso Senhor. O escravo declarou sua fé em Jesus e pediu licença para se retirar. O dono, querendo marcar posição junto ao colega escravocrata, continuou a insistir que ele renegasse Jesus, e o escravo, conforme o esperado, continuou a declarar sua fé. O anfitrião então o açoitou, agora por desobediência, e continuou a açoitá-lo, com o látego cortando a carne e chegando ao osso. O escravo de fé "acabou morrendo em consequência desse severo castigo".[20]

Analogamente, os soldados do Terceiro Reich usavam prisioneiros judeus fracos e malnutridos para seu entretenimento. O chefe de um esquadrão das ss, que supervisionava a construção do campo de tiro em

Sachsenhausen, obrigava prisioneiros a saltar e rodopiar como ursos dançantes em volta de uma pá, para se divertir. Uma vez, um deles se negou a dançar, e então o chefe de esquadrão pegou a pá e o espancou até a morte.[21]

Nesses dois sistemas de casta, que afora isso não guardam maiores relações, cada ação, cada gesto era calculado para relembrar aos integrantes da casta subordinada que a casta dominante reinava soberana. A casta superior, escreveu o autor oitocentista William Goodell, dizia ter "propriedade absoluta da própria alma humana".[22]

PILAR NÚMERO SEIS
Desumanização e estigma

A DESUMANIZAÇÃO É UM COMPONENTE indispensável na fabricação de um grupo externo contra o qual se lança um grupo interno, e constitui uma tarefa monumental. É uma guerra contra a verdade, contra o que os olhos veem e o coração sentiria se pudesse sentir por si só.

Desumanizar outro ser humano não é apenas declarar que alguém não é humano, e não acontece por acaso. É um processo, uma programação. Negar o que é evidente em outro ser da mesma espécie requer energia e reforço.

É mais difícil desumanizar um indivíduo de pé à nossa frente, enxugando as lágrimas pela perda de um ente querido, como nós faríamos, gemendo de dor após um tombo como também faríamos, rindo diante de um trocadilho inesperado, como poderíamos rir. É mais difícil desumanizar um indivíduo que tivemos ocasião de conhecer. É por isso que as pessoas e os grupos que buscam o poder e a divisão não se dão ao trabalho de desumanizar um indivíduo. Melhor impingir um estigma, uma mácula, a um grupo inteiro.

Desumanize-se o grupo e estará feito o trabalho de desumanizar todos os indivíduos dentro dele. Desumanize-se o grupo e ele estará isolado das massas a que se pretende conferir superioridade, e todos estarão programados, mesmo alguns dos alvos da desumanização, a não mais crer no que seus olhos veem, a não mais confiar em seus próprios pensamentos. A desumanização cria uma distância não só entre o grupo interno e o grupo externo, mas também entre os integrantes do grupo interno e sua própria humanidade. Ela converte todos os integrantes da hierarquia em escravos do pensamento de grupo. Um sistema de castas se baseia na desumanização para excluir os marginalizados das normas de humanidade, de maneira que qualquer ação contra eles é tida como dotada de racionalidade.

Tanto a Alemanha nazista quanto os Estados Unidos reduziram seus grupos externos, respectivamente os judeus e os afro-americanos, a uma massa indiferenciada de bodes expiatórios sem nome e sem rosto, os amortecedores dos reveses e medos coletivos de cada nação. A Alemanha culpou os judeus pela derrota na Primeira Guerra Mundial, pela vergonha e pelas dificuldades econômicas que recaíram sobre o país findo o conflito, e os Estados Unidos culparam os afro-americanos por muitas de suas mazelas sociais. Nos dois casos, os indivíduos foram aglutinados numa mesma massa por terem em comum um único traço estigmatizante, convertidos num conjunto indistinto e indistinguível como forma de preparação para a exploração e as atrocidades que lhes seriam infligidas. Os indivíduos deixaram de ser indivíduos. A individualidade, afinal, é um luxo concedido à casta dominante. A individualidade é a primeira característica que os estigmatizados perdem.

Temos triste conhecimento do assassinato monstruosamente rápido de 6 milhões de judeus e 5 milhões de não judeus durante o Holocausto. O que talvez não conheçamos tão bem são as circunstâncias que levaram a esse horror e os milhões que sofreram nos campos de trabalho do Terceiro Reich, o processo de desumanização efetuado antes que se pudesse empreender qualquer uma dessas atrocidades e a interligação não só da humanidade, mas também do mal dentro dela.

Mantidos em campos de trabalho em séculos diferentes e separados por um oceano de distância, judeus e afro-americanos foram submetidos a um programa de desumanização deliberada. Ao chegar aos campos de concentração, os judeus eram despojados das roupas e de todos os acessórios de sua vida anterior, de tudo o que possuíam. As cabeças eram raspadas, e características como costeletas, bigodes ou cabeleiras luxuriantes eram removidas. Eles não eram mais indivíduos, não eram mais personalidades a conhecer, a considerar, a levar em conta.

Durante as chamadas da manhã e da noite, eram obrigados a ficar de pé, às vezes até altas horas, enquanto os oficiais das ss contavam os milhares de presos para verificar se houvera alguma fuga. Eles ficavam de pé no frio enregelante ou no calor do verão com os mesmos uniformes listrados, com as mesmas cabeças raspadas, as mesmas faces encovadas. Convertiam-se numa única massa de corpos iguais, deliberadamente para facilitar que os oficiais das ss se distanciassem deles, não estabelecessem com eles qualquer vínculo humano. Pais afetuosos, sobrinhos teimosos, médicos amados, relojoeiros dedicados, rabinos, afinadores de piano, todos se fundiam numa mesma massa de corpos indiferenciados que não eram mais vistos como seres humanos, merecedores de compaixão, mas como objetos sobre os quais os oficiais nazistas podiam exercer controle total e com os quais podiam fazer o que bem entendessem. Eles não eram mais pessoas, mas números, meios para um fim.

Ao chegar aos locais de leilão e aos campos de trabalho do Sul dos Estados Unidos, os africanos eram despojados de seus nomes e, como um cachorro quando muda de dono, obrigados a responder a novos nomes, muitas vezes jocosos. Eram despojados de sua vida anterior e de sua identidade como iorubá, axânti ou igbo, filho de um pescador, sobrinho do sacerdote da aldeia ou filha de uma parteira. Décadas depois, os judeus foram despojados de seus nomes e sobrenomes, e obrigados a decorar os números que lhes eram atribuídos nos campos de concentração. Milhares de anos atrás, os intocáveis da Índia recebiam sobrenomes que os identificavam pelo trabalho vil que faziam, obrigando-os a anunciar sua degradação a cada vez que se apresentavam, ao passo que os brâmanes traziam, muitos deles literalmente, os nomes das divindades.

Nos dois sistemas de castas mais modernos, em campos de trabalho na Europa Central e Oriental e no Sul dos Estados Unidos, captores bem nutridos obrigavam os cativos a realizar as tarefas mais pesadas e desumanas, retendo o alimento daqueles que, com seu trabalho, enriqueciam seus captores, que mal lhes forneciam o suficiente para sustentar o metabolismo humano, o mínimo necessário para a subsistência. Os nazistas tratavam a privação humana de maneira científica. Calculavam a quantidade de calorias necessárias para determinada tarefa, digamos, derrubar árvores e remover os tocos, e forneciam a esses trabalhadores cem ou duzentas calorias a menos, de modo a reduzir os custos e mantê-los fracos demais para reagir, enquanto morriam lentamente de fome.

Os fazendeiros sulistas forneciam a seus cativos africanos, encarregados do trabalho mais pesado na hierarquia, uma quantidade de nutrientes menor do que a recebida por qualquer outra pessoa em toda a fazenda. Ambos os grupos raramente recebiam proteínas, limitando-se mais a fornecer do que a receber alimento, alguns se exasperando com a extravagância dos lautos banquetes de seus captores.

Todos eles estavam sob total controle e sujeitos aos caprichos de seus algozes, que não perdiam ocasião de reforçar sua degradação. Os judeus recebiam uniformes carcerários de pano grosso em tamanhos deliberadamente pequenos ou grandes demais. Os afro-americanos escravizados, por sua vez, recebiam roupas de pano grosso cinzento, um cruzamento entre uma "roupa de baixo e um saco ordinário de batata", feitas "sem considerar o tamanho dos indivíduos a que eram entregues, como uniformes de prisão".[1]

Além de tudo isso, o objetivo das campanhas de desumanização era a rendição forçada da própria humanidade do alvo, um roubo cármico descomunal. Tudo o que fosse considerado uma reação humana natural estava vedado à casta subordinada. Durante a época da escravidão, os afro-americanos eram proibidos de chorar quando lhes retiravam os filhos, e forçados a cantar quando o marido ou a esposa era vendido, o que significava que nunca mais se veriam nem ouviriam a voz um do outro.

Eles eram punidos pelas reações que se esperariam de um ser humano em tais circunstâncias. Qualquer vislumbre de humanidade que pudessem transparecer era uma afronta ao que a casta dominante repetia a si mesma. Eles eram punidos por serem os humanos que não podiam deixar de ser.

Na Índia, os dalits, sofrendo as privações de sua posição inferior, eram espancados até a morte se roubassem alimento para a subsistência que lhes era negada. Assim como no caso dos afro-americanos durante a escravidão, era crime que os dalits aprendessem a ler e a escrever, "punível com o corte da língua ou o despejo de chumbo derretido no ouvido do transgressor", escreveu V. T. Rajshekar, editor do *Dalit Voice*.[2]

Nos Estados Unidos, os afro-americanos, que não eram pagos por seu trabalho durante a escravidão — e, depois dela, no século xx, mal e mal recebiam um pagamento ínfimo —, eram açoitados ou linchados por furtar comida, por supostamente roubar 75 centavos, por tentar protestar ou parecer questionar alguém da casta dominante. Nos campos de trabalho nazistas, uma das várias tarefas cruéis que podiam ser designadas aos prisioneiros era trabalhar na padaria. Lá, dia após dia, os cativos famélicos, obrigados a sobreviver com rações de caldo de urtiga ou sopa de beterraba, sovavam e assavam os pães e tortas para seus torturadores das ss.[3] Estavam cercados pelo cheiro da massa fresca fermentando, mas corriam o risco de ser espancados ou coisa pior se fossem apanhados pegando uma crosta de pão da forma.

Nos Estados Unidos, os leilões de escravos se tornaram vitrines públicas do projeto de desumanização da formação de castas. Sendo os ativos líquidos mais valiosos na terra, valendo mais do que a própria terra quando combinados, eles recebiam ordens de apresentar um semblante agradável, a fim de aumentar o lucro dos vendedores da casta dominante que estavam destruindo suas famílias. As mulheres eram forçadas a tirar a roupa perante a multidão, a se submeter a horas de inspeção física por homens brutais que examinavam dentes, mãos ou qualquer outra parte do corpo que, como possíveis compradores, decidissem inspecionar. Seus corpos não lhes pertenciam, e cabia apenas à casta dominante fazer com eles o que quisesse e como bem quisesse. Deviam responder a qualquer pergunta que lhes fosse feita com "uma fisionomia alegre e sorridente", ou receberiam trinta chicotadas por não se mostrarem de modo suficientemente satisfatório para o vendedor.

"Quando interpelados, deviam responder depressa e com um sorriso nos lábios", rememorou John Brown, um sobrevivente da escravidão que foi separado da mãe ao ser vendido e, desde então, submetido muitas vezes a cenas como essa.

> Aqui podem-se ver maridos separados das esposas, a pouca distância na mesma sala, e filhos separados do pai, da mãe ou de ambos, assistindo à negociação que irá dilacerar a família para sempre. E mesmo assim eles não

podem deixar escapar um único lamento ou gemido de angústia, nem, consumada a venda, ousar se despedir ou trocar um último abraço.[4]

Nos Estados Unidos, desenvolveram-se dois mundos paralelos coexistindo no mesmo plano, com duplos critérios flagrantes que ressaltavam as injustiças deliberadas inseridas no sistema. Pressagiando as disparidades que levaram ao encarceramento em massa de nossa época, o pastor abolicionista William Goodell comentou o dilema do negro nos Estados Unidos antes da Guerra Civil. "Ele é considerado criminoso por atos que em outros são vistos como inocentes", escreveu Goodell em 1853, "punido com uma severidade da qual todos os demais estão isentos. Está sob o controle da lei, mas desprotegido pela lei, e só pode conhecer a lei como inimigo."[5]

Na Virgínia, havia 71 crimes que acarretavam a pena de morte para pessoas escravizadas mas apenas encarceramento quando cometidos por brancos, como roubar um cavalo ou atear fogo a fardos de cereal.[6] Algo tão corriqueiro para a maioria dos seres humanos, como um pai ajudando um filho nas lições de casa, era proibido. Um pai negro na Geórgia podia "ser açoitado por ensinar o próprio filho" a ler.[7] Negros libertos estavam proibidos de portar armas de fogo, depor contra brancos ou erguer a mão contra quem quer que fosse, mesmo em autodefesa.

"Richmond exigia que pretos e mulatos se pusessem de lado quando algum branco passasse, e proibia que andassem de carruagem, a não ser como criados", escreveu o historiador Kenneth M. Stampp. "Os escravos de Charleston não podiam praguejar, fumar, usar bengalas, assistir às paradas militares nem dar demonstrações de alegria."[8]

Assim como os africanos escravizados e subnutridos tinham de drenar os pântanos, derrubar as árvores e limpar o terreno para construir as fazendas e a infraestrutura do Sul, da mesma forma os cativos esfaimados do Terceiro Reich tinham de drenar os pântanos, derrubar as árvores, arrancar suas raízes e carregar os troncos para construir a infraestrutura de seu tormento. Eles trabalhavam nos barreiros e pedreiras para fazer tijolos para o Reich. Sob os dois regimes, os cativos construíam os muros que os aprisionavam, e muitas vezes morriam durante o trabalho.

Nos primeiros anos da expansão nazista, todos os dias cerca de 2 mil prisioneiros eram conduzidos em marcha forçada desde o campo de concentração até os barreiros, passando pela vila de Oranienburg, ao norte de Berlim, e cruzando a ponte do canal, e muitas vezes voltavam no final da tarde com uma carroça cheia de cadáveres, pessoas que haviam morrido de exaustão ou tinham sido assassinadas naquele dia.[9]

NAS PROFUNDEZAS DE SUA DESUMANIZAÇÃO, tanto judeus quanto afro-americanos foram submetidos a pavorosas experiências nas mãos de médicos da casta dominante. Além da horrenda tortura de gêmeos, cientistas e médicos alemães das ss conduziram cerca de 25 tipos de experiências em judeus e outros cativos, como por exemplo contaminar as vítimas com gás mostarda e testar os limites máximos da hipotermia.

Nos Estados Unidos, desde a escravidão até anos adiantados do século XX, médicos usavam afro-americanos como cobaias de experiências, sem o consentimento deles ou sem usar anestesia. Os cientistas lhes injetavam plutônio, deixavam deliberadamente de tratar doenças como sífilis a fim de observar os efeitos, usavam seus corpos para aperfeiçoar a vacina contra o tifo e os sujeitavam a qualquer experiência torturante que lhes viesse à cabeça.

Eram ataques incontrolados sobre seres humanos. Segundo Harriet A. Washington, estudiosa da ética médica, em sua obra fundamental *Medical Apartheid*, o médico de uma fazenda fez incisões na cabeça de um bebê negro para testar uma teoria sobre a cura de acessos epilépticos.[10] O médico abriu o crânio do bebê com ferramentas de sapateiro, perfurando o escalpo, como descreveria depois, "com a ponta de uma sovela recurva".

Esse médico, James Marion Sims, seria posteriormente saudado como o fundador da ginecologia. Ele chegou a suas descobertas comprando mulheres escravizadas no Alabama e procedendo a cirurgias bárbaras que muitas vezes terminavam em morte ou desfiguração. Negava-se a usar anestesia, dizendo que a cirurgia vaginal "não [era] dolorosa a ponto de justificar esse trabalho". Em vez disso, ministrava morfina apenas depois da cirurgia, notando que isso "aliviava o ardor da urina" e, segundo Washington, "enfraquecia a vontade de resistir a repetidos procedimentos".

Um cirurgião da Louisiana aperfeiçoou o corte cesariano com experiências nas mulheres escravizadas a que teve acesso nos anos 1830. Outros, mais tarde, aprenderam a remover ovários e cálculos da bexiga. Realizavam essas experiências nas senzalas em busca de descobertas e inovações para os pacientes brancos que um dia passariam por cirurgias em hospitais, recebendo a anestesia disponível na época.

O controle total dos médicos sobre os corpos negros lhes dava livre acesso à anatomia de objetos de estudo vivos, o que de outra forma não seria possível. Sims, por exemplo, obrigou uma mulher a se despir e ficar de joelhos sobre uma mesa. Então deixou que outros médicos se revezassem com o espéculo para forçar a entrada vaginal e convidou aprendizes e homens importantes da cidade a assistirem pessoalmente. Mais tarde, escreveu: "Vi tudo como nenhum homem vira antes".

Todos nós gostaríamos de crer que resistiríamos ao impulso de infligir tais horrores a nossos semelhantes, e muito provavelmente alguns resistiriam. Mas não tantos quanto gostaríamos de crer.

Num famoso e polêmico estudo de 1963 sobre o limiar de violência das pessoas, quando ordenadas a infligi-la, uma turma de estudantes universitários foi instruída a ministrar choques elétricos numa pessoa num aposento ao lado. A pessoa que "recebia" os choques não se feria, mas gritava e batia nas paredes conforme a intensidade da descarga elétrica aumentava. O coordenador do estudo, o psicólogo Stanley Milgram, descobriu que dois terços dos participantes "podiam ser induzidos a aplicar a voltagem máxima ao inocente objeto de estudos", escreveu o estudioso David Livingstone Smith, especializado no estudo da desumanização.

Numa experiência semelhante, conduzida na Universidade Stanford em 1975, os participantes não precisavam receber ordens para dar os choques.[11] Bastava que ouvissem um único comentário negativo acerca dos estudantes potencialmente sujeitos ao castigo. Os participantes eram levados a crer que estudantes de outra faculdade estavam vindo participar de um projeto conjunto. Alguns entreouviam os organizadores da experiência, supostamente por acaso, fazendo comentários neutros ou humanizadores sobre os estudantes em visita (que eles pareciam "legais"). Outros ouviam comentários desumanizadores (que eles pareciam "uns animais"). Os participantes deram às pessoas desumanizadas o dobro dos castigos que aplicaram às humanizadas, e significativamente mais do que àqueles sobre os quais não sabiam nada. Eles estavam dispostos a aplicar a intensidade máxima no grupo desumanizado.[12]

"A desumanização é uma criação conjunta da biologia, da cultura e da arquitetura da mente humana", escreveu Smith. "A história humana está repleta de dor e tragédia, mas, entre os horrores que perpetramos uns aos outros, a perseguição e a tentativa de extermínio do povo judeu, a escravização brutal dos africanos e a destruição das civilizações americanas aborígines em muitos aspectos não têm paralelo."[13]

Nos Estados Unidos, instilou-se no espírito das pessoas uma cultura da crueldade, em que a violência e a zombaria foram convertidas em coisas prosaicas e divertidas, incorporadas aos jogos de azar nos parques de diversões e nos bazares beneficentes locais em décadas entradas do século xx. Assim se formou o sistema de imunidade contra a empatia. Havia uma atração chamada "Coon Dip", em que o público atirava "projéteis em afro-americanos vivos".[14] Havia também o "Bean-em", em que as crianças atiravam saquinhos de feijão em caricaturas grotescas de rostos negros, cujas imagens por si só davam uma aula de casta sem que se precisasse falar coisa alguma.

E os entusiastas faziam fila para tentar a sorte nos espetáculos do "Filho de Cam" em Coney Island, em Kansas City ou na Califórnia, "nos quais homens brancos pagavam pelo prazer de atirar bolas de beisebol na cabeça de um negro", escreveu Smith.[15]

Um certo tipo de violência fez parte de um currículo não explícito para gerações de crianças da casta dominante. "A cultura branca dessensibilizava as crianças para a violência racial", escreveu a historiadora Kristin DuRocher, "para que elas mesmas pudessem perpetuá-la um dia."[16]

PILAR NÚMERO SETE

O terror como imposição, a crueldade como forma de controle

A ÚNICA MANEIRA DE MANTER um grupo inteiro de seres sencientes num lugar artificialmente fixado, abaixo de todos os outros e de suas próprias capacidades, é utilizando a violência e o terror, físicos e psicológicos, para prevenir a resistência antes mesmo que se possa imaginá-la. O mal não pede muito à casta dominante: basta não fazer nada. A única coisa necessária da parte dos circunstantes é a cumplicidade silenciosa com o mal cometido em nome deles, embora um sistema de castas proteja e talvez até recompense os que se dispõem a participar do terror.

Os judeus na Europa sob controle nazista, os afro-americanos no Sul antes da Guerra Civil e na época da legislação segregacionista e os dalits na Índia estavam, todos, à mercê de pessoas alimentadas à base do ódio e do desprezo por eles, incentivadas a tentar provar sua superioridade unindo-se ou consentindo com as crueldades contra seus semelhantes.

Acima de tudo, as pessoas na casta subordinada precisavam ser lembradas do poder absoluto da casta dominante sobre elas. Tanto nos Estados Unidos quanto na Alemanha, os indivíduos da casta dominante açoitavam e enforcavam seus cativos por transgressões aleatórias e fortuitas de casta, castigavam-nos pelas reações humanas naturais à injustiça a que eram submetidos. Nos Estados Unidos, "o chicote era o instrumento de castigo mais comum", escreveu o historiador Kenneth M. Stampp. "Praticamente todos os senhores de escravos o utilizavam, e poucos escravos adultos escapavam inteiramente a ele."[1]

Na Alemanha, os nazistas amarravam judeus e presos políticos sobre uma prancha de madeira e os açoitavam por pequenas infrações como, por exemplo, usar folhas que haviam catado para enrolar um cigarro ou matar ratos para complementar a parca alimentação que recebiam. Os cativos eram obrigados a contar em voz alta cada chicotada que recebiam. Os nazistas estipulavam o limite de 25 chibatadas, mas confundiam a vítima dizendo que ela tinha contado errado e assim prolongavam a tortura. Os americanos chegavam a quatrocentas chicotadas, tortura equivalente a assassinato, enquanto vários homens, esgotados com o esforço físico necessário para o açoitamento, faziam rodízio no chicote.

No Novo Mundo, poucas criaturas, enquanto categoria de seres vivos, foram submetidas ao nível de agressão física brutal — como traço característico de sua vida diária ao longo de muitos séculos — infligido aos escravizados americanos. A violência era tão corriqueira que alguns capatazes, ao chegar a uma nova fazenda, decidiam sumariamente "açoitar todos os trabalhadores para mostrar quem mandava", escreveu Stampp. "Alguns usavam [o chicote] como incentivo, açoitando o último escravo a sair da cabana de manhã. Muitos o usavam para 'dobrar' um escravo jovem e para 'dobrar o espírito' de um insubordinado mais velho."[2]

Um adolescente sofreu um açoitamento tão prolongado que desmaiou durante o suplício. "Quando recobrou a consciência, vomitando", relatou o historiador Edward Baptist, "ainda continuavam a fustigá-lo. Ele mergulhou outra vez nas trevas."[3]

Um escravizador comentou "que o que mais lhe agradava era ouvir [...] o som do chicote do capataz entre os escravos na labuta", escreveu Baptist, porque assim "ele sabia que seu sistema estava funcionando".

A HISTÓRIA HUMANA ESTÁ CHEIA de exemplos de inconcebível violência, e nós, como americanos, gostamos de pensar que nosso país está muito distante das decapitações da Europa medieval ou do reinado dos hunos. No entanto, era nos Estados Unidos que "os indígenas americanos eram ocasionalmente esfolados, tendo sua pele usada na fabricação de rédeas", como escreveu o estudioso Charles Mills. Andrew Jackson, o presidente americano que supervisionou a remoção forçada dos povos indígenas de suas terras ancestrais durante a Trilha das Lágrimas, usava rédeas feitas de pele indígena quando saía a cavalo. E foi também nos Estados Unidos que, no século xx, afro-americanos foram queimados vivos, como o jovem Jesse Washington, de dezessete anos, em Waco, Texas, em 1916, perante uma multidão de milhares de pessoas.[4]

Os crimes de homicídio, estupro e agressão física eram delitos na época da escravidão, assim como são hoje em qualquer sociedade civil. Eram vistos como errados, imorais, condenáveis e merecedores da mais rigorosa punição. Mas os Estados Unidos permitiam que se infligisse praticamente qualquer atrocidade ao corpo negro. Assim, doze gerações de afro-americanos enfrentaram o perigo constante de agressão física ou pior, em todos os dias de suas vidas, ao longo de um quarto de milênio de escravização.

Os anúncios nos jornais comunicando a procura de fugitivos formam um catálogo de agressões a eles. Um escravizador da Carolina do Norte postou um anúncio pedindo a devolução de Betty e informou que ela fora marcada "com ferro em brasa no lado esquerdo do rosto; tentei fazer a letra M". Um carcereiro na Louisiana anunciou que tinha acabado de deter um fugitivo, notando que ele fora "recentemente castrado e ainda não está bem". Outro morador da Louisiana comentou seu desagrado com um vizinho que "castrou três de seus homens".[5]

No condado de New Hanover, na Carolina do Norte, juízes emitiram uma ordem para a busca de um fugitivo chamado London, declarando que "qualquer pessoa pode MATAR e DESTRUIR o dito escravo por qualquer meio que julgue adequado".[6] Essa indiferença displicente pela vida negra e a autorização para qualquer cidadão suprimi-la prenunciavam o baixo valor atribuído aos afro-americanos por policiais e justiceiros que, ainda nas primeiras décadas do século xxi, atiram contra cidadãos negros desarmados.

Alguns afirmam, em retrospecto, que os escravos eram considerados valiosos demais para ser feridos ou mortos. Esse argumento desconsidera os inúmeros exemplos de seres humanos que estragam seus próprios bens, de proprietários de pardieiros que, negligentes, não fazem quase nenhuma manutenção de seus imóveis, com consequências muitas vezes catastróficas. Porém o mais importante é que esse argumento interpreta a violência, de maneira equivocada, como mero dano à propriedade de alguém, como ocorrência presumivelmente rara e ferindo o interesse do "proprietário", quando ela era, na verdade, um mecanismo de terror que fazia parte da manutenção regular de uma instituição inatural, era parte dos cálculos da escravidão americana. Certa vez, um fazendeiro da Louisiana deixou sua fazenda aos cuidados de um capataz e seus homens. Ao voltar, depois de um ano de ausência, descobriu que estes haviam surrado e matado de fome escravos enquanto ele estava fora, e que seus ativos tinham diminuído. Naquela única fazenda, "haviam morrido pelo menos doze escravos nas mãos do capataz", escreveu Stampp. O fazendeiro teria de incluir aquele "prejuízo" nos custos do negócio.[7]

A ALEMANHA NAZISTA E O Sul americano conceberam meios punitivos de espantosa semelhança para incutir terror na casta subordinada. Os cativos nos campos de trabalho nazistas estavam sujeitos ao enforcamento público, diante dos prisioneiros reunidos, por qualquer pequeno delito, ou simplesmente para lembrar aos sobreviventes o poder dos captores. Nas prisões especiais dentro dos campos de concentração, havia um poste para linchamentos, e ali se extraía toda a agonia do cativo durante sua execução. Do outro lado do oceano, na mesma época, os linchamentos, precedidos por mutilações, eram um traço constante da paisagem sulista.

Tanto os alemães na era nazista quanto os descendentes da Confederação empregavam a tortura ritualizada para punir infrações arbitrárias, algumas tão miúdas como o furto de um par de sapatos, o roubo de alguns trocados ou, no caso do Sul americano, alguma conduta considerada indevida.

Foi na época da escravização que os americanos no Sul do país elaboraram toda uma série de horrores para manter seres humanos na condição inatural de aprisionamento permanente e transmissível para as gerações seguintes. Aferrolhavam na cabeça dos que tentavam fugir correntes com mais de seis quilos e pontas de metal com algo entre sessenta e noventa centímetros de comprimento.[8] O confinamento dos escravos tinha locais de açoitamento no sótão, com filas de travas de madeira pregadas no chão como suporte para as cordas com que eles eram amarrados para serem chicoteados por "não falarem nem se mostrarem animados e bem-dispostos" diante dos potenciais compradores. "Todos os dias havia um açoitamento", escreveu John Brown, um sobrevivente da escravidão.[9]

As torturas eram elaboradas o suficiente para receber nomes. Uma delas se chamava "coices" e consistia em pôr a pessoa nua, com as mãos e os pés atados, sentada contra uma estaca, girando e sendo fustigada durante três horas com um chicote de couro, enquanto outros escravos eram obrigados a assistir. Então a pessoa era lavada com um banho de sal e pimenta vermelha. Um escravo de nome John Glasgow foi punido dessa maneira por ter escapado para ver a esposa em outra fazenda. Havia também "o mourão", com ganchos de ferro, polias e cordas formando uma forca ao longo da viga horizontal de um poste de açoitamento e a extremidade pontiaguda de uma estaca. John Glasgow também foi submetido ao mourão, ao tentar ver a esposa mais uma vez. Seus companheiros de cativeiro foram obrigados a se revezar no chicote, do contrário sofreriam o mesmo castigo. "Ele foi abandonado à própria sorte, para morrer ou sobreviver", escreveu Brown. "Levou um mês para se mover da tábua em que estava, e mais cinco meses antes de conseguir andar. Desde então, ficou manco para sempre."[10]

Após o fim da escravidão, os ex-confederados retomaram o poder, mas agora sem o menor investimento material na vida das pessoas que antes haviam constituído sua propriedade. Eles pressionaram ainda mais para manter a casta inferior em seu lugar. Os afro-americanos não só eram mutilados e pendurados em choupos e sicômoros, mas também queimados na praça do tribunal. Nas primeiras quatro décadas do século XX, havia linchamentos a cada três ou quatro dias.

Uma proprietária de escravos na Carolina do Norte parecia falar em nome dos impositores das normas de casta de todo o mundo, ao dizer: "Faça com que vivam sempre com medo".[11]

A CASTA DOMINANTE MOSTRAVA seu poder forçando os cativos a cumprir algumas das tarefas mais abomináveis, ligadas à violência contra seus companheiros de cativeiro. Aqueles na casta superior dificilmente se entregavam ao trabalho sujo, a menos que fossem especificamente contratados para impor as ordens, como no caso dos capatazes no Sul americano. Era privilégio de casta obrigar que a casta inferior fizesse o serviço sujo.

Isso fazia parte da degradação psicológica que reforçava o estigma pessoal e a total subjugação das pessoas escravizadas, tão dominadas que, se quisessem sobreviver por mais um dia, não lhes restava muita escolha senão cooperar. Os nazistas na Alemanha e os fazendeiros no Sul autoritário semeavam a discórdia entre a casta subordinada criando uma hierarquia entre os cativos, premiando os que se identificavam mais com o opressor do que com os oprimidos e podiam avisá-los de qualquer plano de fuga ou revolta. Escolhiam um cativo que julgavam poder controlar e o elevavam acima dos outros.

Nos campos de trabalho nazistas, havia a figura do *kapo*, o prisioneiro judeu encarregado de supervisionar o trabalho dos demais cativos, cuja tarefa era acordá-los às cinco da manhã e impor disciplina. Em troca, ele tinha um estrado próprio para dormir ou algum outro ínfimo privilégio. No Sul americano, era o capitão do mato negro que cumpria esse papel, impondo o ritmo ao trabalho em curso, promovido à tarefa de vigiar os outros e castigá-los quando chamado a isso.

A casta dominante muitas vezes obrigava seus cativos a infligir punições uns aos outros ou a dispor das vítimas enquanto seus torturadores observavam. Na Alemanha nazista, não eram apenas os guardas das ss que punham os prisioneiros nos fornos. Os próprios cativos eram obrigados a essa tarefa sinistra. Não eram as ss que recolhiam os cadáveres daqueles que haviam morrido na noite anterior. Essa tarefa era entregue aos cativos. No Sul americano, negros tinham de açoitar os companheiros de escravidão ou segurar as pernas e os braços do homem, mulher ou criança chicoteada. Mais tarde, quando o linchamento passou a ser o principal meio de terror, eram os linchadores que diziam à família da vítima ou ao agente funerário negro quando o que sobrara do corpo podia ser retirado da árvore.

Certo dia, em meados do século XVIII, um pastor da Igreja presbiteriana estava passando por uma área arborizada numa província escravista do Sul americano quando ouviu "um som que parecia o de alguém sendo assassinado", disse ele. Depois de cavalgar naquela direção, ele viu "um homem negro nu, pendurado pelas mãos no galho de uma árvore, com os pés acorrentados e uma viga de pinheiro com uma das extremidades presa na corrente, entre as pernas dele, e a outra no chão, para segurá-lo". O capataz tinha aplicado quatrocentas chicotadas no corpo do homem. "O escravo terrivelmente dilacerado foi então tirado da árvore e entregue aos cuidados de um médico."

O pastor perguntou ao capataz, um dos homens que tinha infligido aquilo a outro ser humano, qual era "a ofensa que motivara o castigo". Foi informado de que o escravo havia feito um comentário que não lhe cabia fazer em sua posição. Tudo começou quando o dono disse que as fileiras de milho que o homem havia plantado estavam desiguais. O escravo deu sua opinião: "Sinhô, milho cresce igual em fila torta e fila reta". Por causa disso, foi açoitado quase até a morte.

"Foi isso, foi o que bastou", disse o pastor. O capataz se gabou de sua habilidade em lidar com a propriedade do dono. O escravo "foi submetido a ele e tratado como acima descrito".[12]

Um século depois, a escravidão terminou, mas as regras e as consequências por ferir as regras pouco mudaram. Um jovem antropólogo branco da Universidade Yale, John Dollard, foi ao Delta do Mississippi em 1935 por conta de sua pesquisa sobre o sistema segregacionista de castas. Ele notou como as pessoas negras eram subservientes, pondo-se de lado para lhe dar passagem, tirando o chapéu e o tratando por "senhor", mesmo que tivessem muito mais idade do que ele.

Um dia, ele estava andando de carro com alguns outros brancos, homens brancos sulistas que estavam inspecionando meeiros negros. Os negros relutavam em sair de suas cabanas quando o carro com os homens brancos parava no local. O motorista gracejava e dizia aos meeiros que não ia enforcá-los. Mais tarde, Dollard comentou com o homem que "os negros parecem ser muito educados por aqui".

O homem soltou uma risada. "Têm de ser."[13]

PILAR NÚMERO OITO

Superioridade intrínseca versus inferioridade intrínseca

O FOTOGRAMA HOLLYWOODIANO é de um filme dos anos 1930 lançado em plena era da legislação segregacionista. Uma mulher negra, de compleição robusta e rosto sem maquiagem, usa um lenço na cabeça e uniforme de doméstica. Envolve nos braços uma mulher branca, esbelta, com ar infantil e angelical, de cabelos dourados e rosto maquiado, com uma pele que parece de porcelana e se destaca contra a cor escura deliberadamente desadornada da mulher negra. Quando elas começam a falar, a mulher escura solta palavras desajeitadas, carregadas de servilidade e ignorância. A mulher de porcelana fala com o refinamento amaneirado da casta superior. O físico frágil de Mary Pickford forma um contraste direto com a robustez de Louise Beavers, num chavão de casta apresentado em milhares de filmes e imagens nos Estados Unidos, incutindo em nossa mente a superioridade intrínseca em termos de beleza, inteligência e merecimento de um grupo sobre o outro.

Acontece que a atriz negra, Louise Beavers, não tinha nada em comum com a imagem que interpretou por falta de alternativa. Ela cresceu na Califórnia e teve de aprender o dialeto estropiado da mão de obra braçal e servil do Sul. Vivia sob frequente tensão, o que a levou a perder peso durante a filmagem. Por determinação dos diretores, teve de usar enchimento para aumentar o corpo, a fim de garantir um maior contraste com as *ingénues* brancas de ar desamparado que eram as estrelas em qualquer filme em que ela atuasse.[1]

Sob cada pilar de casta havia o pressuposto e o constante lembrete da superioridade inata da casta dominante e da inferioridade intrínseca da casta subordinada. Não bastava que os grupos designados ficassem separados por razões de "conspurcação", que não se casassem entre si ou que aqueles considerados inferiores sofressem devido a alguma maldição religiosa; era necessário também deixar bem claro em todas as interações que um grupo era superior e intrinsecamente merecedor do melhor que havia numa determinada sociedade e que os considerados inferiores mereciam suas desgraças.

Para o indivíduo da casta inferior, "sua inconteste inferioridade tinha de ficar bem estabelecida", escreveram os antropólogos Audrey e Brian Smedley, e essa suposta inferioridade se tornaria a "base para a sua alocação em uma posição servil permanente".²

A cada vez, o sistema de castas embutia nas pessoas sob seu domínio a deferência devida aos nascidos na casta superior e a degradação adequada à casta subordinada. Isso requeria sinais, símbolos e costumes que elevassem a casta superior e diminuíssem os alocados na base, em pequena e grande escala e nos contatos cotidianos.

"Ele precisa ser mantido sob sujeição, como outros animais domésticos", observou o abolicionista oitocentista William Goodell, "para que a raça superior mantenha domínio sobre ele."³

Os afro-americanos durante o século do regime da legislação segregacionista e os judeus durante os doze anos sangrentos do Terceiro Reich eram com frequência proibidos de caminhar na calçada e forçados a ceder passagem à casta dominante ou a andar na sarjeta, como lembrete de sua posição degradada.

"Se um preto, homem ou mulher, encontrasse um branco na rua, em Richmond, na Virgínia", por exemplo, escreveu o historiador Bertram Doyle, era "obrigado a 'ceder o lado da parede' e, se necessário, descer da calçada para a rua, sob pena de ser chicoteado nas costas nuas".⁴

No auge dos sistemas de castas nos Estados Unidos, na Índia e no Terceiro Reich, os indivíduos da casta inferior não eram autorizados a portar os símbolos de sucesso e status reservados à casta superior. Não podiam se vestir melhor, nem dirigir carros melhores, nem ter casas mais luxuosas do que as da casta dominante, caso conseguissem obtê-las.

Na Índia, o sistema de castas ditava o comprimento e as pregas dos sáris das mulheres dalits. Os dalits não deviam usar roupas ou joias dos indivíduos da casta superior, e sim panos mais grossos e esfarrapados, como "marcas de sua inferioridade".

Na América, o Código Negro da Carolina do Sul de 1735 chegava ao ponto de especificar os panos que os negros escravizados tinham autorização de usar, proibindo qualquer tecido que pudesse ser considerado acima de sua posição. Eles estavam proibidos de usar "qualquer espécie de roupa ou traje mais fino ou de mais valor do que o pano para pretos, de lã não cardada, lã crua, algodão cru, sarja grossa, brim tingido, brim xadrez, algodão cru alvejado ou chita", os panos mais rústicos e mais baratos disponíveis na colônia.[5] Duzentos anos depois, o espírito dessa lei ainda vigorava, e os soldados afro-americanos eram atacados e mortos por usarem uniformes do Exército.

Na Alemanha, uma das coisas que enfureciam os nazistas era a riqueza de judeus alemães e qualquer ostentação pública de sucesso. No final da Segunda Guerra Mundial, uma moça judia em Berlim usando um casaco de pele foi cercada junto com outras pessoas pela Gestapo, que as colocou em vagões de gado com destino aos campos de concentração. Lá chegando, os oficiais das SS ficaram furiosos ao ver uma judia usando um casaco que dificilmente suas esposas teriam condições de comprar, e, por puro ódio, empurraram-na para o chiqueiro do campo, rolando-a várias vezes na sujeira gelada e largando-a ali para morrer no frio inclemente. Mas isso foi poucos dias antes de as forças aliadas chegarem, e foi assim que ela sobreviveu, comendo os restos de comida atirados ao chiqueiro. Aconchegada ao lado dos porcos, ela conseguiu se manter aquecida até a libertação.[6]

Desde o começo, o poder de casta e a posição superior do grupo dominante talvez nunca tenham sido mais patentes do que nos casos em que pessoas tidas como superiores claramente não o eram. Uma vez que a inteligência se distribui em proporções relativamente semelhantes entre os indivíduos de qualquer subgrupo, uma forma especial de abuso humano consistia em que todos os integrantes de determinado grupo, independente de intelecto, moral, ética ou humanitarismo, recebiam de modo automático o controle sobre todos os integrantes de outro grupo, independente de seus talentos.

O historiador Kenneth M. Stampp descreveu o caráter arbitrário da vida para as pessoas escravizadas no sistema de castas, a aterrorizante submissão forçada a indivíduos inaptos a deter poder absoluto sobre a vida e a morte de outros. "Eles eram propriedade de uma mulher que 'não sabia ler nem escrever'", registrou Stampp, que "'mal conseguia contar até dez', legalmente incapaz de contrair matrimônio", e mesmo assim tinham de se submeter à sua soberania e dependiam dela para continuar a respirar. Eram propriedade de "bêbados, como Lilburne Lewis, do condado de Livingston, no Kentucky, que certa vez picou um escravo em pedaços com um machado", escreveu Stampp, "e de sádicos, como madame Lalaurie, de New Orleans, que torturava seus escravos para diversão pessoal".

Para sobreviver, "tinham de ceder lugar ao mais cruel homem branco", observava o *Registro dos Agricultores* de 1834.[7]

Durante a maior parte do tempo desde que estão nos Estados Unidos, os afro-americanos tiveram de encontrar formas de sobreviver numa estrutura que exigia a submissão total, um exame atento do que queriam seus donos e a demonstração explícita dessa submissão a fim de evitar castigos bárbaros. "Eles devem obedecer sempre, em todas as circunstâncias, com boa disposição e alegria", afirmou um escravocrata da Virgínia.[8] Era preciso que se adaptassem às exigências volúveis e arbitrárias de qualquer pessoa dominante que encontrassem a qualquer momento.

Com isso, sua existência era regida por um nervosismo constante, uma vez que "qualquer gesto", segundo um juiz da Carolina do Norte na época da escravidão, podia ser entendido como "insolência", fosse "um olhar, um dedo apontado, uma recusa ou displicência em sair do caminho quando da aproximação de uma pessoa branca".[9]

A esses gestos, o orador oitocentista Frederick Douglass acrescentou outros que podiam despertar a fúria e a violência das pessoas brancas. "O tom de uma resposta", escreveu Douglass, "o fato de responder; o fato de não responder; a expressão do rosto; o movimento da cabeça; o andar, o porte e as maneiras."[10] Qualquer um desses gestos, "se tolerado, destruiria aquela subordinação sobre a qual se funda nosso sistema social", afirmou o juiz da Carolina do Norte.

Esse código se prolongou por gerações. Anos depois da derrota dos nazistas no outro lado do Atlântico, os afro-americanos ainda eram brutalizados pelo mais ínfimo sinal de não se manter no devido lugar. Era comum que os fazendeiros açoitassem seus meeiros por "delitos triviais", escreveram Allison Davis e Burleigh e Mary Gardner em 1941. Um fazendeiro no Mississippi disse que, se seu arrendatário "não deixasse de ser presunçoso, da próxima vez seria a bala ou uma corda. É assim que se lida com eles, quando ficam muito arrogantes".[11] Em 1948, um arrendatário negro em Louise, no Mississippi, foi brutalmente espancado por dois brancos, escreveu o historiador James C. Cobb, "porque pediu um recibo depois de pagar sua conta de água".[12]

O mais trivial contato tinha de ser conduzido tendo em mente a hierarquia. Em anos já adiantados da década de 1960, no Sul americano, o mero ato de entrar num ônibus público constituía um procedimento rigorosamente coreografado, concebido para impor a máxima humilhação e estigma à classe inferior. Ao contrário dos passageiros da casta dominante, que subiam, pagavam a passagem e se sentavam, os passageiros negros tinham de subir, pagar a passagem e então descer do ônibus para não conspurcar ou incomodar o setor branco atravessando-o. Obrigados a desembarcar depois de pagar, tinham de correr até a porta traseira do veículo para embarcar no setor para pretos. Não raro, o ônibus arrancava antes que eles conseguissem chegar à porta de trás. Os passageiros com menor margem para cometer qualquer erro, com menores recursos para perder o valor da passagem que tinham comprado, com menos condições de enfrentar um contratempo, eram agora humilhados quando o ônibus partia sem eles, e provavelmente chegariam atrasados ao trabalho, pondo em risco ainda maior empregos já precários.

"O preto ocupa uma posição de inferioridade e servilidade da qual é lembrado o tempo todo ao viajar, por restrição e pelas atitudes de seus vizinhos brancos", escreveu o historiador Bertram Doyle.[13]

As leis e protocolos os mantinham apartados e rebaixados. Quanto maior o fosso, mais fácil se distanciar e degradar, mais fácil justificar qualquer injustiça ou depravação.

"O significado humano de casta para os que a vivenciam é o de poder e vulnerabilidade, privilégio e opressão, honra e rebaixamento, fartura e escassez, recompensa e privação, segurança e ansiedade", escreveu Gerald Berreman, o importante estudioso americano da casta. "Uma descrição de casta que não transmita isso não passa de caricatura."[14]

No Sul escravocrata, alguns integrantes da casta dominante se acostumaram tanto com a arraigada superioridade inserida em seu cotidiano e com a brutalidade exercida para mantê-la que se perguntavam como fariam na vida do além. "Será possível que algum escravo meu vá para o Paraíso", perguntou uma mulher da casta dominante a seu pastor na Carolina do Sul, "e eu tenha de vê-lo por lá?"[15]

UM SÉCULO APÓS ESSA PROPRIETÁRIA de escravos fazer tal pergunta, o sistema de castas tinha sobrevivido e se modificado, mas mantivera os pilares intactos. Os Estados Unidos estavam combatendo na Segunda Guerra Mundial e a rede escolar pública em Columbus, Ohio, resolveu fazer um concurso de redação em que os alunos deviam discorrer sobre a pergunta: "O que fazer com Hitler depois da guerra?".[16]

Era a primavera de 1944, o mesmo ano em que o rapazinho negro fora obrigado a saltar para a morte, na frente do pai desesperado, devido a um cartão de Natal que enviara a uma colega de trabalho branca. Naquele clima, uma mocinha afro-americana de dezesseis anos de idade refletiu sobre o que deveria acontecer com Hitler. Ela venceu o concurso de redação com uma única frase: "Colocar-lhe uma pele negra e fazer com que passe o resto da vida nos Estados Unidos".

PARTE IV

Os tentáculos da casta

Olhos castanhos versus olhos azuis

Os alunos do terceiro ano primário se agitaram nas cadeiras e apoiaram o queixo nos braços cruzados sobre a carteira quando a professora, a sra. Elliott, expôs as regras de uma experiência que queria fazer com a turma. Isso foi na vila rural de Riceville, em Iowa, no final dos anos 1960, e todas as crianças, descendentes de imigrantes da Alemanha, Escócia, Irlanda e Escandinávia, tinham a pele mais ou menos da mesma cor que a de sua professora e, de longe, não havia muito o que as distinguisse umas das outras. Mas, depois do assassinato de Martin Luther King e do turbilhão que se seguiu para além dos milharais que os rodeavam, Jane Elliott decidiu que precisava fazer algo fora do comum para ensinar a seus alunos da casta dominante a sensação de ser julgado com base num traço físico arbitrário — no caso deles, a cor dos olhos.[1]

Ela anunciou às crianças que naquele dia fariam as coisas de modo diferente, e estabeleceu estereótipos arbitrários para um traço neutro que, agora, em sua sala de aula, essencialmente colocaria o aluno que o tivesse na casta mais baixa. A sra. Elliott disse às crianças que as pessoas de olhos castanhos não eram tão boas quanto as de olhos azuis, sendo mais atrasadas e menos inteligentes. Assim, até segundo aviso, os alunos de olhos castanhos não poderiam tomar água direto do bebedouro, devendo usar copos de papelão. Ela disse ainda às crianças que as pessoas de olhos castanhos não poderiam brincar com as pessoas de olhos azuis no parquinho e teriam de voltar antes do fim do recreio, mas que os alunos de olhos azuis podiam ficar mais tempo brincando.

De início, os alunos pareceram um pouco confusos. Então, em questão de minutos, formou-se uma hierarquia de castas. Ela teve início assim que a professora disse às crianças que abrissem a cartilha em determinada página para começar a aula.

"Todos prontos?", perguntou a sra. Elliott à turma. Havia uma menina que ainda estava virando as páginas para chegar à página indicada. Ela olhou a menina com ar crítico e impaciente. "Todos, menos Laurie", disse a sra. Elliott, exasperada. "Pronta, Laurie?"

Um garoto de olhos azuis interveio. "Ela tem olhos castanhos", disse, captando imediatamente o significado de algo que nunca tivera qualquer relevância desde que conhecia a menina.

Aproximando-se a hora do almoço, a professora disse às crianças de olhos azuis que elas comeriam antes e poderiam se servir uma segunda vez, ao contrário das crianças de olhos castanhos.

"Elas poderiam pegar demais", explicou a professora.

As crianças de olhos castanhos ficaram com ar abatido e derrotado. Um menino entrou numa briga no recreio porque um dos garotos de olhos azuis o xingara com um palavrão.

"Do que ele o chamou?", perguntou a professora.

"De olhos castanhos", respondeu o menino, com lágrimas aflorando aos olhos.

Um traço neutro fora convertido numa incapacidade. No dia seguinte, a professora inverteu os papéis, e as crianças de olhos azuis se tornaram o bode expiatório, com o mesmo comportamento de casta que surgira no dia anterior, entre as castas superior e inferior, construídas artificialmente.

"Quando a gente estava por baixo, parece que só acontecia coisa ruim", disse uma menina. "Do jeito que a gente era tratada, não sentia vontade de fazer mais nada", disse outra.

O desempenho em sala de aula caiu para ambos os grupos de alunos durante as poucas horas em que eles ficaram relegados à casta subordinada. Os alunos de olhos castanhos levaram o dobro do tempo para terminar um exercício de leitura no dia em que foram levados a se sentir inferiores.

"Vi meus alunos se tornarem o que lhes falei que eles eram", disse ela décadas depois à NBC News.

Quando as crianças de olhos castanhos foram postas num pedestal e se tornaram dominantes, disse Elliott no programa de TV, ela viu "maravilhosas pessoinhas brancas de olhos castanhos se tornarem, em quinze minutos, pessoas ruins, feias, desagradáveis, preconceituosas, dominadoras".

Quando foi a vez de as crianças de olhos azuis assumirem a posição subordinada, de bodes expiatórios, "vi crianças cristãs brancas, de olhos azuis, de inteligência brilhante, se tornarem em quinze minutos tímidas, atemorizadas, irascíveis e incapazes de aprender", disse ela. "Se você faz isso com um grupo inteiro de pessoas durante a vida toda", prosseguiu Elliott, "você as transforma psicologicamente. Convence as pessoas análogas às de olhos castanhos de que são superiores, perfeitas, de que têm o direito de comandar, e convence as que tomam o lugar dos alunos de olhos azuis de que são inferiores. Se você faz isso durante a vida toda, o que você imagina que isso causa a elas?"[2]

10. Escalação errada

CHEGUEI A LONDRES em dezembro de 2017, numa manhã cinzenta, para uma conferência importante sobre o tema que começara a me ocupar continuamente: a casta. Ao contrário de muitos eventos a que compareço, dessa vez eu ia apenas ouvir, para ter uma compreensão melhor daquilo que eu só sabia comentar por experiência própria. Estaria rodeada de gente que estudava aqueles elementos que pareciam ser os códigos faltantes nas rupturas humanas. A questão da casta, a meu ver, era a base de todos os *ismos*. Esses pesquisadores agora constituíam minha tribo intelectual. Eram pessoas que podiam enxergar além das hierarquias e das falsas divisões que corroíam a espécie humana.

O auditório estava lotado de sociólogos, cientistas políticos, antropólogos, pós-graduandos, e eu mal conseguia me conter quando me sentei na fila da frente. Uma mulher que parecia ser de origem asiática oriental tirou o casaco e acenou com a cabeça. Ninguém se retraía, ninguém se desviava, não havia nenhum olhar de soslaio ou zombeteiro como poderia acontecer num cenário semelhante nos Estados Unidos. Eu já estava me sentindo melhor.

Dei uma olhada na multidão presente e notei que ali, na encruzilhada do mundo, não havia ninguém na conferência que se parecesse comigo. Quase todos aparentavam ter ascendência sul-asiática, isto é, indiana, ou europeia, basicamente britânica. Ninguém de ascendência africana, pelo que eu podia ver, apenas dois ou três americanos, brancos e residentes na Europa ou na Índia. Apenas eu cruzara o Atlântico para esse dia em que tentaria entender as forças que tinham moldado o curso de minha vida, da vida de meus antepassados e de muitas outras pessoas antes de mim.

Embora eu tivesse estudado a estrutura tácita de castas nos Estados Unidos, ainda não tivera contato direto com o sistema de castas indiano original. Como ocorria em muitas conversas sobre a injustiça, os comentários giravam quase exclusivamente sobre as vítimas e as consequências das mazelas societais, e não sobre suas origens. Todas as apresentações enfocavam, por óticas diversas, o sofrimento das castas inferiores, que na Índia eram chamadas de "castas marcadas" ou, de forma um tanto chocante para ouvidos americanos, "castas atrasadas". Comecei a ver paralelos com os Estados Unidos, ouvi histórias que podiam ter saído das manchetes americanas sobre os afro-americanos e os povos indígenas.

Os dois países tinham abolido a discriminação legal, mas, mesmo assim, segundo as apresentações e a tônica geral, os dalits estavam sendo brutalizados pelas autoridades indianas, tal como os afro-americanos estavam sendo brutalizados pela polícia nos Estados Unidos. E um povo conhecido como adivasi lutava para manter sua terra e sua cultura na Índia, tal como os povos indígenas nos Estados Unidos. Dois países diferentes, separados por um oceano, haviam descoberto maneiras paralelas de controlar seus grupos subordinados. Eu podia fechar os olhos, mudar os nomes que ouvia nessas apresentações e me sentir de volta aos Estados Unidos. "Mais um dalit assassinado pela polícia, mais um adivasi assassinado pela polícia", disse uma mulher. "Por que não enfrentamos o absurdo da violência sancionada pelo Estado?"

No primeiro intervalo, eu estava ansiosa para conseguir uma cópia dos trabalhos que os conferencistas haviam lido em suas apresentações naquela manhã. Já tinha resolvido que não ia me aproveitar de qualquer eventual reconhecimento por causa de meu primeiro livro. Na verdade, eu me mantive deliberadamente bem discreta, para não chamar a atenção para esse novo projeto que ainda estava apenas germinando em minha cabeça. Eu estava lá por causa de minha aparência pessoal, para ser aceita pelo que as pessoas podiam ver — uma mulher bem-vestida, uma americana, uma afro-americana, interessada e eloquente.

Fui até uma professora, uma mulher indiana, da casta superior, como vim a perceber, que parecia ser a coordenadora da conferência. Perguntei se poderia obter uma cópia dos trabalhos apresentados. Eles seriam disponibilizados? Ela respondeu que não.

"Você vai ter de esperar. Mas por que precisa dos trabalhos?"

"Sou escritora e vim dos Estados Unidos só para isso", respondi.

Achei que ela podia se impressionar com o meu grau de dedicação, mas estava enganada. Ela me encaminhou para um inglês mais graduado, e tive a impressão de que, mesmo ali, entre pessoas que estudavam a casta, a hierarquia tradicional podia estar em operação. A mulher então foi arrastada pela multidão, que engoliu também o inglês. Como em qualquer agrupamento humano, havia turminhas e panelinhas de gente que se conhecia ou trabalhava junta, e a coisa toda estava começando a parecer não tanto uma conferência aberta, e sim uma reunião de família à qual eu fora admitida por mero acaso.

No intervalo do almoço, vi um senhor sentado sozinho, diante de outros dois que conversavam entre si. Era indiano, como 75% das pessoas ali, mas tinha algo diferente. Portava uma pasta preta e possuía um ar muito sério e profissional em meio às mochilas que nos cercavam. Como eu, parecia um outsider entre insiders. Senti uma afinidade imediata.

Sentei-me a seu lado e ele me disse que se chamava Tushar. Nascera em Bengala, era geólogo e agora morava em Londres. Vestia-se de maneira mais formal do que todos os outros, o colarinho da camisa azul Oxford despontando sobre o paletó de tweed cinzento, o denso cabelo grisalho repartido de lado, os olhos oblíquos sorridentes no rosto afável e cordial.

"Segundo o sistema de castas", disse ele, como se me informasse sobre a posição de algum antigo conhecido, "pertenço à segunda casta superior. A casta dos soldados guerreiros."

Olhei para aquele homem, que não era muito mais alto do que eu, franzino, de ombros estreitos, rosto meigo, de porte discreto e modesto, e me perguntei em que planeta seria visto como um guerreiro nato. Ali estava a prova viva da escalação errada para os papéis de casta. Ele também se dera conta disso muito tempo atrás, e tratava a atribuição de casta com tanta displicência que, de início, nem conseguiu soletrar direito o nome da casta ou, em sânscrito, da *varna* em que nascera. Na época, eu ainda não conhecia as quatro *varnas* e nem sabia que as castas se chamavam *varnas*, por isso lhe pedi que anotasse o nome para mim. Ele escreveu primeiro *xaiatri* e depois *xaiatra*.

"Acho que é *xátria*", disse por fim, como que minimizando a relevância do termo ao não lembrar direito como se escrevia ou pronunciava. "É uma questão não muito bem entendida. Fui criado com privilégios sociais. Dizem-nos que somos da segunda casta mais alta, da casta dominante, e que devemos ficar felizes por haver tanta gente abaixo de nós."

Mas, quando menino, ao ir para a escola, ele passava por mendigos esmolando nas ruas e por pessoas chorando e gritando que não tinham nada para comer. Sua família fazia refeições com quatro ou cinco pratos — lentilha e amaranto, carneiro e chutney —, enquanto as famílias menos abastadas subsistiam com arroz e batata, e os abaixo delas com menos ainda.

Era difícil gozar dos privilégios quando eram tão poucos os privilegiados. Aos onze ou doze anos, ele começou a perguntar por que sua família tinha tanto e outras tinham tão pouco. "Não fale dessas coisas", diziam-lhe os mais velhos. "Dedique-se aos estudos. A casta foi criada por Deus."

As mesas da tarde estavam para começar: discussões sobre os protestos dos dalits e a invasão das grandes empresas na terra dos adivasis. Tushar e eu voltamos para o auditório, cada qual com sua respectiva missão.

Como estávamos na Inglaterra, houve um intervalo para o chá, e me aproximei de novo de Tushar entre a multidão. Agora ele estava com um ar aflito e impaciente.

"Não responderam minhas perguntas", disse. "A vida toda convivi com isso. Quero saber como isso começou. Vou ficar para ouvir mais."

Ele me perguntou por que eu tinha vindo dos Estados Unidos para a conferência. Falei que queria entender a casta porque também convivia com ela. Falei que as pessoas geralmente não imaginam que os Estados Unidos têm um sistema de castas, mas que todos os sinais disso são evidentes. Ele ouviu e não emitiu nenhum juízo.

"A casta define tudo na Índia", disse ele. "E é o hinduísmo que mantém o sistema. Foi por isso que Ambedkar se tornou budista. Para ele, não foi uma fuga, foi uma libertação. O castismo é outra forma de racismo. Sabe Deus quanto tempo vai levar para as pessoas o abandonarem."

"E o senhor ainda é hinduísta?", perguntei.

"Sou ateu", respondeu ele. "Sem religião. Desde os treze anos de idade."

"O que sua família pensa disso?"

"Eles pensam que uma pessoa que nasce hinduísta morre hinduísta. Que não é possível escapar à casta. Mas eu tenho as minhas próprias convicções. O que interessa o que eles pensam?"

Pelo visto, Tushar levara em conta o que eu tinha dito sobre a hierarquia nos Estados Unidos. Ficara surpreso e intrigado.

"Se existem castas nos Estados Unidos", perguntou-me, "onde você fica nesse sistema?"

Essa é a pergunta que muitos indianos fazem, de uma forma ou de outra, ao conhecerem outro indiano. É o tipo de indagação que os integrantes da casta inferior sabem que virá, e da qual têm pavor. Os indianos perguntarão o sobrenome, a profissão do pai, a aldeia de onde se vem, a parte da aldeia de onde se vem, para saber a casta de quem está ali à sua frente. Não descansarão enquanto não descobrirem a posição da pessoa dentro da ordem social.

Tushar esperara algum tempo até me fazer essa pergunta, e provavelmente não teria perguntado ou nem sequer pensado nisso se eu não tivesse mencionado a existência de um sistema de castas nos Estados Unidos. A ideia lhe soou assombrosa. Ele parecia querer saber como as coisas funcionavam e onde eu me encaixava numa hierarquia que lhe era desconhecida.

Eu não esperava por aquela pergunta. Nunca ninguém me havia perguntado antes. Como era possível que ele não soubesse? Estaria apenas sendo educado? Fazia gerações que Hollywood e os meios de comunicação exportavam imagens depreciativas dos afro-americanos, de modo que nossa reputação costumava nos preceder, e não em sentido positivo. Assim, na verdade, fiquei estranhamente grata por ele me dar uma opção. Mesmo sem a linguagem de casta, a maioria dos americanos saberia a posição do grupo em que nasci.

No entanto, ali estava um homem nascido na casta superior da Índia, cético quanto à posição herdada, vendo-me como uma pessoa que poderia pertencer a qualquer nível. Ele não havia me colocado numa caixa nem feito as suposições que pesam diariamente sobre mim. Sua pergunta era libertadora em sua inocente ausência de julgamento. Ainda assim, me fez pensar na epifania que Martin Luther King tivera na Índia quase sessenta anos antes.

"Bom", comecei, "nos Estados Unidos, sou designada para a casta mais baixa, a dos intocáveis americanos. Sou uma dalit americana. E uma prova viva de que a casta é artificial."

Tushar me lançou um olhar de reconhecimento. Minha resposta era uma confirmação adicional do que ele considerava ser uma doença. Mantivemos novas conversas nos meses subsequentes, sempre que eu ia a Londres. Ele me contou outros absurdos que presenciara no sistema de castas da Índia.

Mencionou os estudantes dalits, cujos exames não recebiam nota. "As provas não eram corrigidas", disse, "porque o professor era de casta superior e não tocaria no papel tocado por um dalit. Bom, é rir para não chorar."

Falou de uma mulher de casta superior com quem havia trabalhado certa época num escritório. Ela se levantava da mesa, atravessava todo o escritório e seguia até o final do corredor para mandar um dalit lhe trazer água. "A jarra ficava ao lado da mesa dela", disse Tushar. "O dalit tinha de vir até onde ela estava sentada e lhe servir o copo. Pegar ela mesma a água na mesa ao lado dela era algo abaixo de sua dignidade. Essa é a doença da casta."

Relembrou a confrangedora fixação indiana com a cor da pele, que constituía uma casta dentro da casta, e o ódio aos indianos mais escuros, que tendem a ser da casta inferior, embora nem sempre, e como eles sofrem por esse acaso do destino, assim como os afro-americanos e outras pessoas de cor nos Estados Unidos e em outros lugares do mundo.

A irmã mais velha de Tushar por acaso tinha a pele mais escura do que a maioria de seus outros irmãos, e, quando chegou à idade de se casar, avisaram-na de que teria de ferver leite, tirar a nata da superfície e passar no rosto todas as noites na hora de dormir, antes que os pretendentes começassem as visitas para conhecê-la.

"Imagine", disse ele. "Semana após semana. Noite após noite. Ela sabia que seria rejeitada, e fechava a porta do quarto e chorava. Eu tinha doze anos. Lembro até hoje. Ela se casou, mas não é essa a questão. Ela não devia precisar passar por tudo aquilo. Pela crueldade daquilo."

Nós dois tínhamos sido mal escalados, cada qual à sua maneira, e conseguíamos enxergar por entre a ilusão que nos moldara e nos vetara o outro lado de nossos sistemas de castas. Tínhamos saído do molde e acreditávamos enxergar o que outros não enxergavam, mas poderiam enxergar se despertassem do torpor em que estavam mergulhados.

Havíamos desafiado nossas atribuições de casta. Ele não era guerreiro nem dirigente. Era geólogo. Eu não era empregada doméstica. Era escritora. Ele desafiara sua casta por cima e eu por baixo, e agora nos encontrávamos em Londres em nossa Linha Maginot da igualdade, em lados diferentes da mesma busca para entender as forças que haviam tentado nos definir, mas não conseguiram.

11. A ameaça à posição do grupo dominante e a precariedade do nível superior

No FINAL DE 2015, dois economistas da Universidade de Princeton anunciaram a surpreendente revelação de que, pela primeira vez desde 1950, aumentara a taxa de mortalidade dos americanos brancos de meia-idade, principalmente americanos brancos menos instruídos. Os resultados desconcertantes desse estudo fizeram soar o alarme nas primeiras páginas dos jornais e na chamada dos noticiários em toda a nação.

O aumento nas mortes prematuras entre pessoas brancas de meia-idade contrariava as tendências de todos os outros grupos étnicos nos Estados Unidos. Mesmo americanos negros e latinos historicamente marginalizados tinham sofrido uma queda nos índices de mortalidade durante o período estudado, de 1998 a 2013. O aumento da mortalidade dos brancos discrepava das tendências dominantes no resto do mundo ocidental.[1]

No século anterior, a longevidade americana mostrara um aumento constante a cada geração, devido aos avanços na medicina e a estilos de vida mais saudáveis. Mas, logo antes do começo do século XXI, as taxas de mortalidade entre os americanos brancos de meia-idade, de 45 a 54 anos, começaram a subir, à medida que os menos instruídos, sobretudo, sucumbiam ao suicídio, às overdoses e a doenças do fígado por consumo excessivo de álcool, segundo os autores desse estudo fundamental, Anne Case e Angus Deaton, vencedor do prêmio Nobel. Essas "mortes por desesperança", como as denominaram os economistas, atingiram cerca de 500 mil americanos brancos durante o período estudado, número maior do que o de soldados americanos mortos na Segunda Guerra Mundial.[2] Eram pessoas que ainda poderiam estar vivas se as tendências geracionais anteriores tivessem se mantido.

"São mortes que não precisam ocorrer", disse Case numa conferência sobre a desigualdade. "São pessoas que estão se matando, devagar ou depressa."³

O agravamento dos números era "persistente e de dimensões suficientes" para elevar as taxas gerais da mortalidade branca e anular os ganhos de longevidade decorrentes dos avanços no tratamento do câncer e de problemas cardíacos. Aquela virada revertia "décadas de progresso na mortalidade e estava restrita aos Estados Unidos", escreveram Case e Deaton. "Nenhum outro país rico passou por uma virada assim."

Essas taxas aumentaram numa época em que as de outros países ocidentais não só haviam diminuído, mas até despencado. O índice de americanos brancos de meia-idade passou de cerca de 375 para cada 100 mil pessoas no final dos anos 1990 para cerca de 415 para cada 100 mil em 2013, contra uma queda no Reino Unido, por exemplo, de cerca de 330 para cada 100 mil para 260 para cada 100 mil durante o mesmo período. Um gráfico dos índices de mortalidade nas principais nações ocidentais mostra uma linha ascendente para os americanos brancos de meia-idade contra linhas de aguda queda nos países comparados.⁴

O que explicaria as tendências de piora desse grupo de americanos, sem igual no mundo ocidental e singular mesmo nos Estados Unidos?

Os autores observaram que os salários reais para os trabalhadores do setor terciário estavam estagnados desde os anos 1970, o que levara à insegurança econômica e a uma geração com menos recursos do que as anteriores. Eles reconheciam que uma estagnação semelhante ocorrera em outros países ocidentais, mas observaram que estes possuíam uma rede de segurança mais generosa, capaz de oferecer proteções que não estavam disponíveis nos Estados Unidos. De qualquer forma, o grupo de americanos brancos não era o único afetado pela estagnação salarial e pela precariedade da rede de segurança. Trabalhadores do setor terciário de outras origens corriam o mesmo risco, se não maior, com as incertezas da economia. As taxas de mortalidade negra sempre foram historicamente mais altas do que as de outros grupos, mas mesmo elas diminuíam ano a ano. Eram os americanos brancos de meia-idade que estavam morrendo de desesperança em números cada vez mais altos.

Em termos de casta, eram os indivíduos da casta dominante americana com menos recursos e em situação mais precária. Pessoas que haviam passado gerações contando com seu nível herdado dentro da hierarquia e os benefícios decorrentes dele.

Mas pode ser que estejamos subestimando as consequências de uma mudança na demografia, o desgaste dos sindicatos, a perda visível de status, os temores quanto a seu lugar no mundo e o ressentimento diante do fato de que o tipo de segurança com que seus pais podiam contar no passado agora estava desaparecendo justo nos anos que deveriam ser os melhores de suas vidas. O aumento da imigração vinda do outro lado do Pacífico e pela fronteira do Rio Grande, bem como a ascensão de um negro à presidência, contribuíam para virar o mundo de muitos de ponta-cabeça, e alguns podiam ser sensíveis aos apelos de "retomar nosso país" depois de 2008 e de "fazer a América grande de novo" em 2016.

Nos Estados Unidos, os cientistas políticos deram um nome a esse mal-estar formado por um conjunto de inseguranças: a ameaça à posição do grupo dominante. Esse fenômeno "não é a forma habitual de preconceito ou estereótipo que consiste em desprezar grupos externos vistos como inferiores", escreve Diana Mutz, cientista política da Universidade da Pensilvânia. "Pelo contrário, nasce da sensação de que o grupo externo está se saindo bem demais e, por isso, é uma ameaça viável à posição de seu próprio grupo dominante."[5]

As vítimas dessas mortes por desesperança pertencem à mesma categoria que, séculos atrás, foi alçada pelas elites coloniais quando da criação do sistema de castas. Os fazendeiros concederam posição mais elevada aos sitiantes europeus e aos integrantes das classes mais baixas a fim de criar uma nova categoria americana, conhecida como branca. Nos primeiros tempos, mesmo os que não tinham escravos, escreveu o autor branco sulista W. J. Cash, se aferravam ao "precioso tesouro de sua superioridade como homens brancos, que lhe fora conferida pela escravidão; e por isso estavam decididos a manter o homem negro agrilhoado".[6]

Em meados do século XX, escreveu a autora sulista branca Lillian Smith, o operário americano branco "não só fora negligenciado e explorado como também pouco recebera como alimento espiritual, a não ser os restos da 'cor da pele' e da 'supremacia branca'".[7]

Os brancos da classe operária, escreveu o importante economista Gunnar Myrdal, "precisam mais das demarcações de casta do que os brancos da classe superior. São as pessoas mais propensas a enfatizar agressivamente que nenhum negro jamais pode alcançar a posição sequer do mais inferior dos brancos".[8]

Em termos psíquicos, pode-se dizer que as pessoas morrendo de desesperança estão morrendo por causa do fim de uma ilusão, do despertar para as falhas na crença de que uma superioridade tácita herdada e um merecimento natural sobre as castas subordinadas garantiriam seu lugar na hierarquia. Elas haviam se apoiado nessa ilusão, talvez além do plano da consciência, e talvez precisassem dela mais do que qualquer outro grupo numa sociedade ameaçadoramente competitiva "em que a mobilidade social decrescente era um medo constante", como escreveu o historiador David Roediger. "Podia-se perder tudo, mas não a branquitude."[9]

Durante a Grande Depressão, W. E. B. Du Bois observou que os americanos brancos da classe operária recebiam a compensação de um "salário público e psicológico", em suas palavras. "Eles eram tratados com deferência e títulos de cortesia por serem brancos." Haviam aceitado as duras incertezas da vida do operariado em troca da garantia do sistema de castas de que, por pior que fosse sua situação, nunca ficariam no escalão mais baixo.[10]

O sistema de castas americano, que cooptou essa classe de trabalhadores brancos quase desde o começo, "criou uma tal cisão entre trabalhadores negros e brancos que provavelmente não existem hoje no mundo dois grupos de trabalhadores com interesses praticamente iguais", escreveu Du Bois, "mantidos tão apartados que nenhum dos dois veja quaisquer interesses em comum".

Essas inseguranças remontam a séculos. Um proprietário de escravos na Virgínia comentou em 1832 que os brancos pobres não tinham "quase nada, a não ser a pele que os consolava por terem nascido na casta mais alta".[11] Quando se constrói uma hierarquia em torno das necessidades do grupo em que o indivíduo nasce, ela pode distorcer suas percepções quanto ao lugar que ocupa no mundo e criar a ilusão de que ele é inatamente superior a outros, apenas porque isso lhe foi incutido com tanta frequência que passa a ser aceito como uma verdade subconsciente.

"Ninguém podia lhe tomar essa branquitude que o fazia 'superior'", escreveu Lillian Smith.

> Podiam tirar sua casa, seu emprego, sua alegria; podiam roubar seu salário e impedi-lo de adquirir conhecimento; podiam impor taxas a seu voto ou lhe furtar esse direito: aumentando os motivos para se preocupar, podiam torná-lo impotente, mas não podiam remover sua pele branca. Ela se tornou o bem mais precioso do branco pobre, um "amuleto" que o protegia da total dissolução.[12]

Visto que a hierarquia se destinava ao benefício da casta que a havia criado, "as restrições básicas ao casamento, à atividade profissional e às reuniões públicas separam os dois grupos em duas castas autoperpetuadoras, de tal forma que o grupo branco tem assegurados os maiores privilégios e as oportunidades mais amplas", escreveram os antropólogos W. Lloyd Warner e Allison Davis a respeito do sistema de castas bipolar exemplificado pelo Sul segregacionista. Isso confere à casta dominante "um enorme ganho em segurança psicológica [...] como resultado de sua posição de superioridade categoricamente definida".[13]

As coisas começaram a mudar nos anos 1960, quando a legislação dos direitos civis abriu o mercado de trabalho para mulheres de todas as raças, para imigrantes de fora da Europa e para afro-americanos cujas importantes manifestações ajudaram a abrir as portas para todos esses grupos. Uma nova onda de mão de obra inundou o mercado no mesmo momento em que o setor industrial estava em declínio, e os trabalhadores enfrentavam uma concorrência maior.

"No prazo de poucos anos impiedosos", escreveu o articulista do *New York Times* Russell Baker nos anos 1960, a respeito do branco anglo-saxão protestante, "ele viu sua posição confortável de homem 'certo' da sociedade americana se tornar uma dívida social quando os párias e os explorados apresentaram a devida fatura à sua consciência."[14]

Algumas pessoas dos grupos ditos intrinsecamente inferiores conseguiram ingressar no sistema social dominante, chegando ao nível das pessoas na casta superior e uma delas concorrendo em 2008 à posição mais alta do país. Com isso, alguns americanos brancos, especialmente da classe trabalhadora, aqueles sem a instrução e a segurança material que ela pode conferir, começaram a se perguntar se a mercadoria que davam como certa — a pele e a raça a eles atribuída — estaria se desvalorizando.

Sempre tinha existido uma casta subordinada, todos sabiam qual era essa casta e haviam adotado uma posição consonante. O negro "sempre foi algo em relação ao qual ele precisava provar que era melhor", escreveu Lillian Smith sobre o dilema do trabalhador branco, "e ele não conseguia provar, não conseguia". As crenças e pressupostos haviam contribuído para uma "loucura coletiva — é isso o que ela é — que se alimenta de meias mentiras, de verdades parciais e de pavor".[15]

Os indivíduos da casta dominante que se viam se arrastando atrás dos tidos como intrinsecamente inferiores enfrentavam uma possível crise existencial de dimensões épicas. Ocupar o mesmo nível daqueles vistos como pertencentes a uma casta inferior era o mesmo que ser rebaixado de posição. No jogo de soma zero de um sistema de castas sustentado pela escassez, se uma pessoa de casta inferior sobe de nível, uma pessoa de casta superior desce. A elevação do outro corresponde a um rebaixamento de si, e, desse modo, a igualdade se afigura um rebaixamento.

Se um indivíduo de casta inferior consegue ir além de um indivíduo de casta superior, a reação humana normal deste último, alimentado a vida toda com a ideia de uma superioridade intrínseca, é sentir sua existência ameaçada, é ter uma intensa sensação de desconforto, de deslocamento, de medo pela própria sobrevivência. *"Se as coisas em que eu acreditava não são verdade, então será que eu não sou quem pensava que era?"* A dissociação é mais do que econômica. O mal-estar é espiritual, psicológico, emocional. Quem é você, se não há ninguém de quem você seja melhor?

"A identidade deles foi construída sobre uma grande mentira", disse o dr. Sushrut Jadhav, um importante psiquiatra indiano residente em Londres, especialista nos efeitos da casta sobre a saúde mental.[16]

Desse modo, um sistema de castas converte todos os seus integrantes em cativos. Assim como os pressupostos de inferioridade pesam sobre os designados para a base, os de superioridade podem sobrecarregar os do topo com expectativas insustentáveis de estar sempre vários níveis acima, no comando o tempo todo, no centro das coisas, de conter os que poderiam passar à frente, de se indignar com a ideia de que castas inferiores e não merecedoras transponham a linha e ultrapassem os nascidos para comandar.

"Sua vida se resume a um ansioso esforço de preservação de casta", escreveu o líder dalit Bhimrao Ambedkar sobre os indivíduos da casta dominante. "A casta é seu bem mais precioso e deve ser resguardado a qualquer custo."[17]

Quando as pessoas vivem por tempo suficiente com pressupostos, transmitidos ao longo das gerações como fatos incontroversos, eles passam a ser aceitos como verdades da física e a dispensar qualquer comentário. São tão verdadeiros e triviais como a água dos rios ou o ar que respiramos. No sistema de castas indiano original, a crença duradoura no direito de nascença se mesclou indissociavelmente à mentalidade da casta superior e "permanece ali até hoje sem qualquer apoio, pois agora não precisa de nenhuma escora a não ser a crença — como uma planta aquática na superfície de um lago", escreveu Ambedkar.[18]

As apreensões do integrante em posição menos estável na casta dominante não são muito diferentes das de um primogênito incumbido de assumir os negócios da família. Ele pode não ter o interesse ou a aptidão necessária para a tarefa, mas se sente preso pela obrigação, pressionado a assumir o comando, mesmo quando tem um irmão ou uma irmã mais nova que sempre demonstrou facilidade com os números e temperamento para o comando, mas que nem sequer é cogitado por causa da hierarquia familiar, que define quem vai primeiro e quem herda o quê. Isso cria expectativas insuportáveis numa cultura que se diz igualitária, mas foi criada para que certas pessoas ocupem por nascimento o papel dominante.

O costume e a lei segregaram por tanto tempo as classes médias e trabalhadoras brancas que a maioria delas não estava nem mesmo em condições de ver em primeira mão os ventos soprando contra os americanos desfavorecidos. A mão do governo na vida dos cidadãos brancos muitas vezes se fez invisível e deixou distorções sobre as vias que levaram cada grupo ao lugar em que se encontra agora, permitindo a proliferação de rancores e rivalidades. Muitos talvez não tenham percebido que as reformas do New Deal dos anos 1930, como a Lei de Assistência Social de 1935 (fornecendo seguro por idade) e a Lei Wagner (protegendo os trabalhadores de abusos trabalhistas), excluíram a imensa maioria dos negros — trabalhadores rurais e domésticos — por pressão de políticos brancos do Sul.

Para desequilibrar ainda mais a balança, a Agência de Habitação Federal foi criada para facilitar o acesso à casa própria para famílias brancas, fornecendo financiamento em bairros brancos e ao mesmo tempo excluindo especificamente afro-americanos que tivessem o desejo de adquirir um imóvel. Ela fez isso recusando financiamentos em qualquer bairro onde morassem negros — prática conhecida como *redlining*, a exclusão de potenciais clientes das linhas de crédito por razões discriminatórias — e incentivando ou mesmo exigindo cláusulas restritivas que impediam os cidadãos negros de comprar casas em bairros brancos.

O conjunto desses e outros programas governamentais criou uma rede de segurança e um elemento de vantagem para os pais, avós e bisavós dos americanos brancos dos dias de hoje, ao mesmo tempo excluindo os antepassados dos afro-americanos das mesmas proteções trabalhistas e oportunidades financeiras.

Esses programas do governo para a casta dominante estiveram em vigor durante a vida de muitos americanos de hoje. Só foram estendidos aos afro-americanos no final dos anos 1960, e mesmo assim apenas depois dos protestos pelos direitos civis. As formas mais recentes de discriminação sancionada pelo Estado, somadas à recusa em remunerar pessoas escravizadas ao longo de gerações, levaram a um abismo de riqueza em que as famílias brancas de hoje são dez vezes mais ricas que suas análogas negras. Se você não é negro ou negra e "se você ou seus pais estavam vivos nos anos 1960 e fizeram um financiamento para comprar a casa própria", escreveu Ben Mathis Lilley em um artigo na revista *Slate*, "então você se beneficiou direta e materialmente da discriminação".[19]

Os mesmos mecanismos que permitiram que muitos americanos brancos construíssem suas vidas e patrimônios estavam vedados aos afro-americanos a apenas uma ou duas gerações do fim da escravidão e do apartheid imposto pela legislação segregacionista — fardos tão pesados e carregados por tanto tempo que, para subir, eles teriam de trabalhar e poupar muito mais do que seus concidadãos brancos.

Em vez de incentivar um maior entendimento das origens dessas disparidades ou um arcabouço de compaixão pelos mais desfavorecidos, o discurso político costuma reforçar os estereótipos predominantes de um grupo inferior indolente, que recebe concessões imerecidas, criando com isso um bode expiatório que torna as barreiras formais ainda mais injustas e os ressentimentos dos cidadãos da classe trabalhadora branca ainda mais trágicos. A casta subordinada ficou excluída dos "trilhões de dólares de riqueza acumulada por conta da valorização de bens imóveis assegurados por empréstimos com garantia federal entre 1932 e 1962", escreveu o sociólogo George Lipsitz. "Apesar disso, eles são retratados como beneficiários privilegiados de preferências especiais pelas mesmas pessoas que se aproveitam de sua exploração e opressão."[20]

Quando finalmente o emprego, a moradia e a rede de ensino começaram a se abrir para a casta subordinada, muitos brancos das classes médias e trabalhadoras começaram a se sentir em pior situação e a declarar que viviam sob mais racismo do que os afro-americanos, incapazes de ver as desigualdades que persistem, com frequência em seu favor.[21]

Viés inconsciente: Uma mutação no programa

No final do século XX, os cientistas sociais encontraram novos critérios para mensurar o que se transformara de racismo explícito numa lenta fermentação de antagonismos velados que chamaram de viés inconsciente.

Não se tratava do racismo biológico da época pré-direitos civis que consistia em queimar cruzes e vomitar impropérios, mas de comportamentos discriminatórios baseados em preconceitos subconscientes de pessoas que professavam e defendiam a igualdade.

Os pesquisadores descobriram que a maioria dos americanos, ao chegar à idade adulta, havia sido exposta a uma cultura com uma quantidade tão grande de mensagens negativas sobre os afro-americanos e outros grupos marginalizados que nada menos que 80% dos americanos brancos nutriam um viés inconsciente em relação aos americanos negros, um viés tão automático que é acionado antes mesmo que a pessoa consiga processá-lo, segundo David R. Williams, sociólogo de Harvard. A transmissão da mensagem permeia tanto a sociedade americana que um terço dos negros americanos exibe um viés antinegro contra si mesmos.[22]

"Todos os grupos de minorias étnicas raciais têm estereótipos mais negativos do que os brancos", diz Williams. "Os negros são os mais malvistos, seguidos pelos latinos, que são vistos de maneira duas vezes mais negativa do que os asiáticos. Há uma hierarquia dos níveis."

Que tipo de pessoa tende a carregar esse viés inconsciente? "É uma pessoa maravilhosa", segundo Williams, "que se solidariza em relação às coisas ruins que aconteceram no passado. Mas ela continua a ser americana e foi alimentada com os maiores estereótipos sobre negros que estão profundamente entranhados na cultura da sociedade. Portanto, embora não carreguem nenhum preconceito racial explícito, essas pessoas carregam um viés implícito profundamente arraigado no subconsciente. Têm todas aquelas imagens negativas dos afro-americanos, de modo que, ao encontrar um afro-americano, mesmo que não sejam conscientemente preconceituosas, os vieses implícitos operam para moldar seu comportamento. Esse comportamento discriminatório é ativado sem esforço e com maior rapidez do que a discriminação consciente, do que dizer 'Resolvi discriminar tal pessoa'."

"É isso que assusta", ele continua. "Porque é um processo automático, um processo inconsciente, as pessoas que entram nessa discriminação irrefletida não têm consciência dela. Não estão mentindo quando dizem: 'Não tratei essa pessoa de forma diferente, trato todos da mesma maneira'. Elas de fato pensam assim, porque, conscientemente, é como se veem. Esses vieses implícitos moldam seu comportamento sem que elas nem sequer percebam. A pesquisa indica que algo entre 70% e 80% dos brancos se encaixam nessa categoria."

Essas respostas autônomas contribuem para disparidades na contratação, na moradia, no ensino e no atendimento médico das pessoas da casta mais baixa em comparação às correlatas da casta dominante, e como ocorre com outros aspectos do sistema de castas, muitas vezes contrariam a lógica. Por exemplo, um estudo pioneiro da socióloga Devah Pager mostrou que criminosos brancos candidatos a uma vaga de emprego tinham mais chance de ser contratados do que afro-americanos sem ficha criminal.[23]

No mundo de vida e morte da medicina, os afro-americanos e outras pessoas marginalizadas recebem menos procedimentos e têm atendimento de pior qualidade do que os brancos em todas as intervenções terapêuticas, afirmou Williams, especializado em vieses na saúde pública. Entre os sessenta procedimentos mais comuns reembolsados pelo Medicare, disse ele, "os afro-americanos recebem menor número de procedimentos do que os pacientes brancos, embora tenham um índice de doenças mais alto". Os únicos procedimentos que os afro-americanos recebem em proporções mais altas do que os brancos, disse Williams, são shunts no caso de doenças renais, remoção de tecido estomacal no caso de úlceras, amputação de perna e remoção de testículos.

O viés, porém, não contém em si o dano que inflige a um grupo. Uma forma trágica de viés inconsciente teve o efeito inesperado de proteger, involuntariamente, as castas desfavorecidas de afro-americanos e latinos de um flagelo que trouxe terríveis problemas para muitos americanos brancos. Estudos empíricos mostraram que muitas vezes os médicos desconsideram as reclamações de dor de pacientes negros e latinos, acreditando equivocadamente que os afro-americanos, em especial, têm patamares de dor mais altos.[24] Isso os leva a reduzir a dose de analgésicos ou mesmo a negar sua prescrição aos pacientes negros — inclusive os que sofrem de câncer metastático — e, por outro lado, prontamente receitar medicamentos aos pacientes brancos que reclamam dos mesmos níveis de dor. A disparidade é tão grande que os afro-americanos, como grupo, recebem analgésicos em níveis abaixo dos patamares mínimos estabelecidos pela Organização Mundial da Saúde.

Assim como os agentes poluentes não se limitam ao ar em torno de uma fábrica, essa desigualdade de casta não poupa ninguém. O tratamento insuficiente da casta subordinada faz com que os pacientes sofram desnecessariamente, e o tratamento exagerado da casta dominante pode ter contribuído para o aumento da taxa de mortalidade de americanos brancos que desenvolvem dependência de opioides.

Pior ainda, a sociedade estava menos preparada para a crise dos opioides do que poderia ter estado se não tivesse perdido a chance de montar um sistema abrangente para lidar com o abuso de drogas nos anos 1990, quando era a casta subordinada que precisava de auxílio. A epidemia de crack daquela época foi descartada como um problema de criminalidade urbana em vez de ser tratada como uma crise social e de saúde, vista mais como um problema negro do que como um problema humano. A reação foi criminalizar a dependência quando os dependentes eram da casta subordinada, o que aumentou o índice de encarceramento em massa, destruiu famílias e deixou o país despreparado para a tragédia da dependência de opioides que logo se seguiria. Os pressupostos de casta criaram devastação nos dois lados e contribuíram para uma sociedade menos generosa em seu conjunto.

A exclusão custa vidas, no topo e na base da hierarquia. O médico Jonathan M. Metzl, que conduziu pesquisas sobre as condições de saúde de brancos desatendidos, mediu as graves consequências das decisões governamentais de reter benefícios que ajudariam grupos minoritários supostamente não merecedores. No estado do Tennessee, por exemplo, ele descobriu que as políticas de saúde restritivas podem ter custado a vida de nada menos que 4599 afro-americanos entre 2011 e 2015, mas também a vida de nada menos que 12 013 brancos.

Em seu livro *Dying of Whiteness*, Metzl contou o caso de um taxista branco de 41 anos com uma inflamação no fígado que punha sua vida em risco. Como o Legislativo do Tennessee não havia adotado a Lei de Atendimento Acessível nem ampliado a cobertura do Medicaid, o homem não tinha condições de custear os dispendiosos tratamentos que poderiam salvar a sua vida e a que teria acesso se morasse do outro lado da fronteira, no estado vizinho do Kentucky. Enquanto a morte se aproximava, ele reiterou a convicção de que não queria que o governo se envolvesse.

"De jeito nenhum quero que meus impostos banquem mexicanos ou rainhas da assistência social", disse a Metzl. "Em nenhuma hipótese eu apoiaria o Obamacare ou recorreria a ele. Prefiro morrer."

E, infelizmente, foi o que aconteceu.[25]

12. Um bode expiatório para carregar os pecados do mundo

TODOS OS ANOS, no Dia da Expiação, os hebreus antigos pegavam dois bodes e os apresentavam ao Senhor na entrada da Tenda do Encontro. Então o sacerdote tirava a sorte para determinar o destino de cada animal.

Um deles seria sacrificado ao Senhor para purificar e santificar o altar. O outro, o bode expiatório, ofertariam vivo a Deus.

O sacerdote depunha as duas mãos sobre a cabeça do bode vivo e confessava todos os erros e culpas dos israelitas. Transferia para o animal todos os seus pecados, e então o bode era banido para o deserto, levando o peso dos pecados dos israelitas nas costas e assim libertando-os para prosperar em paz.

Ao bode cabia sofrer pelos pecados dos outros, e por isso era chamado de bode expiatório.[1]

Esse era o ritual segundo o Levítico, transmitido ao longo das eras e adotado pelos gregos antigos. Sobrevive não apenas nas relações pessoais, mas dentro das castas e nações. Para os antigos, o bode expiatório servia como agente purificador do conjunto como um todo. Nos tempos modernos, o conceito de bode expiatório passou de mero portador dos infortúnios para a pessoa ou grupo acusado de trazer infortúnio.

"Isso serve para libertar os outros", escreveu a psicóloga junguiana Sylvia Brinton Perera, para libertar "os criadores de bodes expiatórios de suas próprias responsabilidades e para que se sintam mais poderosos e virtuosos."[2]

Num sistema de castas, seja nos Estados Unidos, na Índia ou na Alemanha da Segunda Guerra Mundial, a casta inferior desempenhava o papel involuntário de desviar a atenção da sociedade de suas mazelas estruturais e assumir a culpa pelo infortúnio coletivo. Ela era vista, de fato, como o próprio infortúnio.

Assim, o bode expiatório ajuda involuntariamente a unificar as castas favorecidas, que são vistas como isentas de qualquer mácula desde que exista um grupo desfavorecido visível que absorva seus pecados. "O recurso ao bode expiatório, como se pratica nos dias de hoje", escreveu Perera, "significa encontrar o indivíduo ou indivíduos que possam ser identificados com o mal ou com a transgressão, culpabilizados e excluídos da comunidade a fim de deixar os demais integrantes com um sentimento de inocência, purificados (em conjunto)."

Ter uma casta como bode expiatório se tornou necessário para o bem-estar coletivo das castas acima dela e para o bom funcionamento do sistema. Os grupos dominantes podem considerar os excluídos como causa de qualquer sina ou infortúnio, representando os piores aspectos da sociedade. "O criador do bode expiatório sente alívio ao ficar mais leve", escreveu Perera, "sem o peso de carregar aquilo que é inaceitável para seu ideal de ego, sem sombra." Os que estão acima do bode expiatório podem "ficar purificados e unidos entre si, sentindo-se abençoados por seu Deus".[3]

No Sul americano, o bode expiatório escolhido era expulso não para o deserto, e sim para as margens da sociedade, num quase banimento da espécie humana. Muitos homens e mulheres da casta dominante culpavam seus escravos pelas colheitas medíocres ou pelos baixos lucros, chamando de indolentes e preguiçosos aqueles que chegavam a trabalhar dezoito horas por dia para enriquecê-los e descarregando suas frustrações no corpo dos que mantinham em cativeiro.

O sistema não poupava ninguém da casta dos bodes expiatórios. Para usar o chicote em mulheres grávidas, "antes de amarrá-las nas estacas, faz-se uma cavidade no chão para acomodar o corpo volumoso da vítima", escreveu um tal sr. C. Robin, da Louisiana, relatando o que havia presenciado.[4]

"O preto se torna bode expiatório e lição para seu grupo", escreveu o antropólogo Allison Davis. "Ele sofre por todas as pequenas violações de casta que despertaram a atenção dos brancos e se torna uma advertência contra violações futuras."⁵

Depois da Guerra Civil, os Confederados colocaram a culpa por terem perdido a guerra nas pessoas que antes dela lhes pertenciam. Já no século xx, inclusive durante a existência de pessoas que ainda estão vivas, os linchamentos serviram como forma de sacrifício ritual humano perante espectadores que por vezes chegavam à casa dos milhares. Pessoas de estados vizinhos viajavam para presenciar o evento, e as escolas encerravam as aulas mais cedo para que as crianças brancas se juntassem aos pais e fossem assistir a atos de sadismo praticados por homens da casta dominante sobre indivíduos da casta subordinada, antes de enforcá-los no galho de um sicômoro. Os linchamentos quase sempre ocorriam "pelas mãos de pessoas anônimas", realizados "de maneira coletiva para que ninguém pudesse ser responsabilizado individualmente".⁶

"Os brancos eram unificados ao ver o preto como bode expiatório e objeto adequado para exploração e ódio", escreveu Gunnar Myrdal, importante economista social dos anos 1940. "Sustenta-se a solidariedade branca e se protege a ordem de casta."⁷

Como bodes expiatórios, os afro-americanos são vistos como a razão das mazelas da sociedade. Levam a culpa por taxas de criminalidade que não são apenas eles que causam e por drogas que não usam mais do que a casta dominante, mas são encarcerados em números seis vezes maiores do que os brancos acusados de delitos similares. Milhares de afro-americanos estão atrás das grades por posse de uma substância que muitos empresários da casta dominante estão agora transformando em riqueza na indústria da maconha e do canabidiol.

Nos Estados Unidos e na Índia, indivíduos da casta dominante que estão com a carreira estagnada ou não foram aceitos na universidade colocam a culpa em pessoas marginalizadas da casta inferior, muito embora raramente os afro-americanos nos Estados Unidos e os dalits na Índia estejam em posição de decidir quem será contratado numa empresa ou admitido numa faculdade. Nos Estados Unidos, é numericamente impossível que os afro-americanos causem tal devastação no emprego e no ensino superior:

eles não existem em quantidade suficiente para ocupar as posições que todos os integrantes da casta dominante sonham ter.

Cabe notar que, embora a ação afirmativa tenha nascido do movimento pelos direitos civis empreendido por pessoas da casta inferior e seus aliados brancos, análises feitas durante décadas mostram que foram as mulheres brancas e, portanto, as famílias brancas que, mais do que as afro-americanas, mais se beneficiaram de um projeto destinado a reparar séculos de injustiça contra os indivíduos da casta mais baixa.[8] A criação de bodes expiatórios obscurece habilmente as forças estruturais que tornam a vida de muitos americanos mais difícil do que precisaria ser, em benefício de um pequeno número de pessoas, situadas sobretudo na casta dominante. A criação de bodes expiatórios coloca a culpa pelas mazelas da sociedade nos grupos com menos poder e menos voz na vida do país, conservando ao mesmo tempo a estrutura geral e mantendo o caminho livre para os que controlam e colhem os frutos dessas divisões. A criação de bodes expiatórios se intensifica e piora nos períodos de tensões econômicas, quando os indivíduos em posição menos estável no grupo dominante atacam um grupo da minoria "por problemas econômicos estruturais que na verdade prejudicaram a ambos", observou uma cientista social, "e não foram causados por nenhum dos dois".[9]

O IMPULSO HUMANO DE CULPAR um grupo externo desfavorecido coloca em risco a vida tanto dos favorecidos quanto dos desfavorecidos.

Numa noite de outono em outubro de 1989, um casal de um subúrbio de Boston, esperando o nascimento do primeiro filho para dezembro, voltava para casa após uma aula no curso de pré-natal. O marido, Charles Stuart, de 29 anos, era o discreto e ambicioso gerente de uma loja de peles de luxo no centro da cidade. A esposa, Carol DiMaiti Stuart, de trinta anos, uma advogada miúda e sociável. Eles tinham comprado uma casa de dois andares num subúrbio e já haviam decidido que, se o bebê fosse menino, se chamaria Christopher. Os dois integravam a casta dominante, que tinha ascendido de origens modestas no setor terciário. Acabavam de comemorar quatro anos de casados.

Naquela noite, voltando de carro para casa, eles passaram por Roxbury, uma região onde haviam se estabelecido várias ondas de imigrantes europeus e que, após a Segunda Guerra Mundial, se tornara basicamente um bairro de operários, pobres e negros, devastado pela guerra às drogas. O marido dirigia e tomara um caminho tortuoso. Num semáforo da área de Mission Hill, uma arma disparou e os tiros acertaram a cabeça da esposa e o abdômen do marido, ambos a curta distância. Charles estava em condições melhores do que a esposa e acionou a polícia pelo telefone do carro. Carol morreu no hospital devido aos ferimentos. O bebê nasceu em suas últimas horas de vida, prematuro de sete meses, e recebeu o nome de Christopher, como queriam os pais. Sobreviveu apenas dezessete dias.

Na noite dos disparos, Charles Stuart declarou à polícia que um negro de voz rouca e em trajes de jogging entrara à força no carro, atacara e atirara no casal. A tragédia fez com que aflorassem em Boston e por toda a nação todos os medos e horrores mais profundos. A televisão transmitiu repetidamente o telefonema desesperado do marido para a polícia, bem como as imagens de vídeo dos paramédicos retirando a esposa mortalmente ferida do carro. Chocado com uma tragédia incompreensível, o município entrou em ação e iniciou uma caçada humana maciça. O prefeito Raymond Flynn prometeu "pegar os animais responsáveis" e determinou que todos os investigadores disponíveis se dedicassem ao caso. Os policiais passaram um pente-fino em Roxbury, parando e revistando todos os homens que se encaixavam na descrição, o que significava quase todos os homens negros nas ruas, centenas deles. A caça a um suspeito se tornou praticamente uma obsessão durante semanas. A busca resultou num negro desempregado de 39 anos com ficha criminal, que Charles apontou numa fila de identificação na polícia. Muita gente começou a pedir a pena de morte.

Durante meses, os policiais não deram muita atenção às incoerências no comportamento de Charles, distraídos por um enredo que se adequava a suas expectativas. Na noite do tiroteio, ele dirigira a esmo durante treze minutos, enquanto falava com a polícia pelo telefone, em vez de voltar ao hospital de onde o casal acabara de sair, dizendo que não reconhecia nenhum ponto de referência na cidade em que morara a vida toda. "Em momento algum ele procurou reconfortar a esposa, em momento algum disse seu nome", segundo a revista *Time*. "Na ambulância para o hospital, só perguntava sobre a gravidade do ferimento, nunca sobre o estado da mulher."[10]

Não muito tempo antes, ele contratara vários seguros de vida para a esposa jovem e saudável. Depois de receber alta no hospital, sacou um deles e comprou imediatamente um carro novo, um Nissan Maxima, e um par de brincos femininos de diamantes no valor de mil dólares. Descobriu-se que, nos meses anteriores à morte da esposa, ele passava as noites de sexta fora de casa, só voltando ao amanhecer, para a consternação de Carol. Ele fora visto na companhia de uma jovem loira que trabalhava na loja de peles durante o verão, e que lhe telefonara quando estava no hospital, embora, quando a história veio à tona, ela tenha negado veementemente qualquer relacionamento. Charles havia comentado com amigos que não queria o bebê, alegando que ele atrapalharia sua ascensão na escala social.

Esses detalhes contraditórios não tiveram força suficiente para remover os pressupostos estabelecidos em relação ao caso. Mas havia uma terceira pessoa envolvida na noite dos disparos, e, perto do Natal, ela começou a ceder. Era Matthew, o irmão de Charles. Charles planejara com Matthew que se encontrassem num determinado local na noite do tiroteio. Antes que o irmão chegasse, parou o carro e atirou na cabeça da esposa; a seguir, apontou a arma para si mesmo, na intenção de dar um tiro no pé, mas errou e atingiu o tronco. Charles disse ao irmão para pegar as joias e a bolsa de Carol, além da arma que Charles usara para matá-la, e se desfazer de tudo. Ficaria parecendo um roubo, que mais tarde ele informaria à polícia.

Mas, depois dos acontecimentos, a consciência de Matthew começou a pesar, e ele contou o ocorrido a outros membros da família. Ele achava que, ao pegar a bolsa e a arma, estava ajudando o irmão num golpe contra a seguradora, e não num assassinato. Charles ficou sabendo que o irmão pretendia ir à polícia para depor contra ele, em troca de imunidade. Com a investigação fechando o cerco, em janeiro Charles Stuart se jogou da ponte Tobin no rio Mystic. Mais tarde, Matthew se declarou culpado de conspiração e posse de arma de fogo, entre outras acusações, e cumpriu três anos de prisão.

Ao fim e ao cabo, o único responsável pela morte da esposa foi o marido, mas o sistema de castas foi um cúmplice involuntário. Charles Stuart sabia que poderia contar com o sistema, que entraria em ação como está programado para fazer: as pessoas prontamente aceitariam sua versão se o perpetrador fosse negro, acreditariam no homem da casta dominante e não em pessoas subordinadas, se concentrariam nelas e não nele, veriam a casta bode expiatório como especialmente capaz de qualquer depravação e não suspeitariam dele. A história nem precisava ser muito coerente para acreditarem nela. Bastava que fosse plausível. Qualquer solidariedade se destinaria a ele e não à casta bode expiatório, que carrega o peso dos pecados alheios, por mais que proteste sua inocência.

O sistema de castas dera proteção a Charles Stuart e pusera em risco a vida de Carol DiMaiti Stuart, assim como acontecia com as mulheres brancas no Sul segregacionista, onde maridos e amantes sabiam que, se a casta dominante quisesse culpar um negro, ele poderia ser acusado de qualquer coisa que ocorresse a uma mulher branca. Isso não significa que um grupo é mais propenso do que outro ao crime ou ao subterfúgio. Significa que um dos aspectos mais perturbadores de um sistema de castas e da decorrente parcialidade da justiça é que esse sistema contribui para uma sociedade menos segura, permitindo que os culpados escapem à responsabilidade e muitas vezes fiquem livres e impunes. Um sistema de castas nos oferece um falso conforto, nos dá a impressão de que o mundo está em ordem e que sabemos distinguir automaticamente entre os mocinhos e os bandidos.

É possível que nada conseguisse salvar a vida de Carol Stuart, em vista do homem com quem se casara. Nunca saberemos. Se o marido não pudesse depender da isca universal da criminalidade negra, se não pudesse contar com a culpabilização instintiva da casta inferior e o correspondente pressuposto de virtude da casta dominante, se não pudesse supor com tanta certeza que o sistema de castas agiria em seu favor, talvez não tivesse ido tão longe, talvez tivesse tentado alguma outra coisa, o divórcio, por exemplo. Talvez não tivesse se sentido tão livre para cometer algo tão hediondo. Talvez a esposa não fosse assassinada, não perdesse o filho, pelo menos não naquela noite e daquela maneira, se ele pensasse que as suspeitas se dirigiriam corretamente, desde o começo, ao verdadeiro criminoso.

DÉCADAS MAIS TARDE, nos anos de ansiedade após a eleição de 2016, Anthony Stephan House, um gestor de projetos de 39 anos que vivia em Austin, no Texas, preparava-se para levar a filha de oito anos para a escola. Faltavam poucos minutos para as sete da manhã, em 2 de março de 2018. Algo o fez ir até a porta, e, ao abri-la, ele viu um pacote na varanda. Na hora em que o pegou, o pacote explodiu. Ele morreu pouco depois de dar entrada no hospital.

Sua morte, de início, foi classificada como homicídio, por razões óbvias, mas a investigação logo mudou de rumo. House era afro-americano, morava na zona oeste de Austin, uma região de trabalhadores latinos e negros, com barracos e casas simples. A polícia imaginou que a bomba podia estar relacionada ao narcotráfico. Talvez se destinasse a um traficante, mas fora entregue na casa errada. Pensaram em outra possibilidade: talvez ele próprio tivesse explodido a bomba, hipótese que culpabilizava a vítima por sua própria morte.[11]

"Não podemos excluir que o próprio sr. House tenha armado e acidentalmente detonado a bomba, o que nesse caso configuraria morte acidental", disse o chefe assistente da polícia, Joseph Chacon.[12]

"Com base no que sabemos até agora", declarou aos repórteres Brian Manley, então chefe de polícia interino, no dia da morte de House, "não temos razões para crer que se trate de algo além de um incidente isolado que aconteceu nessa residência, não estando de forma alguma relacionado a um ataque terrorista."[13]

Essas suposições se demonstraram tragicamente equivocadas. Dez dias depois, Draylen Mason, de dezessete anos, estudante do último ano do ensino médio, estimado contrabaixista da Orquestra Juvenil de Austin, encontrou um pacote na porta de casa. Levou-o para dentro e o pacote explodiu na cozinha, matando-o e ferindo gravemente sua mãe. Eles também eram afro-americanos. Na mesma manhã, um pouco mais tarde e a poucos quilômetros de distância, Esperanza Herrera, uma latina de 75 anos de idade, ficou gravemente ferida ao pegar um pacote deixado na casa de sua mãe.

Só então, dez dias depois da primeira explosão, a polícia de Austin começou a avisar os cidadãos para tomarem cuidado com pacotes desconhecidos. Um *serial bomber* estava à solta em Austin, e assim estivera desde o primeiro ataque. Agora as explosões começavam a ser vistas como possível crime de ódio. O fato de as vítimas serem negras e latinas significava que algumas pessoas, se quisessem, podiam ignorar os atentados. Até que o terrorista ampliasse seu campo de ação. Menos de uma semana depois, no outro lado de Austin, dois homens brancos na casa dos vinte anos estavam andando num bairro branco abastado quando uma bomba acionada à distância detonou na rua e os feriu gravemente.

Dois dias mais tarde, uma bomba explodiu numa correia transportadora num centro de distribuição da FedEx, e descobriu-se outra numa loja da FedEx antes que detonasse. A polícia agora estava a todo vapor. Encontraram em câmeras de vigilância imagens do homem que deixara os pacotes com bombas e a placa do carro. Os policiais começaram a rastreá-lo pela localização de seu celular. Descobriram que o suspeito era um branco desempregado de 23 anos chamado Mark Conditt, proveniente de uma família cristã conservadora. No dia seguinte ao da explosão no centro de distribuição da FedEx, uma equipe da SWAT fechou o cerco em torno dele. Acuado pelos policiais, Conditt detonou uma bomba dentro de seu carro e se explodiu.

Um extraordinário trabalho da polícia localizara o terrorista em 24 horas, para o que contribuiu em não pequena medida a mudança de tática do próprio suspeito, mas também a rapidez com que os policiais entraram em ação depois de retiradas as bitolas de casta. O chefe de polícia pediu desculpas aos cidadãos negros e à família da primeira vítima, que fora declarada suspeita da própria morte. Mas os moradores afro-americanos, a casta bode expiatório, ficaram com perguntas em suspenso, perguntas cujas respostas tinham presença diária em suas vidas. Por que a polícia não dera andamento às investigações quando as primeiras bombas mataram ou feriram pessoas de cor? Por que haviam desconsiderado a ameaça em potencial? Por que as autoridades tinham esperado dez dias para avisar o público? Por que perderam um tempo precioso, culpando a primeira vítima por sua própria morte?

"Que doideira é essa da polícia, fazendo parecer que foi a própria pessoa que fez isso consigo mesma?", disse Fatima Mann, advogada de famílias pobres em Austin, ao *Washington Post*. "É insultante, ofensivo, desgastante."

Um bode expiatório, como o primeiro homem a morrer em Austin, é visto por definição como algo descartável. As pessoas podem fechar os olhos aos problemas que afetam outras pessoas tidas como inferiores, considerando que os infortúnios destas não têm nada a ver com suas próprias vidas, que qualquer coisa que aconteça a elas é, digamos, um problema negro e não um problema humano, colocando involuntariamente todos em risco.

No final de 2013, um vírus implacável ressurgiu nas nações costeiras da África Ocidental. Um menino de dezoito meses morreu numa aldeia da Guiné. A mãe, a avó e a irmã morreram logo depois de sofrer os mesmos sintomas hemorrágicos do ebola, uma das doenças mais temidas que a humanidade conhece.

Os enlutados que acorreram ao funeral da avó levaram o vírus para suas próprias aldeias e, de lá, o ebola começou a dizimar famílias e povoados na Libéria, na Guiné e em Serra Leoa, matando também os médicos que tratavam dos doentes. Qualquer pessoa com o mais ínfimo grau de exposição precisava seguir um complexo protocolo, que parecia saído de uma ficção científica. Bastava um mínimo corte no dedo para expô-la a um vírus que acarretava uma morte excruciante e contra o qual não havia na época nenhuma vacina de eficácia comprovada, o que enchia todos de terror.

O vírus do ebola grassou pela África Ocidental enquanto o mundo ocidental observava com piedade e distanciamento. Aquele era um continente de dores, pela ótica ocidental. Ele havia sido drenado de suas populações durante o tráfico escravo transatlântico, então conquistado e colonizado, e ainda estava se recuperando da desestabilização e das guerras geradas por esses cataclismos.

Para os observadores à distância, eram as tristes circunstâncias desses países, desde os sistemas rudimentares de saúde aos antigos ritos fúnebres, que lhes haviam trazido a doença. O vírus se espalhava pelo contato com fluidos corporais de uma pessoa contaminada e sintomática, e os infectados deviam ficar em isolamento hospitalar. Mas alguns aldeões entravam em desespero com a perspectiva de ficar longe de seus entes queridos em seus últimos dias de vida e prefeririam permanecer ao lado deles ou, não conseguindo levá-los da aldeia até um hospital, tentavam tratá-los pessoalmente. Seus profundos laços familiares ultrapassavam a doença. Por causa disso, eles também eram responsabilizados por ela.

Longe das aldeias, as páginas dos jornais do Ocidente vinham estampadas de uma ponta a outra com fotos desumanizadoras de pacientes moribundos, imagens que às vezes lhes retiravam a dignidade em suas últimas horas de vida. Muitos ocidentais sentiam no máximo uma tristeza distante, isso quando chegavam a sentir alguma coisa, protegidos em segurança e conforto pelo oceano que os separavam. Milhares de pessoas morriam, e gente corajosa, como os Médicos Sem Fronteiras, acorreram para ajudar. Mas a artilharia da ciência ocidental não entrara em ação. Isso era um problema da África, vista como uma terra de desgraças cheia de gente da casta inferior, e não uma grande preocupação das potências do Ocidente.

Mas o vírus não reconhecia raça ou geografia, e, no final do verão de 2014, vários membros de organizações americanas de assistência internacional contraíram o vírus quando estavam na região atingida. Alertados para a ameaça mortal, os Estados Unidos enviaram milhões de dólares em auxílio e 3 mil soldados para ajudar na infraestrutura e na segurança.

Então, em setembro de 2014, um homem tomou um avião da Libéria para Bruxelas, a caminho de Dallas, a fim de encontrar a companheira e o filho. Sem que soubesse, ele portava o vírus. Foi o primeiro caso de ebola nos Estados Unidos.

Um hospital de Dallas, despreparado para um vírus associado a outro hemisfério, recebeu o homem que se queixava dos sintomas, receitou antibióticos e o mandou de volta para casa. Como ele não melhorava, voltou ao hospital, e acabou morrendo dez dias depois de finalmente terem chegado ao diagnóstico. Logo a seguir, duas pessoas da equipe de enfermagem que haviam cuidado dele contraíram o vírus. Instaurou-se o pânico quando os noticiários reconstituíram o itinerário de uma enfermeira nos dias anteriores a seu diagnóstico, e se descobriu que ela estivera num voo comercial para Cleveland. Dias depois, os canais de notícias interromperam a programação normal para mostrar cenas ao vivo da enfermeira, transportada de avião para Atlanta a fim de receber tratamento especializado. O flagelo que antes parecia ser um problema de outro planeta agora estava nos Estados Unidos.

Em outubro, logo após o primeiro diagnóstico em solo americano e passado quase um ano desde que os africanos ocidentais tinham ficado entregues a si mesmos, contando apenas com a assistência de voluntários da área de saúde, a FDA, a agência americana responsável pelo controle de alimentos e medicamentos, providenciou para que uma empresa farmacêutica americana iniciasse pesquisas emergenciais para um antivírus contra o ebola. Em alguns meses, mais oito pessoas foram diagnosticadas nos Estados Unidos, e os noticiários acompanharam de perto o atendimento e o estado de saúde delas.

A epidemia de 2014 atingiu 28 mil pessoas e matou mais de 11 mil no maior surto de ebola visto no mundo. O vírus pôs em relevo o claro e assustador grau de interconexão do planeta. A distância e a geografia podiam contê-lo por algum tempo, mas o ebola não estabelecia diferenças entre raças, cores, castas ou origens nacionais. Um ser humano era um ser humano, novo hospedeiro potencial de um vírus de pavorosa eficiência. De início, o contágio não fora visto como a crise humana global que de fato era. Os afetados eram africanos ocidentais, com sistemas de saúde precários, a um hemisfério de distância. Mas o ebola e outras calamidades de alcance potencialmente planetário, como o mundo descobriria assombrado seis anos depois, relembram aos seres humanos que todos nós somos, de fato, uma só espécie, todos interligados, com mais semelhanças do que diferenças, com uma interdependência maior do que talvez desejaríamos crer. O ebola fora apenas um prenúncio do que estava por vir.

13. O alfa inseguro e a finalidade de um ômega

O TERRIER WEST HIGHLAND VINHA se comportando mal desde o divórcio. Estava com pouco mais de um ano e, agora que o marido e presumido líder da matilha não estava mais por ali, começara a rosnar e mordiscar. O cão não aceitara muito bem a ascensão na ordem social da casa, temia que seu mundo tivesse caído, que sua sobrevivência estivesse em perigo, e havia comunicado seu incômodo ao antigo alfa, o marido, mordiscando-lhe o nariz durante uma breve visita. Eu precisava descobrir o que fazer, se quisesse ficar com o cachorro, o que, para mim, era a única opção.

Concluí que não custaria nada consultar um especialista em comportamento canino e encontrei uma profissional em Westies que morava na Califórnia. Imaginei que receberia uma lista de instruções para lidar melhor com meu terrier. O que recebi foi uma breve aula sobre a hierarquia canina, como os cães interagem, exercem domínio ou mostram submissão, para a sobrevivência e o bem-estar da matilha.

O vocabulário e a hierarquia social de lobos e cães estão presentes em toda a nossa cultura: o macho alfa, o lobo da rabeira, o lobo solitário, a mentalidade de bando — em parte devido ao que observamos nos cães que possamos ter tido e aos aparentes paralelos entre nós e essa espécie particular entre os animais sociais. Atualmente, os especialistas em cães tentam corrigir as distorções do termo "alfa" — o macho prepotente que se considera rei do mundo no imaginário popular — que se instalaram em nossa psique.

Os verdadeiros alfas, disse-me a especialista em comportamento canino, são protetores valentes e destemidos contra incursões vindas de fora, mas quase nunca precisam se afirmar dentro da matilha, agir de modo agressivo, ladrar ordens ou usar meios físicos de controle. Eu jamais bateria num cachorro nem o prenderia numa corrente, como vejo outros seres humanos pretensamente alfa tratarem seus cães, mas minha paciência, por si só, não estava sendo suficiente, e tampouco meus gritos de "Não! Não! Não!" estavam funcionando quando encontrava Chi-Chi mascando mais um par de sandálias.

"Veja, é isso que os seres humanos fazem", disse a comportamentalista. "Tratamos os cães como crianças, mas, como animais de matilha, eles reagem aos sinais de um alfa numa estrutura de matilha. Uma alfa humana jamais devia levantar a voz. Os cães não entendem isso."

Ela prosseguiu:

"Se você precisar levantar a voz para conseguir a atenção de um cachorro, ele nunca a verá como líder. Você já perdeu. Um verdadeiro alfa não se comporta nem precisa se comportar assim. Se um suposto alfa recorre a isso, está sinalizando que não detém controle algum."

Os verdadeiros alfas impõem autoridade ao manter uma supervisão serena de seus dependentes. Eles estabelecem seu nível na hierarquia desde cedo e comunicam sua capacidade de comando e força interna por meio de antiquíssimos sinais, afirmando seu poder apenas quando necessário. Um alfa geralmente é o primeiro a comer, decide quem comerá a seguir e quando, inspira confiança ao cuidar da segurança e do bem-estar da matilha. Um alfa não é necessariamente o maior ou o mais rápido, e sim o animal dotado de grande segurança inata, capaz de disciplinar um membro da matilha com um mero olhar ou um tom de voz baixo. Um verdadeiro alfa dispõe de um poder que é criteriosamente distribuído.

Sabemos que não estamos diante de um verdadeiro alfa ou, dito de outra maneira, que estamos perante um alfa inseguro se ele precisa berrar, gritar, ameaçar ou atacar os que estão abaixo dele para conseguir reduzi-los à submissão. Esse indivíduo não tem a lealdade e a confiança da matilha e põe em risco todo o grupo por causa de suas inseguranças, de suas demonstrações de medo e falta de coragem.

A especialista me deu uma série de tarefas para estabelecer meu papel e me garantiu que, depois que meu Westie me visse como a alfa, o relacionamento mudaria, muito provavelmente em caráter definitivo. O objetivo principal era conferir ordem, método e firmeza à minha afetuosidade.

O primeiro exercício consistia em lhe deixar claro quem controlava seus meios de subsistência, isto é, a comida. Na próxima refeição, eu devia abaixar a tigela de comida para ele, ficar segurando e então retirá-la, para que ele soubesse qual era meu papel antes de abaixar outra vez a tigela para que comesse. No começo, ele ficou desconcertado com esse novo procedimento, mas logo se adaptou. No exercício seguinte, eu devia manter a mão na tigela de comida enquanto ele comesse. Chi-Chi também se adaptou. No último exercício, eu devia pousar a tigela, segurá-la e pôr as mãos na comida enquanto ele comia, para lhe mostrar que eu não tinha medo dele nem do que poderia fazer. Isso não me animou muito.

"Você conhece os dentes de um Westie, não é?", perguntei quando ela me passou essa instrução.

"Conheço, sim", respondeu ela. "Ele não vai morder a mão que o alimenta."

Quando chegou a hora desse último exercício, pousei a tigela e fiquei com as mãos dentro dela enquanto ele comia, e descobri que existe uma razão pela qual o comportamento canino veio a fazer parte da nossa linguagem. Os cães, e também as pessoas, se forem sábias, não mordem a mão de quem lhes dá de comer.

A comportamentalista também recomendou que eu pensasse em arranjar outro cachorro. Os Westies são uma raça especialmente social, e ele ficaria melhor se tivesse companhia. Por mais que eu adore os Westies, achei que um terrier animadíssimo já era suficiente e procurei uma raça calma e tranquila. É aqui que entra Sophie, uma bichon. Ela era uma bolinha de pelo que não chegava a um quilo e meio e, quando filhota, cabia dentro da minha bolsa.

Levei Chi-Chi comigo quando fui pegar Sophie, e no começo ele se deu bem com ela. Isso até chegarmos em casa. Sem saber bem o que essa intrusa significaria para a estrutura doméstica, ele começou a se afirmar como alfa. No momento em que eu desviava os olhos, ele a perseguia, e ela se escondia debaixo das cômodas e armários. Na hora de comer, ele afastava Sophie de sua própria tigela.

Um dia, ele foi afastá-la da comida; Sophie se enrijeceu, alerta, encarou o Westie que avultava por cima dela e deu um rosnadinho metálico que mal se ouvia, o primeiro som que soltava na vida. Chi-Chi deu um pulo, espantado com essa reviravolta. Com as orelhas baixas e o ego também, ele rastejou de volta para sua própria tigela, com o rabo entre as pernas. A partir desse dia, Sophie assumiu o comando.

Desde então, era ela que comia primeiro, atravessava primeiro as portas e em todos os passeios se mantinha um passo à frente dele. Embora ao crescer tivesse apenas metade do tamanho de Chi-Chi, podia acuá-lo na parede para mantê-lo na linha se assim quisesse, e, sempre que o enfrentava, ele recuava, se submetia e então dava patadinhas nela para brincarem juntos. O Westie tinha se mostrado um alfa pouco convincente e inadequado para o papel, mas se saiu um beta tranquilo e contente, sempre balançando o rabo, despreocupado e livre. Passou a adorar Sophie e estava sempre atento a ela. Agora que a hierarquia entre os dois havia sido definida e todos estavam em posições compatíveis com suas forças, a paz e a ordem reinavam em casa.

Nossas noções equivocadas sobre o comportamento alfa se devem a estudos de grandes grupos de lobos em cativeiro, obrigados a lutar pelo domínio ou se render à submissão. Na natureza, as alcateias geralmente consistem num sistema de família extensa, matilhas de cinco a quinze lobos lideradas por um macho alfa e uma fêmea alfa nos quais a alcateia confia e tem razão em confiar para a sobrevivência de todos.

"A principal característica de um lobo alfa é uma confiança serena, uma segurança em si tranquila", disse Richard McIntyre, pesquisador do comportamento lupino no Parque Nacional de Yellowstone, ao ecologista Carl Safina. "Ele sabe o que é melhor para o grupo. Comanda pelo exemplo. Está muito à vontade com isso. Exerce um efeito tranquilizador."[1]

Assim, os outros membros da alcateia, os vários lobos beta e gama, podem cuidar de suas tarefas com maior confiança na sabedoria do alfa. Na base da hierarquia está o ômega, o lobo de mais baixo escalão, em virtude de traços naturais de personalidade na relação com os outros do grupo. O ômega geralmente é o último a comer e serve como uma espécie de bobo da corte, que opera como uma válvula de escape, sendo muitas vezes azucrinado pelos outros lobos. Ele carrega o peso das tensões que enfrentam na natureza, onde estão sujeitos a ataques de predadores ou de alcateias rivais, e durante os períodos magros, quando estão à caça de presas.

O ômega opera como "uma espécie de cimento social, permitindo que a frustração tenha vazão sem chegar a efetivas ações de guerra", escreveu um conservacionista de lobos. O ômega é tão fundamental para a estrutura da alcateia que, quando ela o perde, ingressa "num longo período de luto", observou o conservacionista. Ela "para de caçar e apenas se deixa ficar por ali, com ar infeliz",[2] como se já não tivesse razões para seguir em frente.

A perda do ômega pode ameaçar a coesão social e pôr em risco toda a alcateia. Dependendo da composição do grupo, não é fácil substituí-lo. O novo ômega pode significar o rebaixamento de um dos membros de escalão médio ou inferior do grupo. Seja como for, a alcateia se desestabiliza. Afinal, não são papéis artificialmente atribuídos com base na aparência do lobo, como ocorre numa certa espécie de mamíferos, mas de papéis que surgem como consequência de traços internos de personalidade que afloram naturalmente durante a formação de uma alcateia.

Os seres humanos poderiam aprender muito com os canídeos. A grande tragédia é que muitas vezes são designados ou vistos como qualificados para posições alfa — diretores de empresas, capitães de times, treinadores, diretores de cinema, reitores universitários ou presidentes do país — não por conta de traços de liderança inata, mas, historicamente, com base no nascimento dentro da casta dominante, do gênero dominante ou da família certa dentro da casta dominante, sob o pressuposto de que apenas os integrantes de determinada casta, gênero, religião ou origem nacional têm a capacidade inata ou o merecimento inato para ser líderes.

Isso é uma tragédia não só para os inúmeros alfas negligenciados dos grupos marginalizados, cujos talentos não foram reconhecidos ou aproveitados, que têm de presenciar o afundamento de organizações pela ação de alfas inseguros ou inadequados para o papel. É uma tragédia não só para os alfas mal posicionados que podem não servir para o papel e têm dificuldade em comandar equipes insatisfeitas que muitas vezes não os respeitam. É uma tragédia para a espécie humana, que se vê privada do benefício de alfas naturais que poderiam liderar o mundo com a compaixão e a coragem que são as marcas distintivas de um líder nato, de gênero masculino ou feminino, de qualquer religião, origem ou casta, os alfas verdadeiramente dotados da espécie.

14. A intromissão da casta na vida cotidiana

O PAI E O FILHO ESTAVAM num restaurante em Oakland num dos preciosos dias que passam juntos, após a separação do casal. O menino pediu o que achava que queria, mas, quando o prato chegou, disse que só ia tomar o suco. O pai andava preocupado com o possível efeito da separação sobre o filho e queria manter a mesma estabilidade, a mesma ordem na vida do menino.

Queria preservar os mesmos padrões que sempre tinham adotado, dando graças pelo alimento, comendo o que o universo tivera por bem colocar diante deles e prosseguindo na conduta que haviam estabelecido quando a família estava unida. Acima de tudo, queria que o filho comesse, em vez de devolvê-lo à mãe com fome, como certamente aconteceria se enchesse a barriga apenas com suco e salgadinhos. Ele lembrou das vezes em que o filho se entupira de doces, não deixando espaço para a hora das refeições.

O que o pai não podia dizer ao filho naquele momento, mas precisaria dizer mais tarde, quando ele tivesse idade suficiente para entender, era que ele teria de crescer respeitando a autoridade. Um dia deixaria de ser um lindo garotinho, se tornaria um adolescente ou adulto negro num mundo em que o respeito à autoridade e a obediência às regras podiam significar sua própria vida.

Aquele era seu único filho, o ser humano mais precioso do mundo para ele. O menino era muito meigo, inocente e livre. Como lhe dizer que o mundo, que o país dele o via como inimigo? Qual é a melhor hora para destroçar o coração de uma criança?

Será que os pais deviam ir devagar, pouco a pouco, a fim de lhe poupar a dor de um golpe dado de uma vez só? Será que deviam conversar e expor logo a questão? Há quem diga que, quanto mais cedo a criança souber, mais segura, mais preparada estará. Talvez os pais devam esperar enquanto puderem, dar às crianças a chance mais longa possível de ser... crianças. Os filhos terão o resto da vida, décadas pela frente, para conviver com a realidade, para se adaptar à verdade.

Talvez a coisa mais amorosa a fazer seja esperar, esperar até que aconteça alguma coisa, até que alguém o chame maldosamente de preto na hora do recreio ou um professor lhe dê uma bronca por estar correndo pelo corredor, mas não nos coleguinhas brancos, e ele perceba que isso não é certo e queira saber a razão.

Em 2014, Tamir Rice, um garoto de doze anos, estava num parque em Cleveland brincando com uma arma de ar comprimido quando chegaram alguns policiais e imediatamente atiraram nele, embora o porte de armas fosse livre em Ohio e seja muito comum que os meninos tenham armas de brinquedo, uma coisa americaníssima. Por acaso, Tamir Rice tinha a mesma idade do personagem Jem, de *O sol é para todos*, quando seu amado pai Atticus Finch lhe dá uma espingardinha de pressão, na cena da qual o livro extrai seu título original, *To Kill a Mockingbird* [Matar uma cotovia]. Montes de meninos americanos brincam com armas, ganham armas e não são mortos por causa disso. Tamir Rice morreu antes de poder indagar por quê.

Esse pai em Oakland não acreditava em armas, e, de todo modo, não era essa a questão. A questão era a vida do filho e o que o pai podia fazer para protegê-la. A grande questão para um pai na casta subordinada é calcular o momento exato e mais adequado para revelar a verdade a um filho antes que o sistema de castas o faça por ele, bolar uma maneira de estender a inocência dele até o último instante possível antes que seja tarde demais.

Outro pai, imigrante da África Ocidental, teve de encontrar uma forma de vencer sua dor para avisar ao filho que ele não podia mais ser criança, não podia ficar pulando, correndo e gritando como os outros meninos. Ele precisava dizer ao filho que isso seria perigoso demais. Agora estavam nos Estados Unidos.

O pai em Oakland era um respeitado docente de uma faculdade local. Na verdade, seu campo de estudos era a história afro-americana. Ele perceberia quando chegasse a hora. O momento era iminente, mas não seria hoje. Ele voltou a olhar o filho e disse que ele precisava comer os vegetais, como o papai estava dizendo, e então poderia tomar o suco. O menino fechou a cara, abanou a cabeça e começou a chorar.

Uma mulher numa mesa vizinha tinha ouvido a conversa. Era uma mulher de idade, com cabelo loiro grisalho, da casta dominante. Ela saiu de sua mesa e foi até onde estavam o pai e o filho. O pai pôde ver seu vulto se aproximando. A mulher parou, postando-se acima deles. Então, se inclinou para o garotinho e disse:

"Tome o suco, se quiser. Pode tomar à vontade."

A mulher não cumprimentou nem se dirigiu ao pai. Concentrou a atenção no menino enquanto esteve parada ali. O pai ficou fora de si. Uma completa desconhecida tinha aparecido, o tratado com desconsideração e dito a seu filho que lhe desobedecesse, tudo isso bem na sua frente.

A mulher tinha transposto tantos limites que era até difícil processar o fato. Alguma coisa a fizera se sentir no direito de invadir o espaço privado de pessoas que ela não conhecia e de vetar uma decisão do pai referente a seu próprio filho. Esta era Oakland, a terra celebrada de Huey e Tupac, onde expressões como "não conformidade de gênero" e "microagressões" fazem parte da linguagem cotidiana. A mulher não teria se levantado se não achasse que tinha direito a isso. Já teria feito o mesmo com outros pais? Teria passado por um pai branco, ignorando-o, para dizer ao filho dele que fizesse exatamente o contrário do que o pai acabara de lhe dizer?

O pai ergueu a mão como um guarda de trânsito fazendo sinal para um carro parar.

"Quero pedir à senhora para ir se sentar", disse. "Não venha à minha mesa. Não a conheço."

A mulher ficou atônita com aquela reação, mas se virou e voltou para sua mesa. O pai, depois disso, teve bastante dificuldade em saborear a comida. Muito tempo depois, ainda se lembrava daquele momento.

Os Estados Unidos têm uma história multissecular de pessoas da casta superior controlando e passando por cima do legítimo papel dos pais da casta inferior em relação aos próprios filhos — no caso mais extremo, separando os filhos dos pais e os vendendo, mesmo bebês que ainda não tinham desmamado, como se fossem potrinhos ou filhotes de animais, e não seres humanos. "Um deles", observou um escravista, "valia duzentos dólares [...] no momento em que nasceu."[1] Essa faceta rotineira da escravidão prevaleceu em nosso país por um quarto de milênio, negando-se a pais e filhos o vínculo humano mais fundamental.

Mesmo quando se permitia que os filhos ficassem com os pais, os protocolos de casta eliminavam a autoridade dos genitores, que eram castigados se tentassem protegê-los. Uma mãe na Louisiana recebeu 25 chibatadas por "contrariar uma ordem" dada a seu filho pela proprietária branca.[2] Vários dos mais terríveis açoitamentos e torturas eram aplicados em homens escravizados que intervinham em casos de violência contra a esposa ou os filhos, infligida pelo capataz ou mesmo pelo proprietário.

Assim, mães e pais escravizados não podiam oferecer aos filhos muita "proteção ou segurança frente às criaturas assustadoras" que reinavam sobre eles, escreveu o historiador Kenneth M. Stampp.[3] E tampouco podiam proteger a si mesmos. Mas, se a casta superior não via o mal que havia nisso, os filhos da casta inferior podiam ver. Uma vez, quando um capataz amarrou uma mulher e a açoitou na frente dos filhos, "as crianças amedrontadas jogaram pedras no capataz", escreveu Stampp, "e uma delas foi até ele e mordeu sua perna", enquanto gritavam para que ele a soltasse. O sistema de castas podia tratá-los como gado ou máquinas, mas as crianças reagiam instantaneamente como os seres humanos que eram e que a casta dominante se recusava a ver.

Foi só em meados do século XX, com as proteções resultantes da época dos direitos civis, que os pais negros obtiveram meios legais e políticos para proteger os filhos contra abusos ou para denunciar danos causados aos filhos pela ação do Estado. Mas os contornos fundamentais da hierarquia permaneceram inalterados, mudando apenas seu modo de expressão de acordo com os tempos.

Hoje é menos frequente que os protocolos de casta ditem ataques explícitos ou uma hostilidade consciente, e pode ser desalentadoramente difícil combatê-los. Eles são como os ventos, fortes o bastante para derrubar uma pessoa, mas invisíveis enquanto prosseguem seu curso. São sustentados pela robusta memória das posições de cada um e pelas expectativas de interação com base em seus lugares dentro da hierarquia. É uma forma de hipervigilância do status, a casta dominante se achando no direito de interferir e se afirmar quando bem entende, de monitorar ou desqualificar a seu bel-prazer aqueles que ela considera inferiores. Não se trata de carros e relógios de luxo, de clubes fechados e bancos privados, mas sim de saber sem pensar que se está acima de outra pessoa com base em regras não escritas, porém reforçadas em quase todos os comerciais, programas de televisão e cartazes de propaganda, desde as salas de diretoria às salas de redação, aos condomínios fechados, a quem é assassinado antes na primeira meia hora de um filme. Esta é a banalidade despercebida da casta.

Diariamente, em todo o país, quando duas ou mais pessoas se encontram, a casta pode infectar o mais trivial contato, pegando-nos de surpresa, perturbando, confundindo e potencialmente prejudicando qualquer pessoa na hierarquia.

Eis algumas cenas da casta em ação:

A campainha tocou na casa de um contador da casta dominante, num subúrbio abastado de uma cidade do Meio-Oeste. O contador e a família tinham se mudado recentemente para o bairro. Pelo vidro da porta da frente, ele viu uma mulher, uma afro-americana, parada lá fora.

Ele sabia exatamente o que aquilo significava. A lavanderia da cidade oferecia aos clientes o serviço de coleta e entrega, de modo que ele foi pegar as roupas sujas e então abriu a porta para entregá-las à mulher que esperava na porta.

A mulher recuou. "Ah, não sou da lavanderia", disse ela. "Sou sua vizinha. Vim me apresentar e lhe dar as boas-vindas ao bairro."

A mulher era a elegante esposa de um famoso cardiologista, de classe muito alta, mas ainda rotulada como integrante da casta subordinada aos olhos de alguém que acabara de se mudar para a casa ao lado. Os dois precisaram se recuperar daquilo.

Um professor universitário em Chicago acabava de voltar de um passeio de bicicleta e pegou sua correspondência no saguão do edifício onde morava, na avenida Michigan. Era afro-americano, na casa dos trinta, de ar refinado, ainda de capacete e apetrechos de ciclismo. Entrou no elevador a caminho do apartamento e, mal notando a presença de outro homem, começou a examinar a correspondência. Viu algo que o interessou e abriu um dos envelopes.

O outro homem ficou horrorizado.

"Seu trabalho é entregar, não abrir a correspondência."

Aquilo parecia ter vindo do nada, e o professor universitário levantou os olhos e viu que o outro homem era branco, mas não entendeu bem a repreensão. Estava fazendo o que fazia normalmente e deu uma resposta honesta.

"Ah, quero ver o que tem dentro", disse ele.

O outro homem ficou ainda mais chocado, desaprovando com a cabeça, pensando equivocadamente que presenciava um crime em flagrante.

O professor saiu do elevador em seu andar e só depois se deu conta de que fora confundido em seu próprio edifício com um entregador, ideia tão ridícula que nem se incomodara em avaliar naquele momento, o que convenceu o homem da casta dominante de que acabara de ver um mensageiro negro ousando violar despudoradamente a correspondência de um "efetivo" morador às vistas de outro morador do prédio. Esse é o dano autoperpetuador da casta.

O telefone continuava tocando na mesa do engenheiro civil. Ele tinha prazos de entrega e projetos aguardando. Mas o telefone continuava a interromper sua concentração e a desperdiçar seu tempo limitado. O engenheiro era da casta dominante, e o homem que insistia também. Diante disso, a interferência parecia não ter nada a ver com uma questão de casta. Era um construtor branco ligando para um engenheiro branco, querendo respostas sobre um projeto em andamento.

O engenheiro atuava como supervisor e tinha uma ideia geral do projeto, mas não era o autor do projeto, que pertencia a outra pessoa da equipe, como bem sabia o construtor. A autora por acaso era uma engenheira afro-americana.

O construtor branco fora instruído a consultá-la sobre qualquer possível dúvida, mas a ignorara, ignorara o protocolo, e se dirigira ao engenheiro da casta dominante. O engenheiro branco de início respondeu às dúvidas do construtor, por uma questão de cortesia e para dar andamento às coisas. Mas o telefone continuava tocando, e não só estava atrapalhando o seu trabalho como atrasando o projeto em questão.

A engenheira negra podia ouvir toda a cena no cubículo ao lado. À sua mesa, ela ouvia toda vez que o telefone do supervisor tocava, enquanto o dela continuava mudo e silencioso. Podia ouvir as respostas impacientes do engenheiro branco às perguntas que ambos sabiam que deviam ser feitas a ela.

O engenheiro branco foi ficando nervoso de incredulidade. No telefonema seguinte do construtor, não se conteve. "Já o avisei desde o começo que você deve falar com D. sobre questões corriqueiras", disse. "Se você tem algum problema com isso, teremos de encontrar outro fornecedor para o serviço."

No instante em que o engenheiro branco desligou, tocou o telefone da engenheira negra.

Num dia de trabalho normal, o sistema de castas se impusera a um homem da casta dominante. Tomara seu tempo, atrapalhara o seu trabalho. Ele se viu numa luta inesperada contra um inimigo invisível, obrigado a tomar posição em defesa da colega e, talvez sem se dar conta disso no plano consciente, contra o próprio sistema de castas.

Se há algo que caracteriza a casta, no entanto, é, em primeiro lugar, o policiamento dos papéis esperados das pessoas com base na sua aparência, e, em segundo, o monitoramento das fronteiras — o desprezo pelas fronteiras das castas subordinadas ou a fervorosa construção de barreiras pelos integrantes da casta dominante para manter a hierarquia.

Após a eleição de 2016, a vigilância de desconhecidos brancos em cima dos cidadãos negros se tornou um traço tão habitual da vida americana que esses episódios inspiraram memes e vídeos virais, seguidos por pedidos de desculpas dos administradores ou pelo anúncio de um programa de treinamento sobre diversidade na empresa. Há vídeos que mostram pessoas da casta dominante se imiscuindo na vida cotidiana de indivíduos negros que elas não conhecem e chamando a polícia enquanto eles esperam um amigo num Starbucks na Filadélfia ou entram no prédio em que moram em St. Louis. É um eco distante de tempos pregressos, quando qualquer indivíduo da casta dominante era incumbido ou até obrigado a apreender qualquer pessoa negra durante a época da escravidão.

Com o ressurgimento da casta após a eleição de 2016, há registros de pessoas da casta dominante chamando a polícia por causa de cidadãos negros comuns numa ampla variedade de circunstâncias normais, a certa altura com vídeos pipocando quase diariamente.

Em New Haven, Connecticut, uma mulher ligou para a polícia do campus da Universidade Yale por causa de uma estudante de pós-graduação que adormecera enquanto estudava na área comum do dormitório de estudantes. Os policiais pediram sua identificação mesmo depois de ela ter destrancado a porta de seu quarto. "Você está num edifício de Yale", disse um policial, "e precisamos nos certificar de que realmente estuda aqui."[4]

Em Milwaukee, uma mulher chamou a polícia por causa de um agente correcional que estava com problemas para abrir o próprio carro.[5] Um homem chamou a polícia por causa de um engenheiro de programação que esperava um amigo na frente de um prédio residencial em San Francisco. Enquanto o homem branco falava com a polícia pelo celular, seu filho pequeno, incomodado com a atitude do pai, pedia que ele desligasse e deixasse aquilo de lado.[6]

Em St. Louis, uma mulher passeando com seu cachorro se postou na frente de um consultor de marketing e impediu que ele entrasse no prédio onde morava, exigindo que apresentasse provas de morar ali antes de liberar a passagem. Quando ele a ignorou, a mulher o seguiu dentro do elevador até o andar de seu apartamento para ver se ele realmente morava ali. No vídeo que o homem gravou, como medida de precaução, pode-se vê-la seguindo atrás dele até o apartamento, verificando se residia ali, mesmo depois que ele destrancou a porta para entrar.[7]

Uma mulher começou a perseguir um homem negro na Geórgia quando o viu com duas crianças brancas. Em seu carro, ela foi atrás de Corey Lewis, o cuidador das crianças, enquanto ele saía de um Walmart, ia até um posto de gasolina e depois para casa, pois ele não permitira que a mulher, uma desconhecida completa, falasse com as crianças a sós para ver se estava tudo em ordem. Lewis, um jovem pastor que dirige um programa de atividades extracurriculares, gravou a situação em seu celular. É possível ver as crianças, que estão calmas e tranquilas, sentadas com o cinto de segurança no banco de trás do carro.

O homem está com a voz tensa e incrédula. "Essa senhora está me seguindo", diz ele no vídeo, "só porque estou com duas crianças de aparência diferente da minha no banco de trás."

A mulher ligou para o número de emergência da polícia e perguntou se devia continuar a seguir o homem. Responderam-lhe que não, mas mesmo assim ela continuou. Quando Lewis chegou em casa, uma viatura parou atrás dele e um policial se aproximou.

"Meu Deus, o que há de errado com este país?", exclamou uma mulher fora do campo de visão da câmera. O policial mandou as crianças, um menino de seis anos e uma menina de dez, saírem do carro, e a voz de Lewis ficou tensa. O desfecho desse encontro com a polícia e a sua própria segurança dependiam do que as crianças diriam, e ele lhes pediu por favor que dissessem ao policial quem ele era.

"Por favor", pediu a elas.

Tendo confirmado que Lewis era de fato o cuidador das crianças e que elas estavam bem, o policial, só para garantir, ligou para os pais, que estavam jantando fora.

"Ficamos estarrecidos", disse David Parker, o pai das crianças, ao *New York Times*.

Mais tarde, um repórter perguntou à menina de dez anos, Addison, o que ela diria para a mulher que os seguira naquele dia. O pai deu ao *Times* a resposta dela: "Só peço que da próxima vez nos veja como três pessoas, e não como três cores de pele, pois podíamos ser filhos adotivos do sr. Lewis".[8]

Essas invasões de casta parecem prejudicar mais os alvos do que qualquer outra pessoa. Em vista dos ataques e disparos amplamente divulgados da polícia contra cidadãos negros, a maioria dos americanos agora sabe que chamar a polícia por causa de uma pessoa negra pode acarretar consequências fatais. Ligações frívolas desperdiçam recursos públicos e distraem a polícia dos crimes reais e sérios, em detrimento de todos nós.

Além disso, quando qualquer cidadão é perturbado em sua vida cotidiana e em suas responsabilidades, a perturbação é de fato societal, um rompimento nas operações diárias da interação humana. Essas pessoas fazem parte da economia americana, e, quando são interrompidas, as escolas, as empresas e as instituições sofrem perdas invisíveis, pois seus trabalhadores são desviados de suas tarefas. Essas invasões servem para reforçar a casta, tirando do rumo pessoas da casta inferior, subvertendo sua vida profissional numa sociedade já competitiva, impondo fardos adicionais que não recaem sobre seus colegas da casta dominante durante o trabalho, como aconteceu comigo em Michigan, alguns anos atrás.

Na ocasião, ouvi passos atrás de mim, mas não prestei muita atenção. Estava num aeroporto, e por todo lado havia o som de passos e malas de rodinhas. Eu tinha acabado de aterrissar em Detroit, vindo de Chicago num voo de manhã cedo, para entrevistas que precisava fazer como correspondente nacional do *New York Times*.

Eu já perdera uma hora por causa do fuso horário, e estava pensando em tudo que precisava fazer nas oito horas seguintes. Se a primeira entrevista era às dez e meia e eu precisava de quarenta minutos para chegar ao centro, talvez até mais, porque era o horário do rush, então eu tinha que ir direto até a locadora de carros para conseguir chegar a tempo.

Se houvesse algum atraso nas entrevistas do dia, talvez eu não conseguisse pegar o voo noturno de volta para Chicago. Falei a mim mesma para pensar nisso mais tarde e tomar o ônibus da Avis o mais rápido possível. E pensei: parece que a condução que a gente está procurando é sempre aquela que acabou de sair, e que a empresa em que a gente fez a reserva é sempre a última a aparecer.

Eu estava andando depressa, porque sempre ando depressa, e seguia para as portas automáticas de vidro na direção da parada de ônibus quando ouvi os passos. Agora eles estavam mais perto e mais rápidos, aproximando-se de mim. Por que alguém haveria de se dirigir a mim? Eram duas pessoas, um homem e uma mulher. Por acaso eram ambos brancos, o cabelo castanho-claro da mulher ondulando logo acima dos ombros enquanto ela corria. Pareciam pessoas comuns, encasacadas, e me alcançaram já sem fôlego.

"Precisamos falar com você", disseram, andando ao meu lado.

Eu podia ver a plataforma dos ônibus de baldeação pelas portas de vidro, os ônibus chegando, e não estava entendendo muito bem o que eles diziam.

"Por que você está em Detroit? O que veio fazer aqui?"

"Estou a negócios. Vim a trabalho."

Fiquei pensando que não tinha tempo para responder a qualquer pesquisa de viagens que estivessem fazendo. E então percebi que o ônibus da Avis estava dentro do horário, virando na curva. As pessoas estavam se pondo em fila para subir.

"Preciso pegar meu ônibus", disse a eles enquanto saía pelas portas do terminal.

"De onde você está vindo?", perguntaram, agora cada um de um lado.

"Acabei de chegar de Chicago", respondi, quase alcançando a fila de gente de terno e sobretudo subindo no ônibus.

"Você mora lá?"

"Por que vocês estão me perguntando isso? Preciso pegar o ônibus."

"Precisamos saber se você mora em Chicago e o que está fazendo em Detroit."

Agora estavam entrando os últimos passageiros no ônibus, que tinha as portas escancaradas. O motorista olhava para mim e para eles. O homem e a mulher ficaram ali postados, retendo o ônibus, retendo os passageiros, retendo a mim.

"Do que se trata?"

"Somos da Agência de Combate às Drogas. Precisamos saber onde você mora, quanto tempo vai ficar em Detroit e o que está fazendo aqui."

Aquilo era absurdo demais para entender. Agência de Combate às Drogas? Por que raios estavam parando justo a mim, entre todos os passageiros no aeroporto? Eu ia voltar no mesmo dia e por isso estava sem bagagem, como um monte de gente que vai e volta de cidades que ficam próximas uma da outra. Estava de terninho como todo mundo, com uma bolsa de marca a tiracolo. Como cobria o Meio-Oeste na época, eu costumava dizer que pegava aviões como as pessoas pegavam o metrô. Os aeroportos eram minha segunda casa. Como era possível que eles não percebessem que eu era igual a todos os outros viajantes a trabalho que estavam subindo no ônibus?

As pessoas dentro do ônibus ficavam consultando o relógio e me olhando do alto, pelas janelas, enquanto eu continuava parada nos degraus. O motorista se mexia no assento, eu ouvia a trepidação do motor, o barulho dos freios, o câmbio prestes a mudar de marcha, a mão impaciente do motorista para fechar a porta.

Respondi rápido o que queriam saber, para me deixarem logo em paz.

"Moro em Chicago. Só vim passar o dia. Sou repórter do *New York Times*. Preciso pegar esse ônibus."

"Vamos deixar que você entre. Iremos junto."

Agora eu estava tremendo ao subir no ônibus, o ar carregado de desprezo dos demais passageiros. Procurei um assento livre, as pessoas se afastando enquanto eu me sentava. Aquele diálogo tinha atrasado todo mundo no ônibus, e, pelo que eles podiam ver, a culpa era de uma mulher, uma mulher negra que provavelmente não tinha nada a ver com gente que realmente viajava a trabalho e, ainda por cima, podia ser uma criminosa.

Os dois oficiais se sentaram bem à minha frente, me encarando e me avaliando, sem nunca tirar os olhos de mim. O Twitter ainda não existia e os celulares não tinham câmera para gravar vídeos. O ônibus estava lotado de pessoas a trabalho, ou, melhor dizendo, pessoas brancas a trabalho. Eu era uma das poucas mulheres e a única afro-americana ali, com dois agentes vigiando cada movimento que eu fazia.

Os outros passageiros me encaravam, encaravam os dois agentes e então me encaravam de novo. Eu simplesmente não acreditava, estava chocada demais até para sentir medo. Era uma agressão psíquica ficar sentada ali, acusada e condenada, não só pelos agentes, mas por todos os passageiros do ônibus, que me olhavam com desdém e desprezo, considerando que eu não era igual a eles, sendo que eu era exatamente igual a eles — uma pessoa que viajava com frequência a trabalho, como todo mundo ali, de manhã cedo em um dia útil da semana, tendo acabado de chegar a uma cidade americana importante e precisando se concentrar no trabalho que, como todos eles, viera fazer. Eu queria me proclamar inocente daquilo, fosse lá o que fosse, que todos eles estavam pensando.

Uma pessoa criada entre a classe média e nascida numa casta subordinada em geral, e afro-americana em particular, tem aguda consciência do fardo que carrega e sabe que precisa inevitavelmente trabalhar dobrado. Mais importante, porém, ela sabe que não há margem alguma para um passo em falso e, assim, precisa se esforçar em ser praticamente perfeita o tempo todo, só para continuar no mesmo lugar. Ela convive com dois pesos e duas medidas, mesmo que não goste. Ao crescer, sabe que não vai se safar de coisas com que seus amigos brancos jamais precisariam se preocupar — molecagens de adolescentes, furtar alguma coisa numa loja por brincadeira, xingar um professor. Não é permitido que ela embarque numa aventura dessas, mesmo que tenha vontade, uma vontade que eu não tinha e nunca tive.

Eu precisava me recompor e me livrar da acusação que a presença dos agentes implicava. Eles não tinham acreditado que eu era uma repórter, e então resolvi me comportar claramente como o que era. Tirei a caneta e o bloco de notas da bolsa. Imaginei que ninguém poderia me impedir de tomar notas. Aquele era um reflexo natural de proteção para mim, como respirar. Eu tinha um público cativo que atestava meu desempenho na área de notícias de emergência.

Em silêncio, examinei os agentes e, com a mão direita trêmula, anotei o que vestiam, a aparência que tinham, a maneira como me olhavam. Eles não esperavam por aquilo, e se viraram para olhar pela janela e fitar o chão.

Era um longo percurso até a locadora de automóveis. Agora, inspecionados, eles sentiam a fisgada daquilo enquanto eu anotava tudo o que conseguia sobre eles. Naquele momento, recuperei uma parcela do poder que eles haviam tirado de mim, e provei quem e o que eu era a todos os que observavam — ou, pelo menos, foi essa a sensação que tive no momento.

Assim que o ônibus entrou no estacionamento da Avis, inspirei profundamente. Eles tinham vindo desde o aeroporto na minha cola, e eu não fazia ideia de qual seria o próximo passo. Quando o ônibus parou, levantei-me como os demais passageiros. Os agentes sentados ergueram os olhos e disseram:

"Tenha um bom dia."

E a coisa terminou por aí.

Só que não. Fui ao balcão da locadora e peguei as chaves de um carro, mas não me lembro de nada. O que lembro é que fiquei perdida num estacionamento onde já estivera dezenas de vezes, andando em círculos, sem conseguir sair, sem notar as placas indicando a saída, sem saber como chegar à Interstate 94, sendo que eu sabia muito bem como fazer isso depois de tantas vezes que dirigi por ela.

Agora, no carro, longe dos agentes, eu começava a entender a gravidade daquele encontro, a admitir o meu pavor. Os outros passageiros provavelmente já estavam chegando a seus compromissos, talvez aborrecidos com o atraso, mas capazes de se preparar mentalmente, talvez até tomando um café no caminho.

Essa era a ladroagem da casta, roubando o tempo e os recursos psíquicos dos marginalizados, drenando energias numa competição já muito difícil. Os outros, ao contrário de mim, não estavam paralisados e desorientados, tentando entender uma violação pública que parecia ainda mais ameaçadora agora que eu podia enxergá-la como um todo. A tranquila normalidade daquele terror nunca me abandonou, e as cicatrizes perduram.

Em nossa sociedade, sempre nos dizem para não julgarmos um livro pela capa, para não pressupormos o que há dentro dele antes de o lermos. Os seres humanos, no entanto, avaliam e fazem suposições, várias vezes ao dia, sobre outros seres humanos com base em sua aparência. Pré-julgamos seres vivos complexos por parâmetros que aprendemos a nunca usar para julgar objetos inanimados.

15. A necessidade premente de um escalão inferior

O QUE SE CONSTATA É que a maior ameaça a um sistema de castas não é o fracasso da casta inferior, que, num sistema de castas, é de esperar e talvez até necessário, e sim o seu sucesso, que, pelo contrário, não é. As conquistas dos integrantes da casta mais baixa contrariam o roteiro que foi entregue a todos nós. Elas destroem os pressupostos centrais sobre os quais se ergue um sistema de castas e aos quais se vinculam as identidades das pessoas em todos os escalões da hierarquia. As conquistas de pessoas marginalizadas que saem dos papéis que se esperam delas desfazem a ordem das coisas e desencadeiam reações primitivas e muitas vezes violentas.

W. E. B. Du Bois identificou esse fenômeno em sua pesquisa sobre o que ocorreu após o fim da Guerra Civil: "Os senhores temiam o sucesso de seus ex-escravos", escreveu ele, "muito mais do que o aguardado fracasso".[1]

Décadas depois da Guerra Civil, o mundo estava em conflito, no quarto ano de batalhas de trincheira que dilaceravam a Europa. Corria o ano de 1918, e os americanos tinham finalmente enviado tropas para o confronto. Os franceses receberam esse reforço de muito bom grado, pois precisavam bastante dele. Começaram então a comandar algumas das tropas americanas, e foi aí que vieram os problemas. Os franceses tratavam os soldados de acordo com seu nível na hierarquia militar e não conforme seu nível no sistema de castas americano. Assim, davam aos soldados negros o mesmo tratamento conferido aos soldados brancos e a qualquer outro ser humano, bebendo junto com eles e dando tapinhas em suas costas em reconhecimento a um trabalho bem-feito. Isso feria os soldados brancos americanos numa era de segregação total no país de onde vinham.

O comando militar americano informou aos franceses como eles deveriam tratar os soldados negros, esclarecendo-lhes que eram "seres inferiores", por melhor que fosse seu desempenho nas linhas de frente, e que era "da máxima importância" que fossem tratados como tal.

O fato de que o comando militar americano, em meio a uma das guerras mais cruéis da história humana, reservasse tempo para instruir estrangeiros sobre a necessidade de degradar seus próprios conterrâneos sugere que eles consideravam a adesão aos protocolos de casta tão importante quanto a condução da própria guerra. Na situação em que estavam, os soldados americanos brancos se recusavam a combater nas mesmas trincheiras dos soldados negros, e também a bater continência aos superiores afro-americanos.

As Forças Armadas americanas comunicaram sua posição, e os comandantes franceses, por sua vez, tiveram de transmitir as regras a seus soldados e oficiais, que haviam passado a admirar os soldados afro-americanos e tinham criado relações de camaradagem com eles. "Essa indulgência e essa familiaridade", dizia o comunicado, "são assuntos de grave preocupação para os americanos, que as consideram uma afronta à sua política nacional."[2]

Ao informar seus oficiais sobre os novos protocolos, o comando francês comentou as contradições, uma vez que "os soldados [afro-americanos] enviados a nós são os melhores do ponto de vista físico e moral". Em todo caso, ao tentar traduzir as regras do sistema de castas americano, o comando francês deu a seguinte diretriz: "Não podemos tratar com eles no mesmo plano dos oficiais americanos brancos sem ofender profundamente estes últimos. Não devemos comer junto com eles, trocar apertos de mão nem procurar conversar ou encontrar com eles fora das exigências do serviço militar".

Indo mais diretamente ao assunto, os oficiais franceses foram avisados: "Não devemos elogiar demais os soldados afro-americanos, sobretudo na presença de americanos brancos. É aceitável reconhecer suas boas qualidades e bons serviços, mas apenas em termos moderados".

Mais tarde, em setembro de 1918, nos últimos meses da guerra, um soldado afro-americano, Burton Holmes, foi gravemente ferido sob intenso fogo de metralhadora e artilharia pesada alemã, numa emboscada contra sua unidade. Ele conseguiu voltar ao posto de comando e trocar de rifle, pois o que lhe fora dado não funcionava direito.

Os comandantes fizeram menção de levá-lo para o hospital, mas ele se recusou e voltou ao combate com um rifle de reserva. Continuou a disparar contra o inimigo até seu último alento. Outro afro-americano na Companhia C, Freddie Stowers, rastejou entre as granadas inimigas e comandou o ataque às trincheiras alemãs. Ele também morreu nas linhas de frente, defendendo a França e os Estados Unidos.[3]

Os oficiais brancos que tinham presenciado a bravura de ambos romperam com a casta e os indicaram para a Medalha de Honra. Mas se vivia o auge da era da eugenia, quando a inferioridade negra era uma convenção quase unânime na cultura americana. O governo se negou a condecorá-los. A medalha destinada a Holmes foi reduzida a uma citação menor, e a recomendação de Stowers ficou extraviada durante meio século.

Essas ações estavam em consonância com as normas societais de que os indivíduos da casta inferior não deviam ter seus méritos reconhecidos nem mesmo na morte, para que os vivos não começassem a se julgar iguais, a ficar insolentes, a deixar o lugar que lhes cabia e a ameaçar os mitos que a casta superior continuava contando para si mesma e para o mundo.

"Imagine só", disse ao *Army Times* em 2018 o dr. Jeff Gusky, um médico que, décadas depois, se interessou pelo caso, "a força que isso teria na imprensa americana [...] se viesse a público que dois soldados negros mortos numa emboscada haviam sido indicados para a Medalha de Honra."[4]

Uma geração depois, durante a Segunda Guerra Mundial, qualquer conduta da casta inferior que a elevasse da posição de total subserviência continuava a enfrentar resistência, mesmo na mais prosaica tarefa. Um dia, na primavera de 1942, oficiais brancos designaram a soldados negros a função de cuidar do trânsito em Lincolntown, na Geórgia, durante a passagem de um comboio militar. Isso criou um tumulto na cidade. A cena de homens negros uniformizados, de pé num cruzamento, "detendo motoristas brancos pelo visto enfureceu alguns moradores", escreveu o historiador Jason Morgan Ward.[5]

Após o fim da guerra, em fevereiro de 1946, o sargento Isaac Woodard Jr. estava indo de Augusta, na Geórgia, onde recebera dispensa com honras por seus serviços no Pacífico, de volta para casa na Carolina do Norte, a bordo de um ônibus. Numa parada durante o percurso, Woodard perguntou ao motorista se podia descer para aliviar a bexiga. O motorista ordenou que ele se sentasse, pois não tinha tempo para esperá-lo. Woodard se postou na frente do motorista e disse: "Sou um homem como você". Woodard estivera três anos fora do país e longe da legislação segregacionista, servira o país e adquirira "um grau de confiança e afirmação com que a maioria dos brancos do Sul não estava acostumada nem preparada para aceitar", como disse o juiz e autor sulista Richard Gergel.[6]

O motorista cedeu, disse para ele "ir depressa e voltar logo". Mas, na parada seguinte, em Aiken, na Carolina do Sul, notificou a polícia.

Lá, o chefe de polícia deteve Woodard sob a acusação de conduta desordeira. Na parada de ônibus e depois na cadeia, ele o espancou com um cassetete e o esmurrou nos olhos, cegando-o. No dia seguinte, um juiz local declarou a culpa de Woodard, e, embora este pedisse um médico, as autoridades passaram vários dias sem lhe providenciar atendimento. Quando finalmente foi transferido para um hospital militar, era tarde demais para salvar sua visão. Ele ficou cego pelo resto da vida.

A NAACP levou o caso à atenção do presidente Harry S. Truman, um moderado do Meio-Oeste que ficou furioso ao saber que as autoridades da Carolina do Sul não haviam tomado nenhuma providência quanto à mutilação de um soldado americano. Ele determinou que o Ministério da Justiça abrisse uma investigação, com base no fato de que Woodard estava uniformizado durante o espancamento e que a agressão inicial ocorrera numa parada de ônibus em área de propriedade federal.

Mas o processo enfrentou obstruções de casta na Carolina do Sul. O promotor local se baseou apenas no testemunho do motorista de ônibus que havia chamado a polícia, o advogado de defesa proferiu ofensas raciais em pleno tribunal contra o sargento cego e, quando o júri composto apenas de jurados brancos voltou com o veredito de inocência para o chefe de polícia, a sala do tribunal irrompeu em aclamações.

Durante o julgamento foi revelado que Woodard, ao ser detido, aparentemente respondera ao chefe de polícia apenas com um "Sim", em vez de "Sim, senhor". Esse fato, somado à posição elevada que o uniforme do chefe de polícia conferia, foi visto como razão suficiente para o castigo dentro do sistema de castas. Após o julgamento, o chefe de polícia que admitira ter esmurrado os olhos de Woodard saiu em liberdade. Woodard foi para Nova York na onda da Grande Migração. O juiz branco nortista designado para o caso lamentou: "Fiquei chocado com a hipocrisia do meu governo".[7]

A mensagem para aqueles cuja vida dependia de se manterem ou parecerem se manter em seu lugar era muito clara. "Se um preto ascende, terá cuidado em não se fazer muito visível, para não ser acusado de arrogância e, com isso, despertar ressentimento", escreveu o etnógrafo Bertram Schrieke. "Ele aprendeu com a experiência ou com o exemplo que a concorrência e a inveja das classes baixas dos brancos muitas vezes constituem um obstáculo quase intransponível a seu avanço."[8]

FORAM SOBRETUDO AS TENTATIVAS negras de se elevar acima de sua posição que desencadearam os linchamentos e massacres após a Reconstrução que se seguiu à Guerra Civil, levando à criação da Ku Klux Klan e à imposição de leis segregacionistas para manter a casta inferior em seu lugar. Em Ocoee, na Flórida, depois que um homem negro tentou votar no dia da eleição, em 1920, uma turba branca massacrou cerca de sessenta afro-americanos, ateando fogo a lares e comércios negros, linchando e castrando homens negros e expulsando da cidade a população negra restante. O historiador Paul Ortiz definiu o motim de Ocoee como o "dia de eleição mais sangrento da história americana moderna".[9]

Isso se deu em meio a uma onda de pogroms antinegros em mais de uma dezena de cidades americanas, desde a zona leste de St. Louis a Chicago e Baltimore, com a chegada de sulistas negros ao Norte durante a Grande Migração, quando muitos tentaram reivindicar seus direitos de cidadania depois de arriscarem a vida na Primeira Guerra Mundial. Havia um elemento em comum entre esses tumultos: as turbas tendiam a perseguir os mais prósperos da casta inferior, aqueles que talvez conseguissem superar até mesmo alguns na casta dominante. No tumulto de 1921 em Tulsa, em Oklahoma, uma turba arrasou o setor da cidade conhecido como "Wall Street negra", devido aos bancos, seguradoras e outras firmas negras ali concentradas e rodeadas por casas bem-cuidadas, que indicavam prosperidade. Elas foram destruídas pelo fogo e jamais recuperadas.

Décadas antes, no começo dos anos 1890, havia duas mercearias, uma negra e outra branca, uma em frente à outra, em um cruzamento na periferia de Memphis, no Tennessee. A loja negra, conhecida como People's Grocery, era uma cooperativa que estava prosperando mesmo com as restrições cada vez mais cerradas da legislação segregacionista. O dono, Thomas H. Moss, era um sujeito de grande aprumo, que usava terno, colete e gravata-borboleta, com o cabelo aparado rente e repartido de lado, e que além de tocar a loja era carteiro. Ele e sua mercearia despertavam ressentimentos no concorrente branco.

Um dia, dois meninos, um negro e um branco, estavam jogando bolinha de gude na frente da People's Grocery e começaram a discutir. O pai do menino branco começou a bater no menino negro, e então dois atendentes da mercearia negra correram para salvá-lo. Juntou-se uma multidão e as tensões aumentaram.

Aproveitando a discórdia, e já rancoroso por causa da concorrência da loja negra, o merceeiro branco, William Barrett, apareceu na People's Grocery à procura de um dos atendentes que tinham intervindo na confusão. Mas o atendente em serviço, Calvin McDowell, não lhe deu qualquer informação. Por achar que ele tinha sido insolente, o merceeiro branco o golpeou com uma pistola. McDowell conseguiu tirar a arma do merceeiro branco e atirou, quase atingindo o homem. Seguindo os protocolos do sistema de castas, quem foi preso foi o atendente da loja negra. Embora ele tenha sido liberado, o sistema de castas apenas começara a se pôr em movimento. O dono negro, Thomas Moss, tentou se preparar para os desdobramentos, e colocou vários homens negros de guarda na mercearia.

Em 5 de março de 1892, seis homens brancos atacaram a People's Grocery. Moss e seus defensores dispararam nos invasores, ferindo dois deles. Os atacantes vinham a ser o xerife e cinco homens que ele acabara de designar. Depois do tiroteio, outros cem brancos se encarregaram de perseguir o merceeiro e outros negros que ele conhecia. Os três homens negros da mercearia — o dono, Moss, e os dois atendentes, McDowell e Will Stewart — foram presos. Em 9 de março de 1892, logo cedo, uma turba invadiu a cadeia e torturou e linchou os três. No dia seguinte, uma turba branca saqueou a People's Grocery, e, em poucos meses, o concorrente branco de Moss comprou a loja por um preço irrisório.

Um dos bons amigos de Moss era a jornalista Ida B. Wells, e foi esse linchamento que a levou a tomar como missão de vida a conscientização do país sobre o terror do linchamento. "Nunca um homem mais fino, mais asseado, andou pelas ruas de Memphis", escreveu Wells. "Ele foi assassinado com a mesma desconsideração com que se mata um cachorro [...]. Os negros sentem que todos os homens brancos de Memphis que consentiram em sua morte são tão culpados quanto os que dispararam as armas que tiraram sua vida."[10]

A ironia desse empenho da casta inferior consiste no fato de que é o próprio aprumo moral, encarnado por Moss, confirmado por Wells e aplaudido quando demonstrado por quase todos os demais grupos, que desperta a reação mais virulenta. A tentativa de escapar ao estigma é o que pode desencadear a punição.

"Moss foi assassinado por dirigir um negócio melhor do que seu concorrente branco", escreveu Nathaniel C. Ball, historiador no Hooks Institute da Universidade de Memphis; "McDowell por esquecer seu lugar na hierarquia no mundo branco em que vivia, e Stewart por estar no lugar errado na hora errada."[11]

A CASTA INFERIOR DEVIA se manter em seu lugar, como um terno mal-ajambrado que precisa ser ajustado o tempo todo, ter suas pregas e costuras refeitas para se adequar às exigências da casta superior, remontando aos escravizadores que se enfureciam com as mostras de engenhosidade e inteligência dadas por pessoas que viam como sua propriedade. "Quando os escravos recebiam pagamento, tornavam-se 'vaidosos e arrogantes'", escreveu o historiador Kenneth M. Stampp, "e se sentiam 'mais independentes'."[12]

Eles não deviam receber reconhecimento por suas ideias ou inovações, mesmo sob o risco de prejudicar o progresso de todos. O reconhecimento enfraqueceria o pretexto da escravização, isto é, sua pretensa inferioridade em qualquer coisa, cabendo-lhes apenas a servidão. No verão de 1721, uma epidemia de varíola, uma das doenças mais mortais da época, se alastrou pela cidade de Boston. As pessoas atingidas ficavam em quarentena, com avisos sinalizando a todos que passassem por ali: "Deus tenha piedade desta casa".[13]

Cotton Mather era um pastor puritano e cientista laico de Boston, e se tornara dono de um africano chamado Onesimus. O homem lhe contou sobre um procedimento que lhe fora ministrado em sua terra natal, e que o protegia da varíola. Os habitantes da África Ocidental tinham descoberto que conseguiam evitar o contágio inoculando em si mesmas uma amostra de fluido de uma pessoa infectada. Mather ficou interessado pela ideia descrita por Onesimus. Pesquisou e resolveu lhe dar o nome de "variolação". Ela se tornou a precursora da imunização e "o Santo Graal da prevenção da varíola para médicos e cientistas ocidentais", escreveu Harriet A. Washington, estudiosa da ética médica.[14]

Durante o surto de 1721, Mather tentou persuadir os bostonianos a se proteger com esse método revolucionário, mas não previu sua resistência e fúria, o "horrendo clamor" que a ideia despertou nos cidadãos. Aquilo simplesmente parecia um absurdo. Eles temiam espalhar ainda mais a varíola e, além disso, não queriam nem ouvir falar de uma prática vinda da África e sugerida por um escravo africano. Os médicos rejeitaram o procedimento e "se enraiveceram que um bando de pastores religiosos lhes dissesse que os africanos haviam concebido a panaceia que eles há tanto tempo buscavam", escreveu Washington. A raiva se transformou em violência, e alguém em certo momento atirou uma granada na casa de Mather. Ele não sofreu ferimentos graves, mas escreveu que não via diferença entre adotar a solução africana para a varíola e utilizar o antídoto dos indígenas americanos para o veneno de cobra, que os colonizadores haviam aceitado prontamente.

Apenas um médico, Zabdiel Boylston, se dispôs a experimentar o novo método. Ele inoculou o filho e os escravos que possuía. No fim, a epidemia levou mais de 14% da população de Boston. Mas, entre as 240 pessoas que Boylston inoculara, apenas seis morreram — uma em quarenta, contra uma em sete sem inoculação.

Em 1750, as vacinações, com base no método apresentado por Onesimus, haviam se tornado prática corrente em Massachusetts e, mais tarde, no resto do país. "O que está claro é que o conhecimento transmitido por ele salvou centenas de vidas — e levou por fim à erradicação da varíola", escreveu a autora Erin Blakemore. "Essa continua a ser a única doença infecciosa que foi totalmente erradicada."

Por sua contribuição à ciência, Onesimus não conseguiu nem mesmo ganhar sua liberdade plena. O pouco que se sabe é que Mather veio a se indispor com ele, e Onesimus conseguiu comprar sua liberdade parcial pagando Mather em dinheiro, para que comprasse outro escravo. Ele fora muito além do que teria se esperado de um homem da casta inferior, e, como ocorre com frequência, não consta que tenha recebido qualquer recompensa por um papel que ultrapassava sua posição.

PELO CONTRÁRIO, as recompensas e privilégios decorriam da manutenção da ordem de castas. Isso melhorava as perspectivas dos que sabiam se manter em seu lugar — e, quanto mais escancarado esse comportamento, tanto melhor. Dois séculos depois da época de Onesimus, o regime segregacionista abriu uma única exceção em sua implacável legislação de separação entre negros e brancos. Ela dizia respeito às criadas negras que haviam mostrado lealdade suficiente para assumir a incumbência de cuidar das crianças brancas. Somente essas mulheres podiam andar no setor exclusivo dos brancos num trem ou num ônibus, quando saíam como acompanhantes de crianças brancas. Essa exceção atendia a vários propósitos: apresentava a criança branca como o bilhete de passagem para uma pessoa negra ocupar um assento na primeira classe; reforçava o papel servil, o lugar natural da casta subordinada; elevava a cuidadora negra por determinação da casta dominante; tornava as domésticas superiores a pessoas como o grande orador Frederick Douglass, que certa vez teve de ocupar o alto de um vagão de carga numa viagem de trem; protegia as crianças da casta dominante de sofrer a mácula e o desconforto do vagão negro; e lembrava a todos da casta subordinada que eles só ascenderiam com a permissão e nos termos da casta dominante, e apenas enquanto se ativessem ao papel que lhes era designado.

Não lhes era concedida qualquer margem, qualquer espaço para se imaginarem em outro lugar que não fosse o escalão inferior. Da Reconstrução até a era dos direitos civis, os conselhos escolares sulistas aplicavam nas escolas negras apenas um décimo das verbas que destinavam às escolas brancas, deixando-as explicitamente à míngua de recursos que poderiam lhes dar uma chance de concorrer em condições de igualdade. O ano escolar para os estudantes negros era vários meses mais curto, dando-lhes menos tempo em sala de aula e mais tempo na lavoura, para o enriquecimento da casta dominante.

Ao contratar professores negros para as escolas sob a legislação segregacionista, uma importante autoridade sulista, Hoke Smith, tomou uma decisão deliberada: "Quando dois professores pretos se inscreviam para uma vaga na escola, 'contratar o menos competente'".[15] Era uma forma cruamente criativa de prejudicar as perspectivas negras de avanço, ao relegar a instrução das crianças negras a professores menos qualificados. Ao passar por cima dos candidatos mais capazes, de maiores realizações — punindo, assim, a excelência —, ela elevava os medíocres, numa distorção deliberada da meritocracia. Tudo isso criava dissensões na casta inferior quanto à flagrante injustiça e operava no sentido de esmagar as ambições dos mais dotados. Dessa e de outras maneiras, o sistema de castas ensinava as pessoas na casta inferior que a única forma de sobreviver era desempenhar o reconfortante papel de incompetente servil. O sistema de castas garantia o fracasso negro impedindo antecipadamente o sucesso.

Num sistema de castas, não pode haver muito espaço para que a casta desfavorecida apareça como igual, muito menos como superior em alguma atividade humana.

Nos primeiros anos do Terceiro Reich, os nazistas fizeram questão de excluir os judeus de qualquer posição ou condição em que pudessem fazer sombra aos arianos. Isso se aplicava também às salas de aula, onde a Gestapo de Berlim se deu ao trabalho de determinar que "se deve fazer de tudo para pôr fim à impressão de que os alunos arianos estão recebendo ajuda de judeus para se preparar para os exames".[16] Era dessa e de outras maneiras que, sem nenhuma relação com a gama natural dos vários graus de inteligência e talento que surgem em qualquer subconjunto humano, as pessoas na casta dominante eram artificialmente alçadas como superiores em todas as coisas, um esquema para a desilusão que não fora montado por elas.

Se uma das exigências de uma hierarquia é que a casta inferior seja sempre o bode expiatório na base da sociedade, a cultura opera para manter essa situação intensificando os estereótipos que afirmam sua inferioridade e minimizando as indicações em contrário. Nos Estados Unidos, os noticiários alimentam o público com doses maciças de miséria e criminalidade nas áreas pobres da cidade tão desproporcionais aos números que acabam por distorcer as percepções sobre os afro-americanos e as questões da sociedade como um todo. Entre os afro-americanos, 22% são pobres, e eles respondem por 27% do total de pessoas pobres nos Estados Unidos. Mas um estudo de Travis Dixon, da Universidade de Illinois, publicado em 2017, mostrou que eles correspondem a 59% das pessoas pobres mostradas nos noticiários. As famílias brancas correspondem a 66% das pessoas pobres nos Estados Unidos, mas apenas a 17% das pessoas pobres mostradas nos noticiários.[17]

Essas distorções, que se prolongam por gerações, moldam o sentimento popular. Um cientista político de Yale, Martin Gilens, mostrou num estudo de 1994 que 55% dos americanos acreditavam que todas as pessoas pobres nos Estados Unidos eram negras. Assim, uma maioria passara a ver *negro* como sinônimo de *pobre*, uma distorção estigmatizante num país que glorifica a riqueza. Assim como a pobreza, a criminalidade também recebe uma cobertura desproporcional aos números. Os crimes envolvendo um suspeito negro e uma vítima branca correspondem a 42% dos crimes apresentados nos telejornais, muito embora sejam a minoria dos crimes totais praticados, algo em torno de 10%, segundo o Sentencing Project, que defende a reforma da justiça penal.[18]

A cultura tem anunciado ao longo de gerações a alarmante taxa de natalidade entre adolescentes negras, diversas vezes apontando também sua dependência dos programas de assistência social, muito embora as mães adolescentes de todas as raças sejam tradicionalmente solteiras e não raro necessitem de auxílio. A cobertura dos noticiários, porém, não mostra que a taxa de natalidade entre adolescentes negras despencou nas últimas décadas, passando de 118 por mil em 1991 para 28 por mil em 2017, segundo uma análise de 2019 realizada pelo instituto de pesquisas sem fins lucrativos Child Trends.[19]

Isso devia ser considerado uma ótima notícia para a sociedade. A acentuada queda nas taxas de natalidade entre adolescentes negras e latinas ajudou a levar o índice geral de engravidamento de adolescentes aos níveis mais baixos da era moderna. No entanto, a escassa cobertura da mídia tende a retomar velhas imagens de casta sobre o desemprego e a pobreza, na linguagem dos anos 1990, em vez de examinar as razões dessa redução histórica.

Esses números estão nos dizendo claramente uma coisa, mas ela não se encaixa nos pressupostos de casta. "As tendências de declínio no longo prazo", escreveram os pesquisadores, "podem refletir o fato de que as adolescentes estão cada vez mais propensas a adiar as relações sexuais e, se são sexualmente ativas, a dar mais atenção ao uso de contraceptivos."[20] Ou seja, as adolescentes negras e latinas estão tomando precauções a um ritmo que as aproxima das tendências dominantes, um resultado contrário às expectativas da sociedade e portanto amplamente desconsiderado.

O INVESTIMENTO NA HIERARQUIA estabelecida é entranhado num grau tal que as pessoas na casta dominante têm se mostrado historicamente dispostas a abrir mão daquilo que lhes convém a fim de conservar os frutos da cidadania dentro de sua própria casta.

Depois da decisão da Suprema Corte, em 1954, revogando a segregação nas escolas públicas no caso Brown versus Conselho de Educação, o conselho escolar do condado de Prince Edward, na Virgínia, dirigido por brancos, adiou a integração o máximo que pôde e então preferiu acabar definitivamente com a rede escolar a permitir a presença de alunos negros nas salas de aulas junto com alunos brancos. O condado ficou sem nenhuma escola pública durante cinco anos, de 1959 a 1964, o que obrigou mães e pais das duas raças a procurar alternativas para os filhos. Os brancos locais desviaram fundos do governo para instituições privadas exclusivas para estudantes brancos, enquanto os pais negros, cujas contribuições para os cofres públicos agora estavam indo para os estudantes brancos, tiveram de se virar sozinhos.

Mais ou menos na mesma época, a legislação dos direitos civis revogou a segregação em locais públicos, e, em reação a isso, cidades do Sul fecharam, leiloaram ou despejaram concreto em suas piscinas para uso exclusivo dos brancos, preferindo que ninguém nadasse nelas a ter a presença de negros dividindo a mesma água.[21] Mas os integrantes da casta dominante possuíam meios e recursos, adquiridos ao longo de gerações de renda coletiva e disparidades de riqueza, para construir piscinas particulares em condomínios fechados reservados a eles e suas famílias, mais uma vez deixando de fora a casta inferior.

É assim que um sistema de castas se transforma e protege seus beneficiários, é assim que surgem formas de contornar as situações e tomar providências para que a hierarquia se mantenha intacta, mesmo frente às contestações da autoridade máxima no país. É assim que um sistema de castas, ao que parece, sempre consegue prevalecer.

As tensões intragrupos e extragrupos continuam a ser um traço característico da vida americana. Quando alguns adolescentes negros compareceram a uma festa na piscina de um condomínio fechado de predomínio branco em McKinney, no Texas, os moradores brancos chamaram a polícia, por invasão.

Em seguida, como mostra um vídeo que atraiu a atenção internacional, um dos policiais que atendeu ao chamado puxou uma garota de quinze anos, derrubou-a com um tapa, deixando-a de bruços no chão, e a imobilizou com todo o seu peso. Ali estava um homem adulto, prendendo sob os joelhos a mocinha esguia de biquíni, que soluçava, impotente, sob o peso dele. Quando alguns garotos negros acorreram instintivamente para ajudá-la, o policial lhes apontou a arma e eles recuaram, perante todo o poder do Estado que os tratava não como garotos, mas como ameaças à sociedade.[22]

Seria difícil imaginar essa cena entre um policial e uma mocinha da mesma casta — a casta dominante. Depois de alguns dias, o policial se demitiu, mas o episódio demonstrou a que ponto estão arraigados os pressupostos sobre os lugares de cada um dentro de uma sociedade de castas, bem como os muros que se erguem instantaneamente e as punições que são infligidas ao se romperem essas fronteiras, mesmo nos dias de hoje.[23]

16. A angústia de ficar por último: Espremidos num porão inundado

A CASTA COLOCA OS INTEGRANTES mais ricos e poderosos da casta dominante à distância, na cobertura de um mítico arranha-céu, e todos os demais, em ordem decrescente, nos andares abaixo. Ela designa as pessoas da casta subordinada para o porão, entre as falhas dos alicerces e as rachaduras na cantaria que os outros parecem optar por não ver.

Quando os que estão no porão começam a subir para os andares superiores, todo o edifício se vê ameaçado. Assim, a casta lança os habitantes do subsolo uns contra os outros num porão inundado, criando a ilusão e até o pânico de que concorrem apenas entre si.

Isso pode levar os de baixo a absorver em suas identidades as condições da armadilha em que se encontram e a fazer o possível para se destacar como superiores aos outros do grupo, de modo a serem os primeiros entre os últimos.

"Os estigmatizados se estratificam", escreveu o antropólogo J. Lorand Matory, "porque ninguém quer ficar em último lugar."[1]

Eles aprendem ao longo das gerações a se hierarquizar pela proximidade com os traços aleatórios associados à casta dominante. Historicamente, o sistema de castas concede privilégios a alguns do grupo subordinado, usando um instrumento nefasto conhecido como colorismo.

Entre os americanos marginalizados, quanto mais próximos estão da casta dominante na cor da pele, no cabelo e nos traços faciais, mais alta é a posição que geralmente ocupam, sobretudo as mulheres, e mais valor lhes é atribuído mesmo por aqueles com aparência mais distante do ideal imposto pela casta. Essa distorção no valor humano é especialmente insidiosa nos Estados Unidos devido à maneira como, historicamente, a maioria dos afro-americanos adquiriu sua classificação por cor e traços faciais — pelo estupro e abuso sexual das africanas escravizadas nas mãos de seus senhores e de outros homens da casta dominante ao longo de séculos.

Não dispondo de muitas vias para obter controle e poder, pessoas no escalão inferior podem pisar em outras de sua própria casta a fim de sobressair aos olhos da casta dominante, e se sentir pessoalmente mais feridas e despossuídas quando superadas ou atropeladas por alguém do mesmo nível inferior do que pelos já escolhidos para avançar.

Quando alguém do grupo já favorecido sobe, isso pode parecer algo predeterminado, condizente com as expectativas, mais fácil de aceitar, porque é assim que as coisas sempre foram. Os da casta dominante já estavam acima, afinal. A ascensão de uma pessoa favorecida pode se afigurar aos desfavorecidos mais como um reflexo do que é o mundo do que como uma indicação sobre eles mesmos ou suas deficiências pessoais.

"Um desempenho ostensivamente superior ao dos colegas por vezes gera ressentimento, pois faz com que as pessoas que já se sentem inferiores se sintam ainda menores", escreveu Matory. "A honra é um jogo de soma zero, com implicações especialmente profundas para os desacreditados [...] por haver tão pouca honra a se distribuir."[2]

O sistema de castas prospera com a dissensão e a desigualdade, com a inveja e as falsas rivalidades que se acumulam num mundo de visível escassez. Quando as pessoas se atropelam na disputa por posições, as maiores tensões se dão entre os mais próximos na escala social, tanto acima quanto abaixo. Na Índia, as castas superiores já tiveram alguns atritos históricos. "Elas chegavam a brigar por questões pequenas, como quem devia ser o primeiro a cumprimentar", comentou Bhimrao Ambedkar, "quem devia ser o primeiro a ceder passagem, os brâmanes ou os xátrias, quando se encontravam na rua."[3]

Se há apreensões no topo, há ainda mais na base. Historicamente, o sistema de castas tem recompensado as delações e denúncias entre a casta inferior, como no caso dos *kapos* nos campos de concentração do Terceiro Reich e dos capitães do mato nas fazendas do Sul americano. Esse era um recurso tão frequente que, nos Estados Unidos, existem vários nomes para esse tipo de pessoa, fantoches do sistema que chegam a ser mais odiados pelos indivíduos da casta inferior do que a própria casta dominante.

Mesmo quando outros na casta mais baixa tentam fugir do porão, os que ficam para trás podem impedir os que tentam subir. Marginalizados de todo o mundo, inclusive afro-americanos, chamam esse fenômeno de "caranguejos num balde". Muitas rebeliões escravas ou tentativas posteriores de sindicalizar os trabalhadores afro-americanos no Sul foram frustradas por causa dele, por pessoas derrubando as que tentavam sair, dedos-duros que recebiam uma migalha de privilégio por avisarem previamente a casta dominante sobre qualquer agitação. Esses comportamentos servem para manter a hierarquia da qual os traidores de seus irmãos procuram escapar.

Mas esse impulso universal nem sempre é causado por inveja hierárquica. Um grupo já sitiado pode sentir que "a equipe simplesmente não pode se dar ao luxo de perder nenhum membro", escreveu Sudipta Sarangi, especialista indiano em gestão organizacional. "Se um determinado membro do grupo começa a subir — a se dar melhor na vida —, o puro medo de que deixe o grupo leva todos os outros a puxá-lo para baixo."[4]

O SUCESSO NO SISTEMA de castas americano exige uma certa habilidade em decodificar a ordem preexistente e a reagir a seus ditames. O sistema de castas nos ensina quais são as vidas e as opiniões que devem ter mais peso e precedência na grande maioria dos contatos. Um de seus professores é o sistema de justiça penal, que descende dos códigos penais da era da escravidão.

Com ele aprendemos, por exemplo, que é a raça da vítima, e não o perpetrador, que "indica com maior segurança quem recebe pena de morte nos Estados Unidos", observou Bryan Stevenson, aclamado defensor da justiça legal, citando um estudo dos casos de condenação à morte. "Os perpetradores na Geórgia tinham probabilidade onze vezes maior de receber a sentença de morte se a vítima fosse branca do que se fosse negra.

Esses números se repetiram em todos os estados nos quais se realizaram estudos sobre raça e pena de morte."[5]

A lição ensina a todos, por exemplo, quais vidas são consideradas descartáveis e quais vidas são sacrossantas. Obriga todos os que queiram prosperar a pagar tributo à supremacia da casta dominante. Com o ingresso no sistema de castas americano, os imigrantes aprendem a se distanciar dos que estão no subsolo, para não serem postos ali.

Embora os movimentos de protesto da casta subordinada tenham aberto a porta aos imigrantes não brancos em 1965, os imigrantes de cor, como todos os imigrantes durante toda a história americana, enfrentam o dilema de aderir às regras tácitas de casta, o penoso dilema de rejeitar a casta inferior de afro-americanos nativos ou se aliar àqueles que, em primeiro lugar, lutaram para que eles próprios pudessem entrar no país.

Mas a casta inverte o caminho da aceitação nos Estados Unidos para as pessoas de ascendência africana. Os imigrantes da Europa no século passado logo abandonavam seus nomes e deixavam os sotaques e costumes do velho continente, minimizando sua etnicidade para serem admitidos na casta dominante. Os imigrantes negros descobrem que, por terem aparência semelhante às pessoas designadas para a casta inferior, são recompensados pelo sistema de castas por fazerem o contrário dos europeus. "Enquanto os imigrantes brancos podem ganhar status se tornando 'americanos'", escreveu o sociólogo Philip Kasinitz, "num processo de assimilação dentro do grupo de posição mais elevada, os imigrantes negros podem, na verdade, perder status social caso abandonem a especificidade de sua cultura."[6]

Alguns imigrantes africanos recentes são mais instruídos e mais viajados do que muitos americanos, além de fluentes em várias línguas, e não querem ser rebaixados à casta mais baixa em sua nova terra. O sistema de castas incentiva os imigrantes negros a fazerem todo o possível para criar distância entre si e a casta subordinada com que poderiam ser confundidos. Como todos os demais, eles estão expostos aos estereótipos corrosivos dos afro-americanos e podem se empenhar para que as pessoas saibam que não pertencem àquele grupo, mas são jamaicanos, granadinos ou ganeses.

Um imigrante caribenho disse a Kasinitz: "Desde que estou aqui, sempre percebi que este é um país racista, e me empenho ao máximo para não perder meu sotaque".[7]

Um hábil instrumento de autoperpetuação do sistema de castas é manter os integrantes da base divididos numa luta fabricada para evitar o último lugar. Isso levou a atritos entre descendentes de africanos que chegaram aos Estados Unidos em momentos diversos da história do país. Alguns imigrantes do Caribe e da África, tal como seus predecessores de outras partes do mundo, podem se mostrar desconfiados dos afro-americanos, dizendo aos filhos para não "agir como afro-americanos" nem namorar ou se casar com eles.[8] Dessa forma, eles podem cair na armadilha de querer provar não que o estereótipo é falso, mas sim que não se encaixam nele.

De cima a baixo na hierarquia, notou Ambedkar, "cada casta encontra motivo de orgulho e consolo no fato de que, na escala das castas, está acima de alguma outra".[9]

Por mais que tente convencer os recém-chegados a tomar partido na defesa da hierarquia, o sistema de castas não consegue cooptar algumas pessoas. Alguns filhos de imigrantes do Caribe, pessoas como Eric Holder, Colin Powell, Malcolm X, Shirley Chisholm e Stokely Carmichael, entre muitas outras, abraçaram o mesmo drama dos da casta mais baixa, tornaram-se defensores da justiça e ultrapassaram essas divisões para o bem maior.

A CASTA AJUDA A EXPLICAR o fenômeno, de outra forma incompreensível, de afro-americanos, mulheres e outras pessoas marginalizadas que conseguem ascender a uma posição de autoridade apenas para repudiar ou diminuir seus iguais. Presos num sistema que lhes concede pouco poder ou autoridade real, eles podem se curvar à vontade da casta e desprezar a sua própria, caso queiram subir ou ser aceitos, ou apenas sobreviver na hierarquia. Eles aprendem que não podem ser responsabilizados pela baixa posição ocupada por aqueles a quem traem ou desconsideram.

Muitos casos de maus-tratos a pessoas da casta inferior ocorrem pela ação de gente da mesma casta, como no caso de Freddie Gray, que morreu em virtude de ferimentos na coluna causados por policiais em Baltimore. Gray foi posto algemado na traseira do furgão da polícia sem cinto de segurança, segundo testemunho apresentado em tribunal. O furgão seguiu entre guinadas e curvas, fazendo com que Gray batesse de um lado e outro na parte de trás, sem conseguir evitar os impactos nas paredes internas do veículo por causa das algemas. Três dos policiais envolvidos eram negros, inclusive o motorista. Essa combinação de fatores permitiu que a sociedade se contentasse em explicar a morte de Gray como um episódio que sem dúvida não tinha qualquer relação com a raça, quando, na verdade, era a casta que estava em operação. Todos os oficiais envolvidos no episódio foram absolvidos ou tiveram as acusações contra si retiradas.

É plenamente condizente com os protocolos de casta que, entre os poucos policiais processados por brutalidade em recentes casos de destaque, um número considerável tenha sido de homens de cor — um policial nipo-americano em Oklahoma, um policial sino-americano na cidade de Nova York, um policial muçulmano americano na região metropolitana de Minneapolis. São situações em que homens de cor pagam o preço por coisas das quais os homens da casta superior com frequência se safam.

Esse fenômeno percorre diversos níveis de marginalização. A supervisão dos policiais no caso da morte de Eric Garner por estrangulamento e asfixia estava a cargo de uma mulher negra. As pessoas que tratam com mais dureza as funcionárias mulheres são, por vezes, supervisoras também mulheres, que sofrem pressão e desejam a aprovação de chefes homens numa hierarquia de domínio masculino na qual poucas mulheres conseguem ascender. Cada um desses casos apresenta uma história complicada que provavelmente descarta a raça ou o gênero como fator, mas que faz pleno sentido e talvez só faça sentido quando vista pela ótica de um sistema de castas.

Os executores das normas de casta são de todas as cores, credos e gêneros. Não é preciso estar na casta dominante para contribuir com o sistema. Na verdade, o instrumento mais potente do sistema de castas é uma sentinela em cada escalão, cuja identidade impede qualquer acusação de discriminação e ajuda a manter o sistema em funcionamento.

17. Nas primeiras linhas de frente da casta

No OUTONO DE 1933, um distinto casal negro, que acabava de voltar de seus estudos na Europa, seguiu da Virgínia para o sul, na direção de Nashville, e então, com pavor e expectativa, atravessou uma cortina de ferro simbólica e entrou no coração do Mississippi segregacionista. Eram antropólogos embarcando numa perigosa empreitada: estudar durante dois anos a hierarquia social do Sul. Eles estavam entrando em território hostil e desconhecido, onde teriam de aprender a domar seu orgulho e se submeter às humilhações da ordem social, sabendo que qualquer deslize poderia lhes custar a vida.

Eles não podiam revelar a verdadeira natureza de sua missão em seu destino final, a cidade de Natchez. Teriam de prestar atenção a cada passo dado num mundo que preferia manter suas convenções feudais e as pessoas de aparência semelhante à do casal em seus lugares. Eles estavam entrando de cabeça numa região em que, a cada quatro dias, um negro era linchado por alguma transgressão dessas convenções, por menor que fosse. Logo descobririam que, poucas semanas antes de sua chegada, um homem negro fora linchado no condado vizinho a Natchez, acusado do estupro de uma mulher branca, coisa em que nem mesmo muitos brancos locais acreditavam.[1]

Allison Davis era um acadêmico de aparência impecável, com o rosto bem talhado e as mandíbulas quadradas de um astro de cinema, e sua esposa, Elizabeth, era um modelo de refinamento. Mas o percurso deles havia sido uma tortuosa corrida de obstáculos. Na primavera anterior, seus estudos avançados na Universidade de Berlim haviam sido interrompidos, e, com a chegada de Hitler ao poder, eles fugiram da Alemanha. Tinham visto os nazistas queimarem livros e prenderem professores, e isso deu a

Allison uma nova percepção da natureza do ódio, a qual, somada aos fardos que ele carregava em seu próprio país, o motivou ainda mais a examinar a injustiça.²

Davis era um jovem antropólogo com dois diplomas da Universidade Harvard e ampla experiência no exterior, mas, estando no Mississippi, não podia de maneira alguma se comportar como tal. Para sobreviver, teria de ocultar seu eu interior. O casal decidira fazer esse sacrifício pelo bem maior de documentar a estrutura da divisão humana, missão que os transformava praticamente em agentes disfarçados. Embora afável e elegante, ele concluiu que era melhor ter uma arma no carro para proteger a si e à esposa, caso fosse necessário.

Em Natchez, eles iam se encontrar com a outra metade da equipe, o casal branco Burleigh e Mary Gardner, também antropólogos de Harvard, que, seguindo o plano, tinham ido para o Mississippi antes do casal Davis. A missão era silenciosamente revolucionária. Juntos, eles se inseriram numa cidadezinha sulista fechada e isolada, cada casal num dos lados da linha divisória de castas. Como vinham do Norte, nenhum deles sabia muito bem no que estavam se metendo. Estavam nas profundezas do sistema de castas sob a legislação segregacionista, e todos os seus movimentos seriam ditados pelo próprio fenômeno que estavam estudando.

Seria um dos primeiros estudos desse tipo, e uma experiência pioneira nos estudos inter-raciais. Eles teriam de planejar todos os detalhes de suas interações com a população local e apresentar razões plausíveis para estarem juntos naquela terra desconhecida. Em vista dos perigos, não poderiam revelar aos habitantes locais os objetivos do projeto — não poderiam dizer que pretendiam se infiltrar no mundo branco e no mundo negro para explicar de maneira precisa o modo de funcionamento da casta, da classe e da raça na região.

Os dois casais deviam se reportar a um professor catedrático que supervisionava o projeto em Cambridge. O pioneiro antropólogo W. Lloyd Warner previa os perigos que a equipe iria enfrentar e foi pessoalmente a Natchez fazer um reconhecimento da área e preparar a cidadezinha para a chegada deles.

Antes de deixar a equipe entregue à própria sorte, Warner teve encontros com o prefeito, com a polícia e com os editores do jornal local. Disse às autoridades municipais que Natchez fora escolhida para representar uma típica cidade do Sul e que os pesquisadores iriam coletar dados para compará-la com uma cidade do Norte. Essa declaração não era totalmente falsa. Warner havia concluído pesquisas sobre a estratificação social em Newburyport, em Massachusetts, e a comparação poderia ser útil.

As autoridades municipais de Natchez ficaram encantadas em contar a história da cidade ao casal branco. Mas a equipe teve mais dificuldade em apresentar uma razão plausível para a visita de acadêmicos afro-americanos.

Eles decidiram dizer aos moradores locais que os pesquisadores negros estavam lá para estudar a igreja negra, tema suficientemente seguro para ser aceito pelos vereadores e autoridades municipais. Pode-se ver a que ponto os pesquisadores estavam à frente da sociedade e a que ponto ia a capacitação de Allison Davis pelo fato de ter sido ele, o antropólogo negro, o escolhido para comandar a equipe no trabalho de campo em Natchez.[3] Eram duas castas diferentes estudando a casta no próprio centro do sistema de castas.

Para que a missão desse certo, o casal branco foi na frente, para se estabelecer antes da chegada do casal negro. Os Gardner alugaram quartos numa velha mansão campestre como base de operações e logo conquistaram aceitação na sociedade local. Mas era preciso ter mais cuidado na escolha de instalações para os Davis. A mansão era isolada e o casal Davis teria uma visibilidade incômoda, talvez até perigosa, naquele ambiente rural. Era um problema encontrar moradia para eles numa região onde a maioria dos afro-americanos eram meeiros vivendo em cabanas. A equipe, por fim, transferiu o projeto para a cidade, e os Davis alugaram quartos de um médico negro, que lhes abriu o caminho para os poucos integrantes de uma elite negra local.

Os casais logo se viram inseridos em suas respectivas castas, mas isso impunha outras restrições. A equipe precisava estudar as camadas dentro de cada casta — a de elite e a inferior —, mas a hierarquia social traçava linhas tão rígidas que, mesmo dentro de uma casta, se relacionar com pessoas que não eram consideradas do mesmo nível provocava desconfiança e podia levar ao ostracismo. Para ter contato com os moradores brancos pobres — a classe inferior da casta dominante —, Mary Gardner trabalhou como assistente social num programa do New Deal, o que lhe permitia ter contato com brancos mais pobres e visitar seus lares.[4]

Quando o casal Davis procurou uma forma de entrar em contato com os moradores negros mais pobres, não havia essa possibilidade para Elizabeth Davis. Na época, poucas mulheres afro-americanas eram autorizadas a ocupar funções governamentais no Mississippi, e o serviço que Mary Gardner podia oferecer aos brancos não se estendia aos negros pobres.

Assim, Allison procurou recrutar um quinto pesquisador, St. Clair Drake, um ex-aluno que, décadas depois, se tornaria um renomado estudioso da vida de Chicago em meados do século XX. Drake, nascido e criado no Norte, não estava muito animado a passar meses ou anos no Sul segregacionista, onde, poucos anos antes, nove jovens negros, conhecidos como Scottsboro Boys, tinham sido presos no estado vizinho do Alabama, acusados de atacar duas mulheres brancas, que mais tarde retiraram as acusações. Davis o convenceu do propósito maior da missão. "Não é possível derrubar o sistema se não entendermos como ele funciona", disse.

Drake concordou em participar, e passou seu tempo em Natchez na companhia de meeiros e domésticos aos quais os Davis, agora vistos como parte da magra parcela de negros de classe média alta da cidade, não tinham um acesso facilmente justificável. Estavam todos encerrados nos papéis em que haviam sido aceitos, sendo obrigados a fazer tudo que sua subcasta fazia, ou do contrário comprometeriam sua posição no ambiente de pesquisa.

A vida do grupo dependia de obedecerem às regras que tinham ido estudar e de se demonstrarem leais à casta a que tinham sido atribuídos. Mary Gardner, a pesquisadora branca, chegou a usar uma saia com armação e trabalhar como anfitriã da visita guiada de uma mansão à venda, para a qual tinha sido convidada.[5] Para o casal, era arriscado deixar o papel, mostrar-se demasiado próximo dos Davis, com os quais, naquele mundo, a casta dominante tinha contato apenas mínimo.

Em público, eles deviam se manter em seus papéis o tempo todo, os Davis precisando mostrar deferência aos Gardner e nunca deixar transparecer que, na verdade, eram amigos e colegas de trabalho. As duas mulheres perceberam que jamais poderiam ser vistas juntas em público, devendo esconder que se conheciam bem, pois o sistema vetava aquele tipo de companheirismo entre mulheres de castas diferentes. "Seus contatos se limitavam a algum encontro fortuito no supermercado no centro da cidade", escreveu David A. Varel, biógrafo de Davis.[6] "Lá, apenas se cumprimentavam de modo cortês e contido."

Com o tempo, os pesquisadores brancos passaram a ver por experiência própria as barreiras enfrentadas pelos afro-americanos. Aonde quer que fossem, se estivessem juntos, não havia garantia de que haveria refeição ou banheiro para os Davis. Cada movimento precisava ser planejado previamente, levando em consideração os protocolos de casta. Houve vezes em que Gardner, o pesquisador branco, teve de pedir a chave do banheiro para que Davis fosse autorizado a usá-lo.[7]

Davis era o chefe da equipe, mas os habitantes locais não podiam saber disso. Os pesquisadores deviam se ater a seus papéis de casta. Para começo de conversa, a ideia de um negro instruído trabalhar com um branco dessa maneira era um conceito revolucionário, um espetáculo do tipo que os moradores da cidade nunca tinham visto antes.

Os pesquisadores não podiam fingir que não estavam trabalhando juntos, mas "era explicado a eles, e geralmente compreendido, que Allison estava trabalhando para Burleigh: era a única relação aceitável entre um homem branco e um preto", escreveu Varel.[8]

Um simples encontro para discutirem suas descobertas exigia uma coreografia complexa. Eles não dispunham de um escritório independente, e um não podia ir à casa do outro sem despertar suspeitas ou gerar desconforto. Não condizia com o sistema de castas que um branco visitasse um negro, e assim Gardner não podia visitar Davis. Seria aceitável — e, na verdade, esperado — que um indivíduo da casta subordinada fosse ao local onde estava o indivíduo da casta dominante, por conveniência deste último. Mas, por questões de moral e dignidade, seria inaceitável para

Davis, como chefe da equipe, entrar na casa de seu colega pela porta dos fundos. "Não bastava dizer que Allison estava trabalhando para Burleigh; cada qual devia se portar estritamente de acordo com seu papel de casta", escreveu Varel.

Assim, eles criaram um protocolo a ser seguido sempre que precisassem se encontrar. Um telefonava ao outro para marcar um encontro. Davis ia até uma esquina previamente combinada. Gardner ia buscá-lo, eles seguiam até uma estrada rural secundária e, dentro do carro, trocavam informações sobre seus achados, sem atrair atenção indesejada. Eles sabiam que mesmo isso representava uma transgressão do sistema de castas, mas, se quisessem dar andamento ao trabalho, não havia alternativa.

Mais tarde, Gardner veio a saber que "tanto o chefe de polícia quanto o delegado estavam cientes de todos os encontros", segundo Varel. Eles não intervieram, mas aquela era uma violação tão grave "que o delegado considerou necessário manter um registro dos movimentos dos dois homens".

Essa vigilância servia para lembrar que as autoridades poderiam encerrar o projeto a qualquer momento ou fazer coisa ainda pior. "O delegado poderia confiscar a qualquer instante as anotações deles, expor a real natureza do estudo como um todo e destruir os dados que eles estavam coletando", relatou Varel.

Para proteger a pesquisa, eles escreviam com frequência para Warner, em Cambridge. Mas Allison precisava ser cuidadoso. "Remessas postais frequentes feitas por um preto, sobretudo um preto instruído, despertariam suspeitas no funcionário do correio, um branco de meia-idade e de classe média", escreveu Varel.

"Toda a pesquisa sobre pretos e brancos", disse Warner certa vez, era "delicada e recheada de dinamite."[9]

Em 1941, quando os Estados Unidos se preparavam para entrar na Segunda Guerra Mundial, a equipe de Davis e Gardner publicou aquele que era até então, provavelmente, o mais abrangente estudo do sistema de castas americano. O livro tinha 538 páginas, com o título *Deep South: A Social*

Anthropological Study of Caste and Class. A obra descrevia as camadas de classes sociais dentro das duas grandes castas nos Estados Unidos: brancos e negros.

Davis e o casal Gardner determinaram que a casta era "a divisão fundamental" na cidade segregacionista que haviam estudado, fundada na interdependência econômica, em que "o sistema de castas e o sistema econômico se reforçam mutuamente".[10] Os pesquisadores documentaram os vários escalões dentro de ambas as castas, as camadas de classe dentro de cada uma, o controle social empregado para manter sua separação, a estrutura de poder e as condições que remontavam à escravidão nas fazendas americanas já perto de meados do século xx.

Eles descreveram os rígidos códigos de conduta necessários para manter a hierarquia. Um proprietário de terras negro, por exemplo, tinha de ir à porta dos fundos de seu próprio imóvel para receber o pagamento de seus arrendatários brancos. A equipe expôs a campanha de terror contra a casta subordinada, a ameaça diária aos meeiros, que estavam sujeitos a emboscadas de grupos de fazendeiros com chicotes, e os riscos que o próprio casal Davis havia corrido enquanto documentava os ataques a outros afro-americanos.

Os pesquisadores levaram oito anos para publicar suas descobertas e, mesmo então, enfrentaram inúmeros contratempos, entraves de casta e referentes ao momento oportuno para lançá-las no mundo. Eles haviam começado o trabalho em plena Grande Depressão, e enfrentavam o problema de financiar um projeto que, desde o início, parecia arriscado.

Dois anos depois, com o agravamento da Depressão e o projeto demorando mais tempo do que o esperado, os Davis, que haviam suportado o peso maior da humilhação que recaía sobre sua casta, e que possuíam menos recursos pessoais, se viram tão apertados que tiveram de começar a dar aulas na Universidade Dillard, uma instituição historicamente negra de New Orleans carente de recursos financeiros. Lá, Allison Davis foi submetido a uma carga de cinco cursos por semestre, enquanto tentava concluir seu amplo estudo. Desgastado pelo isolamento e pelas humilhações, tendo de interpretar um papel durante vários anos, ele caiu em depressão.

Ao mesmo tempo, entrava em cena a concorrência. O Delta do Mississippi ficou de repente lotado de jovens cientistas sociais investigando aquele país feudal dentro do próprio país, visto que a Depressão despertara o interesse pela miséria rural e sulista. E, embora a equipe inter-racial Davis e Gardner tivesse passado muito mais tempo — anos, na verdade — vivendo segundo as regras de casta que estavam estudando, dois antropólogos de Yale, ambos brancos, trabalhando na mesma área em dois estudos separados, passaram alguns meses no Mississippi e, com cronogramas mais curtos, conseguiram publicar seus trabalhos antes.

John Dollard, de Yale, passou cinco meses em Indianola. Hortense Powdermaker, também de Yale, passou nove meses na cidade durante o ano letivo de 1932-3 e mais três meses em 1934.

O livro de Dollard, *Caste and Class in a Southern Town*, de 1937, foi, entre as três grandes obras, a primeira a ser publicada. Teve grande aclamação e definiu o novo campo de estudos que então surgia. Dollard foi saudado como pioneiro, enquanto os Davis e os Gardner ainda analisavam seu conjunto de dados. Dollard reconheceu os limites de seu trabalho e admitiu que, como ianque branco no sistema de castas sulista, colidira frontalmente com os tabus de casta que restringiam seu acesso aos afro-americanos. Os brancos locais dos quais dependia não conseguiam entender por que ele se interessava pelos habitantes negros. Quando revelou a alguns brancos seu plano de visitar a casa de uma mulher negra, ele disse ter sido "banido da cidade".[11]

O livro de Hortense Powdermaker, *After Freedom: A Cultural Study in the Deep South*, foi o segundo a sair, em 1939. Os livros de ambos, Dollard e Powdermaker, receberam resenhas vigorosas e vieram a dominar o campo de estudos das castas sulistas. Mesmo depois de décadas, o periódico acadêmico *American Anthropologist* apresentou em 2004 os dois livros como "estudos fundamentais", "canônicos", relegando o livro de Davis e Gardner às notas de rodapé.[12]

Deep South foi publicado em 1941 e ficou por muito tempo à sombra das duas obras anteriores, escritas por estudiosos pertencentes à casta dominante. O projeto de Davis e do casal Gardner parecia ter o mesmo destino de marginalização da casta subordinada que eles haviam estudado.

Nem Davis nem os Gardner afirmavam que o sistema de castas indiano e o sistema de castas americano eram iguais. No entanto, as críticas à ideia de casta nos Estados Unidos seguiam um padrão nas relações de casta que a equipe havia documentado no Mississippi. Eles descobriram que os trabalhadores afro-americanos, treinados no comportamento subordinado e na perspectiva necessária para sobreviver num sistema de castas, eram mais propensos a mostrar respeito pelas pessoas da casta dominante e a desprezar ou se sentir mais livres para criticar as que pertenciam a sua própria casta subordinada.

Por um leque de razões complexas, alguns importantes cientistas sociais afro-americanos do começo a meados do século XX fizeram objeções a Davis e outros estudiosos que aplicavam a noção de casta à situação dos afro-americanos, mesmo que vivessem sob uma de suas formas mais puras na história americana. Encerrados por trás dos muros da casta, sem saída à vista, eles não queriam dar crédito à possibilidade de que o sistema pudesse de fato estar fechado para sempre. Se sua condição fosse considerada fixa, talvez não houvesse esperança de ascensão.

Eles estavam profundamente inseridos no isolamento de casta, antes do caso Brown versus Conselho de Educação, antes do boicote aos ônibus em Montgomery, antes da marcha de 1963 sobre Washington e da legislação dos direitos civis dos anos 1960, que proibiria formalmente as restrições de casta sob as quais viviam então. Em meados do século XX, ninguém sonharia que um integrante da casta subordinada viesse a ocupar um assento na Suprema Corte, se tornar secretário de Estado, estar no Salão Oval como presidente e não como mordomo.

A casta inferior ainda precisava desmentir e se libertar dos pressupostos de inferioridade de grupo que constituíam a justificativa do sistema de castas, mostrar que seus integrantes eram tão capazes quanto qualquer outra pessoa de desempenhar qualquer atividade, desde cantar Verdi no Metropolitan a estar entre os possíveis ganhadores do prêmio Nobel. Essas coisas eram inconcebíveis porque o sistema de castas havia anulado qualquer possibilidade de que acontecessem. Assim, havia um medo compreensível de que a menção ao sistema indiano de castas, fixo e formal, com milênios de existência, pudesse bloquear as parcas conquistas, duramente obtidas, que eles haviam conseguido alcançar.

Qualquer eventual sucesso de Davis seria, em si mesmo, um desafio ao sistema de castas. E, como um dos poucos afro-americanos que tiveram a oportunidade de conduzir esse tipo de pesquisa, ele trilhava um caminho mais estreito, enfrentara mais riscos do que os outros e estava mais sujeito a críticas do que os pesquisadores da casta dominante. Os pesquisadores brancos que publicaram suas obras antes de *Deep South* tiveram a chance de aproveitar a novidade da ideia, foram mais rapidamente adotados pelo mainstream e receberam maior reconhecimento devido, em parte, à sua posição na casta dominante.

Apesar da profunda imersão e domínio do tema, Davis e o casal Gardner foram objeto de um exame mais rigoroso e enfrentaram mais entraves até mesmo para concluir o livro. A publicação foi adiada, em parte, porque um importante sociólogo negro, Charles Johnson, formado em outra área, fez longas indagações sobre o manuscrito, o que levou os autores a proceder a consideráveis revisões. Davis, como pesquisador-chefe, era um alvo mais fácil de críticas, sobretudo de seus pares na casta subordinada, que se sentiam pressionados, se quisessem ter êxito, a defender a hierarquia, e evitavam questionar a obra de estudiosos da casta dominante. A resistência ao trabalho de Davis comprovava inadvertidamente as próprias teorias que ele se dedicara a desmascarar.

O conceito de casta se tornou ainda mais polêmico quando foi aplicado aos Estados Unidos em meados do século xx. Oliver Cromwell Cox, um importante sociólogo nascido no Caribe, compilou uma furiosa crítica a essa escola de pensamento em seu livro clássico de 1948, *Caste, Class and Race: A Study in Social Dynamics*. Ele dedicou cem páginas à sua interpretação do sistema de castas indiano e capítulos posteriores às diferenças entre as hierarquias da Índia e dos Estados Unidos.

Um argumento fundamental para sua visão contrária era o de que o sistema de castas na Índia era singular por ser considerado estável e incontestado, pois mesmo as castas mais baixas aceitavam sua posição degradada como destino determinado pelos deuses. O fato de que os americanos negros resistiam à sua condição, durante e após a escravidão, e aspiravam à igualdade era prova de que, segundo Cox, o termo "casta" não podia se aplicar aos Estados Unidos. "Se, por exemplo, a relação preto-branco fosse uma relação de casta", escreveu ele, "os pretos não aspirariam à posição social superior ocupada pelos brancos."

Na Índia, porém, "as barreiras do sistema de castas jamais são contestadas", escreveu ele, numa observação espantosamente equivocada. De seu ponto de vista, em todo o espectro do sistema de castas indiano, de cima a baixo, "independente de sua posição na sociedade, a casta de um homem é sagrada para ele, e uma casta não domina a outra".[13]

Assim, por mais brilhante que fosse, Cox desconsiderou as injustiças infligidas aos dalits pelas castas que os dominavam, bem como a vontade humana básica de ser livre. E passou por cima da brava resistência e liderança de Bhimrao Ambedkar e outros dalits, que contestavam o sistema de castas indiano no exato momento em que ele escrevia sua obra.[14]

Antes da feroz crítica de Cox à noção de casta, as descobertas de Davis e do casal Gardner ganharam um reforço com a publicação daquela que talvez seja a mais ambiciosa obra sobre raça nos Estados Unidos, a monumental *An American Dilemma*, publicada em dois volumes em 1944. O livro se baseava na pesquisa de uma equipe de acadêmicos, inclusive Davis e seu contemporâneo Johnson, sob a supervisão do economista social sueco Gunnar Myrdal. Em sua análise da questão de raça, Myrdal descreveu as relações intergrupais nos Estados Unidos como um sistema de castas, expressão à qual retornou várias vezes.

"O sistema de castas", escreveu Myrdal, "se sustenta por inércia própria e pelo interesse da casta superior em sustentá-lo."

DAVIS CONCLUIU O DOUTORADO em antropologia na Universidade de Chicago e passou a integrar seu corpo docente, tornando-se assim o primeiro professor titular negro numa importante universidade branca americana. Mas ainda sofreria outras injúrias. Seus colegas docentes discutiram de maneira aberta se ele seria autorizado a dar aulas a estudantes brancos, e durante algum tempo ele esteve proibido de comer no refeitório da faculdade.

Entre os principais estudiosos do Sul americano na primeira metade do século xx, ele e a esposa estiveram entre os raros pesquisadores de campo que trabalharam diretamente sob o peso da subordinação de casta. A obra de ambos acabaria inspirando St. Clair Drake, Stokely Carmichael e Martin Luther King, entre outros, que a leram na graduação e se viram retratados em suas análises.

Allison Davis foi quase esquecido pela história, mas acabou por se tornar uma referência incontornável para os pesquisadores atuais que tentam entender a infraestrutura de nossas divisões. Ele se engajou com uma profundidade única para entender o sistema de castas, na esperança de derrotá-lo. Assumiu a tarefa como se sua vida dependesse disso, porque, de uma maneira muito real e concreta, ela de fato dependia.

18. Satchel Paige e a ilogicidade da casta

SEU ARREMESSO SEGUIU para a base principal como um tiro de pistola, atingindo quase 170 quilômetros por hora, velocidade suficiente para "arrancar a luva do apanhador", nas palavras do cronista esportivo Robert Smith.[1] LeRoy "Satchel" Paige foi um dos maiores arremessadores de todos os tempos no beisebol. Mas, chegando à idade adulta no começo do século XX, quando a legislação segregacionista estava em sua fase mais cruel, nunca teve a chance de se tornar tudo que poderia ter sido. E o mundo do beisebol perdeu um talento que certamente teria mudado o destino de partidas e campeonatos, talvez de times inteiros, e o próprio esporte.

Ali estava um homem que arremessava com tamanha força e velocidade que "os apanhadores tinham de forrar as luvas com pedaços de bife para que as mãos não ficassem ardendo depois da partida", contou à National Public Radio seu biógrafo, Larry Tye.[2]

Ali estava um homem tão confiante que dizia a quem quer que o estivesse pagando que eliminaria os nove primeiros rebatedores ou devolveria o dinheiro, e dizia aos *outfielders* para se sentarem.[3]

Joe DiMaggio, o adorado *center fielder* do New York Yankees, que rebatia bolas de Paige em amistosos antes que este fosse contratado por times da liga principal, disse que Paige foi o melhor arremessador que enfrentou na vida. Em seu auge, Paige "pode ter sido o arremessador mais rápido do país", escreveu Smith em *Pioneers of Baseball*, "ou mesmo da história".[4]

Ele não teve chance de dar tudo o que podia. A ótica distorcida da casta pode toldar os sentidos, levar o grupo dominante a preferir se privar de talentos que não pertencem a suas fileiras, permitir que definhem os dons daqueles considerados inferiores, como fez com Satchel Paige, a fim de preservar a separação entre as castas ou manter a fantasia de que todo o talento se concentra num único grupo favorecido.

Paige não era só muito rápido, também arremessava com tal precisão que durante os treinos seus colegas de time deixavam que ele lhes arrancasse o cigarro aceso da boca com suas bolas rápidas. "Pelo que sabemos, ele nunca acertou um jogador", disse Tye à NPR. "Ele acertava um cigarro depois do outro, e tinha uma confiança extraordinária."[5]

Por mais de meio século, o principal entretenimento dos Estados Unidos foi rigidamente segregado, os melhores jogadores de cada casta raramente se enfrentando em campo, e nunca em jogos oficiais. Paige ingressou no beisebol no final dos anos 1920 e, assim, passou a maior parte da carreira jogando em times exclusivamente negros tão talentosos quanto os times exclusivamente brancos da liga principal, mas sem os seus recursos e infraestrutura. Não é possível ter uma visão real dos talentos de Paige e de seus companheiros de time, por conta dos registros incompletos e da escassa cobertura da mídia no mundo desvalorizado das ligas negras.

Paige era considerado superior não só por causa do talento e engenho natos, mas porque se dedicava com grande afinco, trabalhando com uma ética que o fazia percorrer todo o país, como arremessador das ligas negras e de quem mais estivesse disposto a pagar. Ele arremessava quase todos os dias, o ano inteiro, e não apenas durante a temporada tradicional do beisebol, e sem ter o luxo de dispor de um arremessador reserva como nos times da liga principal. Dava nomes a seus arremessos, como *hesitation pitch* [arremesso hesitante], no qual sustava o movimento do braço depois de firmar o pé esquerdo, o que levava o rebatedor a tentar a rebatida antes da hora.

Embora fosse um dos maiores arremessadores da história do beisebol, os limites do sistema de castas, a certa altura, o forçaram a aceitar um trabalho pelo qual ganhava uma ninharia, treinando arremessos e rebatidas com jogadores brancos das ligas menores. Em 1946, quando a liga principal de beisebol passou a aceitar afro-americanos e Jackie Robinson assinou contrato com o Brooklyn Dodgers, Satchel Paige já tinha quarenta anos, sendo considerado velho demais para o esporte.

Dois anos depois, no entanto, o Cleveland Indians estavam numa das disputas mais acirradas da história das ligas americanas, e Bill Veeck, o dono do time, pensou que, agora que a proibição de cor havia sido revogada, talvez Paige pudesse reconduzir a equipe ao topo. Veeck o abordou no meio da temporada de 1948 e o contratou como agente livre.[6]

Paige já estava longe do auge quando finalmente teve essa oportunidade em um time da liga principal. Aos 42 anos, era o novato mais velho no beisebol, com idade suficiente para ser pai dos colegas de equipe. Apesar disso, num de seus primeiros jogos, os fãs se aglomeraram nas catracas para vê-lo jogar no Comiskey Park. Ele permaneceu em campo todo o tempo e impôs uma derrota de cinco a zero sobre o Chicago White Sox, ajudando o Cleveland a ir para as finais e, depois, para a World Series, como esperava o proprietário do time.

Naquele ano, Paige se tornaria o primeiro afro-americano a atuar na World Series, embora por sua idade e pela política do campeonato não possa ter sido inscrito como titular. Quando chegou a sua vez de ocupar o montinho, com o Indians perdendo para o Boston Braves, ele arremessou por uma entrada quase inteira, sem permitir que o Braves rebatesse a bola uma vez sequer. O Cleveland Indians venceu a World Series daquele ano.[7]

Ele continuou a arremessar nos times da liga principal por mais algumas temporadas, mas já não estava em sua melhor forma, tendo sido privado da carreira que teria tido num mundo mais justo, e não havia nada que se pudesse fazer para compensar isso. Os times da liga principal voltaram a recorrer a ele no outono de 1965, quando Paige já tinha 59 anos. A essa altura, era mais velho do que a maioria dos gerentes de time. O Kansas City Athletics estava em último lugar na classificação e o comparecimento do público tinha despencado. O dono do time teve a ideia de recrutar Paige, que sempre fora um showman, numa jogada publicitária para encher as arquibancadas.

Os fãs compareceram. Lotaram as arquibancadas para assistir ao espetáculo. Mas Paige veio para jogar. O arremessador mais velho da história do beisebol jogou três entradas sem permitir que o Red Sox pontuasse. Ele deixou o campo com o time na dianteira, mas o Athletics desperdiçou a vantagem depois que ele voltou ao banco e acabou perdendo a partida. Ele salvara o time por um breve tempo, e os torcedores cantaram em sua homenagem, pois tinham ido ao estádio basicamente para vê-lo arremessar uma última vez.

Depois da partida, os repórteres lhe perguntaram como se sentira ao arremessar para rebatedores que tinham idade para ser seus netos. "Para mim, não foi grande coisa estar aqui de volta", disse ele, "pois nem tinha por que estar fora. Agora o pessoal pode ver que eu merecia ter estado nas grandes ligas quando estava no auge."[8]

Satchel Paige foi roubado por um sistema de castas injusto e absurdo. Mas não foi o único que perdeu para a falta de lógica da casta. "Muitos críticos concordam que o verdadeiro perdedor na saga Paige foi o beisebol americano", escreveu o cronista esportivo Mark Kram. "Todos os times da liga principal poderiam ter se beneficiado com Paige em suas equipes, quando ele estava no auge. Os times secundários poderiam ter vencido campeonatos; os times campeões poderiam ter prolongado seu domínio."[9]

Sob o sortilégio da casta, os times da liga principal, assim como a própria sociedade, estavam dispostos a renunciar a seu próprio progresso, à glória e aos lucros resultantes, se isso dependesse de alguém visto como subordinado.

PARTE V

As consequências da casta

19. A euforia do ódio

As imagens do filme,[1] em preto e branco, ásperas na parede sobre a qual ele é projetado, desenrolam-se num loop contínuo numa sala de projeção de um museu em Berlim. Elas nos empurram/levantam/cospem de volta no tempo até 6 de julho de 1940, sábado, precisamente às três da tarde. Não há nenhum comentário explicando as cenas. Somos forçados a absorver o horror daquilo, em toda a sua ostentação banal, por nossa própria conta.

Hitler está voltando a Berlim depois que os alemães tomaram Paris na Batalha da França. A câmera capta sua chegada à Anhalter Bahnhof e segue pelas ruas cobertas de flores ao longo do caminho que leva à Chancelaria do Reich. A comitiva de Hitler serpenteia em meio a pessoas que não apenas jogam confetes, mas estão tão espremidas que elas próprias parecem montes de confetes lançados pelo vento. Soldados precisam conter mulheres que sorriem e choram, como aconteceria nos shows dos Beatles uma geração depois. O rugido da massa não é reconhecivelmente humano, e sim o som intermitente de ondas que recuam e voltam a quebrar na praia. Sinos de igrejas soam à distância. As crianças e os homens e as mulheres agitam bandeiras nazistas como se fossem asas de pássaros.

A câmera se aproxima, e podemos começar a distinguir os Heil masculinos dos Heil agudos das mulheres. Um garoto trepado num poste acena para a comitiva. Uma menininha faz o mesmo no ombro do pai. Os soldados fincam os calcanhares no chão para conter a pressão da massa, suas botas escoradas nos sapatos das mulheres, que desmaiam e empurram. Eles riem diante da inutilidade de conter as fãs de Hitler, que não param de gritar, numa alegre luta entre as barras dos uniformes e as panturrilhas vestidas com meias-calças.

A câmera corta para a sacada e para o objeto do arrebatamento incontido da massa. A princípio, o vemos de costas: a silhueta de Hitler contra o pano de fundo de 1 milhão de pontos, constituídos por seus jubilosos fãs. Ele se porta como uma estátua, os braços rigidamente à frente. Ao se inclinar para a sacada, deixa escapar um sorriso de satisfação. Lembramos então que nunca antes vimos uma imagem do mal sorrindo, um quarto de segundo de uma emoção humana. Ele observa a base de seu poder acenando e aplaudindo, e assente com a cabeça. "Isto é ótimo", é o que diz sua expressão.

Encantadas, pessoas riem por toda parte: na sacada, por todo o percurso do desfile e na Platz lotada onde, assim parece, todos os alemães vivos conseguiram se espremer. São tantos que se enredam alegremente uns nos outros, pulando e agitando suas bandeiras nazistas, um milhão de bandeiras nazistas. Minutos antes a caravana ondeou por sob um sem-número delas, tremulando alto de ambos os lados da rua, bandeiras nazistas a uma pequena distância uma da outra, enfileirando-se por quilômetros. Um culto de adoração por verdadeiros crentes, que agora parecem montes de seixos numa praia, um milhão de abelhas indistinguíveis numa colmeia.

O filme passava em loop na parede, sem comentários. Não era necessário. Eu estava ali sentada vendo aquelas cenas, perplexa e tomada de repulsa, enojada, mas incapaz de me levantar. Talvez, se ficasse ali por tempo suficiente, pudesse começar a compreender. Num momento como esse, ficamos cara a cara com a força da suscetibilidade disposta ao mal. Os nazistas não poderiam ter subido ao poder e feito o que fizeram sem o apoio de multidões abertas ao seu feitiço. Eu não conseguia parar de assistir. As faces sorridentes, radiantes, naquele tapete de exuberante humanidade — não era possível que todas aquelas pessoas fossem aquilo que consideraríamos o mal. Eram maridos, esposas, mães, pais, filhos, tios, sobrinhos, todos unidos num desfile triunfal, num dia brilhante e ensolarado, celebrando o que sabemos ser um horror.

Pensei comigo mesma: será que os alemães sabiam da carnificina que estavam comemorando? Mas eles sabiam, sim. Cenas de bombardeios eram mostradas no cinema, em cinejornais, antes da exibição do filme principal. Eles sabiam que os franceses tinham sido violentamente derrotados. Dois anos haviam se passado desde a Noite dos Cristais. Eles sabiam que amigos judeus tinham sido reunidos, humilhados publicamente, levados para longe e nunca mais vistos. E as pessoas na multidão estavam sorridentes e felizes. Tudo que aconteceu com os judeus na

Europa, com os afro-americanos, vítimas de linchamentos durante os anos de legislação segregacionista, com os indígenas americanos, que tiveram sua terra expropriada e seu povo dizimado, tudo que aconteceu com os dalits, considerados tão inferiores que sua própria sombra conspurcava os que eram vistos como acima deles, tudo isso aconteceu porque uma maioria grande o suficiente foi persuadida, e se permitiu ser persuadida, séculos atrás ou no passado recente, de que esses grupos haviam sido classificados por Deus como inferiores, sub-humanos, merecedores de seu destino. As pessoas reunidas naquele dia em Berlim não eram boas nem más. Eram humanos, inseguros e suscetíveis a uma propaganda que lhes dava uma identidade em que acreditar, que os fazia se sentir especiais e importantes.

O que qualquer um de nós faria se estivesse em seu lugar? Quantas pessoas realmente se levantam contra uma maré tão grande de aparente inevitabilidade? Quantas conseguem ver o mal pelo que ele realmente é, no momento em que ocorre? Quem tem a coragem de se opor a multidões diante de um carismático semideus que faz você se sentir melhor consigo mesmo, parte de algo maior do que você, algo em que você foi preparado para acreditar?

Cada um de nós diria agora para si mesmo: eu jamais iria a um evento como esse, jamais participaria de um linchamento, jamais apoiaria e muito menos aplaudiria que um ser humano fosse esquartejado e depois lançado ao fogo. E, no entanto, milhares de seres humanos comuns fizeram isso num tempo em que os mais velhos entre nós já viviam, na Alemanha, na Índia, no Sul dos Estados Unidos. Esse nível de insensibilidade e desconexão não aconteceu da noite para o dia. Ele foi construído ao longo de gerações de inseguranças e ressentimentos.

Algumas das testemunhas e participantes que saudaram Hitler e riram de seres humanos sendo torturados no Sul segregacionista ainda estão vivas, embalando seus netos junto ao peito. A câmera em Berlim registrou a multidão e fixou suas lentes nas crianças, uma garotinha com cabelos louros em estilo pajem e um barrete na cabeça, saudando Hitler, acomodada nos ombros do pai. Ela agora deve ter uns oitenta anos, e esta talvez seja uma das memórias mais antigas que carrega dentro de si como ser humano.

A Alemanha é testemunha de uma verdade desconfortável — a de que o mal não é uma pessoa, mas pode ser facilmente ativado em mais pessoas do que gostaríamos de acreditar, quando as condições para isso se materializam. É fácil dizer

"Se pudéssemos eliminar os déspotas antes que assumissem o poder, ou impedir sua ascensão", "Se pudéssemos esperar até que os fanáticos desistissem...". É muito mais difícil investigar a escuridão do coração de pessoas comuns com mentes inquietas, precisando de alguém que as faça se sentir superiores, cujos aplausos e votos permitem que déspotas em qualquer parte do mundo cheguem ao poder. É muito mais difícil enfocar o perigo da vontade comum, as fraquezas do sistema imunológico humano, a facilidade com que as toxinas podem infectar sucessivas gerações. Porque isso significa que o inimigo, a ameaça, não é um homem, mas nós, todos nós, à espreita na própria humanidade.

20. O inevitável narcisismo da casta

EMBORA NÃO POR FALHA de qualquer indivíduo nele nascido, um sistema de castas coloca a casta dominante numa posição central, como um sol em torno do qual giram as demais castas, e a define como a configuração-padrão da normalidade, do intelecto, da beleza, em relação à qual todas as demais são avaliadas e classificadas, em ordem descendente conforme a proximidade fisiológica com a casta dominante.

Os integrantes da casta superior estão cercados por imagens de si mesmos, de propagandas de cereais a sitcoms, que os retratam como dignos, esforçados e superiores na maioria dos aspectos da vida americana, e seria rara a pessoa que não absorvesse a centralidade construída para esse grupo. Seriam raros os divergentes, aqueles que se dedicariam a vivenciar o mundo pela perspectiva dos considerados inferiores, ou mesmo pensar sobre eles de uma forma ou de outra, e o sistema de castas não lhes exige isso.

A sociedade constrói um alçapão autorreferencial que, sem esforço algum da parte dos indivíduos da casta dominante, inconscientemente os força a um isolamento narcisista em relação aos que são relegados a categorias inferiores. Ela replica a estrutura dos sistemas familiares narcisistas, a interação de pessoas em funções de apoio que competem entre si — o menino de ouro das castas intermediárias das ditas minorias-modelo, os povos indígenas como crianças perdidas e a casta bode expiatório na base da hierarquia.

A centralidade da casta dominante não é influenciada por aqueles considerados abaixo dela na hierarquia. Os degraus mais altos e mais baixos são vistos como tão distantes que parecem ter sido plantados no lugar, inamovíveis. Assim, aqueles situados em posição intermediária podem sucumbir a imensas angústia e incerteza quando aspiram a um degrau mais elevado.

Todas as pessoas no sistema de castas são treinadas para cobiçar a proximidade com a casta dominante: um imigrante iraniano sente a necessidade de mencionar que um parente era louro quando pequeno; uma criança da segunda geração de imigrantes caribenhos se apressa em esclarecer que eles são jamaicanos, e categoricamente não afro-americanos; um imigrante mexicano se gaba de um de seus avós "parecer perfeitamente americano" — com cabelos louros e olhos azuis —, até que um afro-americano o lembra de que existem americanos com cabelos e olhos de todas as cores.

Aqueles acostumados a ser o padrão de tudo que é humano podem vir a depender da garantia de que, embora possam ter problemas em suas vidas, pelo menos não estão na base da hierarquia. Enquanto os designados para a base permanecerem no lugar que lhes foi atribuído, a identidade e o futuro dos indivíduos das demais castas estarão assegurados.

"Por mais degradadas que sejam as suas vidas, aos brancos ainda se permite acreditar que possuem o sangue, os genes, o patrimônio da superioridade. Não importa o que aconteça, eles jamais poderão tornar-se 'negros'", escreveu o sociólogo Andrew Hacker.[1] "Brancos americanos de todas as classes descobriram que há um certo conforto em manter os negros como casta subordinada: uma presença que, apesar de toda a sua dor e seus problemas, ainda proporciona aos brancos algum consolo num mundo estressante."

Estamos acostumados com o conceito de narcisismo — uma condição complexa de mentalidade autoengrandecedora e desrespeito aos outros que nasce de uma profunda insegurança — quando aplicado a indivíduos. Mas alguns estudiosos o aplicam ao comportamento de nações, tribos e subgrupos. Freud foi um dos primeiros psicanalistas a associar um diagnóstico psiquiátrico ao Narciso da mitologia grega, que se apaixonou pela própria imagem refletida num lago e, sem perceber que era ele mesmo que estava "desprezando" sua atenção, morreu em desespero. "Narciso não podia conceber que estava apaixonado pelo próprio reflexo", escreveu a psicóloga Elsa Ronningstam.[2] "Foi capturado por uma ilusão."

O mesmo acontece com grupos treinados para acreditar em sua soberania inerente. "A essência dessa sobrevalorização da própria posição e do ódio por todos que são diferentes dela é o narcisismo", escreveu o psicólogo e teórico social Erich Fromm.[3] "Ele não é nada", afirmou Fromm,[4] "mas se puder se identificar com sua nação ou transferir para ela seu narcisismo pessoal, então ele é tudo."

Uma pessoa profundamente empenhada na dominação do próprio grupo "tem uma sensação de euforia, de estar 'no topo do mundo', quando na verdade se encontra num estado de autoengrandecimento", escreveu Fromm.[5] "Isso leva a uma grave distorção de sua capacidade de pensar e avaliar [...]. Ela e tudo o que é dela são superestimados. Tudo que está fora é subavaliado." E subjacente a isso pode estar o medo da pessoa de não poder viver à altura do ideal construído de sua própria perfeição.

A história tem mostrado que nações e grupos são capazes de conquistar, colonizar, escravizar e matar para manter a ilusão de sua primazia. Seu investimento nessa ilusão lhes dá uma afirmação tanto da inferioridade daqueles considerados abaixo quanto de sua própria suposta superioridade. "A sobrevivência do grupo", afirmou Fromm, "depende, até certo ponto, de seus membros considerarem sua importância tão grande ou mesmo maior que a de suas próprias vidas, e também de acreditarem na retidão, ou mesmo superioridade, de seu grupo em comparação com outros."

Assim, quando ameaçados, eles se dispõem a sacrificar a si mesmos e a seus ideais pala sobrevivência do grupo[6] que sustenta sua autoestima. O teórico social Takamichi Sakurai escreveu explicitamente: "O narcisismo de grupo leva ao fascismo. Uma forma extrema de narcisismo de grupo significa um narcisismo maligno, que dá origem a uma política fascista fanática, a um racialismo extremo".[7]

Nos tempos modernos, esse tipo de narcisismo de grupo dominou duas nações em particular, segundo Fromm: "o narcisismo racial que existiu na Alemanha de Hitler e o que é encontrado no Sul dos Estados Unidos", escreveu ele em 1964, no auge no movimento dos direitos civis.

Fromm conhecia bem os perigos do narcisismo de grupo, tanto por seus estudos de psicologia quanto por experiência pessoal. Judeu alemão que fugiu para a Suíça quando os nazistas tomaram o poder na Alemanha, e depois para os Estados Unidos, em 1934, ele testemunhou pessoalmente os apelos aos temores e inseguranças dos alemães comuns nos preparativos para a tomada do poder pelos nazistas:

> Quando examinamos a avaliação que os brancos pobres fazem dos negros, ou a dos nazistas em relação aos judeus, podemos reconhecer facilmente seu caráter distorcido. Pequenas porções de verdade são reunidas, mas o todo que é assim formado consiste em falsidades e imposturas. Se as ações políticas se baseiam em autoglorificações narcisistas, a falta de objetividade com frequência produz consequências desastrosas.

Nos dois casos, Fromm descobriu que os membros da classe trabalhadora estavam entre os mais suscetíveis, cultivando uma "imagem inflada de si mesmos como o mais admirável grupo do mundo, superior a um outro grupo racial caracterizado como inferior".[8] Uma pessoa desse grupo "assim sente: 'mesmo sendo pobre e sem cultura, sou uma pessoa importante porque pertenço ao mais admirável grupo do mundo: sou branco', ou 'sou ariano'", afirma ele.

Um grupo impelido ao fervor narcisista "anseia por um líder com o qual possa se identificar", escreveu Fromm. "O líder é então admirado pelo grupo, o qual projeta sobre ele seu narcisismo."

O tipo certo de líder pode inspirar uma conexão simbiótica que suplanta a lógica. O grupo suscetível vê a si mesmo no líder narcisista, forma com ele uma unidade, vê como seus o destino e a fé desse líder. "Quanto maior o líder", escreveu Fromm, "maior o seguidor. [...] O narcisismo do líder que está convencido de sua grandeza, e que não tem dúvidas, é precisamente o que atrai o narcisismo dos que a ele se submetem."

O inevitável narcisismo da casta

O COMPORTAMENTO DE CASTA É essencialmente uma reação ao lugar atribuído a uma pessoa na hierarquia. Segundo o roteiro de que a cultura nos dá tudo, a casta dominante (seja o homem sobre a mulher, o rico sobre o pobre, o branco sobre o negro ou o brâmane sobre o dalit) não deve receber instruções nem mesmo sugestões da casta inferior. O roteiro decreta que a casta dominante deve estar certa, ser a mais informada, a mais competente, a primeira em tudo. O sistema de castas ensina os indivíduos da casta dominante a se sentirem desconfortáveis, injustiçados, ao verem alguém de casta inferior numa posição acima de sua categoria percebida, e mais particularmente acima de seus próprios membros, e pode sentir a necessidade de restaurar o equilíbrio colocando essa pessoa em seu devido lugar.

A casta dominante tende a resistir a comparações com pessoas de castas inferiores, mesmo à sugestão de que elas tenham alguma coisa em comum ou compartilhem experiências humanas básicas, pois isso rebaixa o indivíduo da casta dominante e pressupõe uma relação de igualdade com aquele que é considerado inferior. Qualquer comparação obriga a considerar a humanidade dessa pessoa, uma fonte de conflito interno quando confrontada com a injustiça que a sociedade julga ser adequada se o alvo não é visto como um ser humano pleno.

Anos atrás, um colega me procurou para falar sobre as preocupações dele e da esposa em relação a seu sogro, que tivera um contratempo de saúde. O sogro, que morava em outro estado e já não tinha mais o vigor de antes, talvez tivesse caído ou sofresse de alguma doença que, embora preocupante, não ameaçava sua vida. Meu colega queixou-se comigo de que a esposa teria de fazer uma longa viagem para verificar a situação e talvez tivesse de procurar um lar de idosos.

Ele falava diretamente comigo, mas suas palavras pareciam um lamento geral dirigido ao universo. Ele estava enfrentando uma perturbação existencial com a qual eu conseguia me identificar. No passado, eu havia lhe contado sobre os desafios que tivera de enfrentar nos cuidados com a minha mãe, que alguns anos antes se tornara portadora de necessidades especiais. Ele me ouvira na época com o distanciamento daqueles que ainda não haviam enfrentado o inevitável, e que dizem a si mesmos, como fazemos todos nós, que de alguma forma vão conseguir escapar daquilo que sabemos estar a caminho.

Eu disse a meu colega que lamentava por tudo que a família dele estava passando, e que entendia muito bem a situação. "Como você sabe", falei, "tenho precisado cuidar da minha mãe em meio a uma série de viagens, e também tive de procurar um lar de idosos." Ele pareceu perplexo com a simples sugestão de que nossas situações pudessem ter alguma coisa em comum, como se eu estivesse comparando uma girafa com um canguru. Minha fala foi vista por ele como um insulto e ativou uma reação profundamente arraigada. "Poxa", disse ele sobre o despropósito da ideia, "você não pode comparar meu sogro com a *sua mãe*."

DE ACORDO COM AS REGRAS não escritas do sistema de castas, espera-se que os indivíduos da casta dominante estejam na primeira posição ou na posição superior. Historicamente, sua tarefa é corrigir, dirigir, disciplinar e policiar as pessoas da casta mais baixa. Eles têm de estar sempre vigilantes para evitar qualquer insurgência ou violação da parte de quem está abaixo deles.

Eu tinha testemunhado isso no sistema de castas americano, porém quanto mais tempo passava com os indianos, mais essas regras de casta se tornavam evidentes — até mesmo previsíveis — para mim em minhas interações com as pessoas provenientes do primeiro sistema desse tipo no mundo. Aprendi a reconhecer quase imediatamente as diferenças entre a casta dominante indiana e os dalits, mesmo sem os sinais físicos mais evidentes das castas dominante e subordinada nos Estados Unidos.

Os indianos se perguntavam como eu, uma outsider vinda de uma cultura totalmente diferente, conseguia distingui-los tão depressa. Eu não falava nenhuma das línguas locais, não sabia nada sobre os *jatis* e não estava em posição de indagar ninguém sobre a aldeia de onde vinha ou de reconhecer os sobrenomes que informavam o lugar da pessoa no sistema de castas.

Notei, em primeiro lugar, que as pessoas de castas superiores tendiam a ter a pele mais clara e traços mais finos, embora esse não fosse um indicador incontestável. Depois, percebi ser mais provável que elas falassem inglês com sotaque britânico, embora esse pudesse ser um sinal de classe e instrução tanto quanto de seu lugar na hierarquia de castas. De modo mais revelador e consistente, comecei a ser capaz de distinguir as pessoas a partir da postura e do comportamento, de acordo com o roteiro universal da casta. Não era por acidente que meu radar de casta funcionava com mais eficiência quando havia um grupo de pessoas interagindo. A casta, de certa forma, é uma performance, e eu conseguia detectar as posições de casta de pessoas em um grupo, mas não necessariamente a de um único indiano ou indiana. "Não existe casta", disse certa vez o líder dalit Ambedkar. "Apenas castas."⁹

Assim, em reuniões de indianos de castas diferentes, eu podia ver que pessoas de castas superiores assumiam posições de autoridade, eram francas, seguras quando em posição de chefia, corrigindo e interrompendo pessoas de castas mais baixas. Isso lembrava uma dinâmica semelhante nos Estados Unidos, uma expectativa de que uma pessoa de casta superior deve afirmar sua superioridade em matéria de conhecimento e intelecto em todas as coisas, tendo sido socializada para ser a primeira e ocupar um lugar central, com uma pressão para estar certa e a necessidade de lembrar às pessoas de casta inferior, sutilmente ou não, sua inferioridade histórica, cultural, espacial e familiar.

Num painel ou num seminário, elas frequentemente lideravam a discussão ou se encarregavam da maior parte das falas, tendendo a fazer isso de maneira mais formal, professoral, sempre de cabeça erguida. Por outro lado, os dalits, como se fossem treinados para não chamar a atenção para si mesmos, sentavam-se nas sombras, na periferia das salas de conferência, fazendo poucas perguntas, tentando, ao que parecia, não interferir em temas ou conversas de pessoas das castas superiores, ainda que a discussão fosse sobre eles, como de fato era.

Mesmo no espaço seletivo de uma palestra acadêmica, ao ser corrigido por uma pessoa de casta superior, o dalit ouvia e aceitava a repreensão sem questionamento, na maior parte das vezes de cabeça baixa ou concordando, *sim, o senhor está certo, eu vou voltar agora e fazer o que o senhor disse.*

Eu me encolhia quando via pessoas desrespeitando intelectuais da casta subordinada num fórum aberto ao público.

Na Índia, os dalits gravitavam ao meu redor como parentes que não se viam há muito tempo, cercando-me e apoiando-se num sofá perto de mim para um tête-à-tête entre pessoas da casta subordinada. Descobri que eles queriam me ouvir, ou melhor, discutir com uma pessoa que reconheciam como um espírito afim e com quem compartilhavam uma condição comum. "Nós lemos James Baldwin e Toni Morrison porque eles refletem nossas experiências", disse-me um intelectual dalit. "Eles nos ajudam a suportar nossa condição."

Eu estava num intervalo para o almoço numa conferência em Delhi. Uma intelectual dalit e eu conversávamos sobre nossas perspectivas similares quando uma mulher de casta superior se aproximou e interrompeu a conversa para dizer à dalit o que ela deveria ter incluído em sua palestra, um aspecto que ela deixara de mencionar e que deveria abordar da próxima vez.

A mulher de casta superior nos cortou com um senso de privilégio, sem se desculpar pela interrupção, ignorando a conversa em curso, ignorando a mim, a pessoa com que a dalit estava falando, como se o que estivéssemos falando pudesse esperar. Ela repreendeu a intelectual dalit com um ar de desdém e superioridade e começou a instruí-la sobre o comportamento dos dalits, o tema sobre o qual a própria dalit havia pesquisado e escrito. Ela a repreendeu bem na minha frente, uma pessoa estranha para as duas. Eu estava lá em uma missão particular, e uma mulher de casta superior estava fazendo de si mesma o centro da conversa de outra pessoa e me impedindo de realizar minha tarefa.

Isso evocava uma convenção do sistema de castas americano, que frequentemente coloca a palavra de uma pessoa da casta dominante acima daquela de uma pessoa da classe subordinada, mesmo em assuntos que esta última provavelmente conheceria melhor. Durante a maior parte da história americana, não se permitiu que afro-americanos atuassem como jurados ou testemunhassem contra pessoas brancas. Mesmo em tempos mais recentes, acusações de discriminação racial costumam ter mais peso se apoiadas por pessoas da casta dominante.

Agora, do outro lado do mundo, na Índia, uma pessoa da casta dominante estava assumindo o mesmo privilégio num universo paralelo. Nos círculos de justiça social americanos, sua repreensão à mulher dalit seria vista como uma espécie de *"brâmane-splaining"*, em paralelo com *mansplaining* e *whitesplaining* — uma pessoa da casta superior ensinando a uma pessoa da casta subordinada algo em que esta última podia ser, de fato, uma autoridade.

Quando a mulher da casta superior saiu, depois de mostrar sua posição, foi difícil retomar a conversa. Ela nos havia tirado de nosso momento de compartilhamento de experiências como membros de castas semelhantes. Perguntei à dalit se ela conhecia a mulher que tinha acabado de nos interromper, já que ela havia falado com muita desenvoltura e familiaridade. "Não", respondeu a intelectual dalit. "Veja bem, é isso que acontece. Ela só me fez saber que era de uma casta elevada e estava acima de mim."

EMBORA POSSAM NÃO RECONHECER conscientemente, americanos da casta dominante costumam mostrar quase tanta curiosidade sobre as origens étnicas — e portanto de casta — de seus compatriotas quanto os indianos. Quando americanos buscam se situar na hierarquia, a linha de avaliação pode ser mais sutil e não ter as mesmas consequências fatais. Mas ela está lá.

Eles questionarão alguém de raça ambígua até encontrar uma origem satisfatória. Se descendendo da Europa Ocidental, podem perguntar a um ítalo-americano sobre suas raízes — que parte da Itália, Norte ou Sul, zona rural ou urbana — por verdadeiro interesse ou porque visitaram ou desejariam visitar o país, mas também, talvez, para situar na hierarquia do sul da Europa. Se uma pessoa é em parte irlandesa e em parte tcheca, a ênfase ao conhecer alguém pode ser no avô irlandês e não na avó tcheca. Uma pessoa branca pode descrever-se como vira-lata ou como alguém com "origens um pouco por todo lado", o que obscurece convenientemente uma linhagem de fora do noroeste europeu.

A velha hierarquia eugênica do valor presumido ainda espreita sob a superfície. Uma mulher cujos avós imigraram da Polônia pode dizer a um irlando-americano — cujo status é percebido como superior ao seu — ter origens na Áustria (utilizando como justificativa para si mesma as fronteiras transitórias do século XX). Mas a mesma mulher pode "admitir" a origem polonesa para um afro-americano de condição presumidamente inferior, a quem ela não tem necessidade de impressionar, seu status mais elevado estando garantido e entendido.

Não muito tempo atrás, em Boston, Chicago e Cleveland, as pessoas falavam dos "brancos étnicos" do Sul e do Leste da Europa como blocos políticos eleitorais. Elas distinguiam entre os irlandeses ricos e pobres.[10] Certa vez, alguns anos atrás, ao final de uma reunião de que participei no Nordeste dos Estados Unidos, numa sala com profissionais negros, alguém fez a uma jovem assessora branca a corriqueira pergunta sobre como se escrevia o seu nome, que podia ser Kathryn, Catherine, Katherine ou talvez Katharine. Ela aprumou as costas e respondeu com arrogância: "Na grafia inglesa", o que não soou exatamente como uma resposta, mas como uma tentativa de se distinguir dos demais presentes e se alinhar com uma matriz anglo-saxônica, o que nenhum anglo-saxão de verdade precisaria fazer. Pensei comigo mesma: *E qual exatamente é essa grafia?*

Durante um jantar, três mulheres brancas conversavam sobre pessoas que conheciam havia anos, as falas fluindo por linhas de castas para além de sua percepção consciente. Uma delas, de ascendência irlandesa, mencionou uma pessoa cuja família tinha chegado da Alemanha na primeira metade do século XX. Isso estimulou uma outra a afirmar que sua família viera da Alemanha antes disso, na década de 1860. A terceira mulher lembrou-se de alguém que tinha um sobrenome incomum. As outras imediatamente perguntaram sua origem. "É alemã?" "Não, dinamarquesa", respondeu ela. As mulheres então passaram a falar de um outro conhecido. "A esposa dele não é espanhola?", perguntou uma delas. "Ah, ela é de um país da América do Sul", disse outra. "tipo Colômbia ou Venezuela."

A conversa passou para a terceira mulher e os cabelos ruivos de alguns de seus parentes. A teuto-americana disse que eles pareciam irlandeses.

"Não", corrigiu a mulher. "Somos nórdicos."

As outras duas ficaram em silêncio. A conversa teve uma pausa. De alguma forma, todas ali percebiam o poder da palavra "nórdico" em toda a sua especificidade ambígua — ambígua porque não se refere a um país, específica por ser uma linguagem herdada da era da eugenia, no início do século XX, transmitida ao longo do tempo pela cultura e pela tradição. Ninguém perguntou sobre o país do qual a família dela tinha vindo — Suécia? Noruega? Finlândia? Islândia? — nem quando ela tinha chegado. Se uma pessoa era nórdica, isso não tinha importância.

"Nórdico" era o tipo de palavra que, em décadas anteriores, precedera o termo "estirpe" — como em *estirpe* alpina ou *estirpe* ibérica —, numa agora desmentida hierarquia de "raças" europeias. Nórdicos e anglo-saxões são os dois grupos que sempre foram bem-vindos nos Estados Unidos. Os nórdicos eram o que os redatores da lei de imigração de 1924 desejavam.[11] Eles haviam inspirado toda uma ideologia, o *nordicismo*, que os declarava os mais elevados de todos os arianos. Nórdica era a região da Europa pela qual o 45º presidente dos Estados Unidos pareceria ter uma grande fixação, um século depois do movimento eugênico, e cujo povo ele desejava que tivesse imigrado para o país, em lugar de mexicanos, muçulmanos ou haitianos. A palavra, então, interrompeu temporariamente a conversa. Os nórdicos têm estado por muito tempo no topo da hierarquia. E, depois de todas essas décadas, ainda se impunham a todos na sala.

21. A garota alemã com cabelo escuro e ondulado

HOUVE UMA ÉPOCA durante a Segunda Guerra Mundial em que quase todos os moradores judeus haviam sido banidos da vida alemã. Capturados ou forçados a se esconder, sua ausência deixou um vácuo e uma paranoia entre os arianos que permaneceram. Sem um bode expiatório para o qual olharem de cima, as pessoas tinham apenas a si mesmas para olhar e distinguir, e passaram a examinar seus compatriotas em busca de alguém a quem pudessem ser superiores.

A fixação na pureza deixou todos em alerta máximo. No Norte do país, numa vila perto de Hanover, alguém fez uma observação fortuita sobre uma jovem alemã, levantando suspeitas a respeito de sua aparência e, por extensão, sobre sua linhagem e seu valor.

O ar era pesado em função de uma vigilância nervosa, uma hiperconsciência à caça do menor sinal de diferença. As pessoas haviam notado que o cabelo da garota era mais escuro que o da maioria, mais parecido com o dos ibéricos do que com o de muitos alemães. Evidentemente, o próprio Führer tinha o cabelo muito escuro, e por isso os alemães que compartilhavam esse traço podiam consolar-se pela semelhança com seu líder. Mas o cabelo de Hitler era liso, ao contrário das madeixas da garota alemã dos arredores de Hanover, que também nesse aspecto destoava do padrão ariano.

As pessoas achavam curioso que essa menina, pertencente a uma sólida família alemã, tivesse o aspecto de alguém do Oriente Médio ou, mais especificamente, segundo seu conhecimento limitado, persa. Não estava claro se os habitantes daquela vila conheciam de fato algum persa, mas a ideia de alguma forma ficou gravada em suas mentes. Será que a família tinha algum sangue persa ou de pessoas daquela parte do mundo? Ou, o que era mais ameaçador, embora não fosse dito de forma explícita, algum sangue judeu?

As pessoas notavam, e não deixavam de comentar, que o cabelo da garota era ondulado, formando cachos escuros, e não o louro prateado que se derramava sobre as costas da maioria das meninas arianas. Elas notavam também que a pele da garota era perceptivelmente um pouco mais escura que a da maioria das meninas alemãs, situando-se entre o dourado e o oliva, em vez do marfim e do alabastro das pessoas à sua volta, inclusive em sua própria família. Era como se uma característica oculta tivesse de repente emergido nela.

Essas são as distinções mínimas que podem assumir grande significado quando não há muitas outras a fazer. Sob os nazistas, elas acarretavam consequências mais graves do que simples fofocas. Observações desse tipo eram explosivas numa época em que os cidadãos do Reich precisavam corresponder aos ideais arianos a fim de sobreviver.

Esses comentários — ou melhor, essas acusações, como eram percebidas na época — assustaram a adolescente alemã, e assim ela foi até o espelho com uma fita métrica e verificou o comprimento e a largura de seus olhos, sua testa e seu nariz, para verificar se estavam dentro dos padrões de que as pessoas falavam na era da eugenia e da conformidade ariana. Ela mandou tirar algumas fotos de si mesma medindo os traços de seu rosto, a fim de encontrar alguma segurança fora da pele e do cabelo.

A simples menção de desvios percebidos em relação ao padrão ariano atraía um escrutínio indesejado e potencialmente perigoso. Nessas circunstâncias, os alemães sabiam ser necessário ter às mãos um "passaporte racial",[1] no caso de sua condição ariana ser questionada. Até padres e freiras eram presos se porventura fosse descoberto um ancestral judeu.

A família da menina ficou preocupada a ponto de, discretamente, pesquisar sua árvore genealógica. Os genealogistas tiveram muito trabalho no Terceiro Reich. Os alemães guardavam Bíblias de família, registros de igrejas e de agências do governo para o caso de serem intimados a defender suas origens. Assim, antes que a acusação fosse aprofundada, a família recuava três gerações para ver por si mesma se algo diferente do sangue ariano havia se infiltrado em suas veias, algum intruso indesejado que um antepassado poderia ter adorado, mas cuja presença era agora motivo de vergonha.

A família acabou conseguindo se safar e manteve seu status de bons alemães. A garota de cabelo escuro ondulado sobreviveu à guerra. Casou-se e teve filhos e netos, mas falava pouco sobre o Reich ou o conflito que definiram sua adolescência.

Décadas depois, uma neta encontraria uma foto dela. A fotografia mostra uma adolescente segurando uma fita métrica junto ao rosto, uma relíquia da paranoia da casta dominante. Mesmo os favorecidos eram degradados e amedrontados quando confrontados com a suposta perfeição.

22. A síndrome de Estocolmo e a sobrevivência da casta subordinada

AO LONGO DOS SÉCULOS, as pessoas situadas à margem tiveram de estudar aquelas que se encontravam no centro do poder, aprender seus códigos e fronteiras invisíveis, memorizar seus protocolos e idiossincrasias, porque sua sobrevivência depende de conhecê-los tão bem quanto seus próprios sonhos e desejos, se não melhor. A partir dos flancos, elas aprendem a estar alertas às necessidades e humores da casta dominante. Elas decodificam de que modo os que estão no poder se relacionam ou não entre si, quem está ganhando ou perdendo benefícios, da mesma forma como as mulheres têm historicamente observado seus homens, ou como uma criança enxerga os sinais de discórdia no casamento dos pais, interligadas como estão com os responsáveis pelo terreno.

Elas precisam desenvolver poderes de percepção se vão navegar a partir de baixo.

"O conhecimento sem sabedoria é adequado aos poderosos", escreveu a socióloga Patricia Hill Collins, "mas a sabedoria é essencial para a sobrevivência dos subordinados."[1]

Para prosperar, eles devem de alguma forma ajustar-se às expectativas da casta dominante, desempenhar seu papel no palco. Embora possam optar por não se submeter totalmente, descobrem que as coisas se tornam mais fáceis se seguirem o roteiro transmitido ao longo do tempo, se aceitarem a missão de servir e entreter, confortar e consolar, perdoar qualquer transgressão sem esperar nenhum tipo de reparação da parte dos transgressores.

"O primeiro dever moral é o da resignação e aceitação",[2] escreveu o antropólogo Edmund Leach sobre o comportamento esperado da casta mais baixa da Índia. "O indivíduo obtém mérito pessoal desempenhando as tarefas que são próprias da camada social em que nasceu [...]. As recompensas da virtude virão na próxima vida."

O velho código da casta subordinada exige que seus membros vejam o mundo não por seus próprios olhos, mas pelos olhos da casta dominante; que demonstrem compaixão mesmo que não recebam nenhuma em troca, uma fusão de dominante e subordinado que evoca a síndrome de Estocolmo.

Embora não possua uma definição ou um diagnóstico universalmente aceito, a síndrome de Estocolmo costuma ser vista como um fenômeno caracterizado por pessoas que desenvolvem um forte vínculo com quem abusa delas ou as mantém cativas. Seu nome tem origem num assalto realizado em 1973 num banco de Estocolmo, na Suécia, em que os reféns vieram a sentir empatia pelos homens que os mantiveram cativos durante seis dias. É vista como um mecanismo de sobrevivência, em que as pessoas devem se afinar aos que têm poder sobre elas e aprender a ajustar-se às suas expectativas a fim de agradá-los.

No outono de 2019, um tribunal de Dallas tornou-se o palco para a apresentação de uma peça envolvendo os papéis entrelaçados e os desequilíbrios de poder da casta. Num caso raro na história americana, uma ex-policial branca foi presa por matar um homem negro que tomava sorvete e via televisão em seu próprio apartamento, que a policial argumentou ter confundido com o dela. A condenação implicava uma sentença de até noventa anos. O promotor recomendou 28 anos, idade que a vítima teria naquele momento se a ré não o tivesse matado. No final, a ex-policial foi condenada a dez anos de encarceramento, com possibilidade de condicional em cinco anos.

O irmão do homem assassinado perdoou a mulher da casta dominante que o havia matado e a abraçou, numa cena que correu o mundo. Enquanto ela soluçava, após receber a sentença, a oficial de justiça, uma mulher negra, foi até ela e começou a afagar seus cabelos louros — os cabelos de uma mulher que havia assassinado um homem inocente da mesma casta a que a oficial de justiça pertencia. Se o contrário tivesse acontecido, isto é, se um homem negro tivesse tirado a vida de uma mulher branca em circunstâncias similares, é inconcebível que a sentença fosse de dez anos ou que o criminoso fosse abraçado e afagado, nem se esperaria algo assim, nem mesmo remotamente.

Muitos observadores da casta dominante sentiram-se confortados pelo gesto da oficial de justiça, que viram como um ato de amor, de compaixão maternal. Muitos indivíduos da casta subordinada o viram como uma humilhante fetichização de uma mulher à qual se oferecia o conforto e a leniência que são negados aos afro-americanos, os quais são tratados de maneira mais dura numa era de encarceramento em massa e na sociedade de um modo geral. Será que a oficial de justiça estava mostrando simpatia por uma colega de trabalho? Será que a estava revistando, como pensaram alguns? Nesse caso, por que não usara luvas nem mandara a condenada levantar-se, e por que se limitara a passar a mão em seus cabelos? Será que estava incorporando a dor da condenada, reagindo a antigas instruções de sempre proteger a casta superior, desempenhando dessa forma o papel tacitamente atribuído à casta subordinada durante gerações?

A juíza também era uma mulher da casta inferior, e desceu da bancada para dar uma Bíblia à condenada. Em seguida, abraçou a mulher junto ao peito e rezou por ela e com ela. Ninguém se lembrava de ter visto algo assim, um juiz ou funcionário de tribunal abraçando e consolando um criminoso recém-condenado. O abraço da juíza não parecia muito distante do conforto que empregadas negras ofereciam às inconsoláveis crianças brancas sob seus cuidados, enquanto enxugavam suas lágrimas ao longo dos séculos.

"É quase impossível imaginar o mesmo nível de compaixão sendo oferecido a uma pessoa negra recém-condenada por assassinato", escreveu o jornalista Ashley Reese.[3]

De fato, por volta da mesma época, na Flórida, um homem negro de 21 anos foi condenado a dez dias de prisão pelo crime de chegar atrasado para participar de um júri.[4] O juiz, um homem da casta dominante, não teve nem um pouco da compaixão exibida por uma mulher também da casta dominante que assassinara um homem dentro da casa dele. Ao contrário, passou uma enorme descompostura em Deandre Somerville, o jovem jurado, lançando sobre ele o peso da lei por um simples deslize, em vez de demonstrar piedade.

O juiz repreendeu o jovem até no que dizia respeito à composição do júri, dizendo que ele era necessário no julgamento porque era o único jurado negro. Somerville foi, com efeito, singularizado e submetido a um tratamento diferente daquele dispensado aos jurados brancos — foi integralmente culpabilizado pelas inadequações de um sistema que, por acaso, não dispunha de um número suficiente de pessoas parecidas com ele. Somerville não tinha ficha criminal, e agora, nessa fase tão decisiva da vida, passara a ter, porque espera-se empatia dos indefesos em relação aos poderosos, mas não o contrário.

"Essa expectativa é alimentada por uma necessidade perversa de ver pessoas prejudicadas demonstrarem nobreza", escreveu o poeta Hanif Abdurraqib na revista *Pacific Standard*, "porque é assim que podemos acreditar nos mitos de que o sofrimento político constrói o caráter e de que a retidão, e não o poder, inevitavelmente triunfará."[5]

No momento em que vi as fotos, elas me abalaram. Era novembro de 2014, e estávamos em meio aos protestos contra a brutalidade policial após o caso de Ferguson, Missouri. Numa manifestação em Portland, Oregon, via-se a melancolia de um menino negro à frente de um grupo de manifestantes, apontando na direção dos policiais um cartaz que dizia "Abraços grátis".

Havia naquela imagem algo profundamente perturbador que não consegui identificar de imediato. Por alguma razão, o rosto do garoto parecia mais o de um homem na moldura pequena de uma criança — contorcido de angústia, lágrimas escorrendo-lhe pelas bochechas, uma emoção desoladora fora de sintonia com as circunstâncias. Ele usava um chapéu de feltro que parecia de outro século. Não tinha a aparência descontraída de uma criança nem a alegria carinhosa de alguém oferecendo abraços a estranhos.

Um policial branco reagiu ao cartaz e abraçou o garoto. A fotografia viralizou, sendo mostrada por todas as redes de televisão. Muitos membros da casta dominante sentiram-se reconfortados por esse gesto de compaixão e benevolência. Ali estava uma criança negra esperando abraçar alguém de um grupo que estivera em confronto com jovens negros nos meses anteriores.[6] Eles ficaram comovidos pelo jeito como o garoto abraçou o policial, como se o estivesse abraçando para toda a vida.

O que havia de perturbador na fotografia só podia ser percebido caso se aplicassem os mesmos padrões de comportamento humano às pessoas subordinadas e às demais. Poucas mães negras, ou, nesse sentido, mães em geral, insistiriam para que seus filhos, especialmente seus filhos negros, abraçassem um policial ou qualquer pessoa estranha. E poucas crianças estariam dispostas a isso. O rosto do menino mostrava muito mais que desconforto: mostrava o desespero de alguém mais velho do que ele parecia ser.

O mundo não conheceria a tragédia por trás daquele momento até muitos anos depois. Duas mulheres brancas de Minnesota haviam adotado o garoto, Devonte Hart, e mais cinco crianças negras do Texas, recebendo do Estado mais de 2 mil dólares por mês em função disso.[7] Durante dez anos, elas essencialmente haviam mantido as crianças em cativeiro, isoladas em lugares remotos, sem alimentação adequada.

Usavam-nas como suporte para atrair seguidores nas mídias sociais, com vídeos ensaiados das crianças forçadas a dançar e cantar para suas captoras. Longe das câmeras, as mulheres batiam nelas com cintos e punhos fechados, e chegaram a manter a cabeça de uma das meninas sob água fria como punição depois de encontrarem uma moeda em seu bolso. Quando as crianças procuravam ajuda e comida com vizinhos e professores, elas recorriam aos estereótipos de casta, dizendo aos outros adultos para não alimentá-las, que as crianças estavam apelando ao "argumento da comida", que estavam mentindo, que eram "bebês drogados" cujas mães biológicas haviam usado drogas durante a gravidez.

Autoridades de vários estados investigaram os relatos de abusos, mas pareceram incapazes de proteger as crianças. Mesmo após uma das mulheres declarar-se culpada de contravenção em Minnesota, em 2010, por ter agredido uma das filhas, as crianças permaneceram sob sua custódia. Depois disso, sempre que alguém se aproximava o suficiente para intervir, as mulheres tiravam as crianças da escola e se mudavam para outra jurisdição. Confiavam na desordem de um serviço social desarticulado e em seus próprios privilégios de casta — as presunções de competência e o benefício da dúvida concedidos a elas — para escapar às investigações do Estado e obstar os pedidos de ajuda das crianças.

Naquele dia de novembro de 2014, elas postaram fotos de Devonte abraçando o policial e receberam aplausos de todo o mundo. As pessoas viram aquilo que quiseram ver, e não a agonia na face de um garoto de doze anos de idade com o corpo de um menino de oito devido à inanição, seu abraço sendo, em certo sentido, um pedido de resgate. As pessoas viram um retrato da benevolência negra quando na verdade estavam olhando para um refém maltratado.

Em 26 de março de 2018, com as assistentes sociais se aproximando, as duas mulheres colocaram as crianças num SUV e subiram até um penhasco no norte da Califórnia, de onde jogaram o veículo, suicidando-se e matando as crianças que haviam mantido em cativeiro.[8] A cegueira em relação à intensidade da dor no rosto do menino, a liberdade concedida a essas salvadoras brancas para maltratar crianças vistas como descartáveis, o desejo coletivo de curar feridas tribais com gestos superficiais de benevolência da parte dos feridos — tudo isso contribuiu para essa tragédia e ainda assombra muitos de nós. Fomos todos testemunhas de um crime que terminou em horror.

Anos antes, em 2015, nove paroquianos negros foram alvo de um massacre numa igreja de Charleston, e as famílias das vítimas quase imediatamente ofereceram seu perdão ao assassino branco impenitente. Foi um ato de fé inflexível que cativou o mundo, mas alinhado à expectativa da sociedade de que a casta subordinada suporte todo o seu sofrimento e absolva seus transgressores.

O perdão negro aos pecados da casta dominante tornou-se uma forma espiritual do ter que ser duas vezes melhor, numa situação traumática e nos demais aspectos da vida, para ter seu valor ao menos em parte reconhecido.

"Os brancos adotam narrativas sobre o perdão",[9] escreveu a ensaísta e escritora Roxane Gay depois do massacre, "para poder fingir que o mundo é um lugar melhor do que realmente é, e que o racismo é só um vestígio de um passado doloroso, e não parte indelével do nosso presente."

O ato de perdoar parece uma cláusula implícita de um contrato unilateral entre subordinado e dominador. "Os negros perdoam porque precisamos sobreviver",[10] afirmou Gay.

> Precisamos perdoar repetidas vezes enquanto o racismo ou o silêncio branco diante dele continua a florescer. Tivemos de perdoar a escravidão, a segregação, as leis Jim Crow, os linchamentos, a iniquidade em todas as esferas, o encarceramento em massa, a privação do direito de voto, a representação inadequada na cultura popular, as microagressões e muito mais. Estamos sempre perdoando, e aqueles que cometem ilegalidades contra nós continuam a cometê-las.

Em 2018, quando cada semana parecia trazer um novo exemplo de pessoas da casta dominante chamando a polícia para acusar negros que apenas cumpriam sua rotina cotidiana, uma mulher branca de meia-idade acionou a polícia queixando-se de um menino de nove anos que, segundo ela, a tinha assediado sexualmente ao passar por ela no caixa de uma mercearia no Brooklyn. O garoto disse que não tinha feito isso, não tinha tocado nela, e começou a chorar. O que o salvou foi o vídeo da câmera de segurança da loja, que depois viralizou. As imagens mostram o garoto passando pela mulher na mercearia lotada e sua sacola roçando nela sem que ele percebesse.[11]

A mulher teve de passar a vergonha de se desculpar pela falsa acusação. Depois, as pessoas quiseram saber se ele a tinha perdoado. O garoto ainda não havia aprendido todas as regras do sistema de castas, não tinha vivido o suficiente para ter lido todo o roteiro ou ter feito o seu download no subconsciente. Pensava com a mente ainda livre de um inocente que não havia enfrentado as consequências de violar as normas de casta. "Não perdoo a mulher", disse ele, "e ela precisa de ajuda."

O garotinho tinha a visão de raio X da infância. Não havia aceitado a inversão do certo e do errado, não estava disposto a conceder um privilégio que não deveria ser exigido e sim concedido livremente por decisão de quem foi prejudicado.

"O que os brancos realmente estão pedindo quando exigem o perdão de uma comunidade traumatizada é a absolvição",[12] escreveu Gay. "Eles desejam a absolvição do racismo que infecta a todos nós, ainda que o perdão não possa reparar os pecados racistas dos Estados Unidos."

NÃO SE PODE VIVER NUM sistema de castas, respirar o seu ar, sem absorver a mensagem da supremacia que o caracteriza. As castas subordinadas são treinadas para admirar, venerar, temer, amar, invejar e desejar ser como aqueles que estão no centro da sociedade, no topo da hierarquia. Na Índia, costuma-se dizer que é possível tentar sair da casta, mas que a casta nunca sai de você. Os imigrantes que vêm da Índia para os Estados Unidos estão, em sua maioria, entre os mais qualificados e abastados de sua terra natal; poucos dalits dispõem dos recursos necessários para isso. Segundo algumas estimativas, os dalits constituem menos de 2% dos descendentes de indianos nos Estados Unidos. Para os que conseguem fazer a travessia, a casta frequentemente migra junto com eles.[13]

E assim a simples menção dos sobrenomes de conterrâneos de casta superior era um gatilho, no jargão comum do início do século XXI, para que um brilhante dalit indiano, doutor por uma prestigiosa universidade da costa leste, se revirasse de um lado para o outro, desconfortável, agitado. São sobrenomes desprovidos de grande significado para a maioria dos americanos, mas que na Índia implicam posição e privilégio. Os nomes Gapta, Mehta e Mukherjee, comuns entre os imigrantes indianos nos Estados Unidos, estão entre os mais reverenciados em sua terra natal.

"Esses nomes... Eu não consigo olhar diretamente para eles. Não consigo olhar nos olhos deles. Não sei o que dizer. Eles eram nossos senhores. Meus avós trabalharam para os avós deles", disse o intelectual dalit, balançando a cabeça e olhando para o tapete. "Eu jamais seria convidado para ir a suas casas. Na Índia, eles não falariam comigo. Não consigo me imaginar falando com eles nem mesmo aqui nos Estados Unidos. Eles são de uma casta totalmente diferente da minha."

Ele voltou a ficar agitado.

"O trauma de cruzar essa linha...", disse ele. "Eu estou aqui há três anos. Ainda não tenho confiança para falar com eles."

Na base da hierarquia, a mensagem da inferioridade chega a você por sussurros e outdoors. Ela se infiltra em sua identidade. A violência e o terror usados para manter a hierarquia mantêm você em seu lugar sem sinalização.

"A sensação é de perigo", disse o intelectual dalit, o mero pensar nas pessoas de casta superior. "Eles são um perigo para mim. Sinto-me em perigo com eles."

A casta é mais do que uma posição, é um estado mental que mantém todos cativos, os dominantes aprisionados a uma ilusão de seu próprio privilégio, os subordinados confinados ao purgatório da definição, por outros, de quem eles são e quem deveriam ser.

O dalit com doutorado era o único de sua família que tinha passaporte, o único que já tinha posto os pés fora da Índia. Os outros não tinham passaporte nem viam a necessidade disso. "Para onde iriam?", perguntou ele. O sistema de castas os tinha privado da necessidade de usar uma característica básica dos seres humanos: a imaginação.

Primeiro a romper essas barreiras numa família de casta marginalizada, ele carregava o peso dos sonhos de todos de sua casa, assim como o estigma e a expectativa de fracasso da sociedade de modo geral. "Se eu cometo um erro, minha comunidade comete um erro", disse ele. "Se eu fracasso, minha comunidade fracassa. Eu caminho sobre uma linha muito tênue."

De volta à Índia, quando entra numa loja, todos olham para ele e o vigiam como se fosse um ladrão, assim como acontece com os negros nas lojas dos Estados Unidos. Ele absorveu essa expectativa e se ajustou a ela para sobreviver. "Nunca pergunto sobre a qualidade de um produto", disse ele. "Pergunto o preço. Se perguntar sobre a qualidade, eles vão dizer: 'Você não pode comprar, por que está me fazendo perder tempo?'. Se eu disser que quero ver o produto, vão dizer: 'Vá embora ou vou chamar a polícia'. Aí eu volto com amigos que não são dalits, que falam a língua deles, e eles compram para mim."

Foi por esse motivo que, no lobby de um hotel de luxo depois de um jantar perto do campus, ele apontou para o calçado que estava usando, um par de tênis de couro, abaixou-se e pressionou o bico folgado de um deles. "Estes tênis que comprei", disse, "não são do tamanho certo. São grandes demais. Comprei assim mesmo porque não quis chatear o vendedor. Não tive segurança para pedir outro tamanho. E aí comprei o que ele trouxe."

Ele, como todos os indivíduos pertencentes a castas subordinadas, teve de criar todo um protocolo a fim de se proteger dos insultos. "Se eu vou a uma loja e fico lá trinta minutos, tenho de comprar alguma coisa", disse. "Tenho um monte de coisas que comprei apenas por receio de dizer não ao vendedor."

Os dalits sofrem ataques brutais por infrações ao sistema de castas, e até hoje, nas áreas rurais, são proibidos de andar nas mesmas ruas utilizadas por membros da casta dominante. No distrito de Velore, uma família foi obrigada a transportar um ente falecido por estradas secundárias para chegar à pira funerária. Os homens tiveram de baixar o corpo, enrolado em panos e folhas, de uma ponte usando uma corda, enquanto outros lá embaixo esticavam os braços para segurá-lo. Fora-lhes negado o acesso às estradas públicas, que eles supostamente conspurcariam.

Eles fazem o possível para evitar outros insultos.

"Para nós, é uma questão de dignidade", disse ele. "Se vou a algum lugar, podem dizer 'você não pode comprar isso, está me fazendo perder tempo'. Assim, quando vou a um restaurante, não quero tomar o tempo do garçom. Eles podem atacar a gente e depois dizer que somos hostis, quando para nós é uma questão de dignidade. Nossa dignidade está sob ataque."

Certa vez, ele acompanhou duas americanas brancas a uma loja e ficou abismado com o comportamento delas. "Gastaram o tempo do dono da loja e não compraram nada", disse. "Não consigo me imaginar fazendo isso."

O medo corre no fundo de sua alma.

"É o medo da rejeição prevista ou a rejeição em si?", perguntei a ele.

"É a segunda causada pela primeira", respondeu ele.

"O que o ajudaria a se sentir melhor nessas situações?"

"O que preciso é me sentir melhor dentro da minha própria pele", ele disse.

23. Tropas de choque nas fronteiras da hierarquia

NA HORA DO JANTAR, num navio a vapor do século XIX no Sul dos Estados Unidos pré-Guerra Civil, o ritual de casta era o seguinte: ao primeiro toque do sino, os passageiros brancos sentavam-se para comer com o capitão. Depois que terminavam, o segundo sino tocava, para a tripulação branca — os engenheiros, o piloto, os atendentes. Só quando todos os brancos a bordo, de todas as classes e condições, acabavam de comer é que o sino tocava pela terceira vez, e a tripulação negra, escrava ou livre, tinha permissão de comer.

Um problema surgia, porém, se houvesse negros livres como passageiros. Estes pagavam suas passagens e, no papel, eram da mesma categoria que os passageiros brancos. Eram, provavelmente, de classe média, mas o que importava era que pertenciam à casta mais baixa. E, historicamente, a casta sobrepõe-se à classe.

Era um tabu que negros e brancos estivessem ou comessem no mesmo espaço e ao mesmo tempo, e até que usassem os mesmos utensílios. Assim, os negros não iam comer com seus homólogos brancos ou com a tripulação branca cujos membros, presumivelmente, eram de classe inferior à deles.

Mas o problema era maior que isso. Negros livres eram uma afronta ao sistema de castas, sempre resvalando contra suas fronteiras. Por sua própria existência, circulando como iguais dos indivíduos da casta dominante, dispondo de recursos para entrar em espaços considerados exclusivos aos que eram melhores do que eles, e tendo sido capazes de ganhar sua liberdade e de desfrutá-la, eles colocavam em questão todo o sistema. Se pessoas da casta mais baixa tinham a capacidade de ser iguais, por que estavam sendo escravizadas? Se eram suficientemente inteligentes para fazer outras coisas além de colher algodão ou esfregar assoalhos, por que estavam colhendo algodão e esfregando assoalhos? Isso era perturbador demais para ser encarado de frente.

Após louças e talheres terem sido recolhidos e de todas as outras pessoas a bordo terem comido e se retirado para suas cabines ou seus postos, o pequeno grupo de passageiros negros tinha permissão de comer na despensa, "sentados à mesa dos garçons".[1]

Desde o início do sistema de castas nos Estados Unidos, pessoas da casta mais baixa que de alguma forma conseguiram subir de vida constituem as tropas de choque nas fronteiras da hierarquia. Pessoas que aparecem em lugares ou posições em que não são esperadas podem se tornar soldados rasos numa permanente jornada em busca de respeito e legitimidade, numa luta que esperavam haver terminado muito tempo atrás.

TRANSPORTES PÚBLICOS E ESPAÇOS RECREATIVOS têm sido o palco de confrontos de casta exatamente por reunirem num terreno confinado, por um determinado tempo e propósito, grupos que historicamente foram mantidos separados. Eles se tornam tubos de ensaio da separação de castas, com seus códigos escritos e tácitos, suas regras de conduta não declaradas, porém compreendidas.

Em 2015, as integrantes de um clube literário de mulheres negras viajavam de trem numa excursão pelas vinícolas do vale do Napa, na Califórnia. Estavam rindo e batendo papo como os outros turistas, dada a natureza do passeio e o fato de que estavam todos bebendo. Mas só elas atraíram a atenção do maître.[2] Assim que o trem parou, o que não levou muito tempo, as mulheres, algumas delas de idade, foram expulsas e confrontadas pela polícia "como se fôssemos criminosas", afirmaram depois.

Em 2018, o proprietário de um clube de golfe na Pensilvânia ordenou que sócias negras deixassem o local e chamou a polícia após golfistas brancos reclamarem que elas não estavam se movendo com a rapidez necessária.[3] As mulheres descreveram-se como jogadoras experientes que conheciam os protocolos do jogo e disseram que haviam se movimentado de acordo com os grupos que estavam na frente e atrás delas. Afirmaram ainda ter observado que os homens atrás delas tinham feito uma pausa e não estavam prontos para voltar a jogar. Depois de chegar ao local, a polícia determinou que não se faria nenhuma acusação. Mas as mulheres disseram que a situação as deixara com os nervos à flor da pele e foram embora para evitar outras humilhações.

Meu trabalho costuma exigir que eu passe muitas, muitas horas em ambientes nos quais com frequência sou a única pessoa de minha etnia e gênero, sobretudo em aviões. Certa vez, uma comissária de bordo comentou comigo sobre as milhas que acumulo ano após ano: "Você voa mais do que nós". Em função disso, é comum que eu consiga assentos na primeira classe ou na executiva, o que acaba por me transformar num experimento social ambulante, sem querer ser. As coisas que aconteceram comigo estão longe das mais dolorosas que uma pessoa pode sofrer viajando num setor capaz de trazer à tona o pior da maioria das pessoas. Mas algumas coisas se destacam como comentários eloquentes sobre o funcionamento do sistema de castas, e podem ser desmoralizantes.

Num voo partindo de Denver, aconteceu de eu ser uma das primeiras pessoas a embarcar no avião, juntamente com outros passageiros da primeira classe. Vi o chefe de cabine cumprimentando os passageiros na porta. Era um homem de mais ou menos trinta anos, cabelo curto alourado, e atrás dele havia outra comissária, de cabelos castanhos num coque.

A tendinite em meu pulso havia voltado a se manifestar, e, assim que entrei no avião, com uma tala no antebraço, pedi ajuda ao chefe de cabine com minha bagagem de mão.

"Senhor", falei, "estou com um problema no pulso, o senhor poderia me ajudar a colocar minha mala no compartimento de bagagens?"

Ele olhou por cima do meu ombro para o homem atrás de mim na fila, o tipo de homem que vem à mente quando se pensa em primeira classe. Fez um gesto para que eu continuasse andando, como se eu estivesse obstruindo a passagem, embora ninguém estivesse se movendo naquele momento. Parecia ofendido com o meu pedido, como se eu não soubesse como funciona o processo de embarque.

"Há duas comissárias na parte de trás da aeronave", disse ele. "Elas podem ajudá-la quando a senhora chegar lá."

Com essas breves instruções, era como se ele tivesse me tirado da fila, me diferenciado dos demais passageiros da classe executiva como alguém que claramente não pertencia àquele espaço, que o estava invadindo e agora pedia um tratamento especial a que não tinha direito. Pessoas marginalizadas passam por muitas dificuldades ao circular por um mundo construído para outros. Era como se eu estivesse ocupando um espaço que pertencia a seus passageiros legítimos. Isso foi um choque para mim, talvez porque essa brusca rejeição tenha vindo de um homem que, a julgar pela sua geração, não deveria carregar pressupostos tão retrógrados. De alguma forma uma atmosfera de confronto se instalou.

"Mas eu estou na classe executiva", falei.

Isso só pareceu piorar as coisas. Ele fora flagrado fazendo uso de estereótipos, e na frente de outras pessoas. Tinha desprezado todos os indicativos visíveis: que eu estava entre os primeiros a embarcar, que as etiquetas afixadas à bagagem que motivara o meu pedido de ajuda deixavam claro que eu havia atingido o nível máximo de fidelidade à companhia aérea em questão. Só podia ter chegado à conclusão a que havia chegado com base em uma coisa: minha aparência.

Ele tentou se recompor da gafe, de ter assumido um pressuposto de casta claramente desdenhoso, pois o que é a casta senão o lugar a que alguém pertence numa hierarquia? Ele precisou encontrar uma forma de manter sua posição, agora que uma comissária abaixo dele na hierarquia da companhia aérea o ouvira falar de maneira tão brusca com uma passageira, qualquer que fosse o lugar atribuído a ela naquele voo.

"Bem, pode deixar a bagagem aqui, vamos ver o que fazer com ela", falou, suspirando como se se tratasse de um violoncelo e não de uma mala com rodinhas.

A comissária que havia presenciado todo o diálogo deu um passo à frente e tentou remediar a situação, protegendo seu superior.

"Deixe-me ajudá-la", disse ela. "Qual é o seu assento?"

Ela me levou até o assento e me ajudou a acomodar a bagagem. Eu lhe agradeci pela gentileza.

Todo o voo foi desagradável. Ele era o único comissário na cabine, e a cada vez que passava pelo corredor a tensão subia. Ele fora desmascarado, e me puniu com uma hostilidade seca até aterrissarmos.

Era um voo tarde da noite de Portland, Oregon, para a costa leste. Eu tinha acabado de embarcar e a comissária procurava, junto comigo, um espaço para guardar minha mala com rodinhas nos compartimentos superiores desordenadamente cheios. Toda vez que a comissária ou eu tocava numa mala para mudá-la de lado ou colocá-la em outro compartimento, alguém dizia: "Não, por favor, não mexa na minha mala".

O homem no assento do corredor atrás de mim tinha duas bagagens no compartimento de cima, ocupando mais espaço que o permitido. Eu estava ansiosa para me acomodar e me livrar daquela situação. Ofereci colocar a bagagem dele sob o assento à minha frente, de modo que ela não ocupasse espaço no assento à frente dele. Estava disposta a qualquer coisa para guardar minha bagagem e seguirmos em frente.

"Farei isso com todo prazer", eu disse a ele e à comissária.

Ele suspirou pesadamente.

"Eu coloquei minha bagagem onde queria. Não quero que ela fique debaixo de outro assento."

Pegou a bagagem das mãos da comissária e a enfiou debaixo do assento à sua frente. Então começou a se queixar com o homem na poltrona ao lado dele, que, assim como ele, era da casta dominante, e estava sentado diretamente atrás de mim.

"É nisso que dá quando deixam qualquer um voar na primeira classe", disse, com uma voz suficientemente alta para que todos à nossa volta pudessem ouvir. "Eles deviam saber tratar melhor os clientes. Eu paguei por um bilhete de primeira classe e é assim que eles me tratam."

Os dois ficaram se queixando o voo inteiro, tendo encontrado uma causa comum e unidos por um ressentimento compartilhado. Era um voo noturno e eu estava exausta após um dia de palestras. Precisava dormir. Reclinei a poltrona. Por que foi que eu fiz isso?

O homem do assento atrás de mim, que havia reclamado da injustiça de toda aquela situação com o sujeito cuja bagagem fora mudada de lugar, soltou um uivo.

"O que você pensa que está fazendo?", gritou. "Estou tentando trabalhar! Veja só o que você fez. Eu tinha aberto meu laptop e você o jogou sobre mim!"

Ele bateu na parte de trás de minha poltrona e pressionou a bandeja para a frente, empurrando-me enquanto continuava a bater.

"Não controlei o encosto", falei, olhando para trás. "Só estou tentando descansar um pouco."

Olhei para o homem branco ao meu lado, que tinha visto toda a cena e certamente percebia o tremor de meu assento sendo empurrado por trás. Ele não devolveu o olhar, deixando-me ainda mais isolada.

Os homens atrás de mim continuaram falando das invasões à primeira classe. O ar estava contaminado, e dormir tornou-se impossível. Levantei-me para perguntar à comissária se poderia fazer alguma coisa para ajudar.

"Estou terrivelmente cansada e preciso dormir", falei. "O homem atrás de mim não para de empurrar minha poltrona, e assim é impossível. Há alguma coisa que você possa fazer? Poderia lhe explicar as regras e tentar acalmar a situação?"

"Para ser franca, não sei se isso iria ajudar", disse ela. "Por que a senhora não fica aqui durante o resto do voo?"

"Preciso descansar", falei. "Não posso dormir em pé, e além disso tenho um assento. Deveria poder ocupá-lo."

"Eu sei", disse ela. "Não sei o que lhe dizer. A senhora é que decide se prefere ficar aqui ou voltar para lá."

Voltei para o meu assento e mantive o encosto na posição vertical, enquanto cruzávamos toda a extensão do país. O sistema de castas tinha me colocado no meu lugar.

Eu estava de pé desde antes das cinco da manhã para o voo que sairia de Idaho Falls. O voo original tinha sido cancelado, o seguinte se atrasara, e agora, finalmente, eu estava na última etapa da viagem, o voo de conexão saindo de Salt Lake City, que não chegaria ao destino antes das dez e meia da noite. Eu estava sentada na poltrona 2D, uma janela na primeira classe, e era a única passageira afro-americana.

O chefe de cabine era um homem negro de baixa estatura, animado e eficiente.

"Deseja beber alguma coisa, meu amigo?", perguntou ele aos passageiros homens. "E a senhora?", perguntou a mim, sucinto e impaciente, quando chegou a minha vez.

Depois da aterrissagem, começou a confusão com as bagagens, todo mundo tentando pegar suas malas no compartimento superior. Os passageiros se apertavam no corredor, e eu estava atrás de um homem de cabelo claro raspado na casa dos trinta anos. Ele perguntou à mulher ao seu lado se precisava de ajuda com a mala. Ele a retirou para ela e ela agradeceu.

Depois ele tentou alcançar sua própria bagagem, que estava no compartimento logo atrás de mim. Ele não falou comigo nem fez nenhum gesto em minha direção. Simplesmente forçou passagem, me empurrando cada vez mais, sem dizer uma palavra, seu corpo dobrando-se e me deixando sem saída, devido à barreira de pessoas amontoadas atrás de mim.

Eu não conseguia acreditar naquilo. Obrigando-me a arquear o corpo para trás, ele me apertava com uma força cada vez maior, pesado e suarento, transferindo o peso de um pé para o outro, enfiando o braço imenso na frente do meu rosto e contra a lateral do meu pescoço para tirar a bagagem do compartimento. Ele lançou sobre mim todo o seu peso, todo o seu corpo, os músculos de suas costas esmagando meus seios, suas nádegas projetando-se sobre a minha pélvis, violando meu corpo à vista de outros passageiros, e ninguém dizia ou fazia coisa alguma.

"Ei, não consigo recuar mais que isso!", exclamei, num pedido de ajuda em voz suficientemente alta para que todos ao redor ouvissem.

Ele não disse nada, como se eu não estivesse ali, como se ninguém estivesse ali, como se as leis da física ou da privacidade não se aplicassem.

Tentei manter a cabeça longe do ombro dele para conseguir respirar. Estava demorando uma eternidade para a tripulação abrir a porta. Olhei em volta à procura de alguém que pudesse reconhecer o horror de uma pessoa totalmente estranha forçando o corpo sobre o de uma outra. Olhei para as duas mulheres que estavam a centímetros de distância e que podiam ver o que ele estava fazendo. Lancei a elas um olhar de angústia e de espanto pela agressão daquele homem. Precisava de um pouco de empatia. Elas estavam tão perto que talvez pudessem compartilhar um sentimento de ultraje feminino pelo que estava acontecendo. Mas elas tinham o rosto ausente. Estavam olhando para o espaço, e não devolveram meu olhar.

Um silêncio de cumplicidade havia tomado toda a cabine da primeira classe, e eu estava sozinha num compartimento lotado. Nenhum daqueles passageiros teria perdido o emprego ou uma promoção, dinheiro ou um privilégio, caso tivesse se manifestado ali. Muito provavelmente jamais tornariam a ver os outros passageiros daquele voo, de modo que tomar uma posição não acarretaria consequências materiais. Mas, ainda assim, eles preferiram a solidariedade de casta a princípios, a tribo à empatia.

A porta de saída enfim se abriu. Os passageiros saíram. E o homem finalmente aliviou o peso que jogara sobre mim. O comissário negro, que tinha visto tudo, não tentara me ajudar nem dissera nada, embora fosse o responsável ali.

Quando me aproximei da porta, ele olhou para mim, encabulado e envergonhado.

"Eu realmente sinto muito", falou.

"Obrigada, eu sei", respondi, balançando a cabeça.

Ele não tinha interferido. Também parecia impotente. Provavelmente não poderia assumir o risco. Tratava-se de um homem de casta superior agredindo uma mulher de casta inferior, condição que ele compartilhava. Muito provavelmente o comissário não tinha ideia de qual podia ser a posição daquele homem, o poder e a influência que ele podia ter. Por que se arriscaria por minha causa e se posicionaria contra sabe-se lá quem? O homem me molestara abertamente, diante de uma série de testemunhas que fingiram não estar vendo. O chefe de cabine provavelmente calculou que poderia se prejudicar caso se envolvesse. Num sistema de castas, as coisas funcionam de maneira mais suave quando todos permanecem em seus lugares, e foi isso que ele fez.

Eu estava lívida e tremendo. Uma vez fora do avião, no terminal, vi caminhando com certa arrogância alguns passos à minha frente o homem que me forçara a uma "conchinha" vertical com ele diante de uma plateia de passageiros. Virando a cabeça na minha direção, dirigiu-me um seco "Desculpe" e continuou andando, com a autoridade de quem sabia que podia se safar do que havia feito. Não haveria consequências; ninguém se manifestara em minha defesa ou mostrara um mínimo de compaixão.

Um conjunto de fatores poderia ter tornado as coisas diferentes. Talvez o adiantado da hora tivesse entorpecido algumas pessoas. Talvez uma peculiar combinação de personalidades tivesse me deixado sem um único defensor. Se uma ou duas pessoas estivessem em lugares diferentes, talvez o resultado fosse outro.

Uma coisa, no entanto, parece certa: se um afro-americano tivesse pressionado o corpo contra o de uma mulher branca como aquele homem tinha feito comigo, é difícil imaginar que ninguém a bordo tivesse interferido, mesmo que apenas para lhe dizer: "Afaste-se, por favor, pode deixar que eu pego a sua mala". No curso da história americana, homens negros morreram por fazer a mulheres brancas muito menos do que ele me fez naquela noite.

Você talvez possa estar pensando: *Mas por que você não reclamou com a companhia aérea? Por que não o denunciou?* Essas perguntas desvirtuam a situação. Não se tratou de uma falha da companhia. Quanto ao homem que fez isso, ele ignorou meus protestos contra seu comportamento. Isso ocorreu porque pessoas boas permaneceram em silêncio e deixaram que acontecesse. Eu estava muito enojada para reagir enquanto o homem desfilava à minha frente; me encaminhei para a saída de passageiros do lado oposto e segui andando até não vê-lo mais.

AGRESSÕES COMO ESSAS SÃO mais do que insultos pessoais e lamentáveis mal-entendidos. Lutar contra as convenções, lutar para ser visto e tratado pelo que você de fato é, enfraquece o contrato, rebaixa a todos e afeta negativamente o bem-estar das pessoas em todos os lados dessas escaramuças de casta. Os casos mais flagrantes levam à violência, atestado de um sistema de castas em ponto de ruptura. Em 2013, num voo para Atlanta, um passageiro branco deu um tapa no rosto de um bebê negro porque este não parava de chorar devido à mudança de altitude durante o procedimento de descida. Essa agressão seria inconcebível se o bebê aos prantos fosse da casta dominante, qualquer que fosse o nível de decibéis.

Em 2017, um passageiro vietnamita-americano foi arrastado para fora de um avião da United Airlines em Chicago, sofrendo ferimentos na cabeça e perdendo alguns dentes. A companhia descobriu que havia vendido mais assentos do que o voo comportava, e nenhum passageiro aceitou a oferta de compensação para abrir mão de seu lugar. Assim, a companhia escolheu aleatoriamente por computador quatro passageiros a serem excluídos do voo.

Os três primeiros saíram do avião sem incidentes, mas o vietnamita-americano, um médico chamado David Dao, disse que tinha pacientes a atender e precisava voltar urgentemente. Argumentou que tinha pagado pela passagem e não podia ser obrigado a ceder seu assento. A empresa chamou a segurança para retirá-lo do voo e ele foi arrastado pelas pernas diante de passageiros atônitos. Captado por um vídeo que logo viralizou, o incidente causou indignação por todo o país e também na Ásia.

Dao disse estar convencido de que sua etnia desempenhou um papel importante nesse tratamento, que isso não teria acontecido com um homem branco da sua posição ou da maioria das outras.[4] O suplício, disse ele, fora mais horripilante do que quando fugira do Vietnã. Mesmo três anos depois, revendo o vídeo que mostra sua violenta remoção, "eu simplesmente chorei", disse ele à ABC News.[5]

24. Cortisol, telômeros e a letalidade da casta

UM JOVEM EMIGROU DA NIGÉRIA aos dezessete anos de idade para cursar uma faculdade nos Estados Unidos. Seu pai pagou as mensalidades, e no final do primeiro semestre o jovem foi recolher o reembolso na tesouraria.

"Seu inglês é muito bom", disse-lhe o funcionário.

O jovem reagiu ao funcionário em tom de crítica.

"Claro que meu inglês é bom", disse ele. "Falo inglês melhor do que muitos americanos. Também falo outras línguas. Nunca mais diga isso."

Ele descobriu que nos Estados Unidos não era visto por suas habilidades ou por seu nível de instrução. Antes de mais nada, era visto como negro. Era uma identidade à qual não estava acostumado, que não significava nada em sua terra, onde todos tinham uma cor semelhante. Agora, parecia significar tudo. Os afro-americanos estavam sempre falando sobre serem vistos como suspeitos e maltratados, mas de início ele não prestara atenção a isso. Quanto mais se estendeu sua permanência nos Estados Unidos, mais ele perdeu seu sotaque, como costuma acontecer com imigrantes, e quanto mais americanizado se tornou, mais começou a se familiarizar com a experiência de vida não como imigrante, não apenas como nigeriano, mas como homem negro dentro de uma hierarquia desfavorável a pessoas parecidas com ele.

Mulheres seguravam suas bolsas com força quando ele se aproximava, encolhiam-se diante dele no elevador, atravessavam a rua para evitar passar a seu lado. Ele era seguido em lojas como se fosse um ladrão, e as autoridades o questionavam mais intensamente do que estava acostumado, e mais do que faziam com homens brancos, ele notou. Uma taxista trancou a porta de seu veículo quando ele apenas parou seu carro ao lado do dela num dia de tráfego intenso. Ele então fez o mesmo, para mostrar que se preocupava tanto com a própria segurança quanto ela.

Ele percebeu ter sido preterido em oportunidades de promoção na empresa em que trabalhava, apesar de sua experiência e tempo de serviço, e, assim como muitas pessoas da casta subordinada, não teve como deixar de pensar se sua raça tinha alguma coisa a ver com isso. Antes de vir para os Estados Unidos, ele acharia essa ideia ridícula. *Talvez os afro-americanos não se empenhassem o bastante no trabalho, talvez não fossem suficientemente instruídos.* Agora, tendo vivido por mais tempo nos Estados Unidos do que na Nigéria, ele sabia que não devia rejeitar peremptoriamente o que eles diziam.

Uma vez, quando ele parou o carro num estacionamento, uma senhora branca cujo carro estava estacionado ao lado do dele virou-se e o encarou, e em seguida se encolheu no banco do motorista. "Eu estou vendo", disse ele à pessoa que o acompanhava. "Estou me lixando para ela."

Só que, na verdade, ele, ou melhor, sua fisiologia, se importava. A medicina moderna tem há muito tempo procurado atribuir à genética o fato de afro-americanos terem taxas mais altas de doenças que os americanos brancos. Mas ocorre que os habitantes da África subsaariana não têm taxas elevadas de pressão alta, diabetes e doenças cardíacas, enquanto os afro-americanos têm as mais altas incidências dessas moléstias entre todos os grupos étnicos dos Estados Unidos.

O imigrante nigeriano também estava vivenciando isso.

"Meu pai viveu até os noventa anos", disse ele. "Não teve pressão alta até o último dia de vida. Eu fui ao médico há pouco tempo e ele me disse que tenho pressão alta e sintomas iniciais de diabetes. E tenho apenas 54 anos. Os efeitos de passar toda a minha vida adulta como um homem negro neste país estão me deixando doente quarenta anos antes da idade com que meu pai morreu na Nigéria."

Os ATRITOS DE CASTA ESTÃO matando pessoas. A iniquidade social está matando pessoas. O ato de circular por espaços ao lado daqueles que a sociedade ensinou a acreditar que são inerentemente diferentes de nós está matando pessoas, e não apenas os alvos. Estudos mostram que o próprio preconceito pode ser mortal.

Os neurocientistas descobriram que nutrir esse tipo de animosidade pode aumentar a pressão sanguínea e os níveis de cortisol de uma pessoa "mesmo durante interações benignas com pessoas de raças diferentes", escreveu a neuropsicóloga Elizabeth Page-Gould.[1] O próprio preconceito pode ser mortal. Essas reações físicas podem acarretar um maior risco de derrame, diabetes, ataques cardíacos e morte prematura.

Um estudo com brancos americanos com elevado índice de preconceito automático — ou seja, o grau em que associam certos grupos étnicos a estereótipos negativos no plano do inconsciente — revelou que, quando colocados em situações nas quais, por exemplo, eram entrevistados para um emprego por um afro-americano ou tinham interações sociais com latinos, percebiam as pessoas de etnias diferentes como uma ameaça, mesmo no ambiente seguro de um laboratório.

A ameaça por eles percebida, em consequência de seu preconceito, disparava o sistema de alarme de seus corpos. O pânico produzia reações fisiológicas automáticas, como se estivessem em combate ou vendo um carro desgovernado prestes a atingi-los — restrição do fluxo sanguíneo para o coração, músculos inundados por glicose à medida que o corpo liberava cortisol, um hormônio útil nos raros momentos em que uma pessoa precisa escapar de um perigo, mas prejudicial ao organismo se liberado de modo regular. A combinação de redução do fluxo sanguíneo, constrições dos sistemas circulatório e digestivo e ruptura muscular pelo cortisol pode levar a uma lesão potencialmente fatal do coração e do sistema imunológico, e à morte prematura.

A menor exposição é o suficiente para ativar a reação corporal. Entre os brancos, a visão de uma pessoa negra, mesmo em desbotados livros de fotografias, pode fazer a amígdala cerebral perceber uma ameaça e armar-se para a vigilância em trinta milésimos de segundo de exposição, num piscar de olhos, descobriram os pesquisadores. Quando eles têm um pouco mais de tempo para que a mente consciente desconsidere o sentimento automático de ameaça, a atividade da amígdala passa para o modo inibição. Quando os brancos são estimulados a pensar numa pessoa negra como um indivíduo, a imaginar suas características pessoais, o nível de ameaça se reduz.

Isso mostra que é "possível superar nossos piores impulsos e reduzir esses preconceitos", escreveu a psicóloga Susan Fiske.[2] Mas fazer isso de forma significativa exige previdência, discernimento de nossos vieses inconscientes, transmitidos ao longo de gerações, e a oportunidade de pessoas diferentes trabalharem juntas como iguais, na mesma equipe, com objetivos comuns que "exigem cooperação para o sucesso", afirmou Fiske. Fora dos esportes e das Forças Armadas, a sociedade americana oferece poucas oportunidades desse tipo.

Isso deixa muitos americanos em situação de risco sem que saibam. À medida que eles seguem a vida interagindo com colegas de trabalho, vizinhos e outras pessoas comuns percebidas como diferentes, correm o risco de prejudicar a própria saúde ou desenvolver doenças prematuras por conta dos sinais de ameaça disparados por seu preconceito difuso.

DO OUTRO LADO DO SISTEMA de castas, os cientistas estabeleceram a conexão entre um indicador fundamental da saúde e da longevidade — o comprimento dos telômeros — e a exposição de uma pessoa à desigualdade e à discriminação, concentrando-se basicamente no comprimento dos telômeros dos afro-americanos.

Um telômero é a extremidade livre de um cromossomo, formada por sequências repetidas de DNA. Quanto maior a frequência com que uma célula se divide, mais curtos se tornam os telômeros, esgotando as células num processo que a pesquisadora de saúde pública Arline Geronimus chamou de *erosão*, em seu trabalho pioneiro de 1992. Trata-se de uma medida do envelhecimento prematuro das células,[3] e portanto daqueles que as portam, e do início precoce de uma doença em razão da exposição crônica a fatores estressantes como discriminação, perda do emprego ou obesidade.

Esses estudos concentraram-se inicialmente no envelhecimento acelerado dos telômeros de indivíduos afro-americanos. Mas estudos mais detalhados estão revelando que esse tipo de lesão celular resulta não apenas da raça e da etnia de uma pessoa, mas de sua exposição à iniquidade social e a difíceis condições de vida. Assim, os telômeros de brancos pobres são mais curtos que os de brancos em melhor condição, que possuem mais recursos para enfrentar os desafios da vida.

O oposto é válido para pessoas de castas inferiores nos Estados Unidos. A condição socioeconômica e o privilégio presumido que a acompanha não protegem a saúde dos afro-americanos abastados. Com efeito, muitos sofrem uma perda de saúde por suas ambições. "Homens e mulheres afro-americanos de classe média são *mais* propensos a sofrer de hipertensão e estresse do que aqueles com rendimentos menores", escreveu o sociólogo George Lipsitz.[4] O estigma e os estereótipos que eles enfrentam os expõem a níveis mais elevados de discriminação indutora do estresse, apesar — ou em função — de suas vantagens educacionais ou materiais.

O padrão se aplica a outro grupo marginalizado: os mexicanos nos Estados Unidos. Ao que se constatou, os imigrantes mexicanos mais pobres têm telômeros mais longos — isto é, células mais jovens e saudáveis — do que os mexicano-americanos mais abastados. Em geral, eles passaram menos tempo nos Estados Unidos e tendem a se agregar em redes de apoio constituídas por pessoas mais próximas. Seu isolamento em relação à cultura predominante e à barreira da língua talvez acidentalmente os proteja da discriminação que os mexicanos ricos podem enfrentar ao navegar diariamente pelo sistema de castas. Os que nasceram nos Estados Unidos ou vivem no país há muitos anos estariam mais expostos aos efeitos danosos da estereotipagem e do estigma.

Todos esses grupos parecem pagar um preço quando abandonam os papéis que lhes foram atribuídos pela hierarquia. "Altos níveis de discriminação no dia a dia contribuem, com o tempo, para estreitar as artérias", afirmou David R. Williams, cientista social de Harvard.[5] "Altos níveis de discriminação ocasionam níveis mais elevados de inflamação, um marcador de doenças cardíacas."

As pessoas que enfrentam discriminação, disse Williams, muitas vezes desenvolvem uma camada de gordura nociva, conhecida como gordura visceral, em torno de órgãos vitais, em oposição à gordura subcutânea, imediatamente abaixo da pele. É essa gordura visceral que aumenta os riscos de diabetes e doenças cardiovasculares e leva à morte prematura. E ela pode ser encontrada em pessoas de todas as etnias com base nas suas experiências de discriminação.

"Mulheres negras experimentam níveis mais elevados de discriminação do que mulheres brancas", disse Williams. "Mas, quando estas últimas a experienciam, os efeitos são os mesmos. Assim, a discriminação leva a níveis mais elevados de gordura visceral tanto para negras quanto para brancas, indiscriminadamente. Quando brancos relatam níveis mais elevados de discriminação, sua saúde também sofre. Isso realmente diz alguma coisa sobre a natureza das interações humanas."

Quando se trata da expectativa de vida, a tendência é de queda entre os brancos americanos de meia-idade menos instruídos, como temos visto. Mas as pessoas de cor situadas na base do sistema de castas, que sofrem o impacto do estigma social, de modo geral têm uma expectativa de vida ainda menor do que suas contrapartes brancas em todos os níveis educacionais, segundo Williams.

O branco americano médio com 25 anos de idade provavelmente viverá cinco anos mais do que o afro-americano médio.[6] Enquanto brancos que abandonaram os estudos no ensino médio têm menor expectativa de vida do que seus colegas brancos com maior nível de instrução, eles vivem três anos mais do que afro-americanos com o mesmo perfil escolar. E brancos com diploma universitário vivem em média quatro anos mais do que afro-americanos com o mesmo nível de escolaridade.

Assim, pessoas de cor com maior grau de instrução, competindo em áreas onde sua presença não é esperada, pressionam continuamente as fronteiras da casta e, em resultado disso, têm menor expectativa de vida. Quanto mais ambiciosa for uma pessoa marginalizada, maior o risco daquilo que o biólogo evolucionista Joseph L. Graves chama de "o princípio de dominação social de quem está fora do lugar".[7] Graves descobriu que as taxas de hipertensão de negros e brancos são praticamente as mesmas quando os afro-americanos ricos são excluídos da equação. Quanto mais as pessoas da casta subordinada se veem em confronto com o sistema de castas, mais ele lhes rouba anos de vida.

"Existe um imposto negro que pagamos e que prejudica a nossa saúde, e ele é maior entre os que possuem instrução universitária do que entre aqueles que abandonaram os estudos no ensino médio", disse Williams. "Ainda carregamos esse fardo de uma vigilância intensificada, o que implica nos preocuparmos com nossa aparência, a impressão que causamos, como nos vestimos."

Williams tinha um amigo, um empresário negro de classe média, que nunca saía de casa de moletom e tênis, que era o que seus vizinhos brancos usavam sem a menor preocupação. Não podia se dar a esse luxo. Tomava muito cuidado sempre que saía à rua, e gastava muito mais tempo se planejando, por mais informal que fosse a missão.

"Se a esposa dele precisasse de um litro de leite e ele tivesse que ir correndo ao mercado para comprar, ele pegava um paletó e uma gravata", disse Williams. "Essa era a sua maneira de tentar minimizar a possibilidade de ser percebido como um criminoso, por ser um jovem negro. É com isso que convivemos, e essas coisas cobram um preço sobre nossas vidas."

Ao que parece, as pessoas da casta dominante sabem intuitivamente que a balança pende a favor do grupo em que elas por acaso nasceram. Anos atrás, na década de 1990, o cientista político Andrew Hacker propôs uma questão teórica a seus alunos brancos de graduação no Queen's College, em Nova York. Ele perguntou quanto eles desejariam receber como pagamento para viver os cinquenta anos seguintes como negros. Os alunos refletiram e acabaram apresentando um número. A maioria disse que precisaria de 50 milhões de dólares — 1 milhão para cada ano em que tivessem de ser negros. Eles achavam que precisariam disso para "comprar proteção contra as discriminações e os perigos que sabiam que iriam enfrentar se fossem percebidos como negros".[8]

PARTE VI

Retrocesso

25. Uma mudança de roteiro

A MAIOR ALTERAÇÃO NO ROTEIRO do sistema de castas americano foi a eleição de um afro-americano para o cargo mais importante do mundo. A história mostrava que haveria consequências a essa ruptura da ordem social, e de fato houve. O que se segue não é uma análise da presidência de Barack Obama, mas um exame da resposta do sistema de castas à sua ascensão e os desafios que este colocaria em seu caminho.

Primeiro, para romper com dois séculos de tradição e direitos de nascença, seria preciso o equivalente humano de uma supernova — um advogado formado em Harvard, um senador americano da terra de Lincoln cuja especialidade fosse a própria Constituição, cujo carisma e oratória fossem equivalentes ou superiores aos da maioria dos homens que já haviam ocupado o Salão Oval, cuja criação incomum o tornasse propenso à conciliação das divisões de raça, alguém que claramente visse o país não em termos de estados democratas ou estados republicanos, mas como os Estados Unidos, e cuja esposa, se fosse possível imaginar isto, também fosse uma advogada formada em Harvard, e tão popular quanto o marido; que o casal, juntamente com suas duas jovens filhas, transmitisse a imagem da família dos sonhos americana; e que, além de tudo isso, fizesse uma campanha irretocável, quase sem falhas, um movimento, na verdade. Só um idealista poderia acreditar naquilo que a maioria dos americanos juraria impossível: que um homem negro pudesse chegar à Casa Branca.

Em segundo lugar, que seu oponente, um amado e envelhecido herói de guerra do Arizona, um republicano sensato e moderado de um partido que tinha se tornado cada vez mais conservador, fizesse uma campanha menos dinâmica e cometesse vários equívocos, o mais importante dos quais escolher como companheira de chapa uma imprevisível ex-governadora do Alasca, uma mulher dada a gafes e a declarações falsas e excêntricas.

Então, nos meses anteriores à eleição, que uma catástrofe financeira do tipo que só acontece uma vez a cada geração caísse sobre um país que parecia à beira da ruína econômica sob o governo republicano então no poder. Firmas de Wall Street entraram em colapso à vista de todos e o valor dos lares americanos, o principal patrimônio de muitos cidadãos, despencou, deixando milhões de eleitores a ver navios.

Em outubro de 2008, poucas semanas antes da eleição, as caixas de correio das casas de milhões de americanos receberam envelopes que se tornaram panfletos não intencionais em favor do democrata: os relatórios trimestrais dos fundos de aposentadoria privada que mostravam perdas de até 40% nas poupanças das pessoas no último ano sob o governo do presidente republicano. Em novembro daquele ano, cerca de 12 milhões de proprietários de residências deviam mais em hipotecas do que suas casas valiam, no que hoje está sendo chamado de Grande Recessão,[1] uma das piores retrações econômicas desde a Grande Depressão de 1929.

Os indivíduos da casta dominante que podiam estar em cima do muro quanto a dar uma oportunidade a um candidato afro-americano viam as enormes perdas sem um final à vista. *Esperança* havia sido o mantra de Obama numa época em que se precisava desesperadamente disso. Uma onda inédita de pessoas das castas baixa e média, pessoas cheias de orgulho e cujos votos agora pareciam uma missão, vieram em seu apoio e, junto com um número suficiente de eleitores da casta dominante que também acreditaram nele, levaram Obama à Casa Branca. O mundo ficou tão feliz que uma comissão da Noruega lhe concedeu o prêmio Nobel da Paz poucos meses após sua posse. "Pouquíssimas vezes alguém atraiu a atenção do mundo e ofereceu às pessoas a esperança de um futuro melhor na mesma amplitude com que Obama o fez", declarou a comissão.

No curso da história americana, a ideia de um homem negro no Salão Oval era praticamente impensável. Mas, de uma perspectiva de casta, e sem entrar no mérito de seus talentos pessoais, a singular história da origem de Obama era de um tipo que o sistema de castas estaria mais disposto a aceitar. Sua criação no Havaí, filho de um imigrante do Quênia com uma mulher branca do Kansas, não trazia o peso da escravidão e das leis segregacionistas do Sul, nem evocava as difíceis histórias de vida dos afro-americanos comuns. A história de Obama não produzia um desconforto imediato na casta dominante, diferentemente das histórias dos negros comuns — que, quando investigadas mais a fundo, revelavam um meeiro enganado num acordo ou um ancestral expulso de algum lugar por discriminação. Para esses negros, tais injustiças não eram apenas uma questão histórica, mas a *vida* deles próprios ou de seus pais.

No caso de Obama, porém, sua origem livrava os indivíduos da casta dominante de terem de pensar sobre os aspectos desagradáveis da história americana. Eles podiam vê-lo com curiosidade e admiração, e mesmo reivindicá-lo como um par, se preferissem. Talvez pudessem até sentir uma conexão com a mãe dele, ou com a avó, que, tragicamente, morreu pouco antes do dia da eleição. As duas mulheres eram da casta dominante, e não viveram para ver quão longe ele chegou no mundo. Joe Biden, o senador por Delaware que seria o companheiro de chapa de Obama, no entanto, pareceu falar por outros indivíduos da maioria dominante ao dar a seguinte declaração canhestra: "É a primeira vez que temos uma espécie de afro--americano convencional, que é ao mesmo tempo articulado, inteligente, asseado e de boa aparência", disse Biden. "Isso é incrível."[2]

Depois da eleição, brancos americanos de ambos os partidos louvaram o progresso que o país tinha alcançado na geração anterior, aliviados por poderem dizer que o racismo era coisa do passado. "Temos um presidente negro, pelo amor de Deus", diriam eles como prova disso. Mas o fato é que esse foi um avanço que a maior parte dos indivíduos da casta dominante não estava em posição de reivindicar. A maioria dos eleitores brancos não o apoiou em suas duas campanhas presidenciais. Obama tinha popularidade e jeito com bebês e velhinhos, mas, por mais refinado, inspirador, articulado e conciliador que fosse, sua vitória não ocorreu porque a maior parte da casta dominante se tornou mais tolerante e apaixonada por ele.

Assim como aconteceu com outros democratas que disputaram a presidência recentemente, ele venceu apesar da magnitude do eleitorado branco.

Mesmo que proclamasse o surgimento de um novo mundo pós-racial, a maioria dos brancos americanos não votou no primeiro presidente negro do país.[3] Estima-se que 43% o tenham apoiado em 2008. Assim, uma sólida maioria dos brancos americanos — quase três em cada cinco eleitores dessa categoria — não votaram nele em sua primeira eleição, e menos ainda — 39% — em 2012. No antigo estado confederado do Mississippi, só um em cada dez eleitores brancos escolheu Obama. Durante a maior parte de seu mandato, ele tentou cooptar pessoas que não o queriam no Salão Oval e que se ressentiam de sua mera existência.

Para se ter uma medida do papel persistente dos interesses de casta na política americana, a sombra da Guerra Civil pareceu pairar sobre a eleição de 2008. O que se constatou foi que Obama venceu em cada estado vencido por Abraham Lincoln em 1860, numa eleição com um eleitorado quase inteiramente branco, mas que se tornou um símbolo do sentimento igualitário, bem como do futuro da escravidão e da república. "As divisões culturais da Guerra Civil do ponto de vista racial podem, portanto, ser vistas como algo que ainda influencia a cultura política americana um século e meio depois", escreveu o cientista político Patrick Fisher, da Universidade Seton Hall.[4]

Dizem que Lyndon B. Johnson, depois de assinar a Lei dos Direitos Civis de 1964, previu que os democratas perderiam as eleições nos estados do Sul por uma geração, por terem defendido os direitos de cidadania dos afro-americanos. Essa profecia se mostraria correta, mas também incompleta. Os democratas não perderiam unicamente no Sul, e não apenas por uma única geração. Daquele momento em diante, os brancos americanos em geral moveram-se para a direita, em direção aos republicanos, à medida que o país estabelecia políticas mais igualitárias.

Passado mais de meio século desde essa profecia de 1964, nenhum democrata concorrendo para a presidência obteve a maioria dos votos brancos. Lyndon Johnson foi o último democrata a fazê-lo.[5] Desde então, o democrata que mais se aproximou disso foi o sulista Jimmy Carter, que em 1976 obteve 48% dos votos brancos. Apenas três democratas chegaram ao Salão Oval desde Johnson e a era dos direitos civis — Carter, Obama e Bill Clinton, que teve 39% dos votos brancos em 1992 e 44% em 1996.

Com os brancos se afastando dos democratas e acostumados a prevalecer nas eleições presidenciais por seus números absolutos, o resultado da eleição de 2008 não representou apenas a derrota de John McCain, mas talvez uma derrota da própria maioria dominante, "um desafio ao absolutismo da dominação branca", como escreveu o cientista político Ashley Jardina, da Universidade Duke, especializado na análise do comportamento do eleitorado branco.

Combinada às projeções do censo que apontam para o fim da maioria branca por volta de 2042, a vitória de Obama assinalou que a casta dominante poderia passar por uma redução — ainda incerta, mas de qualquer forma inimaginável — de seu poder sobre o destino dos Estados Unidos e o futuro de seus próprios membros e filhos, e também de sua soberania no mundo. "O simbolismo da eleição de Obama foi um profundo revés para o status dos brancos", escreveu Jardina.[6]

Isso era algo que ninguém da casta dominante, ou, aliás, de qualquer outro grupo nos Estados Unidos, jamais tivera de considerar, e significava que pessoas que sempre haviam ocupado a primeira posição agora tinham de cogitar a potencial perda de sua centralidade. Para muitos, "a possibilidade de um negro suplantar o sistema de castas raciais era a materialização de um pesadelo ao qual seria preciso resistir", escreveu a cientista política Andra Gillespie, da Universidade Emory.[7]

Essa sensação de medo e perda, embora remota, "trouxe à tona, para muitos brancos, um senso de comunidade, companheirismo e solidariedade com seu grupo racial", afirmou Jardina, uma percepção da necessidade de se unir para proteger seu lugar na hierarquia.

O sistema de castas entrou em ação contra essa ameaça à ordem preexistente. "Nosso principal objetivo", disse, às vésperas das eleições de meio de mandato de 2010, o líder da maioria no Senado, Mitch McConnell, um republicano do Kentucky "é que o presidente Obama não seja reeleito."[8]

O PARTIDO DE OPOSIÇÃO NÃO TEVE êxito em negar-lhe um segundo mandato, mas obstruiria quase todas as propostas apresentadas por ele e o forçaria a recorrer a decretos presidenciais para atingir seus objetivos. Nove meses depois de sua posse, o presidente falava a uma sessão conjunta do Congresso sobre o plano de saúde pública que pretendia implementar quando um desordeiro interrompeu aos gritos uma cerimônia normalmente tranquila, caracterizada pela pompa ritualística: "Você está mentindo!". O ataque veio de Joe Wilson, um deputado republicano da Carolina do Sul, e foi considerado tão inadequado que a Câmara dos Representantes aprovou uma resolução desaprovando seu comportamento. O senador John McCain, que perdera a disputa para Obama em 2008, declarou que não havia "lugar para isso naquele ambiente ou em qualquer outro".[9]

No início de 2012, o *Air Force One* aterrissou nos arredores de Phoenix para uma visita presidencial a uma fábrica do Arizona, uma escala de rotina no começo de um ano eleitoral em que o presidente iria tentar um segundo mandato. A governadora republicana do estado, Jan Brewer, estava na pista para cumprimentar o presidente. O encontro, de caráter protocolar, de repente ficou tenso. Com o vento farfalhando na pista, a governadora, loura e magra, entregou ao presidente um envelope, e logo estava olhando para ele com um ar carrancudo e agitado. Ela praticamente pôs o dedo na cara do líder do mundo livre, a centímetros de seu nariz, a boca aberta como se a ponto de gritar, como uma diretora de escola ameaçando uma criança de suspensão.[10] Na fotografia desse encontro, o presidente parece calmo e estoico, embora ligeiramente perplexo, como era sua conduta habitual, enquanto ela aponta o dedo para seu rosto, como se dizendo: "E mais uma coisa...". Em alguns países, e com presidentes anteriores, isso poderia ser visto como um ato de agressão, uma ameaça a um chefe de Estado, uma demonstração de desrespeito, se fosse possível algo assim acontecer.

A foto se tornaria uma das imagens definidoras da oposição e do ressentimento que o presidente Obama enfrentou no cargo. A diferença de qualificação entre essas duas pessoas não seria evidente a partir da visão de quem repreendia quem. Enquanto o presidente era formado pela Universidade Columbia e pela Escola de Direito de Harvard, e tinha galgado posições metodicamente, de senador estadual a senador federal e daí à Casa Branca, a mulher que teve a temeridade de apontar o dedo para o seu rosto possuía o certificado de um curso de dois anos como técnica de radiologia[11] e chegara ao cargo de governadora por um acidente de sucessão, depois de ter sido secretária de estado. Agora ela era governadora, uma entre cinquenta, em comparação com o presidente dos Estados Unidos, o mais alto cargo do país e o mais poderoso do mundo.

Mas a governadora pertencia à casta dominante, seu status atribuído por nascimento era inerentemente superior ao dele, e ela não teve constrangimento em fazer um gesto semelhante ao colocar em seu lugar um membro da casta subordinada, a despeito da posição ocupada por ele. A situação na pista presumidamente se originou da discordância a respeito de uma passagem em um livro escrito por Brewer, na qual ela descreve um encontro que havia tido com Obama algum tempo antes, descrição que ele considerou inexata. No livro, ela se queixa de que "ele pensou que podia me dar uma lição e que eu ouviria de joelhos".[12] O envelope que ela lhe entregou era um convite para visitar a fronteira do Arizona com o México, uma vez que eles tinham opiniões diferentes sobre a segurança daquela área.

Depois disso, a governadora Brewer negou o que todos tinham visto.

"Não fui hostil", disse aos repórteres. "Estava tentando ser muito, muito cortês."

Ela chegou a ponto de dizer que, na verdade, ela é que se sentira insegura.

"Senti-me um pouco ameaçada, digamos assim, pela atitude que ele teve", disse, ainda que a conversa tenha ocorrido na frente das câmeras e de funcionários do serviço secreto e de políticos, e apesar do fato de ter sido ela a botar o dedo na cara dele, e não o contrário.

O encontro colocou a governadora sob a luz dos holofotes por algum tempo, e ela aproveitou a oportunidade para arrecadar fundos para seus comitês de ação política, de acordo com notícias da época, e para inflamar sua base. Ela afirmava a potenciais doadores que naquele dia dissera ao presidente: "Você só tem mais UM ano".[13]

Todo um mecanismo fora acionado à chegada do primeiro chefe de Estado americano pertencente à casta subordinada.[14] Um novo partido de difamadores de extrema direita, o Tea Party, surgiu depois disso, prometendo "retomar nosso país". Outro movimento, formado por céticos, que viriam a ser conhecidos como *birthers*, questionava a legitimidade da cidadania de Obama e exigiu que ele apresentasse uma certidão de nascimento original, na qual eles insistiram em não acreditar. Seus opositores inventavam apelidos ofensivos para ele e o representavam, juntamente com a primeira-dama, como símios. Nos comícios da oposição, pessoas ostentavam armas e portavam cartazes em que se lia "Morte a Obama".

Em resposta à sua eleição, os republicanos começaram a mudar a legislação eleitoral, dificultando a prática do voto. Fizeram-no com vigor ainda maior quando a Suprema Corte revogou um artigo da Lei dos Direitos de Voto, eliminando a supervisão da eleição federal, a qual os estados — cada um com seu histórico de obstrução ao voto das minorias — disseram não ser mais necessária.

Entre 2014 e 2016, alguns estados tiraram quase 16 milhões de pessoas das listas de registro de eleitores, expurgos que se aceleraram nos últimos anos do governo Obama, segundo o Brennan Center for Justice.[15] Além disso, eles estabeleceram novas leis de identificação eleitoral enquanto criavam novas barreiras para se obter a identidade agora exigida. Em conjunto, essas ações tiveram o efeito cumulativo de reduzir a participação eleitoral de pessoas marginalizadas e imigrantes, considerados mais propensos a votar nos democratas. "Um estudo revelou que era muito mais provável que os estados implementassem leis eleitorais restritivas quando o comparecimento de minorias às urnas tinha crescido recentemente", escreveu o comentarista Jonathan Chait.[16]

Contrariando as previsões entusiásticas de uma harmonia pós-racial, o número de grupos de ódio nos Estados Unidos cresceu, de 602, em 2000, para mais de mil em 2010, a metade do primeiro mandato de Obama, segundo o Southern Poverty Law Center.[17] Um estudo de 2012 revelou que, durante o primeiro mandato de Obama, as atitudes antinegros e a estereotipagem racial cresceram, em vez de se reduzir, como alguns talvez esperassem. A porcentagem de americanos que expressavam atitudes explicitamente antinegros cresceu de 48% em 2008 para 51% em 2012, mas a porcentagem dos que expressavam um preconceito implícito subiu de 49% para 56%.[18] O estudo revelou que, após a vitória de Obama, porcentagens mais elevadas de entrevistados brancos agora viam os afro-americanos como violentos, irresponsáveis e preguiçosos, apesar da família negra zelosamente exemplar que ocupava a Casa Branca, chefiada por um casal com formação em universidades de elite — ou exatamente por causa disso.

Com a intensificação dos ressentimentos, não era de surpreender que os ataques a afro-americanos não apenas não se reduzissem, mas aumentassem, diante da reversão sem precedentes da hierarquia social. Em 2015, durante o segundo mandato de Obama, a polícia estava matando cinco vezes mais afro-americanos do que brancos desarmados.[19] Era uma tendência que faria dos assassinatos por policiais uma das principais causas de morte entre garotos e homens jovens afro-americanos, a uma taxa de um por mil.[20]

Anteriormente, Obama tinha dado passos simbólicos para reduzir a divisão racial. Promoveu um encontro entre Henry Louis Gates Jr. e o policial que o havia detido quando tentava entrar em sua casa, perto de Harvard, onde dava aulas; Obama causara alvoroço ao comentar que o policial havia "agido de maneira estúpida" ao prender o professor. Quando o jovem negro Trayvon Martin foi morto por um segurança, Obama comentou que, se tivesse um filho, gostaria que se parecesse com ele. Mas o sistema de castas se revoltou, e os índices de aprovação de Obama caíram mesmo depois desses gestos benevolentes. O partido de oposição colocou-se de maneira firme contra muitas de suas ambições e nomeados, obstruindo o governo repetidas vezes, recusando-se a confirmar ou mesmo a considerar o juiz Merrick Garland, que Obama nomeou para a Suprema Corte.

O sistema de castas algemara o presidente como algemava os afro-americanos de rosto virado para o chão nos vídeos que se tornaram rotina no país. Era como se estivesse lembrando a todos qual era o seu lugar — e à casta subordinada, em especial, que não importa como o elenco da peça seja redistribuído: a hierarquia continuará sendo como sempre foi.

Num paradoxo de casta, estudos mostram que muitos brancos pareciam saber disso; em algum nível inconsciente eles pareciam saber que o sistema colocaria em xeque o primeiro presidente negro e a casta subordinada a ele associada. Embora alguns se ressentissem profundamente do fato de um homem negro presidir o Salão Oval, "a maioria dos brancos americanos não estava muito preocupada com a possibilidade de que Obama viesse a favorecer os negros em detrimento de seu próprio grupo", escreveu Ashley Jardina.[21]

Assim, dentro dos limites em que foi forçado a manobrar, ele avançou mais em termos de objetivos racialmente neutros. Ao fazê-lo, conseguiu remodelar o sistema de saúde pública do país e exercer liderança em temas que outros governos teriam ignorado completamente, como mudança climática, energia limpa, casamento gay, reforma das práticas de sentenciamento e investigações sobre brutalidade policial, ao mesmo tempo que tirava o país da recessão.

Mas as realizações de pessoas vistas como outsiders, pessoas que saíram do seu lugar, com frequência produzem apenas mais ressentimento, nesse caso incitando os tremores do descontentamento entre quem se sentiu eclipsado pelo simples fato de elas existirem.

"Qualquer levante no universo é assustador", escreveu James Baldwin certa vez, "porque atinge profundamente o senso de realidade de cada um."[22]

É por isso que a presidência de Obama e seus elevados índices de aprovação "mascararam uma corrente subterrânea de ansiedade em relação às transformações em curso em nosso país", afirmou Jardina. "Ela produziu um aumento da resistência ao multiculturalismo e uma crescente reação à imigração."[23]

Em novembro de 2012, um dia após a reeleição do primeiro presidente negro dos Estados Unidos, Rush Limbaugh, apresentador de um programa de rádio de viés conservador, lamentou-se com seus ouvintes durante uma transmissão. "Fui para a cama ontem à noite pensando que fomos numericamente superados", disse ele. "Fui para cama ontem à noite pensando que perdemos o país. Não sei de que outra forma podemos ver isso."[24]

No mesmo dia, no sul da Flórida, um homem perturbado de 64 anos tomou a medida mais extrema imaginável. Nos dias que precederam a eleição, segundo a polícia, Henry Hamilton, proprietário de uma clínica de bronzeamento artificial em Key West, dissera a seus amigos: "Se Barack Obama for reeleito, não ficarei por aqui".[25] Ele manteve a palavra. Seu corpo foi encontrado no condomínio em que vivia um dia e meio depois de saírem os resultados. Dois frascos vazios de remédios controlados foram encontrados em sua sala de jantar. Ao lado dele havia um bilhete escrito à mão exigindo que não tentassem reanimá-lo e amaldiçoando o presidente recém-reeleito.

26. O ponto de virada e o renascimento da casta

Nos estertores de 2015, um grupo influente de pessoas com acesso ao mundo político de Washington reuniu-se para o Ano-Novo. Estava-se nas vésperas de uma temporada eleitoral considerada de grande importância mesmo antes de se haver iniciado. Eu me sentia um pouco fora da minha esfera sempre que estava no universo oficial de Washington, de modo que gravitei na direção de Gwen Ifill, que eu já conhecia há anos e não via fazia algum tempo. Quando trabalhamos juntas no *New York Times*, eu era uma repórter que se concentrava nas pessoas comuns, e não tinha, como ela, a expertise política de quem havia passado anos nos corredores do poder.

Fui diretamente a ela.

"E então", perguntei. "O que você acha?"

Os primeiros segundos de 2016 estavam se aproximando, e ela sabia exatamente o que eu queria dizer. Hesitei em apresentar minha própria opinião de início. Gwen era a adorada coapresentadora do programa *News-Hour*, da pbs, uma astuta e calejada observadora política que eu e milhões de outras pessoas admirávamos pelo brilhantismo e sexto sentido, pelo modo como havia mergulhado nas águas da capital, infestadas de tubarões, como se tivesse nascido lá, sempre encontrando uma forma de se manter à tona. Ela estava incrustada num ecossistema político que me deixava impaciente. Eu não sabia se o que me sentia compelida a dizer pareceria incrivelmente infundado ou absurdo para uma pessoa imersa no establishment de Washington como ela.

Por alguma razão, senti necessidade de sussurrar. Aquilo era para ser uma festa, afinal, o champanhe fluía à nossa volta, numa comemoração à chegada de 2016. Havia ali gente do governo e talvez pessoas envolvidas na campanha da candidata democrata favorita, ou pelo menos pessoas que a apoiavam e esperavam que houvesse uma linha de continuidade das perspectivas progressistas sustentadas pelo governo que em breve estaria de saída. Então eu me inclinei para Gwen e baixei a voz.

"As pessoas não estão prestando atenção", falei. "Acho que ele pode vencer."

Não pronunciei seu nome, nem precisava. Ainda era cedo, as primárias nem haviam começado. Mas a celebridade bilionária parecia estar ganhando impulso desde que anunciara sua candidatura, em junho daquele ano, na escada rolante de sua torre em Manhattan, acusando os mexicanos de terem trazido para os Estados Unidos, através da fronteira, o crime, as drogas e o estupro, e prometendo construir um muro entre os dois países. A maioria dos jornalistas e dos veículos de comunicação não o levava a sério, de modo que perguntei a Gwen o que ela pensava.

"Sem dúvida", disse ela. "É claro que ele pode vencer."

Eu não era de maneira alguma um animal político, mas conhecia bem o sistema de castas, então prossegui.

"Acho que tem tudo a ver com as projeções demográficas para 2042", falei.

"Exatamente", concordou ela, com a expressão firme e resoluta.

A resposta de Gwen, direta e segura, não só confirmava meus instintos, mas era inquietante, pois se ela, com seu impecável radar, pensava desse jeito, então era muito provável que fosse verdade. Trocamos olhares conscientes de aceitação daquilo que de outra forma nos pareceria inconcebível, mas que já estava estabelecido, quer o resto do país se desse conta ou não, porque era maior do que o candidato, sempre fora maior do que ele, e agora tudo que nos restava fazer era observar o desdobrar dos acontecimentos.

Gwen viveu apenas o bastante para ver suas previsões se confirmarem e, tragicamente, faleceu na semana seguinte à eleição. Foi uma perda para o país justo quando ele poderia se beneficiar de sua análise serena. A profética conversa que tivemos foi a última que eu teria com ela, e agora, passados alguns anos, parece ainda mais significativa.

Na primavera de 2016, e também verão adentro, as eleições para presidente pareciam ser o único tema de conversa entre as pessoas. As manchetes se sucediam, regras consagradas pelo tempo eram quebradas uma após a outra — um candidato a presidente descarregando ódio num importante debate das primárias, um candidato a presidente flagrado em vídeo se gabando de segurar mulheres pela genitália, um candidato a presidente zombando de um repórter com deficiência, agitando mãos e braços, proferindo insultos como um colegial, um candidato a presidente caçoando dos pais em luto de um herói americano que por acaso vinha a ser muçulmano. Um candidato a presidente desmerecendo um herói de guerra americano, John McCain, por ter sido capturado. As notícias se sucediam antes que tivéssemos tempo de absorver a anterior, um novo léxico se formando diante de nossos olhos.

"Você acha mesmo que ele tem chances de ganhar?", perguntou-me uma intelectual francesa quando estive em Paris, meses antes das eleições.

"Bem, acho que sim", respondi. "Ele está no páreo. E tem muitas chances."

"Os Estados Unidos nunca fariam uma coisa dessas", disse ela com desdém.

A casta não explica tudo na vida americana, mas nenhum aspecto da vida americana pode ser plenamente compreendido sem que se considere a casta e a hierarquia nela incrustada. Muitos analistas políticos e observadores de viés mais à esquerda não acreditavam na possibilidade de vitória de Trump e foram apanhados de surpresa pelo resultado de 2016 em parte porque não haviam considerado em suas expectativas o grau de consistência da casta como variável persistente na vida e na política americanas.

Os progressistas explicaram o resultado dizendo que os brancos da classe trabalhadora têm votado contra seus próprios interesses ao apoiar oligarcas de direita, mas essa teoria minimiza a influência e os princípios orientados pela casta das pessoas. Na verdade, muitos eleitores avaliaram suas circunstâncias e olharam para além de seus benefícios imediatos de curto prazo, enxergando, de sua perspectiva, os objetivos mais amplos de manter a condição de casta dominante e sua sobrevivência no longo prazo. Eles estavam dispostos a perder o seguro de saúde agora, arriscar-se à instabilidade na Casa Branca e à interrupção das atividades do governo, a ameaças vindas de terras distantes, a fim de preservar aquilo que suas ações mostram ser o que eles mais valorizam: os benefícios a que se acostumaram como membros da casta historicamente dominante nos Estados Unidos.

Trump canalizou essas inseguranças e descontentamentos, que os atingiam mais profundamente do que a economia, como descobriram os pesquisadores. "A preferência dos eleitores brancos por Donald Trump", escreveram os cientistas políticos John Sides, Michael Tesler e Lynn Vavreck, "tinha pouca relação com sua própria segurança profissional, mas estava fortemente relacionada com a preocupação de que minorias estivessem tomando os empregos dos brancos."[1]

Os tremores da casta dominante vinham sendo construídos muito antes de Trump anunciar sua candidatura. "As dissensões se intensificaram ao longo do governo Obama", escreveram Sides, Tesler e Vavreck. "É por isso que as dissensões raciais parecem o culpado mais provável." De fato, "nenhum outro fator previu mudanças no partidarismo branco durante a presidência de Obama de modo tão poderoso e consistente quanto as atitudes raciais", afirmaram eles.

Segundo os pesquisadores, esse tipo de hipervigilância de grupo constitui o que eles chamam de "'economia racializada': a crença de que grupos indignos estão avançando enquanto o seu grupo é deixado para trás".

A precariedade de suas vidas e as mudanças demográficas do país induziram uma necessidade maior de manter quaisquer vantagens que eles tenham vindo a esperar, e de fortalecer a característica imutável de maior peso no sistema de castas americano.

"As atitudes raciais dos brancos não são definidas unicamente pelo preconceito", afirma Ashley Jardina, da Universidade Duke.

> Muitos brancos também têm um senso de identidade racial e são motivados a proteger seus interesses coletivos de grupo e a manter seu status [...]. A

branquitude é agora um componente evidente e fundamental da política americana. A solidariedade racial dos brancos influencia sua visão de mundo e orienta suas atitudes e comportamento políticos.²

Conscientemente ou não, muitos eleitores brancos "estão procurando reafirmar uma ordem racial em que seu grupo encontra-se firmemente no topo".³

Assim, a eleição de 2016 tornou-se um espelho rachado diante de um país que não havia sido forçado a buscar suas origens dessa maneira em mais de uma geração, e agora via a si mesmo, quiçá pela primeira vez, tal como realmente era. Ela representou a culminância de forças que vinham sendo construídas há décadas.

Num contexto de casta, os dois principais partidos políticos carregam as vantagens e os fardos das castas que mais atraem e com as quais estão associados. Por vezes, o estigma e o viés associado a minorias desfavorecidas têm sido creditados aos democratas, enquanto os privilégios e a liberdade atribuídos à casta dominante têm sido vinculados aos republicanos, que passaram a ser vistos como representantes dos brancos americanos. Isso explica, em parte, o escrutínio e as obstruções enfrentados por democratas como Barack Obama e Hillary Clinton, e antes deles por John Kerry e Al Gore, quando se intensificou o apoio dos brancos aos republicanos, agora vistos como o partido de um apreensivo, porém poderoso, eleitorado da casta dominante.

Clinton, ex-secretária de Estado, foi amplamente considerada vitoriosa nos debates presidenciais, embora seu oponente a tenha assediado no pódio e a chamado de "mulher desagradável". Segundo a opinião geral, ela se portou com dignidade e demonstrou um refinado — ainda que engessado — domínio de assuntos domésticos e externos. Mas, nas pesquisas, raramente conseguiu ir muito além da margem técnica de erro contra um homem considerado por muitos a pessoa menos qualificada que jamais concorreu à presidência dos Estados Unidos.

Havia muitos fatores em ação na eleição de 2016, entre os quais a interferência externa e as barreiras ao voto que afetaram desproporcionalmente os eleitores marginalizados. Ainda assim, a derrota de Hillary Clinton no Colégio Eleitoral parece chocante até considerarmos a casta e os desafios históricos que os candidatos da casta subordinada, ou seja, os afro-americanos, têm frequentemente enfrentado no dia da eleição, a despeito de pesquisas favoráveis. De uma perspectiva de casta, Clinton talvez tenha sofrido de uma versão do Efeito Bradley — números inflados nas pesquisas que não se concretizam devido ao fato de as pessoas darem aos pesquisadores o que acreditam ser as respostas socialmente aceitáveis sobre suas intenções de voto, mas agirem de forma diferente diante das urnas. Foi o que aconteceu ao prefeito Tom Bradley, de Los Angeles, quando concorreu para o governo da Califórnia em 1982. A incapacidade de Clinton de ultrapassar a margem de erros nas pesquisas deveria ter servido como um indicador das dificuldades que enfrentaria no dia da eleição.

A casta também ajuda a entender o ardoroso anseio dos democratas pelos eleitores brancos da classe trabalhadora, que, acreditam eles, deveriam responder positivamente às propostas do partido para questões da vida cotidiana. Alguns na esquerda continuam perguntando: por que eles votam contra os próprios interesses? Os que se fazem essa pergunta, embora muito certos de sua opinião, na verdade estão cegos. O que não levam em consideração é que as pessoas que votam dessa maneira estão, na verdade, votando a favor de seus interesses. Manter o sistema de castas como sempre foi era do seu interesse. E alguns estão dispostos a aceitar o desconforto a curto prazo, arriscar-se à contaminação da água e do ar, e até morrer, para proteger seu interesse maior de longo prazo, que é a manutenção da hierarquia tal como a conhecem.

QUANDO UMA PESSOA ESTÁ PRESA num sistema de castas, provavelmente fará o que for necessário para sobreviver dentro dele. Se estiver numa posição incerta no meio do caminho — abaixo dos que estão no topo, mas acima dos que estão na base —, é possível que se distancie da base e crie obstáculos aos que estão abaixo, a fim de proteger sua posição, e que enfatize as características herdadas que são mais valorizadas na hierarquia.

Na cabine de votação, muitas pessoas fazem avaliações automáticas, inconscientes, de sua posição, suas necessidades e seus desejos, assim como de suas múltiplas identidades (classe trabalhadora, classe média, ricos, pobres, brancos, negros, mulheres, asiáticos, latinos). Elas frequentemente se alinham não àqueles que talvez compartilhem suas condições, mas àqueles cujo poder e privilégio coincidem com uma de suas características. Pessoas com interesses conflitantes com frequência irão gravitar em direção a características pessoais que lhes garantam mais status. Muitos fazem uma escolha existencial, movidos por suas aspirações. Votam olhando para cima em vez de para os lados, e dificilmente olhando para baixo. Acreditam saber quem irá proteger os interesses da característica que lhes confere maior status e que mais lhes interessa.

Na eleição de 2016, conscientemente ou não, a maioria dos brancos votou no candidato que apelava mais diretamente à característica mais recompensada no sistema de castas. Eles votaram pelo aspecto de si mesmos que lhes garante mais poder e status na hierarquia. Segundo a pesquisa de boca de urna realizada pelo *New York Times* com 24.537 eleitores, 58% dos brancos escolheram o republicano Donald Trump e apenas 27% preferiram a democrata Hillary Clinton. Embora tenha obtido quase 3 milhões de votos a mais que Trump no cômputo geral, ela atraiu uma parcela de eleitores brancos menor que a de qualquer candidato democrata, com exceção de Jimmy Carter em sua fracassada campanha de reeleição contra Ronald Reagan em 1980.

"Os partidos ficaram tão divididos por questões de raça", afirma a cientista política Liliana Mason, "que a simples identidade racial, sem conteúdo político, é suficiente para prever a identidade partidária."

Talvez não tenha havido prova mais clara da solidariedade branca do que o comportamento das mulheres brancas em 2016. A maioria delas — 53% — desprezou as necessidades comuns das mulheres e se posicionou contra uma pessoa de seu gênero e raça para votar pela característica do poder, o lado branco de suas identidades ao qual Trump apelou, em vez de ajudar uma mulher branca experiente, e a si mesmas, a fazer história.[4]

"Trump foi eleito por brancos preocupados com seu status", escreveu Jardina, "e suas prioridades políticas estão totalmente voltadas para proteger a hierarquia racial e reforçar suas fronteiras."[5] Trata-se de pessoas que sentem que "estão tendo o seu tapete puxado — que os benefícios de que têm usufruído por causa de sua raça, as vantagens de seu grupo e seu status no topo da hierarquia racial estão sendo ameaçados".

Uma consciência subliminar do poder de casta (embora a palavra raramente tenha sido usada, se é que chegou a ser) também parece operar, em algum grau, no modo como os partidos respondem a suas respectivas bases. A reverência dos republicanos por sua base constituída por brancos evangélicos contrasta inteiramente com a indiferença dos democratas por sua base afro-americana, a qual é desvalorizada por um conjunto de razões, dentre as quais seu status inferior na base da hierarquia social.

Para os republicanos, a singularidade de foco e o senso de mobilização em torno de uma ameaça existencial, combinados com as intrínsecas vantagens de casta da riqueza coletiva e da influência geral de seus eleitores, dá ao partido uma aparente vantagem em inflamar seus apoiadores contra a oposição democrata. Os democratas, por seu turno, constituem uma maioria difusa do eleitorado, mas por vezes parecem desinteressados em relação a uma base que com frequência tratam de maneira arrogante, dando-a como certa, mesmo que o seu comparecimento às urnas seja abaixo do esperado, a despeito da supressão de eleitores. Assim, tristemente, não só aceitam os pressupostos de casta em vez de apoiar seus eleitores mais leais, como fazem os republicanos, mas gastam energia e enfraquecem seu poder sofrendo pelos eleitores fiéis do adversário, enquanto dão como certa a maioria que já possuem.

Como os eleitores mais leais de seus respectivos partidos, os brancos evangélicos são para os republicanos o que os afro-americanos são para os democratas, embora ambos os grupos constituam uma minoria do eleitorado total. Mas as principais preocupações do bloco mais confiável de eleitores democratas — moradias acessíveis, água limpa, brutalidade policial, a desigualdade econômica entre as raças, reparações pela discriminação sancionada pelo Estado (concedidas a outros grupos discriminados nos Estados Unidos) — têm sido colocadas em segundo plano ou mesmo consideradas temas controversos para o partido que os afro-americanos ajudam a sustentar. Para os que dizem que isso seria impraticável, seria o dever do partido que representa e depende da casta subordinada abrir os olhos de seus compatriotas e defender a causa de um país mais igualitário.

Enquanto isso, as prioridades dos brancos evangélicos[6] — fim do aborto, restrições à imigração, proteção do direito de posse de armas de fogo, limitar o governo e, mais recentemente, o desdém pela ciência e a negação das mudanças climáticas — se tornaram o cardápio dos sistemas de crença para o Partido Republicano.

"O que mais distingue os evangélicos brancos americanos de outros cristãos, de outros grupos religiosos e de não crentes não é a teologia, mas a política", afirma Seth Dowland, professor de religião da Universidade Luterana do Pacífico e autor de *Family Values and the Rise of the Christian Right*. "Durante o século XX, a coalizão evangélica mesclou teologia, branquitude e política conservadora [...]. Identificar-se como evangélico no início do século XXI significa estar comprometido com o direito de posse de armas de fogo, a abolição do aborto legal e a redução de impostos."

As pessoas que se identificam como evangélicas brancas, independentemente de sua religiosidade pessoal, "manifestaram-se a favor de Trump para defender uma nação branca protestante", escreveu Dowland. "Elas provaram ser soldados leais na batalha contra muçulmanos e imigrantes sem documentos. O triunfo dos direitos dos homossexuais, a persistência do aborto legal e a eleição de Obama sinalizaram para eles a necessidade de lutar pelos Estados Unidos que um dia conheceram."

A ELEIÇÃO DE 2016 tornou-se um notável diagrama da hierarquia de casta nos Estados Unidos, do mais elevado ao mais baixo status, no apoio aos republicanos por um grupo específico: homens brancos deram a Trump 62% de seus votos; mulheres brancas, 53%; homens latinos, 32%; mulheres latinas, 25%; homens afro-americanos, 13%; e mulheres negras, 4%. Diferentemente da maioria dos eleitores brancos, todos os demais grupos apoiaram a candidata democrata em 2016. O voto democrata distribuiu-se da seguinte forma: homens brancos, 31%; mulheres brancas, 43%; homens latinos, 63%; mulheres latinas, 69%; homens afro-americanos, 82%. As mulheres afro-americanas, cuja conjunção de raça e gênero as coloca na base da hierarquia artificial dos Estados Unidos, deram à candidata democrata 94% de seus votos. A CNN não dividiu o voto dos asiáticos por gênero, mas, como outras categorias constituídas por não brancos, os asiáticos votaram majoritariamente em Hillary Clinton, dando a ela 65% dos votos, contra 27% para Trump, acompanhando, de modo geral, o voto dos latinos.

Trump saiu-se bem contra Clinton em todas as categorias de eleitores brancos, em todos os níveis etários e educacionais, embora suas porcentagens tenham sido maiores entre os eleitores sem diploma universitário (66% para Trump, 29% para Clinton) do que entre aqueles com nível superior (48% para Trump, 45% para Clinton). Contrariando pressupostos populares segundo os quais a insegurança econômica ajudou a determinar o resultado das eleições de 2016, Trump venceu Clinton em quase todas as faixas de rendimento, com exceção daqueles com menos segurança econômica — os que ganhavam menos de 50 mil dólares por ano. Isto pode ser visto como um reflexo do fato de que os eleitores marginalizados em geral, e os negros em particular — os que mais tendiam a apoiar a democrata —, constituem uma parcela desproporcional dos eleitores com menores rendimentos.

Com esses rígidos padrões raciais, a eleição de 2016 pareceu consolidar a posição de uma histórica casta dominante. "Embora os brancos americanos ainda constituam uma clara maioria política e continuem a deter a maior parte da riqueza do país", observou o jurista Robert L. Tsai, "é possível alimentar bizarros temores de um acerto futuro em que minorias étnicas e raciais tentarão subjugar os cidadãos brancos."[7]

ESSE SENTIMENTO DE AMEAÇA aos valores brancos encontrou uma voz em 2016. "Esses brancos ofendidos são um poço inexplorado em potencial", escreveu Jardina, "cujos ressentimentos estão latentes, prontos para ser estimulados por políticos dispostos a avançar por um caminho potencialmente muito sombrio."[8]

Por essa razão, as rupturas expostas em 2016 transcendem uma única eleição ou um único candidato e vão muito além das teorias iniciais sobre a insegurança econômica como motor do voto branco. "De muitas formas, um senso de ameaça ao grupo é um oponente muito mais sólido do que uma retração econômica", escreveu a cientista política Diana Mutz, "porque é uma mentalidade e não um evento ou infortúnio real."[9]

Tendo assumido o cargo, o 45º presidente não escondeu que seu foco eram os desejos de sua base. "Seja por desavença pessoal, cálculo político, discordância filosófica ou por uma convicção de que o presidente anterior havia prejudicado o país, o sr. Trump deixou claro que, se encontrar o nome do sr. Obama em alguma coisa, o eliminará do disco rígido nacional", escreveu o correspondente do *New York Times* na Casa Branca, Peter Baker.[10]

As pessoas suscetíveis à "ameaça ao status do grupo dominante", escreveu Mutz, farão o possível para proteger a hierarquia que as beneficiou, para "recuperar um senso de domínio e bem-estar".[11]

O resultado da eleição, por si só, fez com que a base de Trump se sentisse melhor. Alguns dias após o pleito, duas mulheres de meia-idade com entradas acentuadas no cabelo e óculos de leitura sentaram-se na primeira classe de um voo de Atlanta para Chicago. Olhando-se uma à outra, e sabendo o resultado da eleição, suspeitaram que estivessem no mesmo time. Não demorou muito para que isso se confirmasse.

"Os últimos oito anos", disse uma delas, "foram a pior coisa que já aconteceu a este país. Fico muito feliz que isso tenha acabado."

"Acho que isso foi mais do que uma eleição", disse a outra. "Foi um dos acontecimentos mais surpreendentes que já testemunhei. Fiquei acordada a noite inteira acompanhando."

"É verdade. Fui dormir naquela noite imaginando que acordaria chorando na manhã seguinte. Acordei. A melhor notícia possível."

"Existe justiça neste mundo. Eles fizeram uma escolha muito, muito ruim com ela", disse uma.

"O atual presidente foi uma escolha ruim", disse a outra.

"Ele estava no limite. Este é um grande dia!"

"É, finalmente as coisas se acertaram. Com certeza."

27. Os símbolos da casta

ROBERT E. LEE, O GENERAL CONFEDERADO que liderou a guerra contra os Estados Unidos pelo direito de manter seres humanos cativos por toda a vida, ou, mais precisamente, uma estátua de bronze em sua homenagem, alcançava a altura de um prédio de dois andares sobre seu pedestal de granito no centro de um parque em Charlottesville, na Virgínia.[1] Certo dia, no final do verão de 2017, a estátua do herói dos antigos estados escravistas foi toda coberta por uma lona encerada escura e fina. Dois homens em guindastes levaram cerca de uma hora para cobrir o general e o cavalo Saddlebredem que ele montava.

A estátua estava agora sob um manto, enquanto os líderes locais decidiam o que fazer com ela. O monumento havia atraído a atenção do mundo depois de uma manifestação de supremacistas brancos ter terminado em morte algumas semanas antes. A manifestação reuniu membros descontentes da casta dominante em protesto contra o plano do governo municipal de remover a estátua. Era como se os ressentimentos da Guerra Civil tivessem ressuscitado e se fundido com a ressurgência do nazismo que os antepassados dos jovens presentes na manifestação haviam lutado para derrotar no século anterior. Os herdeiros dos confederados e os herdeiros dos nazistas puderam ver o quanto eles e suas histórias tinham em comum, ainda que isso não se aplicasse aos americanos em geral.

Naquele dia de agosto de 2017, os manifestantes, na maioria homens, alguns com cortes de cabelo tão sisudos quanto seus rostos, agitaram suas bandeiras confederadas e suásticas. Juntos, na noite anterior, eles tinham marchado pelo campus da Universidade da Virgínia, fazendo saudações nazistas e gritando slogans como "Sieg Heil", "Vidas brancas importam" e "Os judeus não vão tomar nosso lugar". Erguendo suas tochas, reencenavam os espetáculos de luz das procissões nazistas em louvor a Hitler. No dia seguinte, na manifestação propriamente dita, os neoconfederados e os neonazistas chegaram fortemente armados, o que, por sua vez, atraiu manifestantes contrários, portando símbolos de paz. Então um supremacista branco lançou seu carro contra uma multidão desses manifestantes contrários, matando um deles, uma assistente jurídica chamada Heather Heyer, e ferindo dezenas de outros.

Agora a prefeitura tentava manter a estátua longe das vistas do público, mas, toda vez que ela era coberta, alguém vinha e removia a lona, expondo, em protesto, a imagem de Lee. Então a prefeitura mandava outra vez seus guindastes para recolocar a lona. No dia em que visitei Charlottesville, pouco tempo após a manifestação, a prefeitura estava vencendo.

No centro do jardim, bem no meio da cidade, erguia-se um quadrilátero negro irregular amarrado na base, como se fosse um armário gigante protegido por uma lona à espera do pessoal da mudança. Diante do mundo, ele parecia um enorme saco de lixo, do qual despontavam apenas a cabeça do general e o nariz e o rabo do cavalo. O efeito exercido pelo quadrilátero no meio de um belíssimo parque acabou atraindo mais atenção — e não menos — não só para o general, mas para os monumentos em homenagem à Confederação, embora a lona pretendesse ser apenas uma solução de curto prazo para mantê-lo fora das vistas do público. Turistas chegavam à sua procura.

"Acho que é ele ali", disse um homem, atravessando a rua para olhar mais de perto.

Os turistas aguardavam a vez para tirar suas fotos em frente ao general encoberto. Depois, faziam sua peregrinação até a rua em frente à estátua, onde Heather Heyer fora assassinada. O lugar tinha se transformado num memorial que se estendia por todo o quarteirão, com pilhas de rosas e girassóis murchos, mensagens inconsoláveis rabiscadas na calçada e nas paredes de tijolos, um apelo à humanidade.

Somos testemunhas

Jamais esquecer

*No momento em que desviamos o olhar,
no momento em que paramos de lutar, a intolerância triunfa*

Não há mais espaço para o ódio

Todos os homens nascem iguais

Há mais de 1700 monumentos à Confederação nos Estados Unidos, monumentos em homenagem a uma república separatista cuja constituição e cujos líderes, no momento em que declararam o propósito de sua nova nação, foram inequívocos.² "Seus alicerces estão lançados", disse Alexander Stephens, o vice-presidente da Confederação,

> sua pedra angular apoia-se na grande verdade de que o preto não é igual ao homem branco; de que a subordinação do escravo à raça superior é sua condição natural e normal. Nosso novo governo é o primeiro, na história do mundo, que se baseia nessa grande verdade física, filosófica e moral [...]. Para nós, toda a raça branca, seja de classe alta ou baixa, rica ou pobre, é igual aos olhos da lei. Não é o caso do preto. A subordinação é o seu lugar. Ele, por natureza ou pela maldição de Cam, é adequado a essa condição que ocupa em nosso sistema.³

A Confederação perderia a guerra em abril de 1865, mas nas décadas seguintes ganharia a importantíssima paz. Os confederados conseguiriam assumir o controle da imaginação pública com descrições nebulosas da Causa Perdida. Dois dos filmes mais populares do início do século xx — *O nascimento de uma nação* e *...E o vento levou* — apresentaram ao mundo a versão confederada da Guerra Civil, retratando as pessoas da degradada casta inferior como capazes unicamente da sordidez brutal e da bufonaria infantil.⁴

Embora tenha abolido a escravidão em 1865, a Décima Terceira Emenda deixou uma lacuna que permitiu à casta dominante escravizar criminosos condenados. Isso lhe deu um incentivo para prender pessoas da casta inferior por delitos subjetivos como ócio ou vagabundagem numa época em que se precisava de mão de obra gratuita num sistema penal que a casta dominante controlava sozinha. Depois de uma década de Reconstrução, justo no momento em que os afro-americanos tentavam ingressar na sociedade tradicional, o Norte abandonou a supervisão do Sul, retirou suas tropas da região e devolveu o poder aos antigos rebeldes, deixando os sobreviventes da escravidão à mercê das milícias supremacistas que buscavam curar as feridas da guerra. O governo federal pagou reparações não às pessoas que haviam sido mantidas em cativeiro, mas àquelas que as haviam escravizado.

Os antigos confederados introduziram então uma nova forma de escravidão baseada no trabalho de meeiros, e um regime autoritário que colocou pessoas que haviam acabado de sair da escravidão num mundo de linchamentos, justiceiros e supremacistas violentos, destinados a mantê-las subservientes. Ao mesmo tempo que destruíam as esperanças dos afro-americanos, eles erguiam por toda parte estátuas e monumentos em homenagem aos escravagistas confederados, uma advertência explícita à casta inferior de sua subjugação e impotência.

Era um expediente psíquico de primeira grandeza. Indivíduos que ainda sofriam o trauma dos açoites e da separação familiar, bem como seus descendentes, eram forçados agora a viver entre monumentos em homenagem aos homens que tinham feito uma guerra para mantê-los como gado. Ao entrar em tribunais para enfrentar julgamentos que sabiam que muito provavelmente iriam perder, os sobreviventes da escravidão eram obrigados a passar por estátuas de soldados confederados olhando-os de cima em seus verdadeiros pedestais. Eram obrigados a caminhar por ruas com nomes dos generais responsáveis pela sua opressão e passar por escolas com nomes de supremacistas brancos.

Já bem avançado o século xx, os herdeiros da Confederação mandaram esculpir na face de granito de Stone Mountain, na Geórgia, um monumento com as figuras de Lee, Stonewall Jackson e Jefferson Davis — um monumento maior que o do monte Rushmore. Os confederados podiam ter perdido a guerra, mas a cultura do Sul e a vida das pessoas da casta inferior certamente não refletiram isso. Na verdade, o retorno ao poder dos antigos confederados significou a desforra e tempos ainda mais difíceis pela frente.

Os símbolos da casta

Na época da manifestação de Charlottesville, havia cerca de 230 memoriais em homenagem a Robert E. Lee nos Estados Unidos, incluindo o Hotel Robert E. Lee em Lexington, na Virgínia, o Parque Robert E. Lee em Miami, na Flórida, e o riacho Robert E. Lee na Floresta Nacional de Boise, em Idaho, a 3 mil quilômetros da antiga Confederação. Há uma variedade de placas, bustos, escolas e rodovias com o nome do general pelo país — uma *rua* Robert E. Lee em Mobile, no Alabama, uma *alameda* Robert E. Lee em Tupelo, no Mississippi, um *bulevar* Robert E. Lee em Charleston, na Carolina do Sul, uma *estrada* General Robert E. Lee em Brunswick, na Geórgia, e uma *travessa* Robert E. Lee em Gila Bend, no Arizona.

Estudantes têm aulas no Colégio Robert E. Lee em Jacksonville, na Flórida, em Tyler, no Texas, e em Monroe, na Louisiana, entre outros. Oito estados da União possuem um condado com o nome de Robert E. Lee: Alabama, Arkansas, Flórida, Kentucky, Mississippi, Carolina do Norte, Carolina do Sul e Texas. A terceira segunda-feira de janeiro é o Dia de Robert E. Lee tanto no Mississippi quanto no Alabama.

Um homem bem-nascido, Robert E. Lee se formou na Academia Militar de West Point. Era um estrategista astuto e pragmático, um político moderado para sua época e região, além de um escravagista que via a escravidão como um mal necessário que representava um fardo maior para os donos de escravos do que para os escravos em si. "Os pretos vivem muito melhor aqui do que na África, do ponto de vista moral, social e físico", escreveu certa vez.[5] "A dolorosa disciplina a que são submetidos é necessária para sua instrução como raça, e espero que os prepare e conduza a coisas melhores. O tempo durante o qual essa subjugação será necessária é conhecido e ordenado por uma sábia e compassiva Providência."

Assim como outros escravagistas, Lee fazia pleno uso dessa "dolorosa disciplina". Em 1859, três escravos de sua plantation na Virgínia — um homem chamado Wesley Norris, sua irmã e seu primo — fugiram para o Norte, mas, capturados perto da fronteira com a Pensilvânia, foram forçados a voltar. Ao chegarem de volta à plantation, Lee disse a eles que "iria ensinar-lhes uma lição que jamais esqueceriam", recordou Wesley Norris.[6] Ele mandou que seu capataz os despisse da cintura para cima, os amarrasse a um poste e desse cinquenta chibatadas nos homens e vinte na mulher. Uma vez que o capataz resistia a cumprir a ordem, Lee convocou o condestável do condado e lhe disse para "bater forte", o que ele prontamente fez. "Não satisfeito em apenas dilacerar nossa pele nua", relembrou Norris, "o general Lee ordenou que o capataz esfregasse salmoura em nossas costas, o que foi feito."

Essa era uma prática comum durante a maior parte dos 246 anos de escravidão. Se atrocidades como essas e outras ainda mais medonhas tivessem ocorrido em outro país, em outra época, tendo como alvo outras pessoas que não as da casta mais baixa, seriam consideradas crimes contra a humanidade em violação a convenções internacionais. Mas os senhores de escravos, capatazes e demais indivíduos da casta dominante que as infligiram a milhões de afro-americanos ao longo de séculos não só não foram punidos como foram celebrados como pilares da sociedade.

Lee nunca foi cobrado pelo que fez com os Norris ou com as muitas famílias que desagregou como escravagista, pelos filhos que separou dos pais, pelos maridos que separou das esposas. Mesmo depois de liderar a mais letal guerra de secessão jamais travada em solo americano, ele enfrentou poucas punições associadas à traição. O presidente Andrew Johnson, o democrata e ex-escravocrata do Tennessee que sucedeu Abraham Lincoln após seu assassinato, concedeu anistia à maioria dos confederados na tentativa de deixar para trás as tensões e pôr um fim no assunto. Lee não foi preso e sofreu poucas censuras, embora tenha perdido o direito de votar e tenha sido forçado a abrir mão de sua plantation, que o governo transformou no Cemitério Nacional de Arlington.[7]

A verdade é que, depois da guerra, muitos brancos do Norte sentiam mais afinidade pelo antigo confederado que havia traído a União do que pelas pessoas cujo trabalho escravo construíra a riqueza do país e por cuja liberdade se havia travado a Guerra Civil. A acolhida conciliatória que o Norte ofereceu aos antigos confederados fez com que Frederick Douglass relembrasse aos americanos que "havia um lado certo e um lado errado nessa guerra que nenhum sentimento nos deve fazer esquecer", acrescentando que "não faz parte de nosso dever confundir certo e errado ou lealdade e traição".[8]

Robert E. Lee acabou se tornando reitor de uma instituição que depois incorporaria o seu nome, a Universidade Washington e Lee, na Virgínia. Isso lhe garantiu uma posição social e um legado respeitado, e lhe deu uma plataforma para se pronunciar com autoridade sobre assuntos do momento, caso desejasse.

Sua reputação só fez crescer após sua morte em 1870. Quando o país adotou a segregação, no Norte e no Sul, com limitações de crédito, seguros e empréstimos a negros, além de medidas restritivas para mantê-los fora dos bairros brancos, separando as raças, ele se tornou não apenas um herói do Sul, mas um herói nacional. Foi enterrado numa capela com o seu nome no campus da Universidade Washington e Lee, com bandeiras confederadas ladeando, até recentemente, um molde do general em repouso. Entre os memoriais em sua honra instalados bem longe do Sul, podemos citar placas e bustos no Bronx e no Brooklyn, escolas de ensino fundamental com o seu nome em Long Beach e San Diego e cinco diferentes selos lançados pelos correios com a efígie de Lee. Geralmente, são os vencedores de uma guerra que erguem monumentos celebrando a si mesmos. Nos Estados Unidos, um estrangeiro seria incapaz de dizer qual lado prevaleceu.

ÀS DUAS HORAS DA MANHÃ do dia 24 de abril de 2017, uma equipe da SWAT instalou seus atiradores de elite em posições estratégicas de um perigoso cruzamento no centro de New Orleans. Policiais com cães farejadores patrulhavam o solo e o perímetro. No centro da área demarcada, homens com máscaras e coletes à prova de balas realizavam a perigosa tarefa na escuridão. Outros haviam se recusado a arriscar a vida por isso, desistido de até mesmo tentar realizar a operação, depois das ameaças de morte que haviam sofrido e do lançamento de bombas incendiárias. Os homens mascarados que agora estavam ali eram os únicos que haviam se disposto a assumir a missão. Eles estavam removendo o primeiro de quatro monumentos aos confederados na cidade de New Orleans.

As tensões vinham aumentando desde 2015 quando o prefeito Mitch Landrieu, da quinta geração de uma família que vivia na Louisiana desde antes da Guerra Civil, decidiu que era hora de as estátuas dos confederados saírem de cena. Em junho daquele ano, um atirador inspirado na Causa Perdida da Confederação havia massacrado dez paroquianos que rezavam depois de uma aula de estudos bíblicos na Igreja Metodista Episcopal Africana Emanuel em Charleston, na Carolina do Sul. Sob pressão internacional, a Assembleia Legislativa do estado e a governadora Nikki Haley concordaram em remover a bandeira confederada da sede do governo e colocá-la no Salão de Relíquias da Confederação do Museu Estadual.[9] A Carolina do Sul fora o primeiro estado a se separar da União nos dias que antecederam a Guerra Civil, e esse gesto abriu caminho para que outros fizessem o mesmo se assim desejassem.

Landrieu se sentiu inspirado por isso e foi sensibilizado pelo trompetista de jazz Wynton Marsalis, de quem era amigo, para a perspectiva dos descendentes de escravos que haviam sido aterrorizados sob a bandeira confederada.[10]

Os monumentos em questão incluíam um em homenagem ao presidente confederado Jefferson Davis e outro ao general Robert E. Lee, este último sem conexão direta com New Orleans, mas cuja estátua fora erguida pelo município quando a legislação segregacionista entrou em vigor, após o fim da Reconstrução.

Agora, mais de um século depois, a cidade tinha o direito de remover o que era de sua propriedade, e o prefeito Landrieu imaginou que haveria um processo simples e objetivo de audiências públicas e votação por uma câmara de vereadores tão progressista quanto a cidade que representava.[11] Com o país novamente forçado a se lembrar da natureza persistente da supremacia branca, apoiadores se apresentaram, inclusive um influente cidadão que se ofereceu para doar 170 mil dólares para a remoção do monumento, contanto que se garantisse o seu anonimato.

O município testou a reação do público à ideia. Numa audiência, um simpatizante dos confederados teve de ser escoltado para fora pela polícia depois de ofender e levantar o dedo médio para o público. Um tenente--coronel reformado do Corpo de Fuzileiros Navais, Richard Westmoreland, acorreu do outro lado. Ele se levantou e disse que Erwin Rommel fora um grande general, mas não havia estátuas em sua homenagem na Alemanha.

"Eles têm vergonha", disse. "A pergunta é: por que nós não temos?"[12]

O tempo foi passando e as coisas ficaram feias. A cidade teve dificuldades para encontrar um empreiteiro disposto a remover as estátuas. Todos que avaliaram a proposta do município foram alvos de ataques em casa, no trabalho e nas mídias sociais. Assim, nenhuma empresa de construção de New Orleans aceitou a proposta.[13] Por fim, um empreiteiro em Baton Rouge concordou em realizar o trabalho, mas voltou atrás quando teve seu carro atingido por uma bomba. Os simpatizantes dos confederados deixaram claro que "qualquer companhia que ousasse seguir em frente", escreveu Landrieu, "pagaria um preço alto".[14]

Aqueles que se mantinham fiéis à antiga Confederação organizaram vigílias à luz de velas nos monumentos e congestionaram a central telefônica da prefeitura, xingando e ameaçando as atendentes. Logo o benfeitor que havia se disposto a doar recursos para o trabalho de remoção voltou atrás. Se acabasse sendo descoberto, disse ele, "vou ser expulso da cidade".[15]

O tema agora dividia New Orleans. "Pessoas que durante anos tinham servido em conselhos cívicos se demitiram", disse Landrieu. "Sempre que entrávamos em uma sala para um evento público, sentíamos um calafrio profundo, malévolo."[16] Alguns vizinhos do próprio prefeito, bem como pessoas que ele considerava amigas, viravam a cara quando ele passava. Ele não tinha previsto "a ferocidade da oposição".

Por fim, a prefeitura conseguiu encontrar uma construtora disposta a assumir o que se tornara uma incumbência perigosa numa potencial zona de guerra.[17] Talvez fosse um carma que os únicos operários dispostos a arriscar a vida para remover as estátuas dos confederados pertencessem a uma empresa de construção afro-americana. Devido aos perigos da operação, a empreiteira cobrou quatro vezes o valor previsto pela prefeitura para remover os três maiores monumentos, e disse que só faria o trabalho se contasse com proteção policial. A essa altura, a prefeitura tinha poucas opções se desejasse se livrar das estátuas.

O primeiro monumento a ser removido homenageava uma organização supremacista chamada White League. O prefeito decidiu removê-lo primeiro porque os cidadãos brancos pareciam ter menos ligação com ele. Ainda assim, não quis correr riscos.

Naquela noite, os homens usavam mangas compridas e máscaras tanto para proteger sua identidade como para esconder a cor da pele. Nos caminhões e guindastes, a marca da empresa estava coberta por pedaços de papelão, que também ocultavam as placas dos veículos. Ainda assim, as forças pró-confederadas conseguiram jogar areia no tanque de combustível de um dos guindastes. Enquanto os trabalhadores se empenhavam em remover, por partes, o obelisco, drones tiravam fotografias não autorizadas da operação. Entre o público, pessoas apontavam câmeras de alta definição para tentar identificá-los. Por fim, as peças do obelisco foram removidas e levadas para um depósito.

No mês seguinte, o monumento em homenagem a Robert E. Lee, uma enorme imagem de bronze, de braços cruzados, erguida sobre uma coluna de mármore de dezoito metros dentro de uma praça bem-cuidada, foi finalmente retirado. Era o último dos quatro. Sua figura balançava num guindaste em plena luz do dia, e, dessa vez, para um público entusiasmado.[18]

O prefeito Landrieu fez um discurso naquele dia para lembrar aos cidadãos por que aquilo precisava ser feito. "Esses monumentos celebram uma Confederação fictícia, higienizada", disse ele, "ignorando a morte, a escravidão e o terror que eles na verdade representavam."[19]

Não são apenas estátuas. "Elas foram criadas como armas políticas", escreveria Landrieu depois, "como parte de um esforço para ocultar a verdade, o fato de que a Confederação estava do lado errado não apenas da história, mas da humanidade."[20]

No dia em que New Orleans removeu Robert E. Lee de sua coluna, a Assembleia Legislativa do Alabama enviou um projeto de lei para o governador, Kay Ivey. Assim como aconteceu na maior parte da antiga Confederação após o realinhamento pós-direitos civis, os republicanos agora dominavam o estado, e lutavam para manter os monumentos em homenagem à mesma causa que o então partido de Lincoln combatera durante a Guerra Civil.[21] O novo projeto de lei do Alabama enviado ao governador naquele dia tornava ilegal remover qualquer monumento que tivesse sido construído vinte anos antes ou mais, o que na verdade significava que ninguém poderia pôr a mão numa única estátua de confederados no Alabama.

A UM OCEANO DE DISTÂNCIA, na antiga capital do Terceiro Reich, Nigel Dunkley, um ex-oficial britânico e agora historiador da Alemanha nazista, dirigia ao longo do que restou do Muro de Berlim. Ele apontou para os prédios neoclássicos da antiga República de Weimar administrados pelos nazistas durante algum tempo e recuperados após a reunificação da Alemanha. Passamos perto do Portão de Brandemburgo, que sobreviveu ao bombardeio aliado na Segunda Guerra Mundial, e então chegamos a um amplo espaço aberto bem no centro da cidade.

As torres de escritórios e os edifícios do governo então cedem lugar a uma Stonehenge modernista de 19 mil metros quadrados, do tamanho de três campos de futebol, onde antes ficava o corredor da morte em que eram aprisionados os desertores durante a Guerra Fria. Como num campo de caixões esculpidos de variados tamanhos, 2711 retângulos de concreto se erguem em formação, separados por um espaço suficiente para que as pessoas caminhem entre eles e contemplem seu significado. As pedras ondulam e descem em direção ao centro, onde o solo é encovado, de modo que, quando um visitante chega ao interior, o barulho do tráfego desaparece, o ar se aquieta e somos capturados pelas sombras, isolados pela magnitude daquilo que as pedras representam. Esse é o Memorial aos Judeus Mortos da Europa, assassinados durante o Holocausto. Não há placa, portão, cerca, lista dos 6 milhões de nomes. As pedras são ordenadas da mesma forma como se organizavam os nazistas, e tão anônimas quanto os cativos privados de identidade nos campos de concentração. Desde 2005, o memorial presta um testemunho silencioso a qualquer um que deseje visitá-lo, de dia ou à noite.

O responsável pelo projeto, um arquiteto de Nova York chamado Peter Eisenman, preferiu não explicar o significado do número 2711 nem muitas outras coisas sobre a instalação. "Eu queria que as pessoas tivessem a sensação de estar no presente, e uma experiência que nunca tivessem tido antes", disse Eisenman à revista *Der Spiegel* no ano em que o memorial foi inaugurado. "E uma experiência que fosse diferente e ligeiramente perturbadora."[22]

A empresa que produzia o gás cianeto utilizado nos campos de concentração agora fornece o protetor aplicado às pedras de concreto para evitar pichações e vandalizações, o que pode ser visto como um ato de indenização pela perspectiva de uns ou como o mínimo que ela poderia fazer pela perspectiva de outros. A instalação é a mais imponente de uma série de memoriais em homenagem às pessoas assassinadas sob o domínio de Hitler. "Temos memoriais para todas as pessoas mortas pelos nazistas", disse Dunkley. "Há um memorial para os homossexuais que pereceram. Há um memorial para os ciganos do lado de fora do Reichstag. Temos memoriais menores para grupos menores. E então temos as pedras de tropeço."

As pedras de tropeço, espalhadas pela cidade, são micromemoriais feitos de pequenos quadrados de latão onde estão inscritos os nomes das vítimas do Holocausto. Mais de 70 mil dessas pedras, conhecidas como *Stolpersteine*, foram fabricadas e instaladas em cidades de toda a Europa. Elas estão embutidas entre paralelepípedos em frente a casas e prédios de apartamentos onde se sabe que as vítimas viviam antes de serem sequestradas pela Gestapo. "Aqui viveu Hildegard Blumenthal, nascida em 1897, deportada em 1943, morta em Auschwitz", lê-se numa dessas pedras, instalada na calçada diante de um prédio de apartamentos na zona oeste de Berlim. Perto dela estão as pedras dedicadas a Rosa Gross e Arthur Benjamin, que foram deportados em 1942 e morreram em Riga.

As pedras de tropeço forçam quem as vê a parar e olhar para as inscrições, a observar as portas pelas quais essas pessoas passavam, as escadas que subiam com seus filhos e compras, as ruas pelas quais transitavam, a vida cotidiana de gente de verdade, e não números abstratos, milhões intangíveis. Cada uma é uma lápide pessoal que oferece uma conexão momentânea a um único indivíduo. Abaixar-se para ler os nomes nas pedras de tropeço obriga a pessoa a se inclinar em sinal de respeito.

Os símbolos da casta

Nigel Dunkley virou lentamente perto da Chancelaria do Reich no bairro do Mitte e deixou o Volvo num estacionamento perto da Wilhelmstrasse. Era uma praça asfaltada cercada de prédios de escritórios e apartamentos e com uma mureta de proteção à sua volta, como é comum em estacionamentos por toda parte.

"Está vendo aquele Volkswagen azul estacionado ao lado de uma minivan?", ele me perguntou.

Da janela do carro, passei os olhos por uma lixeira de recicláveis na calçada e então olhei para o estacionamento, com suas linhas brancas separando os carros, e vi o Volkswagen que ele apontava. Estava estacionado diante dos galhos baixos e irregulares de um arbusto malcuidado.

"Exatamente ali, debaixo daquele Volkswagen, ficava o bunker de Hitler", disse Nigel.

O esconderijo fora construído dez metros abaixo da superfície e protegido por dois metros de concreto reforçado, para o caso de Hitler precisar algum dia de um lugar seguro. Foi ali que ele passou as últimas semanas e horas de sua vida,[23] abrigando-se dos bombardeios inimigos enquanto os aliados se aproximavam; foi ali que lhe contaram que Mussolini havia sido executado e sua Wehrmacht derrotada em todas as frentes; foi ali que se casou com Eva Braun no último minuto, enquanto seus confidentes mais próximos o abandonavam, onde se suicidou com um tiro na cabeça depois de ingerir uma cápsula de cianeto e onde sua esposa ingeriu uma cápsula igual um pouco antes dele, no dia 30 de abril de 1945. Seu corpo foi levado para um terreno próximo e queimado, sem qualquer cerimônia.

Na América, os homens que travaram uma guerra sangrenta contra os Estados Unidos para manter o direito de escravizar seres humanos durante gerações tiveram uma vida confortável depois que se aposentaram. O presidente confederado Jefferson Davis foi para uma plantation no Mississippi escrever suas memórias, no lugar que hoje abriga sua biblioteca presidencial. Robert E. Lee se tornou o respeitado reitor de uma universidade. Ao morrer, ambos tiveram funerais de Estado com honras militares e foram reverenciados com estátuas e monumentos.

Uma escritora americana que vive em Berlim, por acaso é judia e foi criada no Sul costuma ser questionada sobre a existência de memoriais da Alemanha a seu passado nazista. "Ao que eu respondo: não existe nenhum",[24] escreveu Susan Neiman, autora de *Learning from the Germans: Race and the Memory of Evil*. "A Alemanha não tem monumentos para celebrar as Forças Armadas nazistas, embora muitos velhinhos tenham lutado ou se apaixonado por elas."

Em vez de homenagear supremacistas com estátuas ou pedestais, a Alemanha, após décadas de silêncio e introspecção, preferiu erguer monumentos em homenagem às vítimas de suas agressões e às pessoas corajosas que resistiram aos homens responsáveis por atrocidades contra seres humanos.

Os alemães construíram uma variedade de museus para preservar a história do período em que o país se entregou à loucura. Converteram a famigerada mansão no Wansee, onde quinze homens elaboraram os últimos detalhes da Solução Final para eliminar os judeus da Europa, num museu dedicado às consequências dessa fatal decisão. Transformaram a sede da Gestapo num museu chamado Topografia do Terror, um mergulho profundo nas entranhas do Terceiro Reich. Quanto ao homem que supervisionou essas atrocidades, os alemães resolveram literalmente pavimentar o túmulo de Hitler.[25] Não poderia haver solução mais pragmática do que essa.

NA ALEMANHA, exibir a suástica é um crime punível com até três anos de prisão.[26] Nos Estados Unidos, a bandeira dos confederados foi incorporada ao pavilhão oficial do estado do Mississippi.[27] Ela pode ser vista na traseira de caminhonetes no Norte e no Sul, tremulando ao longo de rodovias na Geórgia e em outros antigos estados da Confederação. Uma bandeira dos confederados do tamanho de um lençol balançava ao vento em uma estrada interestadual na Virgínia no momento em que ocorria a manifestação em Charlottesville.

Na Alemanha, não existe pena de morte. "Não podemos ter o direito de matar pessoas depois do que ocorreu na Segunda Guerra Mundial", disse-

-me certa vez uma alemã. Nos Estados Unidos, os estados que registraram o maior número de linchamentos, entre os quais estão os antigos Estados Confederados da América, contam todos, atualmente, com a pena capital.[28]

Na Alemanha, poucas pessoas admitem em público terem se relacionado com nazistas ou defender abertamente essa causa. "Nem mesmo membros do partido de direita Alternativa para a Alemanha", escreveu Neiman, "ousariam sugerir a glorificação dessa parte do passado."[29]

Os alemães que, na esfera pessoal, "podem se lamentar por familiares mortos no front", escreveu Neiman, "sabem que seus entes queridos não podem ser homenageados publicamente sem que se homenageie a causa pela qual morreram".[30]

Nos Estados Unidos, em reencenações da Guerra Civil por todo o país, há mais pessoas que se manifestam em defesa da Confederação do que da União, fazendo com que os defensores desta última tenham de se esforçar para encontrar um número suficiente de voluntários dispostos a isso.

Na Alemanha, alguns nazistas que não se suicidaram foram capturados e submetidos a julgamentos. Muitos foram enforcados pelos Aliados por seus crimes contra a humanidade. Nos Estados Unidos, aqueles que sequestraram e mantiveram milhões de cativos durante a escravidão, condenando-os à morte lenta, não foram responsabilizados nem enfrentaram julgamentos.

Na Alemanha, foi e continua a ser paga, merecidamente, uma reparação às vítimas do Holocausto. Nos Estados Unidos, foram os proprietários de escravos que receberam indenizações, e não aqueles que tiveram suas vidas roubadas por doze gerações. Aqueles que instilaram o terror na casta inferior durante o século que se seguiu à abolição formal da escravidão, que torturaram e mataram seres humanos diante de milhares de espectadores, que ajudaram e instigaram os linchamentos ou fingiram não ver o que acontecia, em pleno século xx, não apenas permaneceram livres, mas galgaram posições na hierarquia e se tornaram figuras de proa — governadores, senadores, xerifes, empresários e prefeitos sulistas.

Numa tarde nublada de novembro, casais com carrinhos de bebê, mulheres bem-vestidas com sacolas de compras, trabalhadores usando roupas de lã e tweed, todos se dirigem à estação de metrô da Wittenbergplatz, perto do Kurfürstendamm, a barulhenta Quinta Avenida de Berlim, iluminada por luzes de neon, na zona oeste da cidade.

Passando as portas da estação, logo à direita, há um enorme aviso, para que todo viajante, todos aqueles que vão fazer compras, todo vendedor de loja, todo casal, todo estudante e turista possam ver. O texto diz: *Lugares de horror que jamais devemos esquecer*. E, em seguida, uma lista desses lugares: Auschwitz, Dachau, Bergen-Belsen, Treblinka, Buchenwald, Sachsenhausen e meia dúzia de outros campos de concentração.

Foi pela porta de estações como essa que milhares de judeus olharam pela última vez para sua amada Berlim, antes de serem forçados a embarcar em trens que os levariam para a morte. Esse fato, essa história, é integrado à consciência dos berlinenses enquanto eles se ocupam de sua vida cotidiana. Não é algo que ninguém, judeu ou gentio, residente ou visitante, possa esperar deixar de lado ou ignorar. Eles não fogem da própria história. Ela se tornou parte de quem eles são porque é parte do que foram. Eles a integram a sua identidade porque ela, na verdade, não se distingue deles próprios.

Seu estudo é obrigatório em todo currículo escolar, mesmo para alunos do ensino fundamental, e ela nunca está longe das vistas de nenhum cidadão. Isso não significa que todos estejam de acordo quanto ao grau de esforço que o país faz para reforçá-la. O que parece indiscutível é a necessidade de se lembrar. Certa vez, um ex-parlamentar alemão conversava com Nigel Dunkley e acabou falando do desconforto que lhe causava a enorme instalação de pedra em homenagem aos judeus perto do Portão de Brandemburgo, que alguns compararam a um cemitério no meio do centro da cidade.

"Por que não podemos ter um belo parque com grama e árvores e um monumento adequado?", perguntou ele. "Toda vez que passo por aqui de carro, sinto estar sendo punido por essa tremenda confusão."

"Se é isso que o senhor realmente sente", respondeu Dunkley, "que está sendo punido, então está mesmo sendo punido."

Quando Dunkley leva estudantes alemães em excursões voltadas para a história do Terceiro Reich, ele lhes pergunta qual é sua reação ao que acabaram de ver.

"Vocês, como alemães, sentem alguma culpa pelo que os alemães fizeram?"

Os estudantes se dividem em grupos e têm discussões acaloradas entre si, depois retornam a ele com suas reflexões.

"Sim, somos alemães, e alemães fizeram isso", disseram-lhe certa vez alguns estudantes, fazendo eco ao que outros haviam dito. "E, embora não fossem só alemães, os alemães mais velhos que estavam aqui é que deveriam se sentir culpados. Nós não estávamos aqui. Não fizemos nada disso. Mas achamos que, como a geração mais jovem, devemos reconhecer e aceitar a responsabilidade. E, para as gerações que virão depois da nossa, devemos ser os guardiões da verdade."

28. A democracia na cédula

Estávamos perto do sesquicentenário do fim da Guerra Civil e a turbulência nos Estados Unidos havia dobrado do verão de 2014 até 2016, um metrônomo de vídeos vazados, um após o outro, de policiais atacando cidadãos desarmados, de Staten Island a Los Angeles. Depois vieram os protestos de massa, manifestantes convergindo aos milhares para fechar a FDR Drive, em Manhattan, e a Lake Shore Drive, em Chicago, na hora do rush, estendendo-se sobre o chão como as vítimas desses tiroteios. E, no Twitter e nos noticiários da TV a cabo, vimos funcionários de escritório e estudantes de graduação estirados no chão junto aos balcões de cosméticos da Macy's, no Grand Central Terminal e na Faculdade de Medicina da Universidade do Michigan, como se estivessem mortos, sob o tragicamente óbvio apelo à mobilização do Black Lives Matter.

Em junho de 2015, o primeiro presidente negro fazia um discurso no funeral do pastor morto no massacre da igreja de Charleston. Obama, parecendo triste e abatido, buscava levar o país a uma esperada redenção ao conduzir o santuário ao longo do refrão de "Amazing Grace", uma canção que mostra a busca do capitão de um navio negreiro por absolvição.

Foi pouco depois disso que a bandeira confederada foi por fim arriada da sede do governo estadual em Columbia, depois de ali tremular por 54 anos. Na mesma época, foi publicado o segundo romance de Harper Lee, *Vá, coloque um vigia*, e o país descobriu que o herói mais amado da ficção americana, Atticus Finch, era na verdade um reacionário intolerante.

Parecia que o país estava sendo desmascarado. Isso mexeu comigo o bastante para que eu decidisse escrever um artigo de opinião sobre o que parecia ser um momento da verdade. Decidi entrar em contato com um amigo, Taylor Branch, o conceituado historiador do movimento dos direitos civis, para ouvir o que ele pensava sobre o assunto. Ele interpretava os acontecimentos pelas lentes da campanha de treze anos de Martin Luther King por justiça social. Acreditava que o país tinha sido lançado de volta à década de 1950 — o que disse considerar auspicioso, na verdade, porque podia ser o início de um grande avanço.

"Isso tudo está se transformando num problema para os que desejam esquecer o assunto", disse-me ele, e eu o incluí no texto que publiquei no *New York Times* naquele mês de julho.

Três anos depois, estávamos tomando café e conversando, com um novo presidente e as ondas de ódio parecendo irradiar na direção de muçulmanos, imigrantes mexicanos e não brancos em geral, e agora também judeus. Era novembro de 2018. Um mês antes, onze judeus praticantes tinham sido mortos a tiros enquanto rezavam na sinagoga Tree of Life, em Pittsburgh.

"Com tudo isso acontecendo, onde você acha que estamos agora?", perguntei a ele. "Ainda está pensando na década de 1950? Eu estou pensando na de 1880."

"Bem, isso é terrivelmente desolador", disse ele. "Nessa época havia uma exclusão total do voto negro, uma exclusão total da vida política. Pessoas eram linchadas publicamente. Isso não acontece mais. A década de 1880 foi o início de um longo período de repressão."

Entendi o argumento, e disse a ele que esperava fervorosamente estar errada. Aquela época, mais ou menos entre o fim da Reconstrução e o início da Segunda Guerra Mundial, foi chamada de Nadir pelo historiador negro Rayford Logan. Muitos historiadores negros veem o atual período, que se iniciou mais ou menos com o assassinato de Trayvon Martin e outros negros desarmados, somado ao retrocesso na proteção dos direitos de voto, como o Segundo Nadir.

"Estamos assistindo à versão do século XXI do retrocesso", falei. "Os instrumentos não serão os mesmos de antes."

Nós dois sabíamos bem que as cláusulas de anterioridade* haviam desaparecido no século anterior, mas agora alguns estados estavam excluindo dezenas de milhares de eleitores por faltarem a uma única eleição, fechando na última hora zonas eleitorais em áreas de tendência democrata.[1] Agora exigiam documentos de identificação estadual só para votar, mas não aceitando os que não correspondiam exatamente ao nome impresso no registro eleitoral, ainda que a diferença fosse apenas a simples ausência de um apóstrofo.[2] Desde 2010, 24 estados estabeleceram todas essas restrições, ou ao menos uma delas.

Então aconteceram os assassinatos de afro-americanos desarmados por autoridades que, apesar dos vídeos virais, na maioria dos casos não foram processadas.

"O propósito dos linchamentos era manter os negros no seu lugar", falei. "Nos dois períodos, pessoas eram mortas com impunidade. E agora temos os tiroteios em massa."

"Com base no que você está dizendo", disse Taylor, "parece que estamos no fim da República de Weimar!"

"Fico triste por pensar assim", admiti.

"Donald Trump trouxe à superfície o que já estava lá o tempo todo, e agora que se revelou não há como negar. De modo que provavelmente vai ser mais fácil vencer."

"Acho que o que estamos vendo é a África do Sul."

"Eles são mais sinceros com o racismo deles do que os americanos", disse Taylor.

"Estou me referindo à demografia e à dinâmica da demografia deles."

"Sim", disse ele, passando a considerar as previsões para 2042. "As pessoas ficaram com raiva quando essas previsões apareceram. Disseram que não iam aceitar ser minoria em seu próprio país."

"Agora há tropas na fronteira", falei, "e assassinatos de negros, pardos e judeus."

---

* Cláusulas pelas quais antigas regras continuam sendo aplicadas a situações atuais até que outras sejam criadas. (N. T.)

Taylor balançou a cabeça e se pôs a refletir.

"Nesse caso", disse, por fim, "a verdadeira pergunta seria: se as pessoas pudessem escolher entre a democracia e a branquitude, quantas escolheriam a branquitude?"

Deixamos essa dúvida no ar. Não estávamos dispostos a arriscar uma resposta.

29. O preço que pagamos por um sistema de castas

LEON LEDERMAN FOI UM FÍSICO AMERICANO que recebeu o prêmio Nobel em 1988 por suas excepcionais contribuições a nossa compreensão das partículas da natureza. Décadas depois, já nos seus noventa e poucos anos, ele começou a sofrer de lapsos de memória e a necessitar de cuidados especiais. Em 2015, tomou a extraordinária iniciativa de leiloar sua medalha do prêmio Nobel por 765 mil dólares para pagar as crescentes despesas com tratamento médico. Em 2018, ele morreu numa casa de repouso, com sua medalha nas mãos de outra pessoa.

Em comparação com nossos equivalentes no mundo desenvolvido, os Estados Unidos talvez sejam uma árida paisagem, uma sociedade menos benevolente do que outras nações prósperas. Esse é o preço que pagamos por nosso sistema de castas. Em lugares com histórias e hierarquias diferentes, o fato de o sistema cuidar das necessidades de todos não é visto necessariamente como uma ameaça à prosperidade de ninguém.

As pessoas demonstram um maior senso de responsabilidade coletiva quando veem seus concidadãos da mesma forma que a si mesmas, como ocorre nas nações da Europa Ocidental e na Austrália, um país diversificado com uma hierarquia mais fluida. As sociedades podem ser mais altruístas quando as pessoas percebem que têm uma participação igual na vida de seus compatriotas.

Existem nações prósperas e desenvolvidas em que as pessoas não precisam vender suas medalhas do prêmio Nobel para obter atendimento médico, em que famílias não vão à falência por causa do cuidado de seus entes queridos na velhice, em que as crianças superam o desempenho escolar das crianças americanas, em que viciados em drogas estão em tratamento e não atrás das grades, em que aquelas que talvez sejam as melhores ferramentas de avaliação do sucesso humano — felicidade e uma vida longa — existem em maior grau porque essas nações valorizam sua comunalidade.

Num vídeo que viralizou no final de 2019, cidadãos britânicos são questionados sobre quanto imaginam que custam, nos Estados Unidos, procedimentos médicos de rotina que no Reino Unido são cobertos pelo sistema público de saúde. Repetidas vezes, os entrevistados subestimam enormemente o custo desses procedimentos para os americanos, alguns berrando, estupefatos, ao serem informados sobre os preços reais, outros se recusando a acreditar que alguém tenha de pagar tanto por cuidados básicos, necessários.

"Dez mil dólares?", pergunta uma mulher ao ser informada sobre o custo médio de um parto. "Por um bebê? Que loucura!"[1]

Um homem é questionado sobre quanto acha que custa o transporte de ambulância até um hospital.

"Mas isso é cobrado?", pergunta ele. "Meu Deus!"

"Estou realmente chocada", diz uma mulher.

A maioria das nações comparáveis aos Estados Unidos possui alguma forma de cobertura de saúde gratuita ou de baixo custo. O escritor Jonathan Chait observou a singular indiferença americana, única entre as nações desenvolvidas, no que diz respeito a ajudar seus cidadãos. Ele relacionou essa frieza emocional à hierarquia originada na escravidão. Descobriu que até conservadores de outras nações prósperas são mais compassivos do que muitos americanos.

"Poucas economias industrializadas oferecem aos pobres uma ajuda tão mesquinha como os Estados Unidos",[2] observou ele em um artigo na revista *New York* em 2014.

> Em nenhuma delas o princípio da saúde pública universal é sequer contestado por um partido conservador importante. Os conservadores há muito celebram a singular postura americana de antiestatismo como um produto de nossa religiosidade, nossa tradição inglesa de liberdade ou nossa dolorosa

experiência com o imposto do chá. Mas o fator que se coloca acima de todo o resto é a escravidão.

Um sistema de castas produz rivalidade, desconfiança e falta de empatia em relação ao próximo. O resultado é que os Estados Unidos, apesar de toda a sua riqueza e capacidade de inovação, estão atrasados em todos os indicadores de qualidade de vida entre os principais países do mundo.

Há mais assassinatos em massa provocados por tiros disparados em público nos Estados Unidos do que em qualquer outro país, e nossa taxa de homicídios por armas de fogo é uma das maiores do mundo desenvolvido, segundo a Organização Mundial da Saúde.[3] Os americanos possuem mais armas de fogo per capita do que qualquer outra nação, e quase metade de todas as armas de propriedade civil no mundo.

Os Estados Unidos têm a maior taxa de encarceramento do planeta, maior que as da Rússia e da China, de 655 por 100 mil habitantes, com mais de 2,2 milhões de presos, mais do que qualquer outra nação. A taxa de encarceramento americana é tão elevada que, nos gráficos que ilustram comparativamente essas taxas no mundo desenvolvido, a linha que representa os Estados Unidos se estende para fora da página. Se nossa população prisional fosse uma cidade, seria a quinta maior do país.

As mulheres americanas têm maior probabilidade de morrer durante a gravidez ou no parto do que as de outras nações prósperas. Com catorze mortes a cada 100 mil nascimentos vivos, a taxa de mortalidade materna nos Estados Unidos é quase três vezes maior que a da Suécia, segundo o Commonwealth Fund.[4] Em parte, isso é um reflexo da lastimável taxa de mortalidade materna de mulheres negras e indígenas.

A expectativa de vida nos Estados Unidos é a mais baixa entre os onze países de rendimentos mais elevados (Reino Unido, Canadá, Alemanha, Austrália, Japão, Suécia, França, França, Holanda, Suíça e Dinamarca): de 78,6 anos contra uma média combinada de 82,3 entre os demais países e de 84,2 para o Japão, onde essa expectativa é a mais alta, com base numa análise de 2019.[5]

A mortalidade infantil nos Estados Unidos é a mais alta entre os países mais ricos, de 5,8 por mil nascimentos vivos contra uma média combinada de 3,6 por mil para os países mais ricos e de cerca de 2 por mil para o Japão e a Finlândia.[6]

O desempenho dos estudantes americanos em matemática e leitura é o mais baixo entre as nações industrializadas.[7] Alunos com quinze anos nos Estados Unidos apresentaram resultados em letramento matemático muito abaixo de estudantes da mesma idade em países de mesmo nível e abaixo da Letônia e da Eslováquia, entre as dezenas de países que ultrapassaram os Estados Unidos nas notas desses testes. Quando a primeira mulher de um grande partido concorreu à presidência, em 2016, cerca de sessenta outros países já tinham tido uma mulher como chefe de Estado, incluindo Índia, Alemanha, Austrália e Reino Unido, e também países pequenos como Islândia, Noruega, Burundi e Eslovênia. E, naquela que talvez seja a mais importante avaliação para os cidadãos de qualquer país, os Estados Unidos ficaram em 18º lugar no ranking mundial de felicidade,[8] só um pouco acima da República Tcheca, segundo o consórcio de organizações, incluindo o Instituto Gallup, que publica esses números a cada ano. Isso representa uma queda de sete posições desde 2012, um testemunho do nosso descontentamento crônico.

No INVERNO DE 2020, uma forma de vida invisível despertou no hemisfério oriental e começou a se espalhar oceanos afora.

A nação mais poderosa do mundo observava enquanto trabalhadores de lugares distantes envoltos em trajes de proteção faziam testes sobre o que ninguém conseguia ver e se iludia acreditando que o excepcionalismo americano garantiria, de alguma forma, sua imunidade em relação aos sofrimentos de outros países.

Mas o vírus chegou a nossas terras e se inseriu nas brechas da disparidade, das afinidades rompidas e da infraestrutura desgastada do sistema de castas do país, ao mesmo tempo que explorava o debilitado sistema imunológico do corpo humano.

Em pouco tempo os Estados Unidos tinham o maior surto de coronavírus do mundo. Governadores imploraram por suprimentos básicos e kits de testagem e não tiveram alternativa a não ser competir entre si por respiradores. "Como sempre", dizia uma manchete na revista *The Atlantic*, "os americanos devem enfrentar isso sozinhos."[9]

O vírus expôs tanto a vulnerabilidade dos seres humanos quanto as faixas da hierarquia. Embora qualquer um pudesse contraí-lo, os asiático-americanos acabaram se tornando os bodes expiatórios, por se parecerem com as pessoas da parte do mundo atingida primeiro.

E, à medida que a crise avançava, foram os afro-americanos e latino-americanos que começaram a morrer em proporção maior. Condições preexistentes, muitas vezes associadas às tensões que afetam pessoas marginalizadas, contribuíram para isso. Mas foram os seus empregos, na base do sistema de castas — atendentes de mercearias, motoristas de ônibus, entregadores, coletores de lixo, em suma, funções de baixa remuneração com alto nível de contato com o público —, que os expuseram a um risco maior de contágio. Eles estão entre as piores ocupações possíveis numa pandemia, os que têm menor probabilidade de oferecer plano de saúde ou licença médica, mas sustentam o restante da sociedade, permitindo que outros se protejam.

Com o número de mortes chegando ao topo do ranking mundial, os Estados Unidos — e os países que contavam com sua liderança — tiveram de encarar as até então desconhecidas fragilidades de seu ecossistema social.

"Para um mundo atento", afirmou um artigo no *Guardian*, "a ausência de um sistema de saúde justo e acessível, a implacável disputa entre unidades da federação por escassos suprimentos médicos, o número desproporcional de mortes entre minorias étnicas, regras caóticas de distanciamento social e a falta de uma coordenação central lembram um país pobre, em desenvolvimento, não a nação mais poderosa e influente do planeta."[10]

A pandemia e a vacilante, muitas vezes egocêntrica falta de prontidão do país expuseram "uma falha de caráter sem paralelo na história dos Estados Unidos", nas palavras de Stephen Walt, professor de relações internacionais da Universidade Harvard. A pandemia forçou a nação a abrir os olhos para aquilo que ela talvez não desejava, mas precisava ver, ao mesmo tempo forçando a humanidade a contemplar sua impotência em relação às leis da natureza.

"Esta é uma civilização em busca de sua humanidade", afirmou Gary Mitchell Tartakov, um estudioso americano da casta, ao falar sobre os Estados Unidos. "Ela desumanizou os outros para construir sua civilização. Agora, precisa encontrar sua própria humanidade."[11]

PARTE VII

Despertar

30. Tirando o cordão sagrado

PERTO DAS ÁGUAS SAGRADAS da planície aluvial, a leste do deserto de Thar, um integrante da mais alta casta da Índia fora lentamente despertado para um privilegiado desespero. Ele tinha uma posição elevada na escala da sociedade e uma esposa bem-nascida. Era um brâmane, da casta sacerdotal, acima até de reis e guerreiros. O equivalente indiano das pessoas de sangue mais azul nos Estados Unidos. Diferente dos homens comuns, ele nasceu duas vezes — primeiro do útero da mãe, e mais tarde do templo, durante o rito de passagem dos meninos da casta superior. Apenas aos brâmanes, aos xátrias e aos vaixás se concedeu historicamente essa singular ascensão. É uma das muitas coisas — talvez a mais valorizada e transcendente — que distingue os homens da casta superior dos da casta inferior como os mais favorecidos pelos deuses.

Muitos anos antes, no dia em que ele, como um jovem brâmane, teve seu segundo nascimento, sua cabeça foi raspada e ele foi banhado num ritual de purificação. O sacerdote brâmane leu uma parte do texto sagrado e apelou ao deus Vishnu por sua força e proteção. Na hora marcada, colocaram em torno do pescoço do jovem um cordão sagrado que caía sobre seus ombros nus e o estenderam por seu peito, três fios entrelaçados representando o corpo, a mente e a língua através da qual seria transmitida a sabedoria. Era uma cerimônia de iniciação à masculinidade brâmane, e dali por diante ele teria de usar o cordão sagrado o tempo todo — debaixo da roupa durante o dia, para dormir durante a noite — e lavá-lo como se fosse parte de sua pele. Deveria mantê-lo limpo e puro da mesma forma que um brâmane deveria permanecer limpo e puro, e substituí-lo se ficasse desgastado ou poluído, como, por exemplo, se fosse tocado por alguém das castas inferiores. Quando chegou à fase da vida em que precisou se barbear, ele precisava dobrá-lo atrás da orelha ou segurá-lo no queixo enquanto se lavava, a fim de protegê-lo. O cordão sagrado era uma extensão de seu corpo de brâmane, o mais puro de todos os corpos humanos, e um sinal de sua alta posição na Terra. Agora ele podia fazer refeições junto com os homens na família e na aldeia e aprender o seu lugar entre os de casta elevada.

Algum tempo depois, num domingo, seu pai estava do lado de fora inspecionando suas terras. Ele passou por um lavrador, que não lhe prestou, em sua visão, o respeito devido a um chefe brâmane. O lavrador era um dalit, pertencente à mais baixa das castas, cuja própria sombra conspurcava o garoto e a casta do pai. Os dalits eram treinados para se curvar aterrorizados ao verem seus superiores. Incontáveis milhares de dalits tinham perdido a vida por ofenderem pessoas de castas superiores, e estavam à mercê destas.

O pai do garoto pegou um pedaço de pau e atacou o lavrador. Este arrancou o galho de uma árvore para se proteger. Vendo isso, o brâmane recobrou a consciência e se afastou, correndo. Mas um grupo de homens de sua casta presenciou a cena, e o viu permitir que um intocável afugentasse seu senhor. O pai não sustentara sua superioridade sobre o dalit. Trouxera desonra para sua casta ao permitir que um inferior prevalecesse.

O sistema de castas tinha uma forma de policiar o comportamento de todos em seu esforço para manter cada um no lugar atribuído. Naquele momento, o pai trouxera vergonha e humilhação para si mesmo, sua família e sua casta. Não vendo opção para manter sua honra, fugiu da aldeia. A família o procurou incansavelmente até encontrá-lo entoando cânticos num quarto cercado por imagens de deuses.

"Eu perdi meu pai naquele dia", relembrou o brâmane muitas décadas depois, "e perdi minha infância."

Talvez seu pai estivesse mentalmente doente desde o início. Talvez as pressões para desempenhar um papel com o qual havia nascido, mas não escolhera para si mesmo, e para o qual seu temperamento era inadequado, tenham sido grandes demais para ele.

O brâmane cresceu e constituiu sua própria família. Deixou para trás a humilhação sofrida pelo pai. No anonimato de uma grande cidade, porém, começou a perceber as dificuldades e inequidades à sua volta, a poeira subindo das ruas para o ar pesado, os varredores e os catadores de lixo que haviam aprendido a aceitar sua posição inferior. Mas ele sabia, graças ao dalit que resistira a seu pai, que eles não aceitavam sua posição, que não eram as criaturas dóceis e preguiçosas da mitologia de castas.

O brâmane veio a conhecer e admirar os poucos dalits que cruzavam seu caminho no trabalho, que tinham atravessado as muralhas da casta para se tornar instruídos, profissionais. Veio a perceber que eram tão capazes quanto ele e, na verdade, por terem vindo de tão longe, sabiam de coisas sobre o mundo que o privilégio dele não exigira que soubesse. Ele viu que o sistema de castas criava um caminho suave para uns e trilhas cheias de cacos de vidro para outros, que a criatividade e o intelecto não se restringem a um único grupo. Eram pessoas supostamente tóxicas apenas pela visão e pelo toque, e no entanto ali estava ele, sentado em frente a elas, compartilhando e aprendendo com elas. Ele era o beneficiário de seus dons e não o contrário, e veio a perceber o que havia se perdido por não terem se conhecido durante sua vida e todas as vidas anteriores à dele. Começou a se ver de forma diferente, a se dar conta da ilusão de sua suposta superioridade. Percebeu que haviam mentido para ele, e que haviam mentido para o seu pai, e que tentar corresponder à mentira o havia privado de uma parte de si. Por isso, carregava uma culpa e uma vergonha pela tragédia que se abatera sobre a família, e uma lembrança que jamais se apagaria. Queria se livrar dela.

Compartilhou essa percepção com um dalit que havia conhecido e lhe contou sobre uma decisão que havia tomado:

"Eu tirei meu cordão sagrado", disse ao dalit, um homem instruído. "Era uma cobra venenosa enrolada em meu pescoço, e seu veneno tóxico estava entrando no meu corpo."

Durante a maior parte de sua vida, ele usara o cordão como se fossem fios de seu cabelo. Removê-lo equivalia a renunciar a sua casta superior, e ele refletiu sobre as consequências: sua família podia rejeitá-lo se tomasse conhecimento daquilo. Ele precisava pensar em como iria lidar com a questão quando chegasse o momento. Agora, tinha nascido pela terceira vez. Cortinas se abriram no quarto escuro de sua mente.

"É uma falsa coroa que nós usamos", ele se deu conta.

Ele queria que todas as pessoas da casta dominante pudessem acordar para esse fato.

"Meu conselho seria que tirassem a falsa coroa. É mais custoso mantê-la do que deixar que se vá. Ela não é real. É apenas um marcador de sua programação. Você vai ser mais feliz e mais livre sem ela. Vai ver toda a humanidade. Vai encontrar seu verdadeiro eu."

E assim ele havia descoberto.

"Havia um fedor exalando do meu corpo", disse ele. "Consegui localizar o cadáver dentro da minha mente. Dei-lhe um enterro digno. E agora minha jornada pode começar."

A radicalização da casta dominante

Nós nos sentamos para jantar, uma amiga da família e eu, num restaurante chique de uma área descolada de uma grande cidade americana. Eu não a conhecia bem, mas sabia que ela era um espírito livre, refinada, generosa e bastante viajada.

Também era da casta dominante e fora criada num bairro cercado principalmente de pessoas como ela. Enquanto conversávamos sobre nossas vidas, que cada uma de nós só conhecia à distância, vários garçons passavam por nós, e não estava claro qual deles iria nos atender.

Por fim, um garçom parou à nossa mesa. Era louro, seco e direto. Eu pedi peixe, ela massa. Ambas pedimos drinques, e uma ou duas entradas.

Enquanto esperávamos as bebidas, um casal da casta dominante, a mesma dela, sentou-se na mesa ao lado. Nosso garçom se apressou em anotar o pedido, agora charmoso e extrovertido, informando-os sobre os pratos do dia, conversando com eles. Segundos depois, apareceu com uma cesta de pães. Logo em seguida, trouxe suas bebidas, enquanto tomávamos água e esperávamos pelas nossas.

Minha companheira de mesa foi ficando impaciente, irritada, e se virou para ver onde ele estava. Tentava entender uma desatenção a que não estava acostumada. O garçom voltou para atender a mesa ao lado da nossa mais uma vez e para entregar drinques e pães a outras mesas próximas.

Tentando manter a calma, ela fez um sinal para que ele se aproximasse.

"Você ainda não trouxe nossos drinques", disse. "Pode trazer nossos drinques, por favor? E queremos pão também", acrescentou, olhando para o casal que tinha chegado depois de nós. Eles estavam comendo pão com azeite, enquanto nossa mesa continuava vazia.

Ele balançou a cabeça e disse "claro", mas parou para atender várias outras mesas enquanto voltava para a cozinha, o que o atrasou ainda mais. Ele reapare-

ceu em seguida com pratos na bandeja, mas eram as entradas do casal na mesa ao lado.

Minha companheira de mesa dirigiu-se a ele outra vez.

"Nossos drinques? E nosso pão ainda não veio."

"Ah, sim, claro", disse ele, virando-se novamente.

Agora era difícil para ela se concentrar em qualquer coisa que eu estivesse dizendo. As pessoas perto de nós comentavam sobre como as entradas eram boas e tinham comido quase todo o pão. Suas mesas estavam cheias, e a nossa, vazia, e minha companheira parecia extraordinariamente atenta ao casal do nosso lado, ao fato de eles estarem sendo servidos antes de nós.

Numa de suas muitas passagens pela nossa mesa, o garçom finalmente trouxe os drinques, mas não o pão, e isso era agora impossível de ignorar. Finalmente ele chegou com as entradas. As pessoas ao nosso lado já estavam nas sobremesas, aparentemente deliciosas, pelo que diziam. Ela olhou para sua massa, pegou uma garfada, provou e pousou o garfo no prato.

"Está frio. E não está bom. E o seu peixe?"

"Está o.k. Não é grande coisa. E também está frio."

"Vou chamar o garçom."

Seu rosto estava ficando vermelho. Ela estava impaciente e olhava em torno à procura dele, balançando a cabeça em sinal de incredulidade. Mal conseguia manter a compostura.

"Pode vir aqui um segundo?", disse quando ele passou outra vez. "Eu sei exatamente o que está acontecendo. Isso é racismo!"

Seu tom de voz aumentou, ficando alto o suficiente para que todo o restaurante ouvisse.

"Você é um racista! Este restaurante é racista! Estamos aqui sentadas todo esse tempo e você serviu todas as outras pessoas em todas as outras mesas e nos ignorou o tempo todo só porque ela é afro-americana."

As pessoas das outras mesas agora olhavam para mim, que não queria chamar atenção. Não estava disposta a abrir um processo por causa daquilo. Se eu reagisse assim a cada vez que fosse ignorada, iria acusar alguém quase todo dia. Mas ela só estava começando.

"Quero saber o seu nome, o nome do gerente. Vou fechar este lugar."

Ela empurrou o prato para o centro da mesa.

"A massa está fria", disse. "Nem consigo comer. O peixe dela está frio. Ela não consegue comer. Não vou pagar, não vamos pagar. Vou dizer a todo mundo que conheço para nunca vir aqui. Este lugar é uma porcaria."

Com o tumulto, a gerente veio ver o que estava acontecendo. Era uma afro-americana baixinha, e pareceu intimidada pela ferocidade daquela mulher de casta superior recém-convertida à luta contra o racismo e o sistema de castas, de pé diante dela, enraivecida com uma humilhação a que não estava acostumada. A gerente pediu desculpas profusamente, mas minha amiga se recusou a aceitar.

Ela saiu do restaurante com raiva e eu a acompanhei. Levou algum tempo para que se acalmasse.

Uma parte de mim queria dizer: "Imagine passar por uma coisa dessas quase todo dia, sem saber quando ou como pode acontecer. Você não iria durar muito. Não dá para explodir a cada vez que somos esnobados e ignorados. Reagimos quando precisamos, mas temos que encontrar um jeito de não estourar o tempo todo e mesmo assim chegar ao fim do dia".

Uma parte de mim se ressentia do fato de que ela podia expressar sua raiva sem ser criticada, enquanto em mim as pessoas nem sequer iriam acreditar. Era um privilégio de casta fazer o que ela tinha feito no restaurante. Era um indicador da forma diferente como somos tratados que ela tivesse vivido por quarenta anos sem passar por uma experiência que é comum para qualquer indivíduo da casta subordinada, que isso fosse tão estranho a ela, que a tivesse incomodado tanto, que a fizesse explodir.

Mas uma parte de mim queria que toda pessoa da casta dominante que nega e evita, minimiza e questiona os afro-americanos e outros grupos marginalizados pudesse ter a experiência que ela teve. Ela se radicalizou em questão de minutos. Sabia muito bem que aquela não era a maneira como as pessoas a tratavam quando saía com outras da casta dominante. Conseguiu perceber isso por si mesma.

E uma parte de mim, a maior de todas, ficou feliz por ver sua justa indignação em meu favor, em favor dela mesma e em favor de todas as pessoas que enfrentam todos os dias esse tipo de indignidade. Seria um mundo melhor se todos pudessem sentir uma vez o que ela sentiu, e então acordar.

31. O coração é a última fronteira

Dezembro de 2016, um mês depois da eleição

Ele cheirava a cerveja e cigarro. Usava um boné como os homens nos comícios que queriam tornar a América grande outra vez, as pessoas que tinham prevalecido na eleição do mês anterior. A barriga cobria a fivela do cinto. Os anos haviam cavado sulcos em seu rosto, e ele estava com a barba por fazer. Tossiu uma tosse de catarro.

Eu tinha chamado a firma de encanamento depois de encontrar água no porão, e o mandaram para mim. Ele estava parado à porta da entrada, e, pelo jeito, não esperava ser atendido por alguém com a minha aparência. Moro num bairro essencialmente branco, com ciclistas, corredores e mães em roupa de malha empurrando carrinhos de bebê muito empenhadas, com o rabo de cavalo subindo e descendo, e talvez um labradoodle, cruza de labrador com poodle, trotando logo atrás. Vans de paisagistas e equipes de trabalhos domésticos disputam espaço nas ruas transversais.

"A dona da casa está?", me pergunta alguém distribuindo folhetos ou fazendo pesquisas, a mim, a única pessoa à vista, parada ali bem na frente.

A pergunta não me inspira muita paciência. Posso corrigir a pessoa, se quiser, e talvez ela tente disfarçar, ou posso apenas lhe poupar o constrangimento.

"Não, não está", respondo.

Nunca insistem, nunca parecem desconfiar.

"Sabe quando ela volta?

"Não, não sei", respondo. "Devo avisar a visita em nome de quem?"

A pessoa me entrega um cartão ou um folheto que olho de relance enquanto ela vai embora.

Assim, o encanador confirmou que aquele era mesmo o endereço certo e em seguida entrou, com um ar de vamos-acabar-logo-com-isso.

"Onde fica o porão?"

Eu dependia daquele homem e de outros como ele, agora que estava viúva e órfã de mãe, tendo perdido as duas pessoas mais importantes da minha vida no último ano e meio. Precisava recorrer a empreiteiros para consertar as coisas na casa, gente que podia ficar com raiva de mim por eu estar ali e que talvez não quisesse me ajudar ou nem sequer fazer seu trabalho. E agora, depois da eleição, o clima tinha mudado.

Ele me acompanhou até o porão e ficou ali parado, enquanto eu mudava caixas de lugar a fim de abrir espaço para que ele pudesse inspecionar melhor. Puxei a cadeira de rodas dobrável da minha mãe, da qual ela não precisaria mais, um abajur, pilhas de livros de engenharia do meu finado pai, além de um balde velho, enquanto o homem apenas olhava, sem oferecer nenhuma ajuda. Comecei a puxar a água para a bomba de drenagem enquanto ele fitava o chão molhado.

Falei que o chão tinha ficado com uns oito ou dez centímetros de água, que o técnico do sistema de climatização me ajudara a religar a bomba para drenar a maior parte da inundação e que aquilo nunca havia acontecido antes.

"Quase nunca venho ao porão", disse. "Depois daquela seca que tivemos, nunca ia imaginar que houvesse água no porão. Era o meu marido que vinha aqui."

Era ele que verificava o filtro da fornalha, olhava a caixa de fusíveis, consertava as coisas na oficina, que continuava do mesmo jeito que ele havia deixado — o cavalete de serrar madeira e as brocas intocados desde a última vez que ele estivera ali. Ele morreu no ano passado, falei ao encanador, mas ele não deu a impressão de se importar minimamente com a gravidade do comentário. Apenas levantou os ombros e disse "aham".

Enquanto puxava a água, eu me lembrava do que tinha acontecido na semana anterior. Nos feriados, eu tentava me afastar o máximo possível da dor que sentia. Sairia do planeta, se fosse possível, mas ainda não era; assim, em vez disso, optei pela segunda melhor solução, muito mais prática, e comprei uma passagem para Buenos Aires. Eu nunca tinha ido a Buenos Aires, de forma que a cidade não me traria lembranças de tal ou tal coisa que eu havia feito ou visto com a pessoa que tinha perdido. Quando me preparava para viajar, o técnico do sistema de climatização chegou para a inspeção semestral da fornalha e descobriu que o porão estava alagado. Era um imigrante da América Central, e, mesmo não sendo tarefa dele, me ajudou a drená-la da melhor maneira possível.

O ENCANADOR AGORA EXAMINAVA as caixas, contornando algumas delas, derrubando um abajur e uma guirlanda no chão molhado, sem se dar ao trabalho de recolher. Eu continuava puxando a água. Era como se não houvesse mais nada para ele fazer, ou, pelo menos, eu diria que ele não estava fazendo nada.

O homem apontou para o ralo.

"É dali que está vindo a água", disse, querendo liquidar o problema.

"Mas o ralo nunca transbordou antes", respondi. "Deve ser alguma outra coisa."

"Quando começou a aparecer água?"

"Acho que desde as chuvas da semana passada. Tem um dreno por aqui em algum lugar. Talvez esteja entupido."

Comecei a mudar mais caixas de lugar, e ele ali parado fazia com que eu me sentisse solitária. Levantei uma caixa pesada e ele ficou olhando, sem esboçar nenhum gesto de ajuda. Apenas perguntou:

"E aí, encontrou?"

Eu tinha mudado uma quantidade de caixas suficiente para encontrar o ponto onde achava que ficava o dreno, mas não o havia encontrado. Localizar a avaria devia fazer parte do serviço, mas ele não mostrava qualquer interesse.

"Será que é a bomba de drenagem?", perguntei.

O homem foi olhar e disse:

"Não há nada de errado com a bomba."

Então vi um saquinho de pipoca boiando.

"Pode ter sido isso que fez a bomba parar de funcionar?"

"Não", respondeu ele, "mas ela precisa de uma limpeza."

E por que então ele não limpava? Não era para isso que estava ali?

O que ele fez foi anotar o preço estimado de uma bomba nova. Mas por que comprar uma bomba nova se ele mesmo tinha dito que aquela estava funcionando? Eu contratara seus serviços para consertar o problema que fazia a água transbordar. Mas, desde que ele havia chegado, eu é que estava puxando a água, mudando as caixas de lugar, procurando o dreno. Ele estava fazendo menos do que o técnico do sistema de climatização.

Agora eu fervia de raiva. A única coisa que ele estava fazendo era ficar ali parado me olhando puxar a água (como fizeram durante séculos as mulheres com a minha aparência), sem tentar consertar nada. Não tinha apresentado qualquer solução, não tinha mostrado qualquer interesse, e agora, pelo visto, eu teria de lhe pagar por não ter feito coisa alguma.

Como ele não estava ajudando, achei que não tinha nada a perder. Veio-me uma inspiração e tentei despertar seu lado humano.

"Minha mãe morreu na semana passada", falei. "Sua mãe ainda está viva?"

Ele olhou para o chão molhado.

"Não... não mais."

Eu já tinha intuído aquilo de alguma maneira, e por isso mesmo havia puxado o assunto.

"Ela morreu em 1991", continuou ele. "Tinha 52 anos."

"Nossa, muito nova ainda", comentei.

"É, nova mesmo. Meu pai ainda está vivo, tem 78. Mora num lar de idosos ao sul daqui. Minha irmã mora perto dele."

"Que sorte a sua que ele continua vivo", falei.

"Bem, ele é ruim feito o diabo."

Pensei no significado daquilo. O que o pai teria ensinado a ele sobre pessoas parecidas comigo? Afastei o pensamento, preferindo me ater ao presente.

"A gente sempre sente falta deles quando vão embora, não interessa como foram em vida", falei.

"E a sua mãe? Que idade ela tinha?", quis saber ele.

"Era bem mais velha do que a sua, então quanto a isso não posso me queixar. Mas esteve doente por muito tempo. E a gente nunca supera."

"Tenho uma tia com mais de oitenta que ainda fuma e pede uns goles de cerveja", disse ele, rindo. "É minha tia pelo lado paterno."

Sorri e tentei abordar pelo lado positivo.

"Então os parentes do lado paterno vivem bastante."

"É, acho que sim."

Seu rosto então desanuviou. Ele foi até a bomba de drenagem, se abaixou e pôs a mão lá dentro. Dali a pouco, se levantou.

"Pronto, a bomba está limpa."

Então se virou para o lado onde devia estar o dreno e disse:

"Provavelmente está embaixo dessa mesinha. Se você pegar numa das pontas, a gente consegue afastar e ver."

Juntos, afastamos a mesa. Dito e feito: o dreno estava ali.

"Não está entupido, então o problema não é esse", disse o homem. "Vou pegar a lanterna na van."

Ao voltar, ele passou a lanterna por todo o chão, inspecionando o ralo, a lavadora e a secadora, rodeadas de caixas, o cavalete, a base da fornalha, enfim, todos os cantos de todos os lados.

"Achei!", disse por fim, exultante.

Corri até ele.

"E o que era?"

"É o aquecedor de água. Está avariado."

Com a lanterna, ele iluminou a parte de cima do aquecedor, os tubos corroídos pela ferrugem e o vapor saindo das frestas. Estava vazando água, que tinha se transformado numa pequena enchente e alagado o piso do porão, o que explicava por que era límpida e por que a conta de água estava alta.

Dei um passo para trás, aliviada.

"Eu sabia que não podia ser só a chuva."

"A senhora vai precisar de um aquecedor novo. Esse já era."

Que diferença em comparação ao clima de poucos minutos antes!

"Minha mãe deve ter conversado com a sua", falei. "Deve ter dito que a menina dela precisava da sua ajuda aqui embaixo."

Sorrimos imaginando a cena. Ele fechou o registro de água do aquecedor, o que significava que por ora eu não teria água quente em casa, mas o mais importante era que eu não teria mais vazamentos no porão. Ele me deu uma estimativa de quanto custaria um aquecedor novo e me cobrou 69 dólares pela visita, o que me pareceu justo. Trocamos votos de bom feriado e ele foi embora.

O telefone tocou. Era Bunny Fisher; eu tinha escrito sobre o pai dela, o dr. Robert Pershing Foster, em *The Warmth of Other Suns*. Ela tinha ligado para saber como eu estava: mantivemos contato próximo ao longo dos anos, e ainda mais agora, com as minhas perdas recentes. Contei a ela sobre o encanador e o pequeno milagre que havia ocorrido.

Nesse exato momento, a campainha tocou. Era o encanador outra vez. Disse que tinha voltado para desligar o gás do aquecedor, que só ia ficar aquecendo um reservatório vazio. Agora ele sabia o caminho e seguiu até o porão, alegre e conversador, com um ar de breve familiaridade.

"Podia ter sido muito pior", disse ele. "A água podia ter explodido por cima, ia destruir tudo e escaldar qualquer um que tentasse arrumar. Já vi coisa assim."

Quando estava subindo a escada do porão para ir embora, ele viu umas polaroides antigas que eu tinha resgatado das caixas molhadas e tirado para pegar ar.

Ele parou no meio da escada e disse:

"Ah, a gente precisa delas. São memórias que estão aí."

Então saiu da casa velha para a luz do dia.

Epílogo: Um mundo sem castas

Olhamos o céu à noite, vemos os planetas e as estrelas, as luzes distantes como minúsculos grãos de sal, pedacinhos de areia, e lembramos como somos pequenos, como nossas preocupações momentâneas são insignificantes, como é curto nosso tempo neste planeta, e sentimos o desejo de ser parte de algo maior, de engrandecer nosso significado, de ter de certa forma uma importância maior do que o pó que somos.

Mesmo a pessoa mais longeva em nossa espécie ocupa apenas um átimo de tempo da história humana. Sendo nossa vida tão breve, como alguém ousa prejudicar outra alma, encurtar a vida ou reduzir o potencial de outra pessoa?

A espécie humana sofreu perdas incompreensíveis por causa das falsas divisões de casta: os 11 milhões de mortos pelos nazistas; os 750 mil americanos mortos na Guerra Civil pelo direito de escravizar seres humanos; a lenta morte em vida e os talentos desperdiçados de outros milhões nas fazendas da Índia e do Sul dos Estados Unidos.

Qualquer inteligência ou criatividade que essas pessoas tivessem foi perdida para todo o sempre. Onde estaríamos como espécie se os milhões de alvos desses sistemas de casta pudessem ter realizado seus sonhos ou simplesmente podido viver? Onde estaria o planeta se os pretensos beneficiários desse sistema tivessem se libertado das ilusões que os aprisionavam, a eles também, e direcionado suas energias não para as divisões, mas para a solução de problemas de toda a humanidade — a cura do câncer, o fim da fome e a ameaça da mudança climática à nossa existência?

EM DEZEMBRO DE 1932, um dos homens mais inteligentes do mundo desembarcou de um navio nos Estados Unidos, com a esposa e trinta malas de bagagem, depois que os nazistas tomaram sua Alemanha natal. O físico Albert Einstein, ganhador do prêmio Nobel, conseguira escapar bem a tempo. Um mês depois de sua saída da Alemanha, Hitler foi nomeado chanceler.

Nos Estados Unidos, Einstein ficou perplexo ao ver que tinha desembarcado em mais um sistema de castas, com outra casta bode expiatório e com outros métodos, mas com ódios entranhados que não eram muito diferentes dos ódios dos quais acabara de fugir.

"O mal mais grave é o tratamento dado ao preto", escreveu ele em 1946. "Qualquer pessoa que se vê confrontada com esse estado de coisas em uma idade mais madura sente não apenas a injustiça, mas o desprezo do princípio dos Pais Fundadores dos Estados Unidos, segundo o qual 'todos os homens nascem iguais'."[1]

Einstein disse mal conseguir "acreditar que um homem racional possa se aferrar com tanta tenacidade a um preconceito como esse".

Ele e a esposa, Elsa, se estabeleceram em Princeton, em Nova Jersey, onde ele assumiu uma cátedra na universidade e testemunhou a opressão enfrentada pelos moradores negros, que eram relegados às piores áreas da cidade, a cinemas segregados, a posições servis e, nas palavras de seu amigo Paul Robeson, obrigados a "se curvar respeitosamente aos ricos bêbados".[2]

Quando Einstein já era professor titular fazia alguns anos, a cantora lírica Marian Anderson, famosa contralto nascida na casta subordinada, se apresentou a uma plateia que lotava o McCarter Theatre, em Princeton, recebendo louvores extasiados na imprensa pelo "total domínio de uma voz magnífica". Mas o Nassau Inn lhe recusou um quarto para o pernoite. Einstein, ao saber disso, a convidou para ficar em sua casa. A partir de então, quando estava na cidade, ela sempre se hospedava na casa dos Einstein, mesmo depois que os hotéis de Princeton começaram a aceitar clientes afro-americanos. Os dois continuaram amigos até a morte dele.[3]

"Sendo judeu, talvez eu consiga ter empatia e entender como os negros se sentem como vítimas de discriminação", disse a um amigo da família.[4]

Einstein ficava incomodado com o jeito americano de pressionar os recém-chegados a olhar com desprezo a casta inferior para obter aceitação. Ali estava um dos homens mais brilhantes de toda a história se recusando a se considerar superior a pessoas que, segundo lhe diziam, estavam abaixo dele.

"Quanto mais americano me sinto, mais essa situação me dói", escreveu ele. "Apenas me manifestando consigo escapar da sensação de cumplicidade."

E foi o que ele fez. Einstein foi copresidente de um comitê dedicado a acabar com os linchamentos. Ingressou na NAACP. Manifestou-se a favor dos ativistas pelos direitos civis, emprestando sua fama à causa. A certa altura da vida, raramente aceitava as inúmeras homenagens que lhe ofereciam, mas em 1946 abriu uma exceção para a Universidade Lincoln, uma instituição historicamente negra na Pensilvânia. Concordou em proferir o discurso de formatura e aceitou um título honorário da universidade.

Durante a visita, ele expôs sua teoria da relatividade a estudantes de física e brincou com os filhos dos docentes negros, entre eles o filho do reitor, o menino Julian Bond, que viria a se tornar um dos líderes na luta pelos direitos civis.[5]

"A separação das raças não é uma doença das pessoas de cor", disse Einstein aos formandos na cerimônia de formatura, "mas uma doença dos brancos. Não pretendo me calar sobre isso."[6]

Ele se tornou um fervoroso aliado das pessoas designadas para a base inferior. "Ele odeia o preconceito de raça", escreveu W. E. B. Du Bois, "porque, como judeu, sabe o que é isso."[7]

A TIRANIA DA CASTA É que somos julgados pelas próprias coisas que não conseguimos mudar: um composto químico na epiderme, o feitio dos traços faciais, os indicadores de gênero e ancestralidade no corpo — diferenças superficiais que nada têm a ver com o que somos por dentro.

O sistema de castas nos Estados Unidos tem quatrocentos anos de existência e não será desmontado por um decreto ou por um indivíduo, por mais poderoso que seja. Vimos nesses anos, desde a era dos direitos civis, que as leis, como a Lei dos Direitos de Voto de 1965, podem se enfraquecer se não houver uma vontade coletiva de mantê-las.

Um sistema de castas persiste em parte porque nós, todos nós e cada um de nós, permitimos que ele exista — de modo mais geral e em coisas pequenas, em nossas ações cotidianas, na maneira como enaltecemos ou rebaixamos, acolhemos ou excluímos uma pessoa com base no significado atribuído a seus traços físicos. Se uma quantidade suficiente de gente cai na mentira da hierarquia natural, essa mentira se torna ou passa a ser considerada verdade.

Quando nossa consciência desperta, temos escolha. Podemos ter nascido na casta dominante, mas escolhemos não dominar. Podemos ter nascido na casta subordinada, mas resistimos à caixa que os outros nos impõem. E todos nós podemos aguçar nossa faculdade de discernimento, para enxergar além da aparência externa e avaliar o caráter das pessoas, em vez de rebaixar os que já são marginalizados ou de venerar os nascidos em falsos pedestais. Não precisamos nos abespinhar quando os tidos como subordinados se libertam, mas sim nos alegrar que aí possa estar mais um ser humano capaz de somar seus verdadeiros pontos fortes à humanidade.

O objetivo deste livro não é resolver todos os problemas de um fenômeno milenar, mas lançar um pouco de luz em sua história, suas consequências e sua presença em nossa vida cotidiana, e manifestar a esperança de que ele seja solucionado. Não é o engenheiro que inspeciona uma casa quem faz os consertos na construção. Cabe aos donos da casa, isto é, a cada um de nós, corrigir os estragos que herdamos.

O fato é que a casta de baixo, embora carregue grande parte do peso da hierarquia, não criou o sistema e não consegue consertá-lo sozinha. O problema, desde muito tempo, é que muitos integrantes da casta dominante, os que estão em melhor posição para reparar a iniquidade de casta, com frequência são os menos dispostos a isso.

A casta é uma doença, e nenhum de nós está imune a ela. É como um alcoolismo codificado no DNA do país, que nunca pode ser considerado plenamente curado. É como um câncer que entra em remissão só para voltar quando o sistema imunológico do corpo político se enfraquece.

Assim, independente de quem vence determinada eleição, o país ainda se debate com as divisões criadas por um sistema de castas e com os medos e rancores de uma casta dominante tantas vezes contrária aos anseios daqueles tidos como inferiores a ela. Esse profundo poço de mal-estares e ressentimentos não examinados na nação mais poderosa do mundo representa um perigo para a espécie e para o planeta. Uma eleição por si só não resolverá os problemas que enfrentamos se não lidarmos com a estrutura que, em primeiro lugar, criou o desequilíbrio.

Nas atuais circunstâncias, os Estados Unidos enfrentam uma crise de identidade sem precedentes. O país ruma para uma inversão de sua composição demográfica, com a previsão de que em duas décadas a poderosa maioria branca seja numericamente ultrapassada por pessoas sem ascendência europeia. É um território desconhecido para todos os integrantes da hierarquia, uma distribuição étnica capaz de se assemelhar mais à da África do Sul do que à composição a que os americanos estão acostumados.

Parece que o medo por antecipação já veio à tona, mas, à luz dos exemplos dados pela história, uma mudança na composição demográfica talvez tenha sobre a casta dominante um efeito material menor do que o imaginado. Um estudo de 2016 mostrou que, mantendo-se as disparidades de riqueza no ritmo atual, as famílias negras levariam 228 anos para acumular a riqueza atual das famílias brancas, e as famílias latinas levariam outros 84 anos para alcançar um grau de paridade.[8]

Assim, tal como na África do Sul, não haveria razão para crer que o domínio econômico, social e, nos Estados Unidos, político deixaria as mãos dos que o detêm ao longo de toda a história do país.

Isso colocará à prova o tão prezado ideal do princípio da maioria, o arcabouço moral para a dominação da casta nos Estados Unidos desde sua fundação. A dominação branca já é assegurada pelas vantagens hereditariamente transmitidas da casta dominante em quase todas as esferas da vida, e pela preservação dos seus interesses em grande parte do sistema de governo — desde a definição das áreas dos distritos eleitorais e o incentivo ao absenteísmo até a tendência à direita no Judiciário e o sistema do Colégio Eleitoral, que favorece a casta dominante, qualquer que seja o número de votos.

Será que os Estados Unidos sustentarão sua crença no governo da maioria se a maioria não tiver a mesma aparência que teve ao longo de toda a história? Essa será uma oportunidade para que os Estados Unidos ou enraízem ainda mais suas desigualdades ou resolvam liderar o mundo como a nação excepcional que dizemos ser.

Sem um claro reconhecimento do preço que todos nós pagamos por um sistema de castas, o provável é que a hierarquia mude de forma, como fez no passado, para garantir que a estrutura se mantenha intacta. A definição de branquitude pode se ampliar e conferir branquitude honorária às pessoas na faixa limítrofe — descendentes de asiáticos e latinos que tenham a pele mais clara ou pessoas birraciais com um genitor branco, por exemplo — para aumentar as fileiras da casta dominante.

A verdade devastadora é que, sem a intervenção de impulsos humanitaristas, um sistema reformado de castas poderia dividir os da base e os do meio, escolher os mais próximos dos brancos e assim isolar ainda mais os americanos de pele mais escura, confiná-los ainda mais na base inferior.

Seria uma crise espiritual, uma derrota da alma americana, pois as toxinas a montante acabariam descendo a jusante, como ocorreu com a crise da dependência de drogas nos Estados Unidos. A questão é que todos se beneficiam quando a sociedade atende às necessidades dos que estão em desvantagem. Os sacrifícios da casta subordinada durante a era dos direitos civis, por exemplo, beneficiaram as mulheres de todas as etnias — esposas, filhas, irmãs e sobrinhas de todos os homens americanos —, mulheres que agora dispõem de proteções legais contra a discriminação no trabalho, que não possuíam antes dos anos 1960.

Muitos avanços de que os americanos desfrutam e agora estão ameaçados — cidadania por direito de nascimento, proteção igual sob a lei, direito ao voto, leis contra a discriminação de gênero, raça e nacionalidade de origem — são subprodutos da luta da casta subordinada por justiça, e acabaram ajudando outras pessoas, por vezes até mais do que a si mesma.

PARA IMAGINAR O FIM das castas nos Estados Unidos, basta olhar a história da Alemanha. Ela é uma prova viva de que, se é possível criar um sistema de castas — os doze anos de reinado dos nazistas —, também é possível desmantelá-lo. Cometemos um grave erro quando deixamos de ver as similaridades entre os Estados Unidos e outros países, a vulnerabilidade comum na programação humana, aquilo que a teórica política Hannah Arendt chamou de "a banalidade do mal".

"É muito fácil pensar que o Terceiro Reich foi uma estranha aberração", escreveu o filósofo David Livingstone Smith, que estuda as culturas de desumanização. "É tentador imaginar que os alemães eram (ou são) um povo com uma sede de sangue e uma crueldade únicas. Mas esses diagnósticos são perigosamente equivocados. O mais perturbador no fenômeno nazista não é que os nazistas eram loucos ou monstros. É que eram seres humanos comuns."[9]

Diante da injustiça, também é tentador vilipendiar um simples déspota, quando na verdade são as ações ou — mais habitualmente — as inações das pessoas comuns que mantêm o mecanismo de casta em funcionamento. As pessoas que dão de ombros para as mais recentes matanças policiais, ou que apenas riem das piadas desqualificadoras ditas à mesa do jantar e não comentam nada pelo receio de ofender um tio que, tirando isso, amam muito. As pessoas que estão dispostas a pagar impostos mais altos para as escolas de seus filhos, mas refugam diante de impostos para educar as crianças desvalorizadas pela sociedade. As pessoas que, pelo medo de perder sua posição no sistema de castas, guardam silêncio quando um indivíduo marginalizado, seja ele de cor, seja uma mulher, é interrompido numa reunião e tem suas ideias descartadas (embora por vezes elas acabem sendo adotadas mais tarde). Cada uma dessas pessoas mantém intacto o sistema que exerce controle sobre todos.

"A casta não é um objeto físico como um muro de tijolos ou uma cerca de arame farpado", escreveu o líder dalit Bhimrao Ambedkar. "A casta é uma noção, é um estado mental."[10]

Ninguém escapa a seus tentáculos. Ninguém escapa à sua mensagem, a de que um grupo de pessoas tem supostamente mais inteligência, mais capacidade e mais merecimento intrínsecos do que outros grupos considerados inferiores. Esse programa foi implantado no subconsciente de todos nós, de cada um de nós. E, no topo ou na base, sem intervenção ou reprogramação, atuamos de acordo com o roteiro que nos foi entregue.

No entanto, existem aquelas raras pessoas, como Einstein, que parecem imunes às toxinas da casta no ar que respiramos, que conseguem superar aquilo que afeta a maioria. Desde os abolicionistas que se arriscaram à ruína pessoal para pôr fim à escravidão até os ativistas pelos direitos civis que deram a vida para ajudar a acabar com a legislação segregacionista e os líderes políticos que a revogaram, essas raríssimas pessoas são uma prova do espírito humano, de que os seres humanos podem se libertar da hierarquia que os aprisiona.

Essas são pessoas com convicção, coragem pessoal e segurança interior, dispostas a romper com as convenções, que não dependem da aprovação alheia para ter identidade própria, dotadas de uma profunda e envolvente empatia e compaixão. Elas são o que muitos de nós gostariam de ser, mas poucos são. Quem sabe, uma vez despertos, mais de nós possamos ser como elas.

Os AMERICANOS PAGAM UM alto preço por um sistema de castas que corre em sentido contrário dos anunciados ideais do país. Antes de 1965, ano da promulgação da Lei dos Direitos de Voto, os Estados Unidos não eram uma democracia nem uma meritocracia, porque a maioria da população estava excluída da competição na maior parte dos aspectos da vida americana. Pessoas que calhavam de ter nascido homens e com ascendência europeia competiam apenas entre elas mesmas. Durante a maior parte da história americana, o país esteve fechado aos talentos da maioria de sua população de todas as cores, gêneros e nacionalidades.

Quem realmente acredita numa meritocracia não gostaria de estar num sistema de castas em que certos grupos de pessoas são excluídos ou desqualificados por longas privações. As vitórias não são legítimas se setores inteiros da humanidade não participam do jogo. São vitórias entre aspas, como ganhar o ouro no hóquei num ano em que nem os finlandeses nem os canadenses participaram da competição. O pleno reconhecimento de toda a humanidade eleva os padrões de qualquer empenho humano.

Nossa era requer uma prestação de contas pública sobre os custos da casta, uma Comissão da Verdade e Reconciliação, para que todos os americanos possam conhecer a história completa do nosso país, por mais dolorosa que seja. A persistência do sistema de castas e da hostilidade racial e a atitude defensiva sobretudo em relação ao sentimento antinegro impedem que muitos da casta dominante falem sobre o assunto. Não é possível resolver um problema se não se reconhece a sua existência, e talvez seja por isso que algumas pessoas preferem não falar a respeito, pois aí seria possível resolvê-lo.

"Devemos nos esforçar ao máximo [para assegurar] que a injustiça, a violência e a discriminação econômica do passado cheguem ao conhecimento das pessoas", disse Einstein num discurso à Liga Urbana Nacional. "É preciso romper o tabu, o 'não-vamos-falar-sobre-isso'. É preciso assinalar constantemente que a exclusão de grande parte da população de cor dos direitos civis pelas práticas correntes é um tapa na cara da Constituição do país."[11]

O problema a enfrentar em nossa era não é apenas a construção social dos negros e dos brancos, mas enxergar além das várias camadas de um sistema de castas que tem mais poder do que, como seres humanos, deveríamos permitir. Mesmo os seres humanos mais privilegiados no mundo ocidental, se viverem o suficiente, integrarão uma casta tragicamente desfavorecida. Pertencerão à última casta do ciclo da vida humana, a dos idosos, pessoas que estão entre as mais rebaixadas entre todos os cidadãos no mundo ocidental, onde se cultua a juventude para não se pensar na morte. O sistema de castas não poupa ninguém.

QUANDO UM ACASO DE NASCIMENTO condiz com o que há de mais valorizado num determinado sistema de castas, seja o gênero masculino, a raça branca, a integridade física ou outras características sobre as quais não temos poder de decisão, isso confere ao ganhador dessa loteria a obrigação moral de desenvolver empatia por aqueles que precisam sofrer as indignidades que lhe são poupadas. Isso requer um tipo de empatia radical.

Empatia não é simpatia. Simpatia é ver a pessoa por dentro e sentir dor, muitas vezes em períodos de luto. Empatia não é piedade. Piedade é olhar de cima para baixo e sentir uma tristeza distante pela desventura de outra pessoa. A empatia costuma ser entendida como tentar se colocar no lugar de outra pessoa e imaginar como se sentiria. Esse pode ser um começo, mas se resume quase a interpretar um papel, e não é suficiente no mundo fraturado em que vivemos.

Empatia radical, por outro lado, significa se esforçar para aprender e ouvir com humildade no coração, a fim de entender a experiência alheia pela perspectiva dessa outra pessoa, e não imaginar como nos sentiríamos. A empatia radical não tem a ver conosco, com o que imaginamos que faríamos numa situação em que nunca estivemos e em que talvez nunca venhamos a estar. Ela é a ligação por afinidade que se dá num espaço de conhecimento profundo, que abre nosso espírito à dor da outra pessoa, tal como ela a sente.

A empatia não substitui a experiência em si. Não dizemos a uma pessoa com a perna quebrada ou com um ferimento a bala se ela sente dor ou não. Da mesma forma, quem ganhou a loteria da casta não está em posição de dizer a uma pessoa que sofre sob a tirania de casta o que é ofensivo, doloroso ou degradante para os que estão na base inferior. O preço do privilégio é a obrigação moral de agir quando se vê outra pessoa tratada de forma injusta. E o mínimo que uma pessoa na casta dominante pode fazer é não piorar seu sofrimento.

Se todos nós conseguíssemos realmente ver e nos conectar à humanidade da pessoa que está à nossa frente, procurar aquela chave que abre a porta para o que possamos ter em comum, seja o gosto por *cosplay*, *Star Trek* ou a perda de um pai ou mãe, isso poderia começar a mudar a maneira como vemos o mundo e os outros seres humanos, talvez as contratações que fazemos ou mesmo o voto que depositamos nas urnas. A cada vez que uma pessoa transpõe a divisão de castas e estabelece uma conexão, isso ajuda a enfraquecer o sistema. Multiplicado por milhões num determinado dia, isso se torna o bater de asas de uma borboleta que move o ar e se transforma num furacão no oceano.

Com nossas atuais rupturas, não basta não ser racista ou sexista. Nossa época requer ser pró-afro-americano, pró-mulher, pró-latino, pró-asiático, pró-indígena, pró-humanidade em todas as suas manifestações. Em nossa era, não basta ser tolerante. Toleramos pernilongos no verão, um barulho no motor, a lama acinzentada nos sapatos ao caminharmos no inverno. Toleramos algo que preferiríamos não ter de enfrentar e gostaríamos que terminasse ou fosse embora. Não há nenhuma honra em ser tolerado. Todas as tradições espirituais nos dizem para amar o próximo como a nós mesmos, e não para o tolerarmos.

QUANDO CRESCEMOS O SUFICIENTE para ter consciência, todos nós aprendemos, com base na manifestação externa aleatória das combinações de genes que colidiram no exato momento de nossa concepção, que, por causa da nossa aparência, o mundo já tinha um lugar designado para nós.

Coube a nós aceitar ou questionar o papel que nos foi atribuído, determinar para nós mesmos e mostrar ao mundo que o que temos dentro de nós — nossas crenças e sonhos, nosso amor e nossa manifestação desse amor, as coisas que realmente conseguimos controlar — é mais importante do que os traços externos sobre os quais não temos poder de decisão. Que não somos o que aparentamos, mas o que fazemos com o que temos, o que fazemos com o que nos é dado, como tratamos os outros e o nosso planeta.

Os seres humanos em todos os tempos e por toda a Terra têm mais semelhanças do que diferenças. A pergunta central sobre o comportamento humano não é por que tais pessoas fazem assim ou assado agora ou antigamente, mas sim o que fazem os seres humanos diante de determinada situação.

Nenhum de nós escolheu as circunstâncias do nosso nascimento. Não tivemos nada a ver com o fato de termos nascido no privilégio ou sob um estigma. Temos tudo a ver com o que fazemos com os talentos que Deus nos deu e como tratamos, desse dia em diante, os outros indivíduos da nossa espécie.

Não somos pessoalmente responsáveis pelo que as pessoas parecidas conosco fizeram séculos atrás. Mas somos responsáveis pelo bem ou pelo mal que fazemos às pessoas que estão vivas hoje, junto conosco. Somos todos nós e cada um de nós responsáveis por toda decisão nossa que fere ou prejudica outro ser humano. Somos responsáveis por reconhecer que o que ocorreu em gerações anteriores às pessoas ou pelas mãos de pessoas que têm aparência semelhante à nossa armou o palco para o mundo em que vivemos agora, e que o que se passou antes de nós concede-nos vantagens ou nos impõe fardos que não decorrem de mérito ou de falha nossa, ganhos ou privações que muitas vezes não são compartilhados por outros de aparência diferente.

Somos responsáveis por nossa ignorância ou, com o tempo e o coração aberto ao esclarecimento, nosso saber. Somos responsáveis por nós mesmos e nossos feitos ou malfeitos em nosso tempo e nosso espaço, e seremos julgados de acordo com isso pelas gerações seguintes.

NUM MUNDO SEM CASTAS, em vez de um falso orgulho por nossa tribo, por nossa família ou pela comunidade que nos é designada, olharíamos maravilhados para toda a humanidade: a ágil beleza de um corredor etíope, a coragem de uma mocinha sueca decidida a salvar o planeta, as acrobacias aéreas desafiando a física de um afro-americano nas Olimpíadas, a genialidade de um compositor de origem porto-riquenha capaz de contar a história da fundação dos Estados Unidos em 144 palavras por minuto — todas essas proezas deviam nos encher de admiração por aquilo de que a espécie humana é capaz e de gratidão por estarmos vivos e presenciarmos tudo isso.

Num mundo sem castas, ser homem ou mulher, claro ou escuro, imigrante ou nativo não teria qualquer importância para a percepção das capacidades da pessoa. Num mundo sem castas, todos estaríamos empenhados no bem-estar dos outros indivíduos de nossa espécie, no mínimo pela nossa própria sobrevivência, e reconheceríamos que precisamos uns dos outros mais do que fomos levados a crer. Juntaríamos forças com os povos indígenas de todo o mundo, dando o alarme aos incêndios que se alastram e aos glaciares que se derretem. Veríamos que, quando outros sofrem, o corpo humano coletivo é impedido de prosseguir no avanço da nossa espécie.

Um mundo sem castas libertaria a todos.

Agradecimentos

Escrevi este livro não porque queria, mas porque precisava, nesta época em que vivemos. Ao resolver escrevê-lo, tive a sorte de trabalhar com duas lendas do mundo editorial — minha editora, Kate Medina, e minha agente, Binky Urban, que abraçou a ideia desde o começo e me deu espaço para seguir por onde os fios me levassem.

O primeiro lugar a que fui, ou melhor, me senti compelida a ir, foi a Alemanha — Berlim, especificamente —, para tentar entender um sistema de castas que surgira com uma rapidez assustadora, num país que desde então vem buscando expiar seus pecados. Agradeço a Krista Tippett por me apresentar a um grupo de pessoas encantadoras em Berlim que, de outro modo, eu nunca teria conhecido. Sou muito grata a Irene Dunkley, a Nathan e Ulrich Koestlin pela gentileza, e especialmente a Nigel Dunkley, que entendeu desde o início minha missão e me guiou pelas trilhas da história do Reich com aguda perspicácia.

Agradeço pela oportunidade de conhecer pessoalmente a Índia aos professores Ramnarayan Rawat e K. Satyanarayana, que me abriram as portas quando planejei minha primeira visita a Delhi, que propiciaram meu contato com outros estudiosos da casta e me concederam todas as cortesias. Lá, tive ocasião de conversar com dalits que haviam lutado contra os obstáculos que encontravam em seu caminho e com os quais senti afinidade imediata, além de integrantes de outras castas. Entre as pessoas com abordagens que me pareceram especialmente proveitosas, gostaria de destacar Anupama Prasad e Sharika Thiranagama, que estavam concluindo suas pesquisas sobre as iniquidades de casta.

Sem que eu soubesse, correu a notícia de que eu tinha ido à Índia com a missão de estudar a casta. Logo fui convidada para falar numa conferência internacional sobre o assunto na Universidade de Massachusetts em Amherst, ao lado do teórico político indiano Gopal Guru e da filósofa indiana Meena Dhanda. Senti-me lisonjeada quando me convidaram para fazer o discurso de encerramento da conferência.

Ali, a fim de traduzir o sistema de castas da legislação segregacionista para um público cujo foco era a Índia, comecei a esboçar os primeiros contornos daqueles que se tornariam os pilares da casta. Minha eterna gratidão a Sangeeta Kamat, Biju Mathew e outras pessoas responsáveis pela conferência, que me receberam e me convidaram para participar do grupo, e aos vários outros espíritos afins que lá conheci, entre os quais Suraj Yengde, Jaspreet Mahal, Balmurli Natrajan e Gary Tartakov, que prontamente entenderam os objetivos humanitários de meu trabalho e me encorajaram a prosseguir.

Nessa jornada, vim a conhecer dois sobreviventes do sistema indiano de castas que então moravam em Londres. Tushar Sarkar, nascido e criado na Índia, me concedeu horas de seu tempo, descrevendo suas experiências e sua desilusão com a casta. Sushrut Jadhav me expôs os respectivos fardos, as dádivas e os esgotamentos de viver uma vida desafiando a casta, bem como suas percepções como psiquiatra e antropólogo. Em sua casa tive conversas estimulantes com sua família e com o escritor Arundhati Roy sobre a natureza absurda da casta.

Uma vez que este projeto entrelaça as abordagens e percepções de múltiplas disciplinas — antropologia, sociologia, psicologia, ciência política, filosofia e história —, tenho uma dívida de gratidão para com grupos inteiros de estudo e aqueles que contribuíram para um repositório no qual procurei aprender e sobre o qual construir, talvez. Agradeço ao trabalho de historiadores da escravidão, em particular Edward Baptist, Daina Ramey Barry e Stephanie Jones-Rogers, e à obra fundamental de Harriet Washington na área de história das experiências médicas baseadas na raça. Embora o presente livro não seja especificamente sobre o racismo em si, qualquer livro que aborde o tema tem uma dívida para com os estudos de Ibram X. Kendi e a missão de Bryan Stevenson, cujo memorial às vítimas de linchamento estabelece os parâmetros para uma reconciliação com a história.

Por terem destruído o falso ídolo da raça, agradeço aos finados antropólogos Ashley Montagu e Audrey Smedley, e, na atualidade, a Ian Haney López, por sua genealogia jurídica da raça nos Estados Unidos. Pelo desvendamento dos paralelos entre a legislação segregacionista americana e vários aspectos do Terceiro Reich, sou grata à pesquisa definitiva de James Q. Whitman, da Universidade Yale. Seu trabalho faz uma associação decisiva entre a história da Alemanha nazista e a dos Estados Unidos, e iluminou algo em que eu havia tido razões para crer desde o começo. Sou grata pelas análises perspicazes da filósofa Susan Neiman, do Fórum Einstein em Berlim, cujo livro *Learning from the Germans* saiu na época em que eu terminava meu manuscrito. A descoberta desses seus trabalhos quando já estava no final de minhas pesquisas confirmou o curso que eu havia adotado.

Desde o começo, encontrei mentores no passado, pessoas que haviam trilhado esse caminho e às quais voltei várias vezes em busca de insights e confirmações. Entre esses ancestrais nos estudos de casta incluem-se John Dollard, Hortense Powdermaker, Lloyd Warner, Burleigh Gardner e, em particular, Gerald Berreman. Berreman estudou e morou tanto na Índia quanto no Sul segregacionista, e estava em posição especialmente adequada para comparar os dois sistemas de castas. Ele reconheceu os paralelos e enfrentou os céticos com a serena convicção que provém da pesquisa aprofundada e da experiência própria.

Além dessas pessoas, considero o finado antropólogo Allison Davis um pai espiritual na busca do entendimento do papel da casta nos Estados Unidos. Ele e a esposa e

Agradecimentos

parceira intelectual, Elizabeth, foram obrigados pelo sistema de castas a viver na pele o que estavam estudando, e arriscaram a vida para lançar luz sobre os males da casta.

Setenta anos depois de terminado o trabalho de campo do casal Davis no Mississippi, eu estava numa cerimônia de gala na Biblioteca Pública de Nova York. Lá, naquela noite, comentei pela primeira vez com minha editora e com minha agente que eu estava planejando escrever este livro. Alguns minutos depois, juntei-me à multidão de convidados, cerca de mil pessoas vestindo smokings e usando joias, e então me vi ao lado de um homem que eu não conhecia, mas era um fã de meu livro *The Warmth of Other Suns*. Ele falou um pouco de si e me disse seu nome, Gordon Davis. Então me dei conta, pelo que sabia da vida do finado antropólogo, que esse homem com quem estava conversando devia ser o filho de Allison Davis. Pedi confirmação. Sendo ele mesmo um advogado de renome, ficou comovido que eu conhecesse a obra e tivesse profunda admiração por seu pai. Tendo isso acontecido logo após eu me comprometer com o projeto, tomei o fato como sinal de que iria mesmo escrever este livro.

Sou profundamente grata às várias pessoas com quem cruzei e que, conhecendo meu primeiro livro, me narraram espontaneamente seus contatos com a casta, que também tentavam entender. Houve alguns momentos de grande coincidência, como topar com Mitch Landrieu, ex-prefeito de New Orleans, no exato momento em que eu examinava o papel dos símbolos dos confederados. Tive ao longo dos anos constante inspiração nas conversas com o historiador e caro amigo Taylor Branch, cuja abordagem e cuja obra muitas vezes se entrecruzam com as minhas. Sou também eternamente grata a Sharon Malone e Eric Holder pela cortesia e consideração que mostraram por mim.

A natureza e o cronograma de um livro sendo produzido em tempos de pandemia mundial exigiram um grau colossal de empenho e colaboração. Trabalhando remotamente e numa época de incertezas, as pessoas na Penguin Random House que tornaram este livro possível, além de minha editora, Kate Medina, foram as seguintes: Gina Centrello, que me ofereceu um precioso apoio, o editor Andy Ward e o subeditor Avideh Bashirrad. Na preparação, editoração e produção: Benjamin Dreyer, Rebecca Berlant e Richard Elman. Nos departamentos de arte e design, sob a supervisão de Paolo Pepe, tive o prazer de trabalhar com Greg Mollica, que não poderia ter encontrado foto melhor para a capa do livro, concebeu a brilhante sobrecapa e acatou de bom grado minhas sugestões, assim como Virginia Norey, ao criar o incrível projeto de miolo do livro. Agradeço o apoio e o entusiasmo do departamento de divulgação — Maria Braeckel, Susan Corcoran, London King e Gwyneth Stansfield — e do departamento de marketing — Barbara Fillon, Leigh Marchant e Ayelet Gruenspecht. Noa Shapiro garantiu a agilidade do contato entre todos nós e manteve o processo em andamento.

Em vista de tudo que o livro exigia, não consigo imaginá-lo pronto sem o comando firme e calmo do editor de produção Steve Messina. Seu profundo empenho, sua atenção aos detalhes e sua paciência acompanharam a transformação de um manuscrito ainda em desenvolvimento em páginas impressas e depois no livro que o leitor agora tem em mãos. Minha mais sincera gratidão a ele.

Quero também fazer um agradecimento especial a Sarah Cook, diretora interina do Honors College na Universidade Estadual da Geórgia, que, num momento crítico, colocou à minha disposição três de seus melhores alunos: Noah Britton, Clay Voytek e Savannah Rogers. Nos meses e semanas finais da conclusão do manuscrito, eles dedicaram tempo e energia à pesquisa de questões de última hora. Noah e Clay também dedicaram outras semanas à meticulosa conferência dos dados e, pronto o trabalho, abraçaram a causa do livro como causa pessoal.

Eu gostaria de agradecer a todos os leitores de *The Warmth of Other Suns* e a todos os que me escreveram cartas desde a publicação. O apoio de vocês me permitiu empreender as viagens e o trabalho necessários para o presente livro. Embora eu lamente ter sido muitas vezes impedida pelas circunstâncias de responder pessoalmente, saibam, por favor, que cada carta é muito preciosa para mim e todas têm me amparado e alegrado enquanto prossigo nesse trabalho.

Devido ao preço que esse tipo de pesquisa cobra de nós, não consigo me imaginar concluindo o processo sem o incentivo de J. Blair Page e de Bunny Fisher, que mostraram inabalável empenho neste projeto e em meu bem-estar, cada qual ouvindo em separado a leitura dos rascunhos ou partes do livro e dando um retorno de profunda solidariedade. Sou grata à extraordinária Miss Hale não só por contar sua história para este livro, mas também por partilhar seus excepcionais talentos culinários, sua graça e sabedoria e, acima de tudo, o contato com seus cinco lindos filhos, que sempre despertam grande alegria quando estou com eles. Agradeço a Stephanie Hooks por seu constante otimismo e por me apresentar ao mundo deles.

Pela solidariedade demonstrada, agradeço a D. M. Page e a Todd, Marcia, Leslie, Maureen, Christine, Brenda e Dahleen; a Margie S., Michelle T., Rosie T., Rebecca e Michael, pelo amor e apoio num momento de perdas e problemas pessoais; aos queridos Ansley e Rafe pela alegria, pela espirituosidade e pelas enormes risadas que trazem. Agradeço aos demais membros da família Hamilton e, como sempre, a Gwen e Phil Whitt, à família Taylor e à minha família estendida na Virgínia.

Eu não conseguiria ter atravessado os recessos mais profundos deste trabalho sem o pano de fundo de canções aparentemente desconectadas do tema, que me devolveram a concentração ou o ânimo de que precisei em vários momentos da redação deste livro. A natureza da tarefa me levou, por alguma razão, à música anterior ao Onze de Setembro de 2011, e me vi recorrendo a: Philip Glass (especificamente o *Quarteto para Cordas n. 5*), Parliament ("Flash Light"), America ("A Horse with No

Name"), Prince ("7"), The Police, Theolonius Monk e T. S. Monk, e à trilha sonora do clássico filme de suspense francês *Diva*. Além da trilha maravilhosa, *Diva* é um dos poucos filmes do cinema que retratam uma mulher com meu arquétipo sob traços que para algumas outras mulheres é natural, mostrando-a como uma figura refinada e de importância central, e não como um estereótipo subordinado ou secundário. Embora existam algumas notáveis exceções em anos recentes, *Diva* é um filme em que não preciso temer que a mulher seja açoitada, ridicularizada, hipersexualizada, assassinada, escalada como criada ou interpretada por um homem, prática comum numa indústria que por muito tempo negou às mulheres negras a oportunidade de se retratarem como realmente são. *Diva* é o tipo de filme que talvez só pudesse ser concebido fora do sistema de castas americano.

Tive minha primeira aula de casta com meus pais, que nunca empregaram essa palavra, mas vieram ao mundo naquele período que o historiador Rayford Logan chamou de Nadir. Eles cresceram sob a ameaça sempre constante do regime sulista, encontraram uma forma de sobreviver à legislação segregacionista e até de prosperar, apesar dos obstáculos que o país colocava em seu caminho. Eles rezavam para que a filha conseguisse escapar de alguma maneira às flechadas de casta que haviam sofrido, e, embora isso não tenha acontecido nos Estados Unidos — o sonho deles ainda continua longe de se realizar —, sou-lhes eternamente grata pela luz com que me guiaram, por sua fé e persistência, pelos mais elevados parâmetros que estabeleceram para mim e pelos quais eles próprios viveram. Em cada palavra que escrevo, minha única esperança é honrar seus sacrifícios.

Por fim, não tenho palavras para agradecer pelo amor e devoção de Brett Hamilton, o marido mais bondoso e mais generoso que eu poderia desejar, uma dádiva do universo. Muitas observações neste livro afloraram pela primeira vez em nossas conversas profundamente fecundas e em nossa vida conjunta. Embora eu me sinta destroçada por ele e meus pais não terem vivido para ver esse apogeu daquilo que nós, cada um à sua maneira, procuramos superar, sinto o abraço cósmico de Brett ao apresentar este livro ao mundo, e sei que o amor dos três está e estará sempre comigo.

Isabel Wilkerson
Abril de 2020

Notas

Epígrafes (p. 7)

1. Baldwin, *Fire Next Time*, pp. 53-4.
2. Albert Einstein, mensagem para a Liga Urbana Nacional, 16 set. 1946. Citado por Jerome e Taylor em *Einstein on Race and Racism*, p. 146. A Liga Urbana Nacional é uma organização de direitos civis fundada em 1911 e que se dedica ao bem-estar social e econômico dos afro-americanos.

O homem na multidão (pp. 13-4)

1. Wayne Morrison, *Criminology, Civilisation and the New World Order*. Nova York: Routledge, Cavendish, 2006, p. 80.

1. A sobrevivência dos patógenos (pp. 17-26)

1. Alexey Eremenko, "Heat Wave Sparks Anthrax Outbreak in Russia's Yamalo-Nenets Area", NBC News, 27 jul. 2016. Disponível em: <www.nbcnews.com/news/world/heat-wave-sparks-anthrax-outbreak-russia-s-yamalo-nenets-area-n617716>; "First Anthrax Outbreak Since 1941: 9 Hospitalised, with Two Feared to Have Disease", *Siberian Times*, 26 jul. 2016. Disponível em: <siberiantimes.com/other/others/news/n0686-first-anthrax-outbreak-since-1941-9-hospitalised-with-two-feared-to-have-disease>.
2. Jessica Taylor, "'You Can Do Anything': In 2005 Tape, Trump Brags About Groping, Kissing Women", National Public Radio, 7 out. 2016. A matéria foi precedida por uma nota do editor: "Esta matéria contém linguagem grosseira e explícita, que muitos julgarão ofensiva"; Tim Hains, "Parental Advisory for Trump's Angry Tweet Today", *Real Clear Politics*, 2 out. 2019. Disponível em: <www.realclearpolitics.com/video/2019/10/02/jake_tapper_issues_parental_advisory_on_cnn_im_going_to_be_quoting_the_president.html>. Ver também Al Tompkins, "As Profanity Laced Video Leaks, Outlets Grapple with Trump's Language", *Poynter*, 7 out. 2016. Disponível em: <www.poynter.org/reporting-editing/2016/as-profanity-laced-video-leaks-outlets-grapple-with-trumps-language>.

3. Hari Kunzru, "*Hillbilly Elegy* by J. D. Vance Review — Does This Memoir Really Explain Trump's Victory?", *Guardian*, 7 dez. 2016. Disponível em: <www.theguardian.com/books/2016/dec/07/hillbilly-elegy-by-jd-vance-review>.
4. Em 23 de janeiro de 2016, durante um comício de campanha no Sioux Center, em Iowa, Trump afirmou: "Dizem que eu tenho os seguidores mais fiéis... vocês viram isso? Eu poderia parar no meio da Quinta Avenida e dar um tiro em alguém, e ainda assim não perderia nenhum eleitor... É realmente incrível". Katie Reilly, "Donald Trump Says He 'Could Shoot Somebody' and Not Lose Voters", *Time*, 23 jan. 2016. Disponível em: <time.com/4191598/donald-trump-says-he-could-shoot-somebody-and-not-lose-voters>.
5. Conor Dougherty, "Whites to Lose Majority Status in U.S. by 2042", *Wall Street Journal*, 14 ago. 2008. Disponível em: <www.wsj.com/articles/SB121867492705539109>; Ed Pilkington, "US Set for Dramatic Change as White America Becomes Minority by 2042", *Guardian*, 14 ago. 2008. Disponível em: <www.theguardian.com/world/2008/aug/15/population.race>.
6. Melanie Burney, "Bordentown Police Chief Called President Trump 'The Last Hope for White People', a South Jersey Officer Testifies", *Philadelphia Inquirer*, 23 set. 2019. Disponível em: <www.inquirer.com/news/new-jersey/frank-nucera-hate-crime-trial-bordentown-police-chief-trump-isis-20190923.html>.
7. O Colégio Eleitoral é um remanescente da época da fundação do país, quando 18% da população (uma em cada seis pessoas) era composta de escravos, concentrados nos estados do Sul e sem permissão para votar. É um vestígio de uma concessão constitucional do século XVIII que permitia aos estados do Sul contar pessoas escravizadas como três quintos de uma pessoa livre, tanto para fins de representação no Congresso quanto para as eleições presidenciais. Ele permitia que os estados escravagistas exercessem mais influência do que seria possível de outra forma, e atualmente permite que estados conservadores, rurais e menos populosos exerçam mais influência do que seria possível sem a sua existência. Akhil Reed Amar, "The Troubling Reason the Electoral College Exists", *Time*, 6 nov. 2016. Disponível em: <time.com/4558510/electoral-college-history-slavery>.
8. As eleições presidenciais decididas pelo Colégio Eleitoral foram: vitória de Rutherford B. Hayes sobre Samuel Tilden em 1876; vitória de Benjamin Harrison sobre Grover Cleveland em 1888; vitória de George W. Bush sobre Al Gore em 2000; vitória de Donald J. Trump sobre Hillary Clinton em 2016. Tara Law, "These Presidents Won the Electoral College — but Not the Popular Vote", *Time*, 15 maio 2019. Disponível em: <time.com/5579161/presidents-elected-electoral-college>. Em 1824, John Quincy Adams foi declarado vencedor sobre Andrew Jackson por um voto na Câmara dos Representantes, após uma disputa em quatro turnos nos quais nenhum candidato obteve maioria nem pelo voto popular nem pelo Colégio Eleitoral. "The Election of 1824: John Quincy Adams", Bill of Rights Institute, s.d. Disponível em: <billofrightsinstitute.org/educate/educator-resources/lessons-plans/presidents-constitution/the-election-of-1824>.

9. Matt Kisner, presidente do Partido Democrata em Richland County, na Carolina do Sul, disse que numa "democracia plenamente funcional" o impeachment seria o gesto correto, mas nos Estados Unidos de hoje, infelizmente, seria contraproducente: "Isso só irritaria a base dele, validando as preocupações que eles alardeiam, de que estão todos de alguma forma tentando atingi-lo, o que simplesmente tornaria ainda mais complicado vencê-lo nas urnas, que é onde realmente precisamos vencer". Daniel Dale, "Democratic Leaders Remain Reluctant to Impeach Trump", *Star*, Toronto, 23 abr. 2019. Disponível em: <www.thestar.com/news/world/2019/04/23/democratic-leaders-remain-reluctant-to-impeach-trump.html>.
10. Os dois presidentes anteriores dos Estados Unidos que sofreram um processo de impeachment no cargo foram Andrew Johnson, em 1868, e Bill Clinton, em 1998. Em agosto de 1971, sob pressão de seus pares republicanos, Richard Nixon renunciou à presidência no momento em que a Câmara dos Representantes se preparava para abrir um processo de impeachment contra ele.
11. Chris Cillizza, "The Last 'Daily' White House Press Briefing Was 170 Days Ago", CNN, 28 ago. 2019. Disponível em: <www.cnn.com/2019/08/28/politics/trump-white-house-daily-press-briefing/index.html>. Quando o processo de impeachment presidencial terminou, em 5 de fevereiro de 2020, haviam se passado 329 dias desde a última coletiva de imprensa na Casa Branca, realizada em 11 de março de 2019.
12. Dan Diamond, "Trump's Mismanagement Helped Fuel Coronavirus Crisis", *Politico*, 7 mar. 2020. Disponível em: <www.politico.com/amp/news/2020/03/07/trump-coronavirus-management-style-123465>; Michael D. Shear et al., "The Lost Month: How a Failure to Test Blinded the U.S. to Covid-19", *New York Times*, 28 mar. 2020. Disponível em: <www.nytimes.com/2020/03/28/us/testing-coronavirus-pandemic.html>; David Frum, "This Is Trump's Fault: The President Is Failing, and Americans Are Paying for His Failures", *Atlantic*, 7 abr. 2020. Disponível em: <www.theatlantic.com/ideas/archive/2020/04/americans-are-paying-the-price-for-trumps-failures/609532/>.
13. "Nos 227 anos de existência documentada do gabinete — de George Washington a Barack Obama —, nunca houve um presidente que não tivesse um histórico de serviços políticos ou militares prestados ao país. Donald Trump quebrou essa barreira." Zachary Crockett, "Donald Trump Is the Only US President Ever with No Political or Military Experience", *Vox*, 23 jan. 2017. Disponível em: <www.vox.com/policy-and-politics/2016/11/11/13587532/donald-trump-no-experience>.
14. Jonathan Allen e Amie Parnes, *Shattered: Inside Hillary Clinton's Doomed Campaign*. Nova York: Crown, 2017, p. 13. Os dois jornalistas de Washington usam a expressão "confusão total" para resumir as opiniões de Lissa Muscatine, redatora de discursos de longa data de Clinton, e Jon Favreau, ex-garoto prodígio redator de discursos para o presidente Barack Obama. Ver também Joshua Zeitz, "Why Do They Hate Her?", *Politico*, 3 jun. 2017. Disponível em: <www.politico.com/magazine/story/2017/06/03/why-do-they-hate-her-215220>.
15. A NBC News reportou que Vladimir Bogdanov, um professor de biologia da Academia Russa de Ciências, disse numa entrevista para o noticiário da RCB que

"as autoridades de Yamal pararam de vacinar as renas dez anos atrás porque não houve surtos em mais de meio século — um evidente erro". Alexey Eremenko, "Heat Wave Sparks Anthrax Outbreak in Russia's Yamalo-Nenets Area", NBC News, 27 jul. 2016. Disponível em: <www.nbcnews.com/news/world/heat-wave-sparks-anthrax-outbreak-russia-syamalo-nenets-area-n617716>.
16. Marc Bennetts, "Russian Troops Destroy Hundreds of Reindeer Killed by Anthrax", Times, Londres), 9 ago. 2016. Disponível em: <www.thetimes.co.uk/article/russian-troops-destroy-hundreds-of-reindeer-killed-by-anthrax-k5n3gfocp>.
17. "Tundra Ablaze as Reindeer Carcasses Infected with Deadly Anthrax Are Incinerated", Siberian Times, 5 ago. 2016. Disponível em: <siberiantimes.com/other/others/news/n0699-tundra-ablaze-as-reindeer-carcasses-infected-with-deadly-anthrax-are-incinerated>.

2. Uma casa velha e uma luz infravermelha (pp. 28-33)

1. Hacker, *Two Nations*, p. 4.

3. Um intocável americano (pp. 34-45)

1. Martin Luther King, Jr., "My Trip to the Land of Gandhi" (1959). Disponível em: <kinginstitute.stanford.edu/king-papers/documents/my-trip-land-gandhi>.
2. C. Edwards Lester, *Life and Public Services of Charles Sumner*. Nova York: [s. n.], 1874, pp. 74, 81.
3. Myrdal, *An American Dilemma*, v. 2, p. 677.
4. Montagu, *Most Dangerous Myth*, p. 180.
5. Madison Grant, *The Passing of the Great Race*. Nova York: Charles Scribner's Sons, 1916, p. 64.
6. Pope, *Millhands*, p. 94.
7. Este credo, conhecido como "Race Hierarchy in the South", foi publicado pela primeira vez na *Neale's Monthly Magazine* em novembro de 1913 e incluído em Bailey, *Race Ortodoxy in the South*, p. 112.
8. Jotiba (também conhecido como Jotirao) Phule foi um reformador anticastas na Índia do século XIX que dedicou seu livro de 1873, *Gulumgiri*, ao povo dos Estados Unidos que havia posto fim à escravidão como resultado da Guerra Civil. Apud Kalpana Kannabiran, *Non-Discrimination and the Indian Constitution*. Nova Delhi: Routledge, 2012, p. 151.
9. B. R. Ambedkar para W. E. B. Du Bois, c. jul. 1946, em W. E. B. Du Bois Papers (MS 312). Special Collections and University Archives, University of Massachusetts Amherst Libraries.
10. W. E. B. Du Bois para B. R. Ambedkar, 31 jul. 1946, ibid.

11. Du Bois, *Souls of Black Folk*, p. 3.
12. Stampp, *Peculiar Institution*, pp. 330-1.
13. Tocqueville, *Democracy in America*, p. 141.

Um programa invisível (pp. 46-7)

1. Wachowski, Lilly e Lana, autoras e diretoras (originalmente The Wachowski Brothers). *The Matrix Reloaded*. Warner Brothers Studio, 2003.

4. Uma peça há muito tempo em cartaz e o surgimento da casta nos Estados Unidos (pp. 51-65)

1. Vaughan, *Roots of American Racism*, p. 129.
2. Smedley e Smedley, *Race in North America*, p. 112.
3. Ibid., p. 113.
4. Ibid., p. 112.
5. Weld, *American Slavery*, p. 76.
6. Ibid., pp. 76-7.
7. George McDowell Stroud, *A Sketch of the Laws Relating to Slavery in the Several States of the United States of America*. Filadélfia: [s.n.], 1856, p. 154; Weld, *American Slavery*, p. 283.
8. Steinberg, *Ethnic Myth*, p. 300.
9. Gross, *What Blood Won't Tell*, pp. 22-3.
10. Goodell, *American Slave Code*, p. 64.
11. Ibid., pp. 72, 63, 12.
12. Stampp, *Peculiar Institution*, p. 218.
13. Goodell, *American Slave Code*, p. 125.
14. Ibid., p. 116.
15. Baptist, *The Half Has Never Been Told*, pp. 120, 139-41, 185.
16. Guy B. Johnson, "Patterns of Race Conflict", em Thompson, *Race Relations*, p. 130.
17. Cash, *Mind of the South*, pp. 82-3.
18. Baldwin, *Fire Next Time*, p. 69.
19. A escravidão se estendeu de 1619 a 1865, isto é, por 246 anos. A Declaração da Independência foi assinada em 1776. O ano de 2022 se encontra a 246 anos de 1776. A Décima Terceira Emenda libertou os afro-americanos da escravidão em 1865. O ano de 2111 se encontra a 246 anos da aprovação da Décima Terceira Emenda, que libertou os afro-americanos da escravidão.
20. Guy Gugliotta, "New Estimate Raises Civil War Death Toll", *New York Times*, 3 abr. 2012. Disponível em: <www.nytimes.com/2012/04/03/science/civil-war-toll-up-by-20-percent-in-new-estimate.html>.

21. López, *White by Law*, p. 84.
22. James Baldwin, "On Being 'White' and Other Lies", *Essence*, abr. 1984, p. 90.
23. Jacobson, *Whiteness*, p. 8.
24. Foner, *Reconstruction*, pp. 32-3.
25. Jacobson, *Whiteness*, p. 9.
26. W. Lloyd Warner e Allison Davis, "A Comparative Study of American Caste", em Thompson, *Race Relations*, p. 245.

5. "A caixa que construímos para você" (pp. 66-73)

1. Doyle, *Etiquette of Race Relations*, p. 145.
2. Sokol, *There Goes My Everything*, pp. 108-9.
3. George B. Leonard, "Journey of Conscience: Midnight Plane to Alabama", *Nation*, 10 mar. 1965, pp. 502-5.

6. A medida da humanidade (pp. 74-85)

1. Chao-Qiang Lai, "How Much of Human Height Is Genetic and How Much Is Due to Nutrition?", *Scientific American*, 11 dez. 2006. Disponível em: <www.scientificamerican.com/article/how-much-of-human-height>.
2. Smedley e Smedley, *Race in North America*, pp. 37, 14, 19.
3. López, *White by Law*, p. 59.
4. Painter, *The History of White People*, pp. 72-84.
5. López, *White by Law*, p. 54.
6. Naomi Zack, *Philosophy of Science and Race*. Nova York: Routledge, 2002, p. 68.
7. Montagu, *Most Dangerous Myth*, pp. 116, 72-3.
8. Painter, *History of White People*, p. xii.
9. Dante Puzzo, "Racism and the Western Tradition", *Journal of the History of Ideas*, v. 25, n. 4, out./dez. 1964, p. 579.
10. Garance Frank-Ruta, "The Time Obama Was Mistaken for a Waiter at a Tina Brown Book Party", *Atlantic*, 19 jul. 2013. Disponível em: <www.theatlantic.com/politics/archive/2013/07/the-time-obama-was-mistaken-for-a-waiter-at-a-tina-brown-book-party/277967>.

7. Do nevoeiro de Delhi aos paralelos entre a Índia e os Estados Unidos (pp. 86-90)

1. Borayin Larios e Raphaël Voi, "Introduction. Wayside Shrines in India: An Everyday Defiant Religiosity", *South Asia Multidisciplinary Academic Journal*, v. 18, 2018. Disponível em: <journals.openedition.org/samaj/4546>.

2. Rajshekar, *Dalit*, p. 11.
3. Shah et al., *Ground Down*, p. 3.
4. Verba, Ahmed e Bhatt, *Caste, Race and Politics*, p. 15.
5. Kevin D. Brown, "African-American Perspective on Common Struggles: Benefits for African Americans Comparing Their Struggle with Dalit Efforts", em Yengde e Teltumbde, *Radical Ambedkar*, p. 56.

8. Os nazistas e a aceleração das castas (pp. 91-101)

1. Whitman, *Hitler's American Model*, p. 113. O inquietante livro de Whitman é uma arrepiante investigação sobre como o sistema legal americano influenciou e inspirou diversas políticas raciais nazistas. Baseado numa profusão de pesquisas e em sua meticulosa leitura dos registros nazistas e da literatura da época do Reich, Whitman reconstrói um quadro completo da conexão nazista com a lei racial americana. O livro descreve em detalhe a reunião de planejamento da Comissão de Reforma da Legislação Criminal de 5 de junho de 1934.
2. Comentários feitos numa resenha de 1936 do livro de Heinrich Krieger, *The Race Law in the Unites States*, apud Kühl, *Nazi Connection*, p. 99.
3. Ibid., pp. 14-5.
4. Ryback, *Hitler's Private Library*, p. 112.
5. Kühl, *Nazi Connection*, pp. 61-2.
6. Spiro, *Defending the Master Race*, pp. xi, 357. Para se ter uma medida do lugar que Stoddard e Grant ocupavam na cultura popular americana da época, F. Scott Fitzgerald referiu-se a eles numa fusão tenuemente velada num diálogo de *O Grande Gatsby*. Na cena em questão, Tom e Daisy conversam sobre "um belo livro" que Tom está lendo, de "um tal de Goddard", sobre os desafios enfrentados pela "raça dominante".
7. Fischer, *Hitler and America*, pp. 2, 9.
8. Waitman Wade Beorn, *The Holocaust in Eastern Europe: At the Epicenter of the Final Solution*. Londres: Bloomsbury, 2018, p. 61.
9. Spiro, *Defending the Master Race*, p. 357.
10. Eugene DeFriest Bétit, *Collective Amnesia: American Apartheid: African Americans' 400 Years in North America, 1619-2019*. Xlibris, 2019, p. 282. Hitler examinara pessoalmente as políticas raciais americanas. "Estudei com interesse as leis de diversos estados americanos", disse ele mais ou menos na época das deliberações, "sobre a prevenção à reprodução por pessoas cuja progênie não teria, com toda probabilidade, nenhum valor, ou seria injuriosa para a cepa racial." Ryback, *Hitler's Private Library*, p. 112.
11. Whitman, *Hitler's American Model*, p. 138.
12. Ibid., p. 77.
13. Ibid., p. 138. A África do Sul não imporia uma proibição ao casamento inter-racial até 1949, com a aprovação da Lei de Proibição de Casamentos Mistos. Em 1957, o

país aprovou a seção 16 da Lei da Imoralidade, que proibia negros e brancos de viver juntos e de ter relações sexuais. Nathaniel Sheppard, "S. Africa Plans to Repeal Racial Sex Ban", *Chicago Tribune*, 16 abr. 1985. Disponível em: <www.chicagotribune.com/news/ct-xpm-1985-04-16-8501220310-story.html>; Michael Parks, "S. Africa to End Racial Ban on Sex: Will Repeal Laws Forbidding Blacks to Marry Whites", *Los Angeles Times*, 16 abr. 1985. Disponível em: <www.latimes.com/archives/la-xpm-1985-04-16-mn-23232-story.html>.

14. Nas últimas eleições livres e honestas da era nazista, realizadas em 1932, os nazistas receberam aproximadamente 38% dos votos alemães. Brustein, *Logic of Evil*, p. 9; Hett, *Death of Democracy*, p. 201.
15. Fischer, *Hitler and America*, p. 4.
16. Barry Eichengreen e Tim Hatton, *Interwar Unemployment in International Perspective*, IRLE Working Paper, n. 12-88, abr. 1988. Disponível em: <www.irle.berkeley.edu/files/1998/Interwar-Unemployment-In-International-Perspective.pdf>.
17. Koonz, *Nazi Conscience*, p. 176.
18. Whitman, *Hitler's American Model*, pp. 122, 121.
19. Ibid., pp. 122-3.
20. Alan E. Steinweis, *Studying the Jew: Scholarly Anti-Semitism in Nazi Germany*. Cambridge, Mass.: Harvard University Press, 2006, p. 45.
21. Whitman, *Hitler's American Model*, p. 120.
22. Ibid., p. 102.
23. Ibid., pp. 107-8.
24. Ibid., p. 109.
25. Koonz, *Nazi Conscience*, p. 171.
26. Ibid., p. 177.
27. Fredrickson, *White Supremacy*, pp. 123-4.
28. Whitman, *Hitler's American Model*, p. 128.
29. Ibid.

9. O mal do silêncio (pp. 102-6)

1. Nigel Dunkley, entrevista feita pela autora, Berlim e Sachsenhausen, 24 maio 2019.
2. Schrieke, *Alien Americans*, p. 133.
3. Ralph Ginzburg, *100 Years of Lynchings*. Baltimore: Black Classic Press, 1988, p. 155.
4. National Association for the Advancement of Colored People e James Weldon Johnson, "N.A.A.C.P. Rubin Stacy Anti-Lynching Flier", Universidade Yale, Beinecke Rare Book & Manuscript Library. Disponível em: <brbl-dl.library.yale.edu/vufind/Record/3833735>; Emma Sipperly, "The Rubin Stacy Lynching: Reconstructing Justice", Northeastern University Civil Rights and Restorative Justice Clinic, documento de trabalho, outono 2016. Disponível em: <repository.library.northeastern.edu/downloads/neu:mo4285648?datastream_id=content>;

John Dolen, "His Name Was Rubin Stacy", *Fort Lauderdale Magazine*, 1 ago. 2018. Disponível em: <fortlauderdalemagazine.com/his-name-was-rubin-stacy>.
5. *The Crisis*, v. 10, n. 2, jun. 1915, p. 71.
6. Allen, *Without Sanctuary*, pp. 29, 174-7, 183. Disponível em: <withoutsanctuary.org/pics_22_picback_text.html>.
7. Richard Lacayo, "Blood at the Root", *Time*, 2 abr. 2000. Disponível em: <content.time.com/time/magazine/article/0,9171,42301,00.html>.
8. "A Horrible Lynching", *Nebraska Studies*, s.d. Disponível em: <www.nebraskastudies.org/1900-1924/racial-tensions/a-horrible-lynching>.
9. Sean Hogan, "Turning On the Light: Henry Fonda and Will Brown", *Roger Ebert*, 31 jan. 2018. Disponível em: <www.rogerebert.com/balder-and-dash/turning-on-the-light-henry-fonda-and-will-brown>.

Pilar número um: A vontade divina e as leis da natureza (pp. 110-3)

1. Manu, *Law Code*, p. 20.
2. Gênesis 9,25.
3. O mercador inglês Richard Jobson escreveu em 1623 a respeito das pessoas que encontrou na África subsaariana: "Não há dúvida de que essas pessoas brotaram originalmente da raça de Canaã, o filho de Cam, que descobriu os segredos do pai, Noé, pelo que este, ao despertar, amaldiçoou Canaã, como afirma nossa Sagrada Escritura". Apud Jordan, *White over Black*, p. 35.
4. Levítico 25,44.
5. Thomas R. R. Cobb, *Slavery from the Earliest Periods*. Filadélfia, 1858, pp. xxxv-vi, clvii. Essa interpretação do Gênesis foi refutada, de forma bastante estranha, por pessoas que tinham mais ódio dos negros do que a maioria dos escravagistas. Elas argumentavam que tal interpretação não podia ser verdadeira, porque os africanos não eram humanos, mas animais, e portanto não podiam ter descendido de um filho de Noé, amaldiçoado ou não.
6. Bailey, *Race Orthodoxy in the South*, p. 93.

Pilar número dois: Hereditariedade (pp. 114-7)

1. William Waller Hening (Org.), *The Statutes at Large; Being a Collection of All the Laws of Virginia from the First Session of the Legislature, in the Year 1619*. Nova York, 1823, v. 2, p. 170. Disponível em: <www.encyclopediavirginia.org/_Negro_womens_children_to_serve_according_to_the_condition_of_the_mother_1662>.
2. Davis, Gardner e Gardner, *Deep South*, p. 15.
3. Raymond T. Diamond e Robert J. Cottrol, "Codifying Caste: Louisiana's Racial Classification Scheme and the Fourteenth Amendment", *Loyola Law Review*, v. 29, n. 2.

4. "Forest Whitaker Was 'Humiliated' During Shoplifting Incident", *Express*, 27 ago. 2013. Disponível em: <www.express.co.uk/celebrity-news/424990/Forest-Whitaker-was-humiliated-during-shoplifting-incident>.
5. David Zirin, "So... the NYPD Just Broke an NBA Player's Leg", *Nation*, 10 abr. 2015. Disponível em: <www.thenation.com/article/so-nypd-just-broke-nba-players-leg>; Jack Maloney, "Sefolosha to Donate Large Portion of $4M Settlement from Police Brutality Lawsuit", CBS Sports, 7 abr. 2017. Disponível em: <www.cbssports.com/nba/news/sefolosha-to-donate-large-portion-of-4m-settlement-from-police-brutality-lawsuit>.
6. Lindsey Bever, "Video Shows Former NFL Player's Violent Arrest After He Said Police Mistook a Phone for a Gun", *Washington Post*, 27 abr. 2018. Disponível em: <www.washingtonpost.com/news/post-nation/wp/2018/04/27/desmond-marrow-video-shows-ex-nfl-players-violent-arrest>.
7. Scott Davis, "LeBron James on His Advice to His Kids About Dealing with Police: Be Respectful and Put Your Phone on Speaker", *Business Insider*, 17 out. 2017. Disponível em: <www.businessinsider.com/lebron-james-kids-advice-police-2017-10>.

Pilar número três: Endogamia e controle do casamento e do intercurso (pp. 118-23)

1. Ambedkar, *Castes in India*, p. 15.
2. Séculos mais tarde, os responsáveis pela imposição do sistema de castas no Sul segregacionista consideraram inaceitável que relações entre negros e brancos fossem "prolongadas, íntimas e baseadas na igualdade." George De Vos, "Psychology of Purity and Pollution as Related to Social Self-Identity and Caste", em Reuck e Knight, *Caste and Race*, p. 304.
3. "Embora o quadro completo jamais possa ser reconstruído, alguns de seus elementos podem ser razoavelmente presumidos [...]. Uma vez que a parceira de Davis foi descrita como 'preta', mas não foi feita nenhuma identificação racial correspondente de Davis, podemos inferir que Davis era branco." Leon Higginbotham, apud López, *White by Law*, p. 17.
4. As leis antimiscigenação eram tão amplamente adotadas que é mais fácil citar os estados que não consideravam ilegal o casamento misto. À exceção do Alasca e do Havaí, que foram integrados à união bem depois que as leis antimiscigenação foram decretadas, os únicos estados que silenciaram sobre o casamento misto foram Connecticut, Minnesota, New Hampshire, Nova Jersey, Nova York, Vermont e Wisconsin, além do Distrito de Columbia.
5. Suzy Hansen, "Mixing It Up", *Salon*, 9 mar. 2001. Disponível em: <www.salon.com/2001/03/08/sollors>.
6. López, *White by Law*, p. 11.
7. A primeira pesquisa de opinião Gallup sobre casamento inter-racial, em 1958, foi realizada com americanos brancos. Destes, 94% disseram desaprovar o ca-

samento entre negros e brancos, 3% não tinham opinião, e apenas 4% o aprovavam. "Marriage", Gallup.com, s.d. Disponível em: <news.gallup.com/poll/117328/marriage.aspx>.
8. Davis, Gardner e Gardner, *Deep South*, p. 17.
9. Weld, *American Slavery*, p. 157; Goodell, *American Slave Code*, p. 103.
10. *Freedom Never Dies: The Legacy of Harry T. Moore*, PBS, transmitido em 12 jan. 2001. Disponível em: <www.pbs.org/harrymoore/terror/howard.html> e <www.pbs.org/harrymoore/terror/lula.html>.

Pilar número quatro: Pureza versus conspurcação (pp. 124-39)

1. L. A. Krishna Iyer, *Social History of Kerala*. Madras: Book Centre Publications, 1970, p. 47. "Um dalit que chegasse a menos de 95 passos de um brâmane o conspurcaria, e então os protetores e cuidadores das famílias brâmanes, os naíres, matariam o infrator de formas cruéis." Michael Manjallor, "A Critical Analysis of the Efficacy of MDG 2: Case Study of the Dalits of Kerala, India". Auckland, Nova Zelândia, Universidade de Tecnologia de Auckland, 2015, p. 79. Tese (Doutorado). Disponível em: <pdfs.semanticscholar.org/4a21/f1f611df809766fc38a7fa1f466313634896.pdf>.
2. G. S. Ghurye, *Caste and Race in India*. Londres: Routledge & Kegan Paul, 1932, p. 12.
3. Cox, *Caste, Class, and Race*, p. 33.
4. Sartre, *Reflexions*, p. 29. Esta tradução da edição francesa de 1954 é citada em Steinweis e Rachlin, *Law in Nazi Germany*, p. 93. Em seu artigo "Reflexões sobre a questão judaica", de 1948, Sartre diz: "Para eles, se o corpo de um israelita fosse mergulhado naquele confinado corpo de água, a água ficaria completamente suja". Jean-Paul Sartre, *Anti-Semite and Jew*. Trad. de George J. Decker. Nova York: Schocken, 1948, p. 24.
5. "A Brief History of Jim Crow", Constitutional Rights Foundation, s.d. Disponível em: <www.crf-usa.org/black-history-month/a-brief-history-of-jim-crow>.
6. Ao descrever o trabalho do reverendo Hugh Proctor, que supervisionou a construção da Primeira Igreja Congregacional de Atlanta, em 1908, Paula Bevington escreve: "Suas numerosas iniciativas no bairro incluíram a fundação de um orfanato e duas missões em prisões, além da instalação de uma fonte de água pública. Esta última não foi irrelevante, pois ampliou o único acesso público à água potável acessível a negros na comunidade até então: um cocho para cavalos". Paula L. Bevington, "Atlanta Colored Music Festival Association", *New Georgia Encyclopedia*, 19 jun. 2014. Disponível em: <www.georgiaencyclopedia.org/articles/arts-culture/atlanta-colored-music-festival-association>.
7. Fon Louise Gordon, *Caste and Class: The Black Experience in Arkansas, 1880-1920*. Athens: University of Georgia Press, 1995, p. 60.
8. Doyle, *Etiquette of Race Relations*, pp. 153, 151, 152.
9. "Where Should a Negro Get Hurt?", *Christian Index*, v. 61, 25 ago. 1932, pp. 9, 10.

10. Victoria W. Wolcott, *Race Riots and Roller Coasters: The Struggle over Segregated Recreation in America*. Filadélfia: University of Pennsylvania Press, 2012, p. 96.
11. Weiner, *Black Trials*, p. 177.
12. Wiltse, *Contested Waters*, p. 126.
13. Art Holliday, "1949 Swimming Pool Integration Sparked Violence, Triggered Change in St. Louis", KSDK, 28 fev. 2018. Disponível em: <https://www.ksdk.com/article/news/local/storytellers/1949-swimming-pool-integration-sparked-violence-triggered-change-in-st-louis/63-524244606>.
14. Wiltse, *Contested Waters*, pp. 147-51, 135-8.
15. Mel Watkins, *Dancing with Strangers*. Nova York: Simon & Schuster, 1998, pp. 127, 128.
16. Fredrickson, *White Supremacy*, pp. 134, 135.
17. Mark Tushnet, *The American Law and Slavery, 1810-1860: Considerations of Humanity and Interest*. Princeton: Princeton University Press, 1981, p. 150.
18. Carla J. Mulford, *Benjamin Franklin and the Ends of Empire*. Oxford: Oxford University Press, 2015, p. 161.
19. Raymond T. Diamond e Robert J. Cottrol, "Codifying Caste: Louisiana's Racial Classification Scheme and the Fourteenth Amendment", *Loyola Law Review*, v. 29, n. 2, primavera 1983, p. 266.
20. Michael Denis Biddiss, *Father of Racist Ideology: The Social and Political Thought of Count Gobineau*. Nova York: Weybright & Talley, 1970, p. 144; e Michael Denis Biddiss (Org.), *Gobineau: Selected Political Writings*. Nova York: Harper & Row, 1970, p. 161.
21. Gov. William Hodges Mann, depoimento durante uma audiência na Comissão de Imigração e Naturalização da Câmara dos Representantes dos Estados Unidos. Washington, DC: Government Printing Office, 1912, p. 8.
22. Ibid., pp. 15-23.
23. Ed Falco, "When Italian Immigrants Were 'the Other'", CNN, 10 jul. 2012. Disponível em: <www.cnn.com/2012/07/10/opinion/falco-italian-immigrants/index.html>.
24. O caso foi *Rollins v. Alabama*, 1922.
25. Em 1911, o Arkansas aprovou o Ato 320 (Lei da Câmara 79), sua "regra de uma única gota". A lei tornou um crime a "coabitação" inter-racial e definia como "preto" qualquer um que tivesse "o mínimo vestígio de sangue preto". L. P. Sandels e Joseph M. Hill, *A Digest of the Statutes of Arkansas Embracing All Laws of a General Nature*. Columbia, Mo., 1894, p. 1375. Em 1910, a Suprema Corte da Louisiana derrubou a condenação de Octave Treadaway, de New Orleans, e sua amante, que tinha descendência mista. Segundo a *Encyclopedia of Arkansas*, "o presidente do tribunal, Olivier Provosty, decretou que a mulher não era 'preta' nem 'negra', e sim 'de cor', uma casta intermediária baseada em descendência dual, conforme definido na jurisprudência da Louisiana. Cerca de um mês após a sentença de Provosty, os legisladores se reuniram para emendar o estatuto, redefinindo como

'preto' aquele que tivesse ¹/₃₂ de sangue preto — aplicando, com efeito, a regra de uma única gota. Quando o legislativo do Arkansas se reuniu no ano seguinte, não deixou nenhum espaço de manobra para juízes recalcitrantes. Eles adotaram o fraseado do estatuto da Louisiana, mas acrescentando a cláusula de uma única gota. O crime de sexo inter-racial era 'punível com um mês a um ano de detenção e trabalhos forçados'". Frank W. Sweet, "One Drop Rule", *Encyclopedia of Arkansas*, 1 fev. 2019. Disponível em: <www.encyclopediaofarkansas.net/encyclopedia/entry-etail.aspx?entryID=5365>.

26. Brendan Wolfe, "Racial Integrity Laws (1924-1930)", *Encyclopedia Virginia*, 4 nov. 2015. Disponível em: <www.encyclopediavirginia.org/racial_integrity_laws_of_the_1920s>.
27. Raymond T. Diamond e Robert J. Cottrol, "Codifying Caste: Louisiana's Racial Classification Scheme and the Fourteenth Amendment", *Loyola Law Review*, v. 29, n. 2, pp. 281, 266, primavera 1983.
28. Nancy Hewitt, *Southern Discomfort: Women's Activism in Tampa, Florida, 1880s to 1920s*. Urbana: University of Illinois Press, 2001, apud Voogd, *Race Riots*, p. 40.
29. Yuchi Ichioka, "The Early Japanese Immigrant Quest for Citizenship: The Background of the 1922 Ozawa Case", *Amerasia*, v. 4, n. 1, 1977, apud López, *White by Law*, p. 60.
30. López, *White by Law*, p. 63.
31. Kritika Agarwal, "Vaishno Das Bagai's Disillusionment with America", *South Asian American Digital Archive*, 6 ago. 2014. Disponível em: <www.saada.org/tides/article/living-in-a-gilded-cage>.
32. Okada, *No-No Boy*, p. 202.
33. Jana Riess, "Forty Years On, Most Mormons Still Believe the Racist Temple Ban Was God's Will", *Religion News*, 1 jun. 2018. Disponível em: <religionnews.com/2018/06/11/40-years-later-most-mormons-still-believe-the-racist-priesthood-temple-ban-was-gods-will>. Ver também "Race and the Priesthood", Church of Jesus Christ of Latter-day Saints, s.d. Disponível em: <www.churchofjesuschrist.org/study/manual/gospel-topics-essays/race-and-the-priesthood?lang=eng>.
34. Goodell, *American Slave Code*, p. 312.
35. Roediger, *Wages of Whiteness*, p. 57.
36. W. W. Hunter, *The Indian Empire: Its People, History and Products*. Londres: Trübner, 1886, p. 91.
37. Mills, *Racial Contract*, p. 51.
38. Clark, *Southern Discomfort*. Ver também entrevista de Tena Clark a Lois Reitzes. WABE/National Public Radio, 27 dez. 2018. Disponível em: <www.wabe.org/music-legend-tena-clark-unveils-her-chaotic-childhood-in-southern-discomfort>.
39. George De Vos, "Psychology of Purity and Pollution as Related to Social Self-Identity and Caste", em Reuck e Knight, *Caste and Race*, p. 304.

Pilar número cinco: Hierarquia ocupacional: Os *jatis* e a base de sustentação (pp. 140-9)

1. James Henry Hammond, *Selections from the Letters and Speeches of the Hon. James H. Hammond of South Carolina*. Nova York: 1866, p. 318.
2. Bleser, *Secret and Sacred*, p. xii; Craig Thompson Friend, "Sex, Self, and the Performance of Patriarchal Manhood in the Old South", em L. Diane Barnes, Brian Schoen e Frank Towers (Orgs.), *The Old South's Modern Worlds: Slavery, Region, and a Nation in the Age of Progress*. Oxford: Oxford University Press, 2011, p. 247.
3. Rosellen Brown, "Monster of All He Surveyed" (resenha crítica de Bleser, *Secret and Sacred*), *New York Times*, 29 jan. 1989. Disponível em: <www.nytimes.com/1989/01/29/books/monster-of-all-he-surveyed.html>.
4. Verba, Ahmed e Bhatt, *Caste, Race and Politics*, p. 83.
5. *Acts and Joint Resolutions of the General Assembly of the State of South Carolina, Passed at Sessions 1864-1865*. Columbia, SC, 1866, p. 299.
6. Goodell, *American Slave Code*, p. 337.
7. Edward B. Reuter, "Competition and the Racial Division of Labor", em Thompson, *Race Relations*, p. 58.
8. *Independent*, Nova York, v. 54, n. 2798, p. 1739, 17 jul. 1902.
9. "Os bares americanos para pessoas de cor existiam não porque o governo os exigisse", escreveu o historiador George M. Fredrickson, "mas porque não agia, pelo menos até bem recentemente, para proibir as práticas discriminatórias de empregadores privados e sindicatos." Fredrickson, *White Supremacy*, p. 235. Ver também Roediger, *Wages of Whiteness*, p. 58. "Em Nova York e algumas outras cidades do Norte, pessoas de cor ainda têm negadas licenças para dirigir carretas, e buscam outras ocupações profissionais semelhantes para ganhar a vida." Goodell, *American Slave Code*, p. 337.
10. William A. Sinclair, *The Aftermath of Slavery*. Boston: Small, Maynard, 1905, p. 67.
11. W. Lloyd Warner e Allison Davis, "A Comparative Study of American Caste", em Thompson, *Race Relations*, p. 231.
12. Bouglé, *Caste System*, p. 17.
13. Steinberg, *Ethnic Myth*, pp. 206-7.
14. Roediger, *Wages of Whiteness*, p. 49.
15. Doyle, *Etiquette of Race Relations*, p. 154.
16. Ibid., pp. 154, 155.
17. Brown, *Life of William Wells Brown*, p. 45.
18. W. Lloyd Warner e Allison Davis, "A Comparative Study of American Caste", em Thompson, *Race Relations*, p. 237.
19. O acadêmico Andrew Hacker comentou sobre os papéis reservados aos afro-americanos ao longo da história: "Até não muito tempo atrás, eram barrados nas ligas principais; hoje, detêm os mais altos salários na maioria dos esportes profissionais. No cinema, precisavam se contentar com papéis de empregados e bufões. Hoje, ao

menos alguns são escalados como físicos, executivos [...]. No cômputo geral, os americanos brancos ainda preferem que os negros desempenhem papéis que os entretenham, como os de atletas, músicos e comediantes". Hacker, *Two Nations*, p. 46.
20. "Narrative and Testimony of Sarah M. Grimké" (1830), em Weld, *American Slavery*, p. 24.
21. "Compulsory Labour in the 'Brickworks' Death Camp", campo de concentração de Sachsenhausen, Sachsenhausen, Alemanha. Texto mural descrevendo o chefe de esquadrão das ss Richard Bugdalle fazendo prisioneiros dançarem como ursos em torno de uma pá. Quando um homem se recusou, Bugdall "pegou o cabo da pá, o golpeou e matou".
22. Goodell, *American Slave Code*, p. 77.

Pilar número seis: Desumanização e estigma (pp. 150-8)

1. Doyle, *Etiquette of Race Relations*, p. 61.
2. Rajshekar, *Dalit*, p. 64.
3. "The Brickworks", campo de concentração de Sachsenhausen, Sachsenhausen, Alemanha. Texto mural descrevendo condições infligidas a trabalhadores forçados no campo de concentração.
4. Brown, *Slave Life in Georgia*, p. 74.
5. Goodell, *American Slave Code*, p. 287.
6. Ibid., p. 291; H. Bruce Franklin, "*Billy Budd* and Capital Punishment: A Tale of Three Centuries", em Katy Ryan (Org.), *Demands of the Dead: Executions, Storytelling and Activism*. Iowa City: University of Iowa Press, 2012, p. 117.
7. Goodell, *American Slave Code*, p. 290.
8. Stampp, *Peculiar Institution*, p. 209.
9. "Bricks for 'Germania'— Shells for the 'Final Victory', the 'Brickworks', an External Camp of Sachsenhausen Concentration Camp", campo de concentração de Sachsenhausen, Alemanha. Texto mural descrevendo a marcha diária dos trabalhadores da prisão para os fornos de argila, e as carroças que eles empurravam no fim do dia com os corpos daqueles que haviam morrido no local.
10. Washington, *Medical Apartheid*, pp. 62-70. A obra pioneira da estudiosa da ética médica Harriet A. Washington sobre a experimentação é, a meu ver, a análise primordial e definitiva do longo histórico do abuso médico de afro-americanos nos Estados Unidos. No caso do bebê negro cujo crânio foi aberto, o médico James Marion Sims estava fazendo experimentos sobre uma condição chamada tetania, caracterizada por convulsões e tremores. Para uma análise extensa do abuso médico de mulheres escravizadas, ver Deborah Kuhn McGregor, *From Medicine to Midwives: The Birth of American Gynecology*. New Brunswick, NJ: Rutgers University Press, 1998.
11. Smith, *Less Than Human*, p. 128.

12. Albert Bandura, Bill Underwood e Michael E. Fromson, "Disinhibition of Aggression Through Diffusion of Responsibility and Dehumanization of Victims", *Journal of Research in Personality*, v. 9, p. 266, 1975.
13. Smith, *Less Than Human*, pp. 4, 6.
14. Kristina DuRocher, *Raising Racists: The Socialization of White Children in the Jim Crow South*. Lexington: University Press of Kentucky, 2018, pp. 76, 77.
15. Smith, *Less Than Human*, p. 118. Ver também David Nasaw, *Going Out: The Rise and Fall of Public Amusements*. Cambridge, Mass.: Harvard University Press, 1993, pp. 92, 93; Michael W. Robbins e Wendy Palitz, *Brooklyn: A State of Mind*. Nova York: Workman Publishing Company, 2001, p. 52.
16. DuRocher, *Raising Racists*, p. 94.

Pilar número sete: O terror como imposição, a crueldade como forma de controle (pp. 159-65)

1. Stampp, *Peculiar Institution*, p. 174.
2. Ibid., p. 188.
3. Baptist, *The Half Has Never Been Told*, pp. 118, 120, 140.
4. Mills, *Racial Contract*, p. 99.
5. Taylor, *Slavery in Louisiana*, p. 236, apud Stampp, *Peculiar Institution*, p. 188; Edwin Adam Davis, *Plantation Life in the Florida Parishes of Louisiana, 1836-1846, as Reflected in the Diary of Bennet H. Barrow*, Nova York: AMS, 1967, pp. 173-4. Na Geórgia, antes de 1770, e na Carolina do Norte, antes de 1775, tirar a vida de um escravo não era crime. Stampp, *Peculiar Institution*, p. 218.
6. Stampp, *Peculiar Institution*, p. 178.
7. Ibid., p. 183.
8. Brown, *Slave Life in Georgia*, p. 57.
9. Ibid., p. 72.
10. Ibid., pp. 28-30.
11. Kenneth M. Stampp, "To Make Them Stand in Fear", em Floyd W. Hayes III (Org.), *A Turbulent Voyage: Readings in African American Studies*. Oxford: Collegiate Press, 2000, p. 295.
12. Weld, *American Slavery*, p. 90.
13. Dollard, *Caste and Class*, p. 360.

Pilar número oito: Superioridade intrínseca versus inferioridade intrínseca (pp. 166-71)

1. Regester, *African-American Actresses*, pp. 71-106; Bogle, *Toms, Coons*, pp. 54-7.
2. Smedley e Smedley, *Race in North America*, p. 99.

3. Goodell, *American Slave Code*, p. 285.
4. Doyle, *Etiquette of Race Relations*, p. 55.
5. Eulanda A. Sanders, "The Politics of Textiles Used in African American Slave Clothing", em *Textile Society of America Symposium Proceedings*. Washington, DC: 2012, p. 740. Disponível em: <digitalcommons.unl.edu/tsaconf/740>.
6. Nigel Dunkley, entrevista à autora, Berlim e Sachsenhausen, 24 maio 2019.
7. *The Farmers' Register of 1834*, apud Stampp, *Peculiar Institution*, p. 142.
8. Ibid., p. 144.
9. Ibid., pp. 207-8.
10. Douglass, *My Bondage*, p. 92.
11. Davis, Gardner e Gardner, *Deep South*, p. 394.
12. James C. Cobb, *The Most Southern Place on Earth: The Mississippi Delta and the Roots of Regional Identity*. Nova York: Oxford University Press, 1992, p. 213.
13. Doyle, *Etiquette of Race Relations*, pp. 149-50.
14. Berreman, *Caste and Other Inequities*, p. 159, apud Smaje, *Natural Hierarchies*, p. 21.
15. Jordan, *White over Black*, p. 182.
16. Louis Adamic, *A Nation of Nations*. Nova York: Harper, 1945, p. 201.

Olhos castanhos versus olhos azuis (pp. 175-7)

1. "A Class Divided", *Frontline*, PBS, 26 mar. 1985. Disponível em: <www.pbs.org/wgbh/frontline/film/class-divided>. Este vídeo, sobre a aula de uma professora sobre discriminação, é um dos programas mais requisitados do *Frontline*.
2. Jane Elliott, entrevista à NBC, 29 set. 2017. Disponível em: <m.youtube.com/watch?v=eFQkLp5u-No>.

11. A ameaça à posição do grupo dominante e a precariedade do nível superior (pp. 185-97)

1. Anne Case e Angus Deaton, "Rising Morbidity and Mortality in Midlife Among White Non-Hispanic Americans in the 21st Century", *Proceedings of the National Academy of Sciences*, v. 112, n. 49, pp. 15 078-83, 8 dez. 2015. Disponível em: <doi.org/10.1073/pnas.1518393112>.
2. Cerca de 405 mil americanos morreram na Segunda Guerra Mundial.
3. Anne Case e Ta-Nehisi Coates, "Fear and Despair: Consequences of Inequity", em Alonzo L. Plough (Org.), *Knowledge to Action: Accelerating Progress in Health, Well-Being and Equity*. Nova York: Oxford University Press, 2017, pp. 11-5.
4. Anne Case e Angus Deaton, "Mortality and Morbidity in the 21st Century", *Brookings Papers on Economic Activity*, primavera 2017. Disponível em: <www.

brookings.edu/bpea-articles/mortality-and-morbidity-in-the-21st-century>; Case e Deaton, "Rising Morbidity". Em 2019 uma tendência similar veio à tona no Reino Unido: "Deaths of Despair, Once an American Phenomenon, Now Haunt Britain", *Economist*, 14 maio 2019. Disponível em: <www.economist.com/britain/2019/05/14/deaths-of-despair-once-an-american-phenomenon-now-haunt-britain>.

5. Diana C. Mutz, "Status Threat, Not Economic Hardship, Explains the 2016 Presidential Vote", *Proceedings of the National Academy of Sciences*, v. 115, pp. 4330-9, 8 maio 2018. Disponível em: <doi.org/10.1073/pnas.1718155115>.
6. Cash, *Mind of the South*, p. 66.
7. Smith, *Killers of the Dream*, p. 171.
8. Myrdal, *An American Dilemma*, v. 2, p. 597.
9. Roediger, *Wages of Whiteness*, p. 60.
10. Du Bois, *Black Reconstruction*, p. 700.
11. Carta de um senhor de escravos da Virgínia Oriental publicada no *Richmond Enquirer*, 4 maio 1832, apud Theodore Allen, *The Invention of the White Race*. Londres: Verso, 1997, v. 2, p. 255.
12. Smith, *Killers of the Dream*, pp. 164-5.
13. W. Lloyd Warner e Allison Davis, "A Comparative Study of American Caste", em Thompson, *Race Relations*, p. 236.
14. Russell Baker, "The Problem of the White Anglo-Saxon Protestant", *New York Times*, 9 nov. 1963.
15. Smith, *Killers of the Dream*, pp. 179, 222.
16. Sushrut Jadhav, entrevista à autora, maio 2018.
17. Ambedkar, *Annihilation of Caste*, p. 250.
18. Ambedkar, *Castes in India*, p. 45.
19. Ben Mathis-Lilley, "An Ingenious and Powerful Case for Reparations in the *Atlantic*", *Slate*, 22 maio 2014. Disponível em: <slate.com/news-and-politics/2014/05/reparations-ta-nehisi-coates-clever-thorough-and-persuasive-case.html>. O escritor destilou esta conclusão em sua análise do seminal artigo de Ta-Nehisi Coates, "The Case for Reparations", publicado na revista *Atlantic* (2014).
20. Lipsitz, *Possessive Investment*, pp. 5-7, 107.
21. Michael I. Norton e Samuel Sommers, "Whites See Racism as a Zero-Sum Game That They Are Now Losing", *Perspectives on Psychological Science*, v. 6, n. 3, pp. 215-8, 2011.
22. David R. Williams, entrevista à autora, Providence, Rhode Island, 29 maio 2013.
23. Devah Pager, "The Mark of a Criminal Record", *American Journal of Sociology*, v. 108, n. 5, pp. 937-75, mar. 2003.
24. Kelly M. Hoffman et al., "Racial Bias in Pain Assessment and Treatment Recommendations, and False Beliefs About Biological Differences Between Blacks and Whites", *Proceedings of the National Academy of Sciences*, v. 113, n. 16, pp. 4296-301, 19 abr. 2016. Disponível em: <doi.org/10.1073/pnas.1516047113>. "Pesquisas mostraram que os pacientes negros recebem tratamento inferior para dor não só em rela-

ção aos pacientes brancos, mas em relação às diretrizes da Organização Mundial da Saúde [...]. Uma nova pesquisa da Universidade da Virgínia sugere que disparidades no gerenciamento da dor podem ser atribuídas ao menos em parte a preconceito. Num estudo realizado com estudantes e residentes de medicina, os pesquisadores descobriram que um número significativo de estudantes de medicina e residentes brancos mantêm falsas crenças sobre diferenças biológicas entre negros e brancos (por exemplo, a pele dos negros é mais grossa; o sangue dos negros coagula mais depressa) que poderiam afetar a maneira como avaliam e tratam a dor experimentada por pacientes negros." Universidade da Virgínia, "Study Links Disparities in Pain Management to Racial Bias", *Science-Daily*, 4 abr. 2016. Disponível em: <www.sciencedaily.com/releases/2016/04/160404153044.htm>.
25. Metzl, *Dying of Whiteness*, pp. 3-7, 174-5.

12. Um bode expiatório para carregar os pecados do mundo (pp. 198-209)

1. Levítico 16,5-10, 20-2.
2. Perera, *Scapegoat Complex*, p. 8.
3. Ibid., pp. 12, 13.
4. Weld, *American Slavery*, p. 59.
5. Davis, Gardner e Gardner, *Deep South*, p. 49.
6. Para mais informações sobre o ritual de linchamento, ver Dray, *Persons Unknown*; Raper, *Tragedy of Lynching*; e Litwack, *Trouble in Mind*.
7. Myrdal, *An American Dilemma*, v. 2, p. 598.
8. Kimberlé W. Crenshaw, "Framing Affirmative Action", *Michigan Law Review First Impressions*, v. 105, n. 123, 2007. Disponível em: <repository.law.umich.edu/mlr_fi/vol105/iss1/4>; Victoria M. Massie, "White Women Benefit Most from Affirmative Action — and Are Among Its Fiercest Opponents", *Vox*, 25 maio 2016. Disponível em: <www.vox.com/2016/5/25/11682950/fisher-supreme-court-white-women-affirmative-action>.
9. Ashley Crossman, "Definition of Scapegoat, Scapegoating, and Scapegoat Theory", *ThoughtCo*, 2 ago. 2019. Disponível em: <www.thoughtco.com/scapegoat-definition-3026572>.
10. Margaret Carlson, "Presumed Innocent", *Time*, 24 jun. 2001. Disponível em: <content.time.com/time/magazine/article/0,9171,153650,00.html>.
11. "Em outra linha de investigação com potenciais subtons raciais, a polícia tentou determinar se a morte de House teria relação com cartéis. Mark McCrimmon, um advogado de defesa, disse que um cliente que semanas antes fora detido numa operação contra o tráfico de drogas naquele bairro foi entrevistado pela polícia durante a investigação sobre o atentado a bomba." Eli Rosenberg, "Exploding Packages Tap into Simmering Tensions over Austin's Racial Segregation", *Washington Post*, 15 mar. 2018. Disponível em: <www.washingtonpost.com/natio

nal/exploding-packages-tap-into-simmering-tensions-over-austins-racial-segrega tion/2018/03/15/595a7b24-28a4-11e8-874b-d517e912f125_story.html>.
12. Ibid.; "Police: Exploding Package Caused Death of NE Austin Man, Tips Sought", CBS Austin, 5 mar. 2018. Disponível em: <cbsaustin.com/news/local/austin-poli ce-identify-man-killed-in-explosion>.
13. Tom Dart, "Austin Bombings: How They Unfolded, and What They Revealed", *Guardian*, 24 mar. 2018. Disponível em: <www.theguardian.com/us-news/2018/ mar/24/austin-bombings-mark-conditt-texas>.

13. O alfa inseguro e a finalidade de um ômega (pp. 210-5)

1. Safina, *Beyond Words*, p. 155.
2. Wolf Howl Organization, "Wolf Behavior", parte 1, *Running with the Wolves*, s.d. Disponível em: <www.runningwiththewolves.org/Behavior1>. Uma organização fundada por Teresa DeMaio em Long Island, a Running with the Wolves, se dedica à conservação dos lobos e da vida selvagem.

14. A intromissão da casta na vida cotidiana (pp. 216-29)

1. Bancroft, *Slave Trading*, p. 81.
2. Richard Frucht, *Black Society in the New World*. Nova York: Random House, 1971, p. 32.
3. Stampp, *Peculiar Institution*, p. 343.
4. Brandon Griggs, "A Black Yale Graduate Student Took a Nap in Her Dorm's Common Room. So a White Student Called Police", CNN, 12 maio 2018. Disponível em: <www.cnn.com/2018/05/09/us/yale-student-napping-black-trnd/index.html>.
5. Nicole Rojas, "Black Man Records White Woman Calling 911 After Accusing Him of Breaking into His Own Car", *Newsweek*, 17 ago. 2018. Disponível em: <www. newsweek.com/woman-calls-police-video-black-man-breaking-own-car-milwau kee-reporachel-1078717>.
6. Patrick May, "Video of a San Francisco Dad's 'Trespassing' 911 Call to Report a Black Software Engineer Goes Viral", *Mercury News*, 9 jul. 2019. Disponível em: <www.mercurynews.com/2019/07/09/video-of-a-san-francisco-dad-trespassing-9-1-1-call-to-report-black-software-engineer-goes-viral>.
7. Melissa Gomez, "White Woman Who Blocked Black Neighbor from Building Is Fired", *New York Times*, 15 out. 2018. Disponível em: <www.nytimes.com/2018/10/15/ us/hilary-brooke-apartment-patty-st-louis.html>.
8. Melissa Gomez, "Babysitting While Black: Georgia Man Was Stalked by Woman as He Cared for 2 White Children", *New York Times*, 9 out. 2018. Disponível em: <www.nytimes.com/2018/10/09/us/black-man-babysitting.html>. O vídeo de

Corey Lewis está disponível em: <m.youtube.com/watch?v=TyATgNSAkj8>. Ver também Yamiche Alcindor, "Living While Black: How Does Racial Bias Lead to Unnecessary Calls to Police?", *PBS NewsHour*, 2 jul. 2018. Disponível em: <m.youtube.com/watch?v=o3r3mOo4LmY>.

15. A necessidade premente de um escalão inferior (pp. 230-43)

1. Du Bois, *Black Reconstruction*, p. 633.
2. O coronel J. L. A. Linard, do quartel-general da Força Expedicionária Americana, aconselhou o comando francês sobre como lidar com os soldados afro-americanos. Seu memorando, citado aqui e nos parágrafos seguintes, foi publicado sob o título "A French Directive". *Crisis*, n. 18, pp. 16-18, maio 1919. Disponível em: <glc.yale.edu/french-directive>. Ver também Rebecca Onion, "A wwi-Era Memo Asking French Officers to Practice Jim Crow with Black American Troops", *Slate*, 27 abr. 2016. Disponível em: <slate.com/human-interest/2016/04/secret-information-concerning-black-troops-a-warning-memo-sent-to-the-french-military-during-world-war-i.html>.
3. Nicole Bauke, "Black Soldier Killed in wwi Was Denied Medal of Honor. Advocates Are Now Trying to Change That", *Army Times*, 28 fev. 2018. Disponível em: <www.armytimes.com/news/your-army/2018/02/28/black-soldier-killed-in-wwi-was-denied-medal-of-honor-advocates-are-now-trying-to-change-that>.
4. Ibid.
5. Ward, *Defending White Democracy*, p. 41.
6. Richard Gergel, *Unexampled Courage: The Blinding of Sgt. Isaac Woodard and the Awakening of President Harry S. Truman and Judge J. Waties Waring*. Nova York: Farrar, Straus & Giroux, 2019, p. 14.
7. Richard Kluger, *Simple Justice: The History of Brown v. Board of Education and Black America's Struggle for Equality*. Nova York: Knopf, 2004, p. 298. O ataque a Woodard e outros veteranos negros que retornavam da guerra alarmou tanto o presidente Truman que, em 1948, ele emitiu duas históricas ordens executivas: a de número 9981, banindo segregação nas Forças Armadas, e a de número 9980, pondo fim à segregação no governo federal.
8. Schrieke, *Alien Americans*, p. 143.
9. Paul Ortiz, "Ocoee, Florida: Remembering 'the Single Bloodiest Day in Modern U.S. Political History'", *Facing South*, 14 maio 2010. Disponível em: <www.facingsouth.org/2010/05/ocoee-florida-remembering-the-single-bloodiest-day-in-modern-us-political-history.html>.
10. Ida B. Wells, *Crusade for Justice: The Autobiography of Ida B. Wells*. Org. de Alfreda M. Duster. Chicago: University of Chicago Press, 1970, p. 55.
11. Nathaniel C. Ball, "Memphis and the Lynching at the Curve", *Uplift Memphis, Uplift the Nation: The Blog for Community Engagement*. Memphis: Benjamin Hooks

Institute for Social Change, 2015). Disponível em: <blogs.memphis.edu/benhooks institute/2015/09/30/memphis-and-the-lynching-at-the-curve>.

12. Stampp, *Peculiar Institution*, p. 166.
13. "How an African Slave in Boston Helped Save Generations from Smallpox", *History*, 1 fev. 2019. Disponível em: <www.history.com/news/smallpox-vaccine-onesimus-slave-cotton-mather>.
14. Washington, *Medical Apartheid*, pp. 72-3; Rene F. Najera, "Black History Month: Onesimus Spreads Wisdom That Saves Lives of Bostonians During a Smallpox Epidemic", *History of Vaccines*, 3 fev. 2019. Disponível em: <www.historyofvaccines.org/content/blog/onesimus-smallpox-boston-cotton-mather>; e Erin Blakemore, "How an African Slave in Boston Helped Save Generations from Smallpox", *History*, 1 fev. 2019. Disponível em: <www.history.com/news/smallpox-vaccine-onesimus-slave-cotton-mather>.
15. Du Bois, *Black Reconstruction*, p. 697.
16. Raphael Gross, "Guilt, Shame, Anger, Indignation: Nazi Law and Nazi Morals", em Steinweis e Rachlin, *Law in Nazi Germany*, p. 92.
17. Tracy Jan, "News Media Offers Consistently Warped Portrayals of Black Families, Study Finds", *Washington Post*, 13 dez. 2017. Disponível em: <www.washingtonpost.com/news/wonk/wp/2017/12/13/news-media-offers-consistently-warped-portrayals-of-black-families-study-finds>.
18. C. K., "Black Americans Are Over-Represented in Media Portrayals of Poverty", *Economist*, 20 fev. 2018. Disponível em: <www.economist.com/democracy-in-america/2018/02/20/black-americans-are-over-represented-in-media-portrayals-of-poverty>.
19. "Declínios de longo prazo nas taxas de natalidade entre adolescentes negras não hispânicas têm sido particularmente acentuados", descobriram os pesquisadores. "Declínios nas taxas de natalidade entre adolescentes hispânicas têm sido quase igualmente acentuados, de 105 nascimentos por mil mulheres entre quinze e dezenove anos, em 1991, para 29 nascimentos por mil mulheres em 2017." A taxa de natalidade entre adolescentes brancas não hispânicas, historicamente uma fração da taxa de adolescentes negras e latinas, caiu num ritmo constante, porém mais lento, de 43 por mil para 13 por mil durante o mesmo período, ou seja, de pouco mais de um quarto da taxa de natalidade negra para cerca de metade. "Teen Births", *Child Trends*, 24 maio 2019. Disponível em: <www.childtrends.org/indicators/teen-births>. A análise foi feita a partir de dos dados dos Centros de Controle e Prevenção de Doenças.
20. Ibid.
21. O município de Albany, na Geórgia, preferiu "leiloar três piscinas e uma quadra de tênis em vez de dessegregá-las". Além disso, "trancou a biblioteca por meses". Sokol, *There Goes My Everything*, p. 93.
22. "McKinney Video: Protest over Texas Pool Party Policing", BBC, 9 jun. 2015. Disponível em: <www.bbc.com/news/world-us-canada-33059484>.

23. Jonathan Capehart, "The McKinney, Texas Pool Party: More Proof That 'Black Children Don't Get to Be Children'", *Washington Post*, 10 jun. 2015. Disponível em: <www.washingtonpost.com/blogs/post-partisan/wp/2015/06/10/the-mckinney-texas-pool-party-more-proof-that-black-children-dont-get-to-be-children>.

16. A angústia de ficar por último: Espremidos num porão inundado (pp. 244-9)

1. Matory, *Stigma and Culture*, p. 384.
2. Ibid., p. 333.
3. Ambedkar, *Annihilation of Caste*, p. 277.
4. Sudipta Sarangi, "Capturing Indian 'Crab' Behaviour", *Hindu Business Line*, 1 abr. 2013. Disponível em: <www.thehindubusinessline.com/opinion/capturing-indian-crab-behaviour/article22995064.ece>.
5. Bryan Stevenson, *Just Mercy*. Nova York: Spiegel & Grau, 2014, p. 142.
6. Kasinitz, *Caribbean New York*, p. 36.
7. Ibid.
8. Matory, *Stigma and Culture*, p. 49.
9. Ambedkar, *Annihilation of Caste*, p. 294.

17. Nas primeiras linhas de frente da casta (pp. 250-61)

1. Varel, *Lost Black Scholar*, p. 85.
2. Ibid., p. 74.
3. Jennifer Jensen Wallach, introdução a Davis, Gardner e Gardner, *Deep South*, p. xvii.
4. Ibid., p. xxii.
5. Ibid., p. xxi.
6. Varel, *Lost Black Scholar*, p. 85.
7. Davis, Gardner e Gardner, *Deep South*, pp. 561-2.
8. Varel, *Lost Black Scholar*, p. 86.
9. Ibid., p. 87.
10. Ibid., p. 92.
11. Wallach, introdução a Davis, Gardner e Gardner, *Deep South*, p. xxviii.
12. Jane Adams e D. Gorton, "Southern Trauma: Revisiting Caste and Class in the Mississippi Delta", *American Anthropologist*, v. 106, n. 2, pp. 334-45, jun. 2004.
13. Cox, *Caste, Class, and Race*, pp. 498, 519.
14. Entre as afirmações estarrecedoras no apanhado geral de Cox está sua observação de que, na Índia, "casta é uma entidade de status numa sociedade assimilada, complacente. Qualquer que seja a sua posição na sociedade, a casta de um homem é sagrada para ele; e uma casta não domina a outra". Ibid.

18. Satchel Paige e a ilogicidade da casta (pp. 262-5)

1. Robert Smith, *Pioneers of Baseball*. Boston: Little, Brown, 1978, apud *Encyclopedia of World Biography*. Farmington Hills, Mich.: Gale Research, 1998, p. 62.
2. Larry Tye, entrevista a Michel Martin, National Public Radio, 27 jul. 2009. Disponível em: <www.npr.org/templates/story/story.php?storyId=111063901>. Ver Larry Tye, *Satchel: The Life and Times of an American Legend*. Nova York: Random House, 2009.
3. Steven Goldman (Org.), *It Ain't Over 'Til It's Over: The Baseball Prospectus Pennant Race Book*. Filadélfia: Basic Books, 2007, p. 62.
4. Smith, *Pioneers of Baseball*, apud *Encyclopedia of World Biography*, p. 62.
5. Larry Tye, entrevista a Michel Martin.
6. "Satchel Paige", National Baseball Hall of Fame, s.d. Disponível em: <baseballhall.org/hall-of-famers/paige-satchel>.
7. Pat Galbincea, "Pitcher Satchel Paige Helped Indians Win Pennant in 1948: Black History Month", *Cleveland Plain Dealer*, 16 fev. 2013. Disponível em: <www.cleveland.com/metro/2013/02/pitcher_satchel_paige_helped_i.html>.
8. Sam Mellinger, "Fifty Years Ago, Satchel Paige Pitched His Last Big-League Game in KC at Age 59", *Kansas City Star*, 18 set. 2015. Disponível em: <www.kansascity.com/sports/spt-columns-blogs/sam-mellinger/article35763006.html>.
9. "Satchel Paige 1906-1982", Encyclopedia.com, s.d. Disponível em: <www.encyclopedia.com/people/sports-and-games/sports-biographies/satchel-paige>.

19. A euforia do ódio (pp. 269-72)

1. Este capítulo foi escrito depois que assisti a um filme de arquivo mostrando as multidões no retorno de Hitler a Berlim, em julho de 1940, após a Batalha da França. As cenas foram exibidas na exposição *Hitler — How Could It Happen?*, organizada pelo Berlin Story Museum, na capital alemã. Ver: <https://www.berlinstory.de/hitler-dokumentation/>. Um vídeo parcial do desfile militar e da multidão está disponível no YouTube: <youtube.com/watch?v=g3xRVKkvx9A>. Alguns trechos das cenas de multidão aparecem na marca de três minutos, mas, como é descrito neste capítulo, a exposição não contava com som ou comentários, e incluía mais material do que está disponível on-line.

20. O inevitável narcisismo da casta (pp. 273-83)

1. Hacker, *Two Nations*, p. 250.
2. Ronningstam, *Identifying and Understanding*, p. 3.
3. Fromm, *Heart of Man*, p. 79.

4. Fromm, apud Sakurai, *Theories of Narcissism*, p. 54.
5. Fromm, *Heart of Man*, p. 71.
6. Ibid., p. 78.
7. Sakurai, *Theories of Narcissism*, p. 53.
8. Fromm, *Heart of Man*, p. 76.
9. Ambedkar, *Castes in India*, p. 47.
10. Niall O'Dowd, "Was Your Family Shanty or Lace Curtain Irish? It's Important", *Irish Central*, 10 out. 2019. Disponível em: <www.irishcentral.com/roots/shanty-lace-curtain-irish>. Ver também Jeanne Charters, "The Irish Caste System — What Shanty Irish Means", *Jeanne Charters*, 25 jul. 2014. Disponível em: <jeanne-charters.com/irish-caste-system-shanty-irish-means>.
11. Leonid Bershidsky, "Trump Trolls the Nordics. They Troll Him Back", *Bloomberg*, 21 ago. 2019. Disponível em: <www.bloomberg.com/opinion/articles/2019-08-21/trump-doesn-t-seem-to-get-greenland-denmark-or-any-nordic-count>; Frida Ghitis, "Why Trump Is So Obsessed with Scandinavia", CNN, 21 ago. 2019. Disponível em: <www.cnn.com/2019/08/21/opinions/trump-denmark-scandinavia-obsession-ghitis/index.html>; e Terje Solsvik e Camilla Knudsen, "'Thanks, But No Thanks' — Norwegians Reject Trump's Immigration Offer", Reuters, 12 jan. 2018. Disponível em: <www.reuters.com/article/us-usa-trump-immigration-norway/thanks-but-no-thanks-norwegians-reject-trumps-immigration-offer-idUSKBN1F11QK>.

21. A garota alemã com cabelo escuro e ondulado (pp. 284-6)

1. Ver Douglass, *God Among Germans*, p. 117, para uma discussão sobre o passaporte racial durante a era nazista.

22. A síndrome de Estocolmo e a sobrevivência da casta subordinada (pp. 287-97)

1. Patricia Hill Collins, *Black Feminist Thought: Knowledge, Consciousness and the Politics of Empowerment*. Londres: Routledge, 2000, p. 257.
2. Edmund Leach, "Caste, Class, and Slavery: The Taxonomic Problem", em Reuck e Knight, *Caste and Race*, pp. 10-1.
3. Ashley Reese, "The Perverse Spectacle of Black Forgiveness", *Jezebel*, 3 out. 2019. Disponível em: <jezebel.com/the-perverse-spectacle-of-black-forgiveness-1838747565>.
4. "Antes da audiência, entrei na sala do tribunal como um homem livre, sem ficha criminal", disse o homem, Deandre Somerville, um assistente no programa extraescolar do município. "Saí como um criminoso algemado." Sob pressão pública, o juiz limpou a ficha de Somerville, mas só depois que ele já havia cumprido

sua pena na cadeia. Ele disse ter feito isso por acreditar que Somerville estava "totalmente reabilitado". P. R. Lockhart, "A Black Man Went to Jail for Missing Jury Duty. After Public Outrage, the Judge Cleared His Record", *Vox*, 8 out. 2019. Disponível em: <www.vox.com/identities/2019/10/8/20904974/deandre-somervil le-jail-sleep-jury-duty-florida-kastrenakes>.
5. Hanif Abdurraqib, "Why Do We Expect Victims of Racism to Forgive?", *Pacific Standard*, 1 nov. 2018. Disponível em: <psmag.com/social-justice/why-do-we-ex pect-victims-of-racism-to-forgive>.
6. Everton Bailey, Jr., "The Story Behind Devonte Hart's Famous 'Hug' Photo", *Oregonian*, 28 mar. 2018. Disponível em: <www.oregonlive.com/pacific-north west-news/2018/03/the_story_behind_devonte_harts.html>.
7. Shane Dixon Kavanaugh, "Devonte Hart Family Crash: Deceptions, Missed Signals Preceded Deaths", *Oregonian*, 8 abr. 2018. Disponível em: <www.oregonlive. com/pacific-northwest-news/2018/04/devonte_hart_family_crash_dece.html>; e Shane Dixon Kavanaugh, "Devonte Hart's Little Sister Told Police in 2010 She Was Beaten, Denied Food", *Oregonian*, 29 mar. 2018. Disponível em: <www.oregon live.com/pacific-northwest-news/2018/03/devonte_harts_little_sister_to.html>.
8. Daniel Victor, "Hart Family Parents Killed 6 Children in Murder-Suicide, Jury Determines", *New York Times*, 5 abr. 2019. Disponível em: <www.nytimes. com/2019/04/05/us/hart-family-murder-suicide.html>.
9. Roxane Gay, "Why I Can't Forgive Dylann Roof", *New York Times*, 23 jun. 2015. Disponível em: <www.nytimes.com/2015/06/24/opinion/why-i-cant-forgive-dy lann-roof.html>.
10. Ibid.
11. Kristine Phillips, "A Black Child's Backpack Brushed Up Against a Woman. She Called 911 to Report a Sexual Assault", *Washington Post*, 16 out. 2018. Disponível em: <www.washingtonpost.com/nation/2018/10/13/black-childs-backpack-bru shed-up-against-woman-she-called-report-sexual-assault>.
12. Gay, "Why I Can't Forgive".
13. Tinku Ray, "No Escape from Caste on These Shores, 'Untouchables' from India Say", *Pulitzer Center*, 26 fev. 2019. Disponível em: <pulitzercenter.org/reporting/ no-escape-caste-these-shores-untouchables-india-say>.

23. Tropas de choque nas fronteiras da hierarquia (pp. 298-307)

1. Doyle, *Etiquette of Race Relations*, pp. 3, 4.
2. "Um grupo de mulheres afro-americanas diz ter sido humilhado. Elas foram expulsas do trem por 'rirem como negras' — o que deflagrou um debate sobre 'espaço branco' e um possível processo legal." Rupert Neate, "Napa Wine Train Controversy: 'I Do Think It Was Based on the Color of Our Skin'", *Guardian*, 13 set. 2015. Disponível em: <www.theguardian.com/us-news/2015/sep/13/napa-wine-

train-laughing-while-black>. A empresa responsável pela excursão posteriormente se desculpou pelo tratamento e chegou a um acordo extrajudicial no processo movido pelas mulheres. Mary Bowerman, "Black Women Kicked off Napa Valley Wine Train Settle", *USA Today*, 20 abr. 2016. Disponível em: <www.usatoday.com/story/money/nation-now/2016/04/20/black-women-kicked-off-napa-valley-wine-train-settle-racial-discrimination-case/83280120>.
3. Dan Cancian, "Pennsylvania Golf Club Ejects Black Women, Including NAACP's Sandra Thompson, for 'Playing Slowly'", *Newsweek*, 24 abr. 2018. Disponível em: <www.newsweek.com/golf-club-forced-apologize-evicting-black-women-898381>. Ver também Tony Marco e Lauren DelValle, "A Group of Black Women Say a Golf Course Called the Cops on Them for Playing Too Slow", CNN, 25 abr. 2018. Disponível em: <www.cnn.com/2018/04/25/us/black-women-golfers-pennsylvania-trnd/index.html>.
4. Lori Aratani, "United Passenger: Dragging Incident More Horrifying Than When He Fled Vietnam", *Washington Post*, 13 abr. 2017. Disponível em: <www.washingtonpost.com/local/trafficandcommuting/united-passenger-dragging-incident-more-horrifying-than-when-he-fled-vietnam/2017/04/13/7941ccdc-206f-11e7-be2a-3a1fb24d4671_story.html>.
5. Julia Jacobo, "Doctor Dragged Off United Airlines Flight After Watching Viral Video of Himself: 'I Just Cried'", ABC News, 9 abr. 2019. Disponível em: <abcnews.go.com/US/doctor-dragged-off-united-airlines-flight-watching-viral/story?id=62250271>.

24. Cortisol, telômeros e a letalidade da casta (pp. 308-14)

1. Elizabeth Page-Gould, "The Unhealthy Racist", em Marsh, Mendoza-Denton e Smith, *Are We Born Racist?*, p. 41.
2. Susan T. Fiske, "Are We Born Racist?", em Marsh, Mendoza-Denton e Smith, *Are We Born Racist?*, pp. 7-15.
3. Arline T. Geronimus et al., "Race-Ethnicity, Poverty, Urban Stressors, and Telomere Length in a Detroit Community-based Sample", *Journal of Health and Social Behavior*, v. 56, pp. 199-224, jun. 2015. Ver também Elizabeth DeVita-Raeburn, "Arline Geronimus: Q&A About Weathering, or How Chronic Stress Prematurely Ages Your Body", *Everyday Health*, 16 out. 2018. Disponível em: <www.everydayhealth.com/wellness/united-states-of-stress/advisory-board/arline-t-geronimus-q-a>.
4. Lipsitz, *Possessive Investment in Whiteness*, p. 111.
5. David R. Williams, entrevista à autora, Providence, Rhode Island, 29 maio 2013.
6. "Disparidades dentro de grupos raciais e étnicos persistem até mesmo nos mais altos níveis de instrução. Os mesmos homens e mulheres negros de alta instrução que vivem mais tempo do que os brancos menos instruídos ainda vivem cerca de 4,2 anos menos do que os brancos de educação comparável, e 6,1 anos menos do

que os hispânicos de educação comparável." S. Jay Olshansky et al., "Differences in Life Expectancy Due to Race and Educational Differences Are Widening, And Many May Not Catch Up", *Health Affairs*, v. 31, n. 8. Disponível em: <www.health affairs.org/doi/full/10.1377/hlthaff.2011.0746>.
7. Graves, *Race Myth*, p. 133.
8. Hacker, *Two Nations*, p. 42.

25. Uma mudança de roteiro (pp. 317-27)

1. Paul Solman, "How the 2008 Financial Crisis Crashed the Economy and Changed the World", *PBS NewsHour*, 13 set. 2018. Disponível em: <www.pbs.org/newshour/show/how-the-2008-financial-crisis-crashed-the-economy-and-changed-the-world>.
2. David Gregory, "Sen. Biden Apologizes for Remarks on Obama", NBC News, 31 jan. 2007. Disponível em: <www.nbcnews.com/id/16911044/ns/nb_cnightly_news_with_brian_williams/t/sen-biden-apologizes-remarks-obama/#.Xkr895E8KhA>.
3. Em 2008, 57% dos brancos votaram contra o democrata. Em 2012, 61% votaram contra ele. Jardina, *White Identity*, p. 218. Para uma análise mais profunda do papel da raça na campanha e presidência de Barack Obama, ver Gillespie, *Race and the Obama Administration*.
4. Patrick Fisher, "Economic Performance and Presidential Vote for Obama: The Underappreciated Influence of Race", *Politics, Groups, and Identities*, v. 4, n. 1, pp. 30-46, 2015. Disponível em: <doi.org/10.1080/21565503.2015.1050413>. Ver também Timothy J. Hoffman, "The Civil Rights Realignment: How Race Dominates Presidential Elections", *Political Analysis*, v. 17, 2015, artigo 1. Disponível em: <scholarship.shu.edu/pa/vol17/iss1/1>.
5. Os democratas obtiveram as seguintes porcentagens de voto branco em eleições presidenciais desde 1976: Carter, 48% em 1976; Carter, 36% em 1980; Mondale, 41% em 1984; Dukakis, 40% em 1988; Bill Clinton, 39% em 1992 e 44% em 1996; Gore, 42% em 2000; Kerry, 41% em 2004; Obama, 43% em 2008 e 39% em 2012; Hillary Clinton, 37% em 2016. "How Groups Voted in 1976", Roper Center, s.d. Disponível em: <ropercenter.cornell.edu/how-groups-voted-1976>.
6. Jardina, *White Identity*, p. 227.
7. Gillespie, *Race and the Obama Administration*, p. 194.
8. "Top GOP Priority: Make Obama a One-Term President", *National Journal*, 23 out. 2010. Disponível em: <www.nationaljournal.com/member/magazine/top-gop-priority-make-obama-a-one-term-president-20101023>.
9. David Batty, "'You Lie': Republican Joe Wilson's Outburst at Obama Health Speech", *Guardian*, 10 set. 2009. Disponível em: <www.theguardian.com/world/2009/sep/10/you-lie-joe-wilson-obama-speech>.
10. Tommy Christopher, "Drama Clubbed: Jan Brewer Says 'I Felt a Little Bit Threatened' by President Obama", *Mediaite*, 26 jan. 2012. Disponível em: <www.

mediaite.com/tv/drama-clubbed-jan-brewer-says-i-felt-a-little-bit-threatened-by-president-obama>; Brittney Cooper, "White Women's Rage: Five Reasons Jan Brewer Should Keep Her Fingers to Herself", *Ms.*, 31 jan. 2012. Disponível em: <ms-magazine.com/2012/01/31/5-thoughts-on-why-jan-brewer-should-keep-her-fingers-to-herself>.

11. Reed Karaim, "America's Most Puzzling Governor", *Politico*, 6 mar. 2014. Disponível em: <www.politico.com/magazine/story/2014/03/jan-brewer-americas-most-puzzling-governor-104384>. Brewer ascendeu de secretária de estado a governadora quando o presidente Obama nomeou a governadora Janet Napolitano para o seu gabinete. O Arizona não tem vice-governador. Como secretária de estado, Brewer era a próxima na linha de sucessão.
12. Donovan Slack, "Jan Brewer: Obama 'Didn't Feel I Treated Him Cordially'", *Politico44 Blog*, 25 jan. 2012. Disponível em: <www.politico.com/blogs/politico44/2012/01/jan-brewer-obama-didnt-feel-i-treated-him-cordially-112328>.
13. Howard Fischer, "Brewer Using Tiff with Obama to Raise Money", *Arizona Daily Star*, 30 jan. 2012. Disponível em: <tucson.com/news/local/govt-and-politics/brewer-using-tiff-with-obama-to-raise-money/article_105ecbfa-4b79-11e1-8fa7-0019bb2963f4.html>.
14. Jonathan Chait, "The Color of His Presidency", *New York*, 4 abr. 2014. Disponível em: <nymag.com/news/features/obama-presidency-race-2014-4>.
15. Kevin Morris et al., "Purges: A Growing Threat to the Right to Vote", Brennan Center for Justice, 20 jul. 2018. Disponível em: <www.brennancenter.org/our-work/research-reports/purges-growing-threat-right-vote>.
16. Chait, "Color of His Presidency".
17. Mark Potok, "The Year in Hate and Extremism", Southern Poverty Law Center, 4 mar. 2013. Disponível em: <www.splcenter.org/fighting-hate/intelligence-report/2013/year-hate-and-extremism>.
18. "AP Poll: U.S. Majority Have Prejudice Against Blacks", *USA Today*, 27 out. 2012. Disponível em: <www.usatoday.com/story/news/politics/2012/10/27/poll-black-prejudice-america/1662067>.
19. "Police Killed More Than 100 Unarmed Black People in 2015", Mapping Police Violence, s.d.
20. Amin Khan, "Getting Killed by Police Is a Leading Cause of Death for Young Black Men in America", *Los Angeles Times*, 16 ago. 2019.
21. Jardina, *White Identity*, p. 226.
22. Baldwin, *Fire Next Time*, p. 9.
23. Jardina, *White Identity*, p. 273.
24. Thomas B. Edsall, "Is Rush Limbaugh's Country Gone?", *New York Times*, 18 nov. 2012. Disponível em: <campaignstops.blogs.nytimes.com/2012/11/18/is-rush-limbaughs-country-gone>.
25. Meena Hart Duerson, "Florida Man Who Warned He Wouldn't 'Be Around' If Barack Obama Was Reelected Kills Himself After the Election", *New York Daily*

News, 14 nov. 2012. Disponível em: <www.nydailynews.com/news/national/man-article-1.1201911>; Dan Amira, "Overreactions: Florida Man Commits Suicide Over Obama Win", *New York*, 14 nov. 2012. Disponível em: <nymag.com/intelligencer/2012/11/florida-man-commits-suicide-over-obama-win.html>.

26. O ponto de virada e o renascimento da casta (pp. 328-38)

1. John Sides, Michael Tesler e Lynn Vavreck, *Identity Crisis: The 2016 Presidential Campaign and the Battle for the Meaning of America*. Princeton: Princeton University Press, 2019, pp. 28-30, 175, 176.
2. Jardina, *White Identity*, p. 7.
3. Ibid., p. 5.
4. O Roper Center na Universidade Cornell avaliou a parcela de votos brancos para Donald Trump em 2016 em 57%, 1% menos que o número da CNN.
5. Jardina, *White Identity*, pp. 272, 267.
6. Seth Dowland, "American Evangelicalism and the Politics of Whiteness", *Christian Century*, 19 jun. 2018. Disponível em: <www.christiancentury.org/article/critical-essay/american-evangelicalism-and-politics-whiteness>.
7. Robert Tsai, "Specter of a White Minority", *Los Angeles Review of Books*, 3 set. 2018. Disponível em: <lareviewofbooks.org/article/specter-of-a-white-minority>.
8. Jardina, *White Identity*, p. 278.
9. Diana C. Mutz, "Status Threat, Not Economic Hardship, Explains the 2016 Presidential Vote", *Proceedings of the National Academy of Sciences*, v. 115, pp. 4330-9, 8 maio 2018. Disponível em: <doi.org/10.1073/pnas.1718155115>.
10. Peter Baker, "Can Trump Destroy Obama's Legacy?", *New York Times*, 23 jun. 2017. Disponível em: <www.nytimes.com/2017/06/23/sunday-review/donald-trump-barack-obama.html>.
11. Mutz, "Status Threat, Not Economic Hardship".

27. Os símbolos da casta (pp. 339-55)

1. Brendan Wolfe, "Robert Edward Lee Sculpture", *Encyclopedia Virginia*, 20 mar. 2019. Disponível em: <www.encyclopediavirginia.org/Robert_Edward_Lee_Sculpture#start_entry>.
2. "Whose Heritage? Public Symbols of the Confederacy", Southern Poverty Law Center. Disponível em: <www.splcenter.org/20190201/whose-heritage-public-symbols-confederacy>. O conjunto de dados, mapa e relatório on-line estão atualizados até 1º de fevereiro de 2019. O relatório original, escrito por Booth Gunter e Jamie Kizzire, com contribuições de Cindy Kent, foi publicado em 21 de abril de 2016.
3. Alexander H. Stephens, vice-presidente dos Estados Confederados da América, "Cornerstone Speech", 21 mar. 1861, em Henry Cleveland, *Alexander H. Stephens*

in Public and Private: With Letters and Speeches, Before, During, and Since the War. Filadélfia, 1886, pp. 717-29. Disponível em: <teachingamericanhistory.org/library/document/cornerstone-speech>.
4. Leonard J. Leff, "*Gone With the Wind* and Hollywood's Racial Politics", *Atlantic*, dez. 1999. Disponível em: <www.theatlantic.com/magazine/archive/1999/12/gone-with-the-wind-and-ollywoods-racial-politics/377919>.
5. Carta de Robert E. Lee para Mary Randolph Custis Lee, 27 dez. 1856, em *Encyclopedia Virginia*. Disponível em: <www.encyclopediavirginia.org/Letter_from_Robert_E_Lee_to_Mary_Randolph_Custis_Lee_December_27_1856>.
6. "Testimony of Wesley Norris", *National Anti-Slavery Standard*, 14 abr. 1866. Disponível em: <fair-use.org/wesley-norris/testimony-of-wesley-norris>. Ver também Sean Kane, "Myths & Misunderstandings: Lee as a Slaveholder", American Civil War Museum, s.d. Disponível em: <acwm.org/blog/myths-misunderstandings-lee-slaveholder>.
7. Robert M. Poole, "How Arlington National Cemetery Came to Be", *Smithsonian Magazine*, nov. 2009. Disponível em: <www.smithsonianmag.com/history/how-arlington-national-cemetery-came-to-be-145147007>.
8. Frederick Douglass, discurso proferido na Madison Square, Nova York, 30 maio 1878, p. 13. Disponível em: <hdl.loc.gov/loc.mss/mfd.23011>.
9. Nathaniel Cary e Doug Stanglin, "South Carolina Takes Down Confederate Flag", *USA Today* via *Greenville News* (sc), 10 jul. 2015. Disponível em: <www.usatoday.com/story/news/nation/2015/07/10/south-carolina-confederate-flag/29952953>.
10. Rachel Brown, "How New Orleans' Mayor Was Inspired by a Jazz Great to Take Down Confederate Monuments", *National Geographic*, 11 mar. 2018. Disponível em: <nationalgeographic.com/news/2018/03/confederate-monuments-robert-lee-new-orleans-mitch-landrieu-katie-couric-video-documentary>; Britt McCandless Farmer, "Behind the Decision to Remove a Statue of Robert E. Lee", cbs News, 11 mar. 2018. Disponível em: <www.cbsnews.com/news/behind-the-decision-to-remove-a-statue-of-robert-e-lee>.
11. Landrieu, *Shadow of Statues*, p. 186.
12. A Alemanha passou por uma desnazificação física após a vitória dos Aliados em 1945. Estátuas de líderes nazistas são ilegais, e o país tem leis antiódio e de liberdade de expressão mais restritivas do que os Estados Unidos. Existem diversas bases militares alemãs batizadas com nomes de generais do Terceiro Reich, como um quartel em Augustdorf que leva o nome do marechal de campo Erwin Rommel. Em 2017, houve um movimento para mudar esses nomes. Justin Huggler, "German Army to Drop Nazi Names from Barracks More than 70 Years After the End of World War Two", *Telegraph*. Reino Unido, 14 maio 2017. Disponível em: <www.telegraph.co.uk/news/2017/05/14/german-army-drop-nazi-names-barracks-70-years-end-world-war>. Rommel é uma figura amplamente discutida, ambígua e controversa até hoje. Além de sua reputação no campo, ele esteve implicado num golpe para derrubar Hitler e em seguida foi forçado a cometer suicídio. Talvez

por isso seu nome conste em tantos prédios militares. O local de sepultamento de Rommel no cemitério Harrlingen, em Blaustein, possui uma tumba, uma lápide e sinalização. De modo geral, o papel de Rommel tanto na máquina de guerra de Hitler quanto na tentativa de assassinato é discutível.

13. Landrieu, *Shadow of Statues*, p. 187.
14. Mitch Landrieu, "What I Learned from My Fight to Remove Confederate Monuments", *Guardian*, 24 mar. 2018. Disponível em: <www.theguardian.com/us-news/commentisfree/2018/mar/24/new-orleans-mayor-louisiana-confederate-statues-removal-never-stop-confronting-racial-injustice>.
15. Landrieu, *Shadow of Statues*, p. 189.
16. Ibid., pp. 188, 190, 191, 192.
17. Ibid., p. 192.
18. Campbell Robertson, "From Lofty Perch, New Orleans Monument to the Confederacy Comes Down", *New York Times*, 19 maio 2017. Disponível em: <www.nytimes.com/2017/05/19/us/confederate-monument-new-orleans-lee.html>; Tegan Wendland, "With Lee's Statue Removal, Another Battle of New Orleans Coming to a Close", National Public Radio, 20 maio 2017. Disponível em: <www.npr.org/2017/05/20/529232823/with-lee-statues-removal-another-battle-of-new-orleans-comes-to-a-close>.
19. Rachel Brown, "How New Orleans' Mayor Was Inspired by a Jazz Great to Take Down Confederate Monuments".
20. Landrieu, "What I Learned from My Fight".
21. Howard Koplowitz, "Legislature Passes Monuments Preservation Bill", *Alabama Live*, 19 maio 2017. Disponível em: <www.al.com/news/2017/05/house_passes_monuments_preserv.html>.
22. Peter Eisenman, em "How Long Does One Feel Guilty?", *Der Spiegel*, 9 maio 2005. Disponível em: <www.spiegel.de/international/spiegel-interview-with-holocaust-monument-architect-peter-eisenman-how-long-does-one-feel-guilty-a-355252.html>.
23. Joachim Fest, *Inside Hitler's Bunker: The Last Days of the Third Reich*. Nova York: Picador, 2002, p. 116.
24. Susan Neiman, "There Are No Nostalgic Nazi Memorials", *Atlantic*, 14 set. 2019. Disponível em: <www.theatlantic.com/ideas/archive/2019/09/germany-has-no-nazi-memorials/597937>.
25. Joshua Zeitz, "Why There Are No Nazi Statues in Germany", *Politico*, 20 ago. 2017. Disponível em: <www.politico.com/magazine/story/2017/08/20/why-there-are-no-nazi-statues-in-germany-215510>.
26. Strafgesetzbuch (código criminal) alemão, seção 86a, ressaltando a ilegalidade de disseminar símbolos e propaganda nazistas. Disponível em: <germanlawarchive.iuscomp.org/?p=752#86a>.
27. Erin McClam, "Flags of Some Southern States Still Include Confederate Symbols", NBC News, 23 jun. 2015. Disponível em: <www.nbcnews.com/news/us-news/

flags-some-southern-states-still-include-confederate-symbols-n380161>; "Supreme Court Refuses to Hear Appeal of Mississippi Flag Case", WLOX, 12 jan. 2004. Disponível em: <www.wlox.com/story/1597564/supreme-court-refuses-to-hear-appeal-of-mississippi-flag-case>.
28. "The State of Capital Punishment", National Conference of State Legislatures, 30 jul. 2019. Disponível em: <www.ncsl.org/research/civil-and-criminal-justice/the-state-of-capital-punishment.aspx>. Ver também "State by State", Death Penalty Information Center, s.d. Disponível em: <deathpenaltyinfo.org/state-and-federal-info/state-by-state>.
29. Neiman, "There Are No Nostalgic Nazi Memorials".
30. Neiman, *Learning from Germans*, p. 267.

28. A democracia na cédula (pp. 356-9)

1. "Republican Voter Suppression Efforts Are Targeting Minorities, Journalist Says", National Public Radio, 23 out. 2018. Disponível em: <www.npr.org/2018/10/23/659784277/republican-voter-suppression-efforts-are-targeting-minorities-journalist-says>.
2. "Pelo menos nove estados têm uma política como a da Geórgia, onde cidadãos podem ser removidos da lista de registro de eleitores por não terem votado nas eleições anteriores. A mais conhecida dessas políticas é a de Ohio, onde o processo de remoção é deflagrado para qualquer um que não vote numa eleição. O processo inteiro leva seis anos. Alguns meses atrás, a Suprema Corte dos Estados Unidos decidiu que a política de Ohio está em conformidade com a Lei Nacional de Registro de Eleitores." Johnny Kauffman, "6 Takeaways From Georgia's 'Use It or Lose It' Voter Purge Investigation", National Public Radio, 22 out. 2018.

29. O preço que pagamos por um sistema de castas (pp. 360-5)

1. "True Cost of U.S. Healthcare Shocks the British Public", *PoliticsJOE*, 3 dez. 2019. Disponível em: <m.youtube.com/watch?v=Kll-yYQwmuM>.
2. Chait, "The Color of His Presidency".
3. Nurith Aizenman, "Deaths from Gun Violence: How the U.S. Compares with the Rest of the World", National Public Radio, 9 nov. 2018. Disponível em: <www.npr.org/sections/goatsandsoda/2018/11/09/666209430/deaths-from-gun-violence-how-the-u-s-compares-with-the-rest-of-the-world>.
4. Munira Z. Gunja et al., "What Is the Status of Women's Health and Health Care in the U.S. Compared to Ten Other Countries?", Commonwealth Fund, 19 dez. 2018. Disponível em: <www.commonwealthfund.org/publications/issue-briefs/2018/dec/womens-health-us-compared-ten-other-countries>; Ashley Welch, "U.S.

Women Pay More, Fare Worse During Pregnancy and Childbirth, Global Health Study Finds", CBS News, 19 dez. 2018. Disponível em: <www.cbsnews.com/news/us-women-more-likely-to-die-during-pregnancy-than-other-high-income-nations>.
5. Selena Gonzales, Marco Ramirez e Bradley Sawyer, "How Does U.S. Life Expectancy Compare to Other Countries?", *Health System Tracker*, 23 dez. 2019. Disponível em: <www.healthsystemtracker.org/chart-collection/u-s-life-expectancy-compare-countries/#item-le_life-expectancy-in-years-at-given-age-2017_dec-2019-update>.
6. Christopher Ingraham, "Our Infant Mortality Rate Is a National Embarrassment", *Washington Post*, 29 set. 2014. Disponível em: <www.washingtonpost.com/news/wonk/wp/2014/09/29/our-infant-mortality-rate-is-a-national-embarrassment>; Organização para Cooperação e Desenvolvimento Econômico, "Infant Mortality Rates", 2020. Disponível em: <data.oecd.org/healthstat/infant-mortality-rates.htm>.
7. Joe Heim, "On the World Stage, U.S. Students Fall Behind", *Washington Post*, 6 dez. 2016. Disponível em: <www.washingtonpost.com/local/education/on-the-world-stage-us-students-fall-behind/2016/12/05/610e1e10-b740-11e6-a677-b608fb-b3aaf6_story.html>.
8. Josh Fiallo, "U.S. Falls in World Happiness Report, Finland Named Happiest Country", *Tampa Bay Times*, 20 mar. 2019. Disponível em: <www.tampabay.com/data/2019/03/20/us-falls-in-world-happiness-report-finland-named-happiest-country>.
9. Annie Lowrey, "As Usual, Americans Must Go It Alone", *Atlantic*, 19 mar. 2020. Disponível em: <www.theatlantic.com/ideas/archive/2020/03/america-woefully-underinsured/608035>.
10. Simon Tisdall, "U.S.'s Global Reputation Hits Rock-Bottom Over Trump's Coronavirus Response", *Guardian*, 12 abr. 2020. Disponível em: <theguardian.com/us-news/2020/apr/12/us-global-reputation-rock-bottom-donald-trump-coronavirus>.
11. Gary Michael Tartakov em discussão com a autora, International Conference on Caste and Race, Universidade de Massachusetts Amherst, 5 maio 2018.

Epílogo (pp. 383-94)

1. Jerome e Taylor, *Einstein on Race*, pp. 144-5.
2. Ibid., p. 32.
3. Matthew Francis, "How Albert Einstein Used His Fame to Denounce American Racism", *Smithsonian Magazine*, 3 mar. 2017. Disponível em: <www.smithsonianmag.com/science-nature/how-celebrity-scientist-albert-einstein-used-fame-denounce-american-racism-180962356>.
4. Einstein para Peter Bucky, apud Jerome e Taylor, *Einstein on Race*, p. 151.

5. Ken Gewertz, "Albert Einstein, Civil Rights Activist", *Harvard Gazette*, 12 abr. 2007. Disponível em: <news.harvard.edu/gazette/story/2007/04/albert-einstein-civil-rights-activist>.
6. Jerome e Taylor, *Einstein on Race*, p. 88.
7. Ibid., p. 9.
8. Dedrick Asante-Muhammad et al., "The Ever Growing Gap", Institute for Policy Studies, ago. 2016. Disponível em: <ips-dc.org/wp-content/uploads/2016/08/The-Ever-Growing-Gap-CFED_IPS-Final-1.pdf>.
9. Smith, *Less Than Human*, p. 16.
10. Ambedkar, *Annihilation of Caste*, p. 74.
11. Francis, "How Albert Einstein Used His Fame to Denounce American Racism"; Jerome e Taylor, *Einstein on Race*, p. 144.

Referências bibliográficas

ABRAHAM, Joshil K.; MISRAHI-BARAK, Judith. *Dalit Literatures in India*. Londres: Routledge, 2018.
ALEXANDER, Michelle. *The New Jim Crow: Mass Incarceration in the Age of Colorblindness*. Nova York: New Press, 2010. [Ed. bras.: *A nova segregação: Racismo e encarceramento em massa*. Trad. de Pedro Davoglio. São Paulo: Boitempo, 2018.]
ALLEN, James. *Without Sanctuary: Lynching Photography in America*. Santa Fe, NM: Twin Palms, 2000.
ALLEN, Theodore W. *The Invention of the White Race*. 2. ed. Londres: Verso, 2012. 2 v.
AMBEDKAR, dr. B.R. *Annihilation of Caste: The Annotated Critical Edition*. Org. de S. Anand. Londres: Verso, 2014.
_____. *Castes in India: Their Mechanism, Genesis, and Development*. Columbia, SC: LM Publishers, 2020.
ANDERSON, Carol. *White Rage: The Unspoken Truth of Our Racial Divide*. Nova York: Bloomsbury, 2016.
ARORA, Namit. *The Lottery of Birth: On Inherited Social Inequalities*. Nova Delhi: Three Essays Collective, 2017.
ASTON, Nathan M. *Literature of Marginality: Dalit Literature and African-American Literature*. Nova Delhi: Prestige, 2001.
ASTOR, Gerald. *The Baseball Hall of Fame 50th Anniversary Book*. Nova York: Fireside, 1992.
BAILEY, Anne C. *The Weeping Time: Memory and the Largest Slave Auction in American History*. Cambridge, Reino Unido: Cambridge University Press, 2017.
BAILEY, Thomas Pearce. *Race Orthodoxy in the South and Other Aspects of the Negro Question*. Nova York: Neale, 1914.
BAKER, Ray S. *Following the Color Line: American Negro Citizenship in the Progressive Era*. Nova York: Harper & Row, 1964.
BALDWIN, James. *The Fire Next Time* (1963). Reimp. Nova York: Vintage International, 1993.
BANAJI, Mahzarin R.; GREENWALD, Anthony G. *Blindspot: Hidden Biases of Good People*. Nova York: Delacorte Press, 2013.
BANCROFT, Frederic. *Slave Trading in the Old South*. Columbia: University of South Carolina Press, 1996.
BAPTIST, Edward E. *The Half Has Never Been Told: Slavery and the Making of American Capitalism*. Nova York: Basic Books, 2016. [Ed. bras.: *A metade que nunca foi contada: A escravidão e a construção do capitalismo norte-americano*. Trad. de Fernanda Miguens. São Paulo: Paz & Terra, 2019.]

BERREMAN, Gerald D. *Caste and Other Inequities: Essays on Inequality*. Meerut, Índia: Folklore Institute, 1979.

BERRY, Daina Ramey. *The Price for Their Pound of Flesh: The Value of the Enslaved, from Womb to Grave, in the Building of a Nation*. Boston: Beacon, 2017.

BLACKMON, Douglas A. *Slavery by Another Name: The Re-enslavement of Black People in America from the Civil War to World War II*. Nova York: Doubleday, 2008.

BLESER, Carol (Org.). *Secret and Sacred: The Diaries of James Henry Hammond, a Southern Slaveholder*. Nova York: Oxford University Press, 1989.

BOGLE, Donald. *Toms, Coons, Mulattoes, Mammies, & Bucks: An Interpretive History of Blacks in American Films*. Nova York: Bloomsbury, 2016.

BONILLA-SILVA, Eduardo. *Racism Without Racists: Color-Blind Racism and the Persistence of Racial Inequality in the United States*. Lanham, Md.: Rowman & Littlefield, 2003. [Ed. bras.: *Racismo sem racistas: O racismo da cegueira de cor e a persistência da desigualdade na América*. Trad. de Margarida Goldsztajn. São Paulo: Perspectiva, 2020.]

BOUGLÉ, Célestin C. *Essays on the Caste System* (1908). Trad. [para o inglês] de D. F. Pocock. Reimp. Cambridge, Reino Unido: Cambridge University Press, 1971.

BRESSEY, Caroline. *Empire, Race, and the Politics of Anti-Caste*. Londres: Bloomsbury, 2013.

BROWN, John. *Slave Life in Georgia: A Narrative of the Life, Sufferings, and Escape of John Brown, a Fugitive Slave, Now in England*. Org. de L. A. Chamerovzow. Londres: British and Foreign Anti-Slavery Society, 1855.

BROWN, Michael K. et al. *Whitewashing Race: The Myth of a Color-Blind Society*. Berkeley: University of California Press, 2003.

BROWN, William Wells. *Narrative of the Life of William Wells Brown, a Fugitive Slave*. Boston: Anti-Slavery Office, n. 25 Cornhill, 1847.

BRUSTEIN, William. *The Logic of Evil: The Origins of the Nazi Party, 1925-1933*. New Haven: Yale University Press, 1996.

CASH, Wilbur J. *The Mind of the South*. Nova York: Knopf, 1941.

CHILDERS, Thomas. *The Third Reich: A History of Nazi Germany*. Nova York: Simon & Schuster, 2017.

CLARK, Tena. *Southern Discomfort: A Memoir*. Nova York: Atria, 2018.

COATES, Ta-Nehisi. *We Were Eight Years in Power: An American Tragedy*. Nova York: One World/ Ballantine, 2017.

COX, Oliver Cromwell. *Caste, Class, and Race: A Study in Social Dynamics*. Nova York: Doubleday, 1948.

DARITY, William; DESHPANDE, Ashwini (Orgs.). *Boundaries of Clan and Color: Transnational Comparisons of Inter-Group Disparity*. Londres: Routledge, 2003.

DASS NAMISHRAY, Mohan. *Caste and Race: A Comparative Study of B.R. Ambedkar and Martin Luther King*. Jaipur, Índia: Rawat, 2003.

DAVIS, Allison; GARDNER, Burleigh B.; GARDNER, Mary R. *Deep South: A Social Anthropological Study of Caste and Class*. Chicago: University of Chicago Press, 1941.

DELBANCO, Andrew. *The War Before the War: Fugitive Slaves and the Struggle for America's Soul from the Revolution to the Civil War*. Nova York: Penguin, 2019.

DESHPANDE, Satish. *The Problem of Caste*. Hyderabad, Índia: Orient Black-Swan, 2014.
DIANGELO, Robin J. *White Fragility: Why It's So Hard for White People to Talk about Racism*. Boston: Beacon, 2018.
DOLLARD, John. *Caste and Class in a Southern Town*. New Haven, Conn.: Yale University Press, 1937.
DOUGLASS, Frederick. *My Bondage and My Freedom*. Org. de Celeste-Marie Bernier. Oxford: Oxford University Press, 2019.
_____. *Narrative of the Life of Frederick Douglass, an American Slave: Written by Himself*. Ed. crítica. New Haven, Conn.: Yale University Press, 2016.
DOUGLASS, Paul F. *God Among the Germans*. Filadélfia: University of Pennsylvania Press, 1935.
DOYLE, Bertram Wilbur. *The Etiquette of Race Relations in the South: A Study in Social Control* (1937). Reimp. Nova York: Schocken, 1971.
DRAY, Philip. *At the Hands of Persons Unknown*. Nova York: Modern Library, 2003.
DU BOIS, W. E. B. *Black Reconstruction in America: Toward a History of the Part Which Black Folk Played in the Attempt to Reconstruct Democracy in America, 1860-1880*. Nova York: Harcourt, Brace, 1935.
_____. *The Souls of Black Folk*. Chicago: McClurg, 1903.
DUTT, Yashica. *Coming Out as Dalit*. Nova Delhi: Aleph, 2019.
EBERHARDT, Jennifer L. *Biased: Uncovering the Hidden Prejudice That Shapes What We See, Think, and Do*. Nova York: Viking, 2019.
ENTMAN, Robert M.; ROJECKI, Andrew. *The Black Image in the White Mind: Media and Race in America*. Org. de Susan Herbst e Benjamin I. Page. Chicago: University of Chicago Press, 2010.
FISCHER, Klaus P. *Hitler and America*. Filadélfia: University of Pennsylvania Press, 2011.
FONER, Eric. *Reconstruction: America's Unfinished Revolution, 1863-1877*. Nova York: HarperCollins, 2011.
FREDRICKSON, George M. *The Arrogance of Race: Historical Perspectives on Slavery, Racism, and Social Inequality*. Middletown, Conn.: Wesleyan University Press, 1989.
_____. *Racism: A Short History*. Princeton: Princeton University Press, 2015.
_____. *White Supremacy: A Comparative Study of American and South African History*. Nova York: Oxford University Press, 1982.
FRIEDLANDER, Saul. *Nazi Germany and the Jews*, v. 1: *The Years of Persecution 1933-1939*. Nova York: HarperCollins, 1998.
FROMM, Erich. *The Heart of Man: Its Genius for Good and Evil*. Nova York: Harper & Row, 1964.
GILENS, Martin. *Why Americans Hate Welfare: Race, Media, and the Politics of Antipoverty Policy*. Chicago: University of Chicago Press, 2000.
GILLESPIE, Andra. *Race and the Obama Administration: Substance, Symbols and Hope*. Manchester, Reino Unido: Manchester University Press, 2019.
GOODELL, William. *The American Slave Code in Theory and Practice: Its Distinctive Features Shown by Its Statutes, Judicial Decisions, and Illustrative Facts*. Londres: Salisbury, Beeton & Co., 1853.

GRAVES, Joseph L. *The Race Myth: Why We Pretend Race Exists in America*. Nova York: Plume, 2004.
GROSS, Ariela J. *What Blood Won't Tell: A History of Race on Trial in America*. Cambridge, Mass.: Harvard University Press, 2008.
HACKER, Andrew. *Two Nations: Black and White, Separate, Hostile, Unequal*. Nova York: Scribner, 1992.
HALE, Grace Elizabeth. *Making Whiteness: The Culture of Segregation in the South, 1890--1940*. Nova York: Pantheon, 1998.
HEIMANNSBERG, Barbara; SCHMIDT, Christoph J. *The Collective Silence: German Identity and the Legacy of Shame*. Trad. de Cynthia O. Harris e Gordon Wheeler. San Francisco: Jossey-Bass, 2013.
HETT, Benjamin C. *The Death of Democracy: Hitler's Rise to Power and the Downfall of the Weimar Republic*. Nova York: Henry Holt, 2018.
HICKS, Paul D. *Joseph Henry Lumpkin: Georgia's First Chief Justice*. Athens: University of Georgia Press, 2012.
HORNE, Gerald. *The End of Empires: African Americans and India*. Filadélfia: Temple University Press, 2008.
HUNT, Raymond G.; BOWSER, Benjamin. *Impacts of Racism on White Americans*. Thousand Oaks, Calif.: SAGE Publications, 1996.
HUNTER, William W. *The Indian Empire: Its People, History and Products*. Londres: Trübner & Co., 1886.
IGNATIEV, Noel. *How the Irish Became White*. Nova York: Routledge, 1995.
JACOBSON, Matthew F. *Whiteness of a Different Color*. Cambridge, Mass.: Harvard University Press, 1999.
JARDINA, Ashley. *White Identity Politics*. Cambridge, Reino Unido: Cambridge University Press, 2019.
JEROME, Fred; TAYLOR, Rodger. *Einstein on Race and Racism*. New Brunswick, NJ: Rutgers University Press, 2006.
JONES-ROGERS, Stephanie E. *They Were Her Property: White Women as Slave Owners in the American South*. New Haven: Yale University Press, 2019.
JORDAN, Winthrop D. *White over Black: American Attitudes Toward the Negro, 1550-1812*. Durham: University of North Carolina Press, 1968.
KAKEL, C. *The American West and the Nazi East: A Comparative and Interpretive Perspective*. Londres: Palgrave Macmillan, 2011.
KANNABIRAN, Kalpana. *Non-Discrimination and the Indian Constitution*. Nova Delhi: Routledge, 2012.
KASINITZ, Philip. *Caribbean New York: Black Immigrants and the Politics of Race*. Ithaca, NY: Cornell University Press, 1992.
KATZNELSON, Ira. *When Affirmative Action Was White: An Untold History of Racial Inequality in Twentieth-Century America*. Nova York: W. W. Norton, 2006.
KELLEY, Blair L. M. *Right to Ride: Streetcar Boycotts and African American Citizenship in the Era of Plessy v. Ferguson*. Chapel Hill: University of North Carolina Press, 2010.

KENDI, Ibram X. *Stamped from the Beginning: The Definitive History of Racist Ideas in America*. Nova York: Nation, 2016.
KEVLES, Daniel J. *In the Name of Eugenics: Genetics and the Uses of Human Heredity*. Nova York: Knopf, 2013.
KOONZ, Claudia. *The Nazi Conscience*. Cambridge, Mass.: Harvard University Press, 2003.
KÜHL, Stefan. *The Nazi Connection: Eugenics, American Racism, and German National Socialism*. Nova York: Oxford University Press, 1994.
LANDRIEU, Mitch. *In the Shadow of Statues: A White Southerner Confronts History*. Nova York: Viking, 2018.
LANG, Berel. *Race and Racism in Theory and Practice*. Lanham, Md.: Rowman & Littlefield, 2000.
LASCH, Christopher. *The Culture of Narcissism: American Life in an Age of Diminishing Expectations*. Nova York: W. W. Norton, 1991.
LEVI, Primo. *The Drowned and the Saved*. Nova York: Simon & Schuster, 2017. [Ed. bras.: *Os afogados e os sobreviventes: Os delitos, os castigos, as penas, as impunidades*. Trad. de Luiz Sérgio Henriques. Rio de Janeiro: Paz & Terra, 1990.]
LEVITSKY, Steven; ZIBLATT, Daniel. *How Democracies Die*. Nova York: Broadway Books, 2018. [Ed. bras.: *Como as democracias morrem*. Trad. de Renato Aguiar. Rio de Janeiro: Zahar, 2018.]
LIPSITZ, George. *The Possessive Investment in Whiteness: How White People Profit from Identity Politics*. Ed. rev. Filadélfia: Temple University Press, 2006.
LITWACK, Leon F. *Been in the Storm So Long: The Aftermath of Slavery*. Nova York: Knopf, 1998.
_____. *Trouble in Mind: Black Southerners in the Age of Jim Crow*. Nova York: Vintage, 1999.
LOGAN, Rayford. *The Betrayal of the Negro: From Rutherford B. Hayes to Woodrow Wilson*. Nova York: Collier, 1965.
LÓPEZ, Ian Haney. *White by Law: The Legal Construction of Race*. Nova York: NYU, 1997.
LUXENBERG, Steve. *Separate: The Story of Plessy v. Ferguson, and America's Journey from Slavery to Segregation*. Nova York: W. W. Norton, 2019.
MANU. *The Law Code of Manu*. Trad. de Patrick Olivelle. Nova York: Oxford University Press, 2004.
MARSH, Jason; MENDOZA-DENTON, Rodolfo; SMITH, Jeremy A. (Orgs.). *Are We Born Racist?: New Insights from Neuroscience and Positive Psychology*. Boston: Beacon, 2010.
MATORY, J. L. *Stigma and Culture: Last-Place Anxiety in Black America*. Chicago: University of Chicago Press, 2015.
METZL, Jonathan M. *Dying of Whiteness: How the Politics of Racial Resentment Is Killing America's Heartland*. Nova York: Basic Books, 2019.
MICHAEL, S. M. *Untouchable: Dalits in Modern India*. Boulder, Colo.: Lynne Rienner Publishers, 1999.
MILLS, Charles W. *The Racial Contract*. Ithaca, NY: Cornell University Press, 1997.

MONTAGU, Ashley. *Man's Most Dangerous Myth: The Fallacy of Race*. Nova York: Columbia University Press, 1945.

MUHAMMAD, Khalil G. *The Condemnation of Blackness*. Cambridge, Mass.: Harvard University Press, 2010.

MYRDAL, Gunnar. *An American Dilemma: The Negro Problem and Modern Democracy*. 2 v. Nova York: Harper, 1944.

NATRAJAN, Balmurli; GREENOUGH, David. *Against Stigma: Studies in Caste, Race and Justice Since Durban*. Hyderabad, Índia: Orient BlackSwan, 2009.

NEIMAN, Susan. *Learning from the Germans: Race and the Memory of Evil*. Nova York: Farrar, Straus and Giroux, 2019.

OKADA, John. *No-No Boy*. Seattle: University of Washington Press, 1981.

OLMSTED, Frederick L. *The Cotton Kingdom: A Traveller's Observations on Cotton and Slavery in the American Slave States: Based Upon Three Former Volumes of Journeys and Investigations by the Same Author*. Nova York: [s.n.], 1861.

OMVEDT, Gail. *Understanding Caste: From Buddha to Ambedkar and Beyond*. 2. ed. Nova Delhi: Orient BlackSwan, 2011.

ORTNER, Helmut. *Hitler's Executioner: Roland Freisler, President of the Nazi People's Court*. Barnsley, South Yorkshire, Reino Unido: Pen and Sword, 2018.

PACKARD, Jerrold M. *American Nightmare: The History of Jim Crow*. Nova York: St. Martin's, 2002.

PAINTER, Nell Irvin. *The History of White People*. Nova York: W. W. Norton, 2011.

PANDEY, Gyanendra. *A History of Prejudice: Race, Caste, and Difference in India and the United States*. Cambridge, Reino Unido: Cambridge University Press, 2013.

PERERA, Sylvia B. *The Scapegoat Complex: Toward a Mythology of Shadow and Guilt*. Toronto: Inner City Books, 1986.

PHILLIPS-CUNNINGHAM, Danielle T. *Putting Their Hands on Race: Irish Immigrant and Southern Black Domestic Workers, 1850-1940*. New Brunswick, NJ: Rutgers University Press, 2019.

PLOUGH, Alonzo L. (Org.). *Knowledge to Action: Accelerating Progress in Health, Well-being, and Equity*. Nova York: Oxford University Press, 2017.

POPE, Liston. *The Kingdom Beyond Caste*. Nova York: Friendship Press, 1957.

_____. *Millhands and Preachers: A Study of Gastonia*. New Haven, Conn.: Yale University Press, 1942.

POWDERMAKER, Hortense. *After Freedom: A Cultural Study in the Deep South*. Madison: University of Wisconsin Press, 1939.

PRASAD, Chandra Bhan. *Dalit Phobia: Why Do They Hate Us?* Nova Delhi: Vitasta, 2006.

PRYOR, Elizabeth B.; LEE, Robert E. *Reading the Man: A Portrait of Robert E. Lee Through His Private Letters*. Nova York: Penguin, 2007.

RAJSHEKAR, V. T. *Dalit: The Black Untouchables of India*. Atlanta: Clarity, 1995.

RAPER, Arthur F. *The Tragedy of Lynching*. Chapel Hill: University of North Carolina Press, 2017.

RAWAT, Ramnarayan S.; SATYANARAYANA, K. *Dalit Studies*. Durham, NC: Duke University Press, 2016.

REGESTER, Charlene B. *African American Actresses: The Struggle for Visibility, 1900-1960*. Bloomington: Indiana University Press, 2010.

REUCK, Anthony V. S.; KNIGHT, Julie (Orgs.). *Caste and Race: Comparative Approaches*. Londres: Ciba Foundation, 1967.

ROEDIGER, David R. *The Wages of Whiteness: Race and the Making of the American Working Class*. Londres: Verso, 2007.

RONNINGSTAM, Elsa. *Identifying and Understanding the Narcissistic Personality*. Nova York: Oxford University Press, 2005.

ROTHSTEIN, Richard. *The Color of Law: A Forgotten History of How Our Government Segregated America*. Nova York: Liveright, 2017.

ROY, Arundhati. *The Doctor and the Saint: Caste, Race, and Annihilation of Caste, the Debate Between B. R. Ambedkar and M. K. Gandhi*. Chicago: Haymarket, 2017.

RYBACK, Timothy W. *Hitler's Private Library*. Nova York: Vintage, 2008.

SAFINA, Carl. *Beyond Words: What Animals Think and Feel*. Nova York: Henry Holt, 2015.

SAKURAI, Takamichi. *Political Theories of Narcissism: Towards Self-Reflection on Knowledge and Politics from the Psychoanalytic Perspectives of Erich Fromm and Fujita Shōzō*. Münster, Alemanha: LIT, 2018.

SARTRE, Jean-Paul. *Réflexions sur la question juive*. Trad. e org. de Alan E. Steinweis e Robert D. Rachlin. Nova York: Berghahn, 2013.

SCHERMERHORN, Calvin. *Unrequited Toil: A History of United States Slavery*. Cambridge, Reino Unido: Cambridge University Press, 2018.

SCHRIEKE, Bertram J. *Alien Americans: A Study of Race Relations*. Nova York: Viking, 1936.

SENART, Emile. *Caste in India: The Facts and the System*. Londres: Methuen, 1930.

SHAH, Alpa et al. *Ground Down by Growth: Tribe, Caste, Class and Inequality in 21st Century India*. Londres: Pluto, 2017.

SHAPIRO, Herbert. *White Violence and Black Response: From Reconstruction to Montgomery*. Amherst: University of Massachusetts Press, 1988.

SHARMA, Ursula. *Caste*. Nova Delhi: Viva, 1999.

SMAJE, Chris. *Natural Hierarchies: The Historical Sociology of Race and Caste*. Hoboken, Nova Jersey: Wiley-Blackwell, 2000.

SMEDLEY, Audrey e Brian D. Smedley. *Race in North America: Origin and Evolution of a Worldview*. Boulder, Colorado: Westview, 2012.

SMITH, David L. *Less Than Human: Why We Demean, Enslave, and Exterminate Others*. Nova York: St. Martin's, 2011.

SMITH, Lillian E. *Killers of the Dream*. Nova York: W. W. Norton, 1961.

SOKOL, Jason. *There Goes My Everything: White Southerners in the Age of Civil Rights, 1945-1975*. Nova York: Vintage, 2008.

SPIRO, Jonathan Peter. *Defending the Master Race: Conservation, Eugenics and the Legacy of Madison Grant*. Lebanon, NH: University Press of New England, 2009.

SRINIVAS, Gurram. *Dalit Middle Class: Mobility, Identity and Politics of Caste*. Jaipur, Índia: Rawat, 2016.

STAMPP, Kenneth M. *The Peculiar Institution: Slavery in the Ante-Bellum South*. Nova York: Knopf, 1956.

STEINBERG, Stephen. *The Ethnic Myth: Race, Ethnicity, and Class in America*. Boston: Beacon, 1981.

STEINWEIS, Alan E.; RACHLIN, Robert D. *The Law in Nazi Germany: Ideology, Opportunism, and the Perversion of Justice*. Nova York: Berghahn, 2013.

STEVENSON, Bryan. *Just Mercy*. Nova York: Spiegel & Grau, 2014.

SUSSMAN, Robert W. *The Myth of Race: The Troubling Persistence of an Unscientific Idea*. Cambridge, Mass.: Harvard University Press, 2014.

THOMPSON, Edgar T. (Org.). *Race Relations and the Race Problem: A Definition and an Analysis*. Durham, NC: Duke University Press, 1939.

TOCQUEVILLE, Alexis de. *Democracy in America* (1835). Nova York: Library of America, 2004.

TROUILLOT, Michel-Rolph. *Silencing the Past: Power and the Production of History*. Boston: Beacon, 1995.

VAREL, David A. *The Lost Black Scholar: Resurrecting Allison Davis in American Social Thought*. Chicago: University of Chicago Press, 2018.

VAUGHAN, Alden T. *Roots of American Racism: Essays on the Colonial Experience*. Oxford: Oxford University Press, 1995.

VERBA, Sidney; BASHIRUDDIN, Ahmed; BHATT, Anil. *Caste, Race and Politics: A Comparative Study of India and the United States*. Beverly Hills, Calif.: Sage, 1971.

VOOGD, Jan. *Race Riots and Resistance: The Red Summer of 1919*. Nova York: Peter Lang, 2008.

WARD, Jason M. *Defending White Democracy: The Making of a Segregationist Movement and the Remaking of Racial Politics, 1936-1965*. Chapel Hill: University of North Carolina Press, 2011.

WASHINGTON, Harriet A. *Medical Apartheid: The Dark History of Medical Experimentation on Black Americans from Colonial Times to the Present*. Nova York: Doubleday, 2007.

WASHINGTON, Robert E.; CUNNIGEN, Donald. *Confronting the American Dilemma of Race: The Second Generation Black American Sociologists*. Lanham, Md.: University Press of America, 2002.

WEINER, Mark S. *Black Trials: Citizenship from the Beginnings of Slavery to the End of Caste*. Nova York: Vintage, 2006.

WELD, Theodore. *American Slavery as It Is: Testimony of a Thousand Witnesses*. Nova York: American Anti-Slavery Society, 1839.

WESTERMANN, Edward B. *Hitler's Ostkrieg and the Indian Wars: Comparing Genocide and Conquest*. Norman: University of Oklahoma Press, 2016.

WHITMAN, James Q. *Hitler's American Model: The United States and the Making of Nazi Race Law*. Princeton: Princeton University Press, 2017.

WILLIAMS, Heather Andrea. *Help Me to Find My People: The African American Search for Family Lost in Slavery*. Chapel Hill: University of North Carolina Press, 2016.

WILLIAMS, Kidada. *They Left Great Marks on Me: African American Testimonies of Racial Violence from Emancipation to World War I*. Nova York: New York University Press, 2012.

WILLIAMS, Richard. *Hierarchical Structures and Social Value: The Creation of Black and Irish Identities in the United States*. Cambridge, Reino Unido: Cambridge University Press, 1990.

WILTSE, Jeff. *Contested Waters: A Social History of Swimming Pools in America*. Chapel Hill: University of North Carolina Press, 2007.

WOLCOTT, Victoria W. *Race, Riots, and Roller Coasters: The Struggle over Segregated Recreation in America*. Filadélfia: University of Pennsylvania Press, 2012.

WOODWARD, C. Vann. *The Strange Career of Jim Crow*. Nova York: Oxford University Press, 2002.

YENGDE, Suraj. *Caste Matters*. Gurgaon, Índia: Penguin Random House India, 2018.

_____; TELTUMBDE, Anand. *The Radical in Ambedkar: Critical Reflections*. Gurgaon, Índia: Penguin Random House India, 2018.

YOUNG, Donald R. *American Minority Peoples: A Study in Racial and Cultural Conflicts in the United States*. Nova York: Harper & Brothers, 1932.

Índice remissivo

Abdurraqib, Hanif, 290
abuso de drogas: casta subordinada e, 196; criminalização da dependência de drogas, 196; crise de opioides, 196; taxas de encarceramento de negros versus brancos e, 200
ação afirmativa, 88, 201; "reservas" indianas, 88
Adams, John Quincy, 401n8
África: africanos considerados animais, 408n5; encontro de Jobson com povos subsaarianos, 408n3; epidemia de ebola e, 207-9; experiências dos imigrantes da, 247-8, 308-9; identidade das pessoas vinculada a grupos étnicos ou regionais na, 65; *ver também* África do Sul
África do Sul: casta e porcentagem de sangue europeu, 130; casta média de pessoas de cor, 130; demografia da, 387; proibição de sexo inter-racial e casamento, 406n13
afro-americanos: brutalidade policial e, 116, 179, 224, 233, 249, 356; "caranguejos num balde" e, 246; colorismo e, 244; como artistas de entretenimento, 146-8, 413n19; como bodes expiatórios, 199-209; como casta americana subordinada, 20, 36, 38, 41, 52-3, 55, 60, 62-3, 87-9, 137-9, 183, 190, 193, 230-49, 274, 298-9, 308-9; como meeiros, 88, 142, 165, 170, 252-3, 256, 319, 342; compra de casas e, 192; confronto de castas e, 299-307; crime e encarceramento de, 155, 241, 246-7, 289-90, 293, 314, 341, 424n4; dalits da Índia comparados com, 39, 87, 90, 137-8, 280; desumanização dos, 41, 64, 151-8; direitos legais de pais negros, 218-9; distorções da mídia e, 240; estereotipagem dos, 147-8, 166, 193-4, 220, 226-9, 247, 301-2, 308, 325; excluídos da reforma do New Deal, 192; experimentação médica e, 156-7, 414n10; Grande Migração, 65, 105, 143, 234; integração nos anos 1970, 69; leis de miscigenação e, 92, 97-8, 100, 120, 133, 409n2, 411n25; libertando-se da casta, 258-9, 383-94; liga principal de beisebol, ligas negras e, 263-5; linchamento e violência de justiceiros contra, 62, 68, 103-6, 122-3, 158, 161-3, 165, 200, 234-6, 271, 342; "lugar" dos, 170, 232-4; mais ricos, 146; maldição de Cam e, 111, 130-1, 408n3; "mancha da raça" e, 94, 124-30, 131, 150; mobilidade social e, 190, 230-43; mundos paralelos (negro e branco), 155; pobreza e, 240-1; política e (*ver também* Obama, Barack), 328-38; pressupostos baseados na raça, 223-9, 240-1, 258; presunção de inferioridade racial dos, 166-71; problemas de saúde e longevidade dos, 309-14, 426n6; regra de "uma única gota", 101, 130, 411n25; rejeição e diminuição da sua própria gente, 248-9; reparações para, 335, 342; restrições ocupacionais aos, 141-8, 413n9; retratados em filmes, 147, 166; segregação e, 125-36, 170, 410n6; serviços de saúde e administração da dor (*ver também* saúde e serviços de saúde para afro-americanos), 195-6, 417n24; taxas de mortalidade de, 185; taxas de natalidade entre adolescentes negras, 241, 421n19; tendência a perdoar e, 288-90, 292-4; trabalhos domésticos e braçais, 142, 144, 192, 238, 253; veteranos

negros visados, 168, 230-4, 420n2; viés inconsciente, 193-4, 196-7, 311; *ver também* direitos civis, movimento dos; raça; racismo; sistema americano de castas; Sul dos Estados Unidos

After Freedom: A Cultural Study in the Deep South (Powdermaker), 257

Ahmed, Bashiruddin, 142

Alabama: controvérsia do monumento confederado, 348; experimentação médica no, 156; italianos como não brancos, 133; proibição do casamento misto, 120, 133; regra de "uma única gota", 133; Scottsboro Boys, 253

Albany, Geórgia: resistência à integração, 421n21

Alemanha nazista, 124; aceitação alemã da responsabilidade pela, 354-5; democracia destruída na, 95, 407n14; derrota da, um exemplo de fim das castas, 388; destino dos líderes da, 351; euforia do ódio na, 269-71, 423n1; experimentação médica em judeus, 156; hierarquia entre cativos e, 164; ideais arianos na, 284-5; "infâmia racial" na, 14; internação e extermínio de judeus na, 91, 102, 151, 154-5, 164, 270, 350, 354, 414n3, 414n9; judeus como casta bode expiatório, 14, 30, 91, 276, 284; judeus desumanizados pela, 151-4, 158; judeus impedidos de brilhar mais que arianos na, 240; leis antissemitas, 101, 124, 126; leis de Nuremberg, 91, 101; Leis de Sangue da, 100; leis raciais americanas como protótipos para a, 92, 97-100, 406n10; memória alemã da, 347, 349-50, 352-4; narcisismo da, 276; necessidade de recordar os horrores da, 354-5; *Noite dos Cristais*, 270; "o homem na multidão", 13-4; passaporte racial, 285; pessoas mortas pela, 383; prisioneiros judeus usados para fins de entretenimento na, 148, 414n21; prisioneiros judeus, linchamentos e tortura ritualizada na, 162; proibição de casamentos mistos, 97-100, 118; pureza racial e, 124-5, 284-6, 410n4; queima de livros, professores presos na, 250; recompensas por delação e entrega, 245; Rommel e, 346, 430n12; Sachsenhausen, campo de concentração de, 100, 102, 149, 414nn3, 9, 21; sistema de castas da, 40, 91-101; suásticas, 96, 352; terror como método de imposição, 159; Topografia do Terror, museu, 352; *Untermensch*, 93, 102; verdade desconfortável e, 271; Wannsee e a Solução Final, 91, 352

alfa, posição: alcateias de lobos e, 213-4, 419n2; alfas inseguros, 211; em cães, 210-3; humanos mal colocados em, 214; humanos merecedores, 214-5

Ali, Muhammad, 146

Ambedkar, Bhimrao, 38-9, 44-5, 90, 245, 248, 260, 279; casta como estado de espírito, 191, 389; casta, significado de, e, 118; como budista, 181; como pai do movimento anticasta, 118, 260; Du Bois e, 39, 43; sobre a casta dominante, 191

American Dilemma, An (Myrdal et al.), 37, 260

Anderson, Marian, 384

Arkansas: definição de preto, 133; "regra de uma única gota", 411n25

Armstrong, Louis, 146

Austin, Texas, série de atentados a bomba, 205-7, 418n11

Bagai, Vaishno Das, 136
Bailey, Thomas Pearce, 38, 112
Baker, Peter, 338
Baker, Russell, 189
Baldwin, James, 7, 60, 62, 280, 326
Ball, Nathaniel C., 236
Baltimore, Maryland, 22, 234; caso de Freddie Gray, 248-9
Baptist, Edward, 59, 160
Barrett, William, 235
Beavers, Louise, 166

Bell, Alexander Graham, 92
Berreman, Gerald, 171
Bevington, Paula, 410n6
Bhatt, Anil, 142
Biden, Joe, 319
Black Lives Matter, 356
Blakemore, Erin, 238
Blumenbach, Johann Friedrich, 77-8
bodes expiatórios e criação de, 198-209; afro-americanos como, 200-5; Alemanha nazista e, 14, 30, 91, 284; atentados a bomba em Austin e, 205-7, 418n11; caso do assassinato de Charles Stuart e, 201-5; casta subordinada como, 240; como elementos descartáveis, 207; epidemia de ebola e, 207-9; pandemia e asiático-americanos, 364; propósito dos, 198-9; ritual no Levítico e, 198
Bond, Julian, 385
Bonhoeffer, Dietrich, 102
Boston, Massachusetts: "brancos étnicos" em, 282; caso do assassinato de Charles Stuart, 201-5; vacina contra varíola e Onesimus, 237-8
Bouglé, Célestin, 144
Boylston, Zabdiel, 238
Bradley, Tom, 333
Branch, Taylor, 357-8
brancos: ameaça à posição dos, 186-93, 230-43, 337-8; atitudes raciais e, 331-2; aumento na taxa de mortalidade, 2015 (mortes por desespero), 185-6; brancos pobres no Sul dos Estados Unidos, 187-90; como casta dominante, 20, 36, 41, 89, 121-2, 131, 134, 187, 218, 274, 334, 356-8, 387; cubanos definidos como, 134; definição de branco pela Suprema Corte dos Estados Unidos, 135; Einstein sobre preconceito racial e, 385; fim da tirania de casta e, 386-7; mudança na demografia dos (projeções para 2042), 20, 321, 329, 331, 358, 387; mundos paralelos (negro e branco), 155; Partido Democrata e, 320-1, 427nn3, 5; Partido Republicano e, 320, 335-6; poder dos homens, 121-2; radicalização dos, 373-5; resultados da eleição de 2016 e, porcentagem de votos, 334, 337; senso de merecimento, 280; sistema de justiça criminal e, 155, 200; trabalhadores negros versus, 188; Trump e, 330-1, 334-7; viés inconsciente, 193-4, 196-7, 311; *ver também* miscigenação, leis de; racismo; sistema americano de castas; Sul dos Estados Unidos
Brewer, Jan, 322-3, 428n11
Bright, Al, 129-30
Broca, Paul, 77
Brown versus Conselho de Educação (caso), 242, 258
Brown, John (sobrevivente da escravidão), 154, 163
Brown, Will (vítima de linchamento), 105-6
Brown, William Wells, 146
brutalidade policial, 116-7, 179, 224-5, 290; acusações de, a maioria entre policiais de cor, 249; assassinato de afro-americanos durante os anos de Obama, 325; caso de Eric Garner, 249; caso de Freddie Gray, 248-9; cegamento do sargento Isaac Woodard, 233, 420n7; festa em piscina no Texas e, 242-3; homens afro-americanos e, 216-7; incidente de Marrow, 2018, 116; incidentes de 2014-15, 356
Bugdalle, Richard, 414n21
Bush, George W., 401n8

Cairo, Illinois: linchamento de Will James, 104
Carmichael, Stokeley, 248, 261
Carolina do Norte: atos de insolência e, 169; consequências legais de matar uma pessoa escravizada na, 415n5; restrições de casamento e leis de endogamia na, 133; restrições ocupacionais na, 142
Carolina do Sul: cegamento do sargento Isaac Woodard, 233, 420n7; Código

Negro de 1735, 168; restrições ocupacionais na, 142; secessão da, 346
Carter, Jimmy, 320, 334, 427n5
cartões-postais de linchamentos, 104-5
casamento: África do Sul, leis de casamento inter-racial na, 406n13; Alemanha nazista, proibição de casamentos mistos, 97-100, 118; casamento indiano, restrições no, 118-9; casta e restrições ao, 118-23; leis americanas proibindo o casamento inter-racial, 92, 97-8, 100, 120, 133-4, 409n2; sentimento público em relação ao casamento misto, 121, 409n7; *ver também* miscigenação, leis de
Case, Anne, 185-6
"Case for Reparations, The" (Coates), 417n19
Cash, Wilbur J., 59, 187
casta, oito pilares da, 41; pilar número um: a vontade divina e as leis da natureza, 110-3, 131, 181, 271; pilar número dois: hereditariedade, 114-7; pilar número três: endogamia e controle do casamento e do intercurso, 118-3; pilar número quatro: pureza versus conspurcação, 124-39; pilar número cinco: hierarquia ocupacional; os jatis e a base de sustentação, 140-9; pilar número seis: desumanização e estigma, 150-8; pilar número sete: o terror como imposição, a crueldade como forma de controle, 159-65, 296, 342; pilar número oito: superioridade intrínseca *versus* inferioridade intrínseca, 166-71, 175, 190-1, 239, 274, 294-5, 341
casta, sistema de castas, 238; absurdos da, 183, 262-5; alfa e ômega, 214-5; bodes expiatórios, 198-209, 240; características, 82, 84, 167; castas subordinadas, como ameaça à casta dominante, 118, 185-93, 244; castas subordinadas, como base de sustentação, 140; castas subordinadas, impedimento à mobilidade social ascendente, 230-43; castas subordinadas, lutando entre si para ascender, 244-9; castas subordinadas, restrições para, 124-39; castas subordinadas, sobrevivência das, 287-97, 333-6; castismo, 82-3, 88, 182; centralidade da casta dominante, 273-83, 287-8, 334; classe versus, 115, 298; classificação transmitida no nascimento, 114-7; colorismo e, 244; como base de *ismos*, 178; como estado de espírito, 294, 389; como fixa e rígida, 32, 82-3, 115, 136, 139, 182, 260; como padrão de ordem social, 82, 230-43; comportamento e lugar na hierarquia, 277, 279, 287-97; comportamento e sinais inconscientes, 51-2, 70, 287, 337; conferência sobre casta e raça, Universidade de Massachusetts, 43-4; conferência sobre casta, Londres 2017, 178-84; consequências para a saúde, 308-14; consequências perigosas de, 269-71; dissensão entre e dentro das castas, 244-9; economias racializadas e, 331; efeitos psicológicos de, 177; efeitos sobre a saúde mental, 190-1; etimologia, 79; exemplos de codificação, 84; fim da tirania de, 383-94; hierarquia do, 244; intromissão na vida cotidiana, 216-29; invisibilidade de, 46-7, 220, 222; justificativa para (*ver também* casta, oito pilares da), 30; narcisismo de, 273-83; nazistas e aceleração de, 91-101; o que é, 30; origens históricas, 106; poder e, 30-1, 71, 149; pressupostos, 71-3, 83; propósito de, 38, 141; raça versus, 37, 43, 82; regras tácitas, 278, 287; Riceville, Iowa, olhos castanhos versus azuis, experimento de classe, 175-7; taxonomia, 42; uso do termo, 36; *ver também* Alemanha nazista; sistema americano de castas; sistema indiano de castas
Caste and Class in a Southern Town (Dollard), 257
Caste, Class and Race: A Study in Social Dynamics (Cox), 259, 422n14
Celera Genomics, 78

Chacon, Joseph, 205
Chait, Jonathan, 324, 361
Charleston, Carolina do Sul: regulamentação para pessoas escravizadas, 155; tiroteio na Igreja Metodista Episcopal Africana Emanuel, 292, 346, 356
Charlottesville, Virgínia, 22, 86; ataque em 2017 e o assassinato de Heather Heyes, 22, 86, 339-40, 343; monumento da Guerra Civil em, 339-40
Chicago, Illinois, 225-7, 234, 307, 338, 356; artigo da autora sobre o incidente da Magnificent Mile, 71-3; assassinato de Eugene Williams, 127; "brancos étnicos" em, 282; motins raciais, 127; racismo confrontado por professor universitário afro-americano, 221
Chisholm, Shirley, 248
Cincinnati, Ohio, piscinas públicas, 126
classe: casta versus, 115; o que é, 115
Cleveland, Grover, 401n8
Cleveland, Ohio, 209; assassinato de Tamir Rice pela polícia, 217; "brancos étnicos" em, 282; Paige e os Cleveland Indians, 264
Clinton, Bill, 321, 402nn10, 14
Clinton, Hillary, 18, 24, 332, 401n8, 402n14; debates presidenciais e, 332; Efeito Bradley e, 333; eleitores de, 337, 427n5; resultados das eleições, porcentagem de voto branco, 334, 337
Coates, Ta-Nehisi "The Case for Reparations", 417n19
Cobb, James C., 170
Cobb, Thomas R. R., 112, 408n5
Collins, Patricia Hill, 287
Columbia, Carolina do Sul, remoção da bandeira confederada, 346, 356
Columbus, Ohio, concurso de redação "O que fazer com Hitler depois da guerra?", 171
Conditt, Mark, 206
Consciências mortas (filme), 106

Cottrol, Robert J., 116, 131, 134
Cox, Oliver Cromwell, 259; *Caste, Class, and Race; A Study in Social Dynamics*, 259-60, 422n14

Dalit Voice, 153
dalits *ver* sistema indiano de castas: intocáveis ou dalits
Dallas, Texas: ebola e, 208-9; julgamento de policial branco, 288-9
Dao, David, 307
Davis, Allison, 64, 144, 147, 170, 189, 199, 250-61; como chefe de equipe, 252; como elite negra, 252-3; como pesquisador negro, escrutínio dos pares enfrentado por, 259; custo psicológico de desempenhar o papel de casta, 256; *Deep South; A Social Anthropological Study of Caste and Class*, 115, 255-60; divisões de casta e dificuldades de pesquisa em Natchez, 252-5; encontros clandestinos com Burleigh, 254-5; foco da pesquisa em Natchez, 251; história de fachada para a pesquisa, 252; lecionando na Dillard para financiar sua pesquisa, 256; papel desempenhado por, membro de casta subordinada, 251; perigos enfrentados por, 251, 255; primeiro professor titular negro da Universidade de Chicago, 260; recrutamento de Drake, 253; residência em Natchez, 252; segregação, restrições sociais e, 254; títulos acadêmicos, 251
Davis, Elizabeth, 250-3, 261
Davis, Hugh, 119, 409n3
Davis, Jefferson, 342, 346, 351
Deaton, Angus, 185-6
Declaração da Independência, 384, 404n19
Deep South: A Social Anthropological Study of Caste and Class (Davis, Gardner e Gardner), 115, 250-60; como primeiro estudo acadêmico inter-racial, 251, 255-6; como primeiro estudo do sistema americano de castas, 251; críticas de, 258-9; impacto

Índice remissivo

de, 261; publicação de, 256-7; resumo do conteúdo, 256; Warner como supervisor do projeto, 251
DeMaio, Teresa, 419n2
desumanização, 150-8, 389; critérios duplos e, 155-6; de americanos nativos, 158; de judeus, 151-2, 154-5; de pessoas escravizadas, 152, 154-5, 158; de um grupo versus indivíduo, 150; dessensibilização das crianças para a violência e, 158; dos intocáveis, 152-3; estigmas vinculados a um grupo e, 150; experimentação médica e, 156-7; experimentos de Milgram e Stanford e, 157-8; falta de empatia e, 158; o que faz a, 150-1; privação humana e, 152-3; renúncia à humanidade do alvo, 153
Detroit, Michigan, encontro da autora com oficiais da Agência de Combate às Drogas, 225-9
Diamond, Raymond T., 116, 131, 134
Dillard, Universidade, 256
direitos civis, movimento dos, 34, 37, 67, 258, 276, 385; ação afirmativa e, 201; ação afirmativa e leis antidiscriminação e, 80, 88; benefícios para todos os americanos, 388; mercados de trabalho e, 189; Partido dos Panteras Negras, 90; passeata de Selma-Montgomery e, 67
Dixon, Travis, 240
Dollard, John, 165; *Caste and Class in a Southern Town*, 257
Douglass, Frederick, 169, 239, 344
Dowland, Seth, *Family Values and the Rise of the Christian Right*, 336
Doyle, Bertram, 125, 145, 167, 170
Drake, St. Clair, 253, 261
Du Bois, W. E. B., 39, 43, 188, 230, 385
Dukakis, Michael, 427n5
Dunkley, Nigel, 349-51, 354-5
Dying of Whiteness (Metzl), 196

...*E o vento levou* (filme), 147, 341
Einstein, Albert, 7, 384-5, 390-1; discurso para a Liga Urbana Nacional, 391; esposa, Elsa, 384; homenagem na Universidade Lincoln, 385; oposição ao racismo, 384-5
Eisenman, Peter, 349-50
Eliot, Charles W., 92
Elizabeth, Nova Jersey, integração de piscinas públicas, 128
Elliott, Jane, 175-7
endogamia, 118-23; como aliança de iguais, 119; leis como engenharia social, reprodução controlada, 120; na África do Sul, 406n13; na Alemanha nazista, 118; na Índia, 118; nos Estados Unidos, 118-9, 409nn2,4
escravidão, 35, 39, 41, 52-60; abolição nos Estados Unidos, 60, 88, 112, 341; açoitamento, 58, 146, 159-60, 163-4, 344; anos de existência, 56; assassinato de escravos, 415n5; bodes expiatórios, 199; casta dominante e superioridade intrínseca, 171; como extremo, 57; como um "capítulo triste, sombrio", 55; controle do proprietário sobre as crianças escravizadas, 218; crianças nascidas na, 114-5; crueldade, abuso e punição (*ver também* açoitamento, acima), 58, 148, 159-64; Décima Terceira Emenda e, 60, 341, 404n19; desempenho no comando e, 146-8; desumanização e, 152-3, 158; dia de trabalho dos escravizados em oposição ao de pessoas livres e prisioneiros, 58; distorção das relações humanas e, 63-4; experimentação médica e, 156-7; fantoches entre os escravizados, 245; fontes africanas para os escravizados, 208; fugas, 161, 343; Goodell sobre, 58; Hammond sobre, 140; hierarquia entre pessoas escravizadas, 164; hierarquia ocupacional e, 141-6; infrações penais para, 155; legalidade da, 52-60; leilões americanos de pessoas escravizadas, 154; medo do sucesso dos ex-escraviza-

dos, 230; necessidade econômica da, 54; negros livres em tempo de, 298-9; passagens bíblicas justificando a, 111-2, 408n3; poder e conduta racial, 59; porcentagem da população dos Estados Unidos, 401n7; primeiros africanos nas colônias inglesas, 52-3; proprietários inaptos, bêbados, sádicos e, 169; reação às conquistas das pessoas escravizadas, 237-8; reparações a proprietários, 342; servos por contrato europeus e, 41, 53-4; sistema americano de castas e, 40; terror como meio de imposição, 159-64; Thomas Jefferson como proprietário, 144; tratamento dos escravizados, 58-9, 153-5, 169-70

Estados Unidos: Alemanha e, 40; analogia com uma casa velha, 28-30; antissemitismo nos, 99; aumento da taxa de mortalidade de brancos, 2015 (mortes por desespero), 185-7; Colégio Eleitoral, 21, 333, 387, 401nn7, 8; como a democracia mais antiga, 87, 112; crimes de massa, 22, 292, 346, 357, 362; crimes de ódio nos, 21-3, 357; desigualdade econômica, 192, 387; eleição presidencial de 2008 (*ver também* Obama, Barack), 320, 427n3; epidemia de ebola de 2014 e, 208-9; escravidão nos, 35, 39, 52-60, 404n19; exclusão racial nos, 137-9; Grande Recessão, 318; grupos de ódio nos, 324; hierarquia inicialmente estabelecida nos, 35-7; história racial nos, 27, 29; imigração para os (*ver também* imigração), 61, 93-4, 120, 132, 323, 326; impeachment presidencial, 24, 402n9; Índia comparada com, 87-9; Lei dos Direitos de Voto de 1965, 324, 385; leis de miscigenação, 92, 97-8, 100, 120, 133, 409n2, 411n25; memoriais espontâneos para vítimas de atentados, 86; mudança na demografia dos (projeções para 2042), 20, 321, 329, 331, 358, 387; multiculturalismo e, 326; mundos paralelos (negro e branco), 155; Nadir, 357; nativos americanos, tratamento dos, 94; pandemia de 2020, 24; pogroms contra negros em cidades americanas, 234-6; posições raciais da Alemanha nazista e, 94-5; presidência de Trump, 23-5; primeiros africanos nas colônias inglesas, 52; privação ocupacional nos, 142; programas de governo discriminatórios, 192-3; pureza de raça e eugenia nos, 92, 130-1; raça nos, 31-3, 35, 77, 79; ranking de qualidade de vida, 361-2; rankings de educação, 363; regra da maioria e, 387-8; segregação racial nos, 125-6, 128-30, 137-9, 170, 410n6; Segundo Nadir, 357; sistema público de saúde, 360-2; supressão de eleitores, 324, 358, 432n2; tensões intragrupo/extragrupo, 242; eleição presidencial de 2016 (*ver também* Clinton, Hillary, 18-22, 26, 329, 338, 401n8; voto pela democracia ou pela branquitude, 356-8

Estados Unidos, Congresso dos: Lei de Assistência Social de 1935, 192; Lei de Exclusão Chinesa de 1882, 132; Lei de Restrição à Imigração de 1924, 94, 132; Lei dos Direitos Civis de 1964, 320; Lei dos Direitos de Voto de 1965, 324, 385; Lei Wagner, 192; leis de imigração, 132

Estados Unidos, Constituição dos: cláusula dos três quintos, 401n7; Décima Terceira Emenda, 60, 341, 404n19

Estados Unidos, Suprema Corte dos: Brown versus Conselho de Educação (caso), 242, 258; definição de "branco", 135; derrubada das leis de miscigenação, 120; derrubada de seção da Lei dos Direitos de Voto, 324; juízes afro-americanos, 258; Plessy versus Ferguson (caso), 95, 125, 126; rejeição a nomeado de Obama, 325

Estocolmo, síndrome de, 287

eugenia, 60, 232, 283, 285; hierarquia do valor presumido, 281-2; proponentes americanos da, 92-3

Índice remissivo 451

Family Values and the Rise of the Christian Right (Dowland), 336
Fisher, Patrick, 320
Fiske, Susan, 311
Fitzgerald, F. Scott, *O Grande Gatsby*, 406n6
Flynn, Raymond, 202
Fonda, Henry, 106
Ford, Henry, 92
Franklin, Benjamin, 131
Fredrickson, George M., 101, 413n9
Freisler, Roland, 98-9
Fromm, Erich, 275-6

Gandhi, Mohandas, 34, 39
Gardner, Burleigh e Mary, 170, 251-60; acesso a brancos pobres em Natchez, 253; *Deep South; A Social Anthropological Study of Caste and Class*, 115, 255-60; foco da pesquisa em Natchez, 251; papéis de casta de, 253-4; relação clandestina com os Davis, 254-5; residência em Natchez, 252
Garland, Merrick, 325
Gates, Henry Louis Jr., 325
Gay, Roxane, 293-4
Geórgia: consequências legais por matar uma pessoa escravizada, 415n5; Corey Lewis e pressupostos baseados na raça, 223-4; definição de pessoa não branca, 133; infrações penais para negros versus brancos, 155; pena de morte e a cor da vítima, 246
Gercke, Achin, 99
Gergel, Richard, 233
Geronimus, Arline, 311
Gilens, Martin, 240
Gillespie, Andra, 321
Glasgow, John, 163
Gobineau, Arthur de, 131
Goodell, William, 58, 149, 155, 167
Gore, Al, 332, 401n8, 427n5
Grã-Bretanha, 87; escravidão, maldição de Cam, 111; ideologia de raça da, na América do Norte, 77; independência da Índia e, 34; insurreições gaélicas, 55; pessoas escravizadas nas colônias americanas, 52, 54; servidão por contrato nos Estados Unidos, 41, 53; sistema público de saúde, 361; status no nascimento transmitido pelo pai, 114
Grande Depressão, 256
Grande Gatsby, O (Fitzgerald), 406n6
Grande Golfo, Mississippi, assassinato por justiceiros em, 122
Grande Migração, 65, 105, 143, 234
Grande Recessão, 318
Grant, Madison, 93-4, 406n6; *A passagem da grande raça*, 38, 93
Graves, Joseph L., 313
Gray, Freddie, 248-9
Gross, Ariela J., 57
Ground Down by Growth (Shah et al.), 88
Guerra Civil Americana, 36, 53; imigrantes irlandeses na, 62; líderes confederados, 344-5, 351; monumentos confederados, 339-49; motins do recrutamento de 1863, 63; pessoas mortas na, 383; reencenações, 353
Gulumgiri (Phule), 403n8
Gürtner, Franz, 91, 98
Gusky, Jeff, 232

Hacker, Andrew, 33, 274, 314; *Two Nations*, 413n19
Hale, Harold, 67-70
Hale, Miss, 66-7, 69-70; "a caixa que construímos para você" e, 68
Haley, Nikki, 346
Hamilton, Henry, 327
Hammond, James Henry, 140-1
Harrison, Benjamin, 401n8
Hart, Devonte, 290-2
Hayes, Rutherford B., 401n8
Herrera, Esperanza, 206
Heyer, Heather, 22, 86, 340
hierarquia ocupacional: afro-americanos

e parâmetros artificiais, 145; afro-americanos realizando trabalhos servis, 144; bares americanos para pessoas de cor, 413n9; escravidão e, 145; Norte dos Estados Unidos e costumes, 143; pandemia de 2020 e, 364; sistema indiano de castas e, 141, 144; Sul dos Estados Unidos e restrições legais, 141-3

Hindenburg, Paul von, 95

Hitler — How Could It Happen? (exposição), 269-71, 423n1

Hitler, Adolf, 13, 93-6, 250, 271, 284, 423n1; eliminação de adversários políticos, 99; Leis de Sangue e, 100; pavimentação sobre o local do túmulo, 352; políticas raciais americanas e, 406n10; suicídio no bunker, Berlim, 351

Hitler's American Model (Whitman), 406n1

Holder, Eric, 248

Holmes, recruta Burton, 231

Hoover, Herbert, 93

House, Anthony Stephen, 205, 418n11

Howard, Willie James, 122-3

Hunter, W. W., 138

Ifill, Gwen, 328

imigração: associação trabalhista e, 189; casta e, 61, 64, 132, 247; castas médias e, 62, 64, 89, 134-6; cidadania e, 131; cotas antissemitas, 99; dilema do não branco, 247; europeus designados como "brancos", 61-2; europeus do Sul e do Leste, 61, 93, 132, 143, 282; hierarquia do país de origem, 281-3; imigrantes africanos, 247, 308-9; imigrantes alemães, 131, 282; imigrantes indianos, casta usual de, 294-5; imigrantes indianos, classificados como não brancos, 135-6; imigrantes irlandeses, 54, 61-2, 131, 281-2; imigrantes italianos, classificados como não brancos, 133; imigrantes japoneses, classificados como não brancos, 135-6; imigrantes mexicanos, 312; imigrantes nórdicos, 282; Lei de Exclusão Chinesa de 1882, 132; Lei de Imigração de 1924, 94, 132; mudança na demografia e, 20, 187, 321, 329, 331; Relatório Dillinham, 132; rescisão da cidadania de asiáticos naturalizados, 136; restrições a, 93-4, 120, 132; sucesso econômico às custas de não brancos, 63; viés contra imigrantes, 132-3

Índia: Bombaim, 34; como a democracia mais populosa, 87, 112; cor da pele e, 183-4; Delhi, 86; diáspora global de indianos, 40; em comparação com os Estados Unidos, 87-9; exílio dos adivasi da, 87; imigrantes indianos nos Estados Unidos, 135-6, 294-5; leis antidiscriminação e, 88; Martin Luther King na, 34; movimento de liberação dalit, 90; não hinduístas fora do sistema de castas, 89; poluição do ar na, 86; privação ocupacional na, 142; "reservas" (ação afirmativa), 88; Trivandrum, 34; Uttar Pradesh, 90

Indianola, Mississippi, pesquisadores de Yale em, 257

indígenas: americanos nativos, 54-5, 87, 94, 160, 179, 271; crueldade contra, 160; da Índia, os adivasi, 87, 179, 181; desumanização dos, 158; restrições de casamento e intercurso, 120; um mundo sem castas e, 394

Ivey, Kay, 348

Jackson, Andrew, 161, 401n8

Jacobson, Matthew Frye, 62-3

Jadhav, Sushrut, 191

James, LeBron, 117

James, Will, 104

Jardina, Ashley, 321, 326, 331, 334, 337

Jay-Z, 146

Jefferson, Thomas, 144

Jeffries, James, "a Grande Esperança branca", 146

Jobson, Richard, 408n3

Johnson, Andrew, 344, 402n10

Índice remissivo

Johnson, Charles, 259
Johnson, Guy B., 59
Johnson, Jack, 146
Johnson, Lyndon B., 320
Jordan, Michael, 146
judeus: aterrorização nazista, 159; atribuição nazista de raça aos, 98; como ameaça à pureza racial nórdica, 93; como casta bode expiatório, 14, 30, 91, 284; desumanização nazista dos, 151-4, 158; experimentação médica com, 156; extermínio nazista do, Holocausto, 91, 102-3, 151, 164; hierarquia entre cativos e, 164; histórico de sofrimento e discriminação, 87; linchamento e tortura pelos nazistas, 162; Memorial aos Judeus Mortos da Europa, Berlim, 349-50, 354; narcisismo nazista e, 276; pedras de tropeço, micromemoriais para as vítimas do Holocausto, 350; preconceito de raça contestado pelos, 385; presunção de inferioridade racial, 167, 168; reparações aos sobreviventes do Holocausto, 353; restrições nazistas e leis para, 97-101, 124, 126, 410n4; superioridade nazi-ariana versus, 240; tiroteio na sinagoga Tree of Life, Pittsburgh, 357; trabalho forçado sob os nazistas, 164; vítimas de abuso como prisioneiros nazistas, 148, 154, 414n21

Kasinitz, Philip, 247-8
Kerry, John, 332, 427n5
Kier, Herbert, 96-7
King, Coretta Scott, 34
King, Martin Luther, Jr., 34, 175, 261; autoidentificação como intocável, 35; Selma-Montgomery, passeata de, 67; viagem à Índia, 34
Koonz, Claudia, 96
Kram, Mark, 265
Krieger, Heinrich, 94, 97; *Race Law in the United States*, 94

Lalaurie, Madame, 169
Landmesser, August, 13
Landrieu, Mitch, 345
latinos, 195; saúde e classe socioeconômica de imigrantes mexicanos, 312; taxas de natalidade para adolescentes, 241, 421n19
Leach, Edmund, 287
Learning from the Germans: Race and the Memory of Evil (Neiman), 352-3
Lederman, Leon, 360
Lee, Harper, *Vá, coloque um vigia*, 356
Lee, Robert E., 339, 342-5; como dono de escravos, 343-4; consequências do serviço confederado, 344; estátua de, em New Orleans, 346-8
Leesburg, Texas, assassinato de Wylie McNeely, 103-4
Leonard, George B., 67
Lewis, Corey, 223-4
Lewis, Lilburne, 169
Lichliter, M. D., 132
Liga Urbana Nacional, 391
ligas negras (beisebol), 263
Limbaugh, Rush, 326
Linard, J. L. A., 420n2
linchamentos: bodes expiatórios, 199; cruzada de Wells contra os, 236; de afro-americanos, 103-6, 162-3, 165, 234-6, 271; de italianos, 133; de judeus, 162; frequência no Sul dos Estados Unidos, 250; oposição de Einstein aos, 385; sexo entre raças como motivo para, 121, 250
Lincoln, Abraham, 60, 320, 344
Lincoln, Universidade, 385
Lipsitz, George, 193, 312
Live Oak, Flórida, sequestro e morte de Willie James Howard, 122-3, 171
Logan, Rayford, 357
London, Jack, 146
Londres, Inglaterra: autora em conferência sobre casta, 2017, 178-84; palestra da autora na Biblioteca Britânica, 65
López, Ian Haney, 61, 121

Louisiana: açoitamento de escravos na, 219; delineando subcastas na, 133-4, 411n25; experimentação médica na, 157; lei "separados, mas iguais", 125-6; linchamentos na, 133; regra de "uma única gota", 411n25; viés anti-italiano, 133
Lumpkin, Joseph Henry, 131

Malcolm X, 248
Manley, Brian, 205
Mann, Fatima, 207
Marion, Indiana, pele negra percebida como elemento conspurcador de piscinas públicas, 128
Marrow, Desmond, 116
Marsalis, Wynton, 346
Marshall, Thurgood, 123
Martin, Trayvon, 325, 357
Mason, Draylen, 205
Mason Lilliana, 334
Mather, Cotton, 237-8
Mathis Lilley, Ben, 193
Matory, J. Lorand, 244-5
Matrix (filme), 46
McCain, John, 317, 321-2, 330
McConnell, Mitch, 321
McDaniel, Hattie, 147-8
McDowell, Calvin, 235-6
McIntyre, Richard, 213
McKinney, Texas, brutalidade policial em festa na piscina, 242
McNeely, Wylie, 103-4
Medical Apartheid (Washington), 156, 414n10
meeiros, 88, 142, 165, 170, 252-3, 256, 319, 342
Menace of the Under-man, The (Stoddard), 93
Metzl, Jonathan M., 196; *Dying of Whiteness*, 196
Milgram, Stanley, 157-8
Mills, Charles W., 138, 161
miscigenação, leis de, 92, 97-8, 100, 120, 133, 409n2, 411n25
Mississippi: bandeira confederada e, 352; eleição presidencial de 2008, 320; "lugar" dos afro-americanos e, 170; subserviência e terror no, 165
Mondale, Walter, 427n5
Montagu, Ashley, 37, 78
monumento confederado, controvérsia sobre, 339-49; comparação com a resposta da Alemanha à era nazista, 347, 349-50, 352-4, 430n12; estátua do general Lee em Charlottesville e, 339-41; memoriais para Lee, 343, 345; número de monumentos, 341, 429n2; remoção de monumentos em New Orleans, 345-9; retenção de estátuas no Alabama, 348; Stone Mountain, Geórgia, 342
Moore, Harry T., 123
Moss, Thomas H., 235-6
motins do recrutamento de 1863, 63
mudança climática, 23, 26, 326, 336
mundo igualitário, conquista de um, 82, 383-94
Mutz, Diana, 338
Myrdal, Gunnar, 37, 188, 200; *An American Dilemma*, 37, 260

NAACP (National Association for the Advancement of Colored People), 123, 233, 385
Napolitano, Janet, 428n11
narcisismo: da Alemanha nazista, 275-6; de casta, 273-83; de grupos, 275; de liderança, 276; do Sul americano, 276; dos conquistadores, 275; fascismo e, 275; o que é, 274; sistemas familiares e, 273
Nascimento de uma nação, O (filme), 38, 341
Natchez, Mississippi: afro-americanos como meeiros, 252; empregos federais negados a mulheres afro-americanas, 253; pesquisa de Davis-Gardner sobre hierarquia de castas em, 250-61; separações e restrições de casta, 252-3; vigilância policial dos Davis e Burleigh, 255; Warner preparando a cidade para a chegada dos Davis e Gardner, 252

Nehru, Jawaharlal, 34
Neiman, Susan, *Learning from the Germans*, 352-3
New Orleans, Louisiana, remoção de monumentos confederados, 345-7
New York Times: artigo de opinião da autora, 357; experiência da autora com engano de identidade, 71-3; experiência da autora com oficiais da Agência de Combate às Drogas em Detroit, 225-9; Gwen Ifill no, 328; pesquisa de boca de urna, 2016, 334; sobre Trump, 338
NewsHour (programa de TV), 328-9
Newton, Kansas, segregação de piscinas públicas, 128
Norris, Wesley, 343-4

Oakland, Califórnia, controle da classe dominante e incidente em, 217-8
Obama, Barack, 20, 83, 187, 190, 258, 317-27, 332, 356; conquistas racialmente neutras de, 326; deserções e atitudes raciais, 331; eleição de, e afastamento da casta, 320; eleitores contra, por causa da raça, 320, 427nn3, 5; oposição e ressentimento contra, 322-7; origens de, 319; política de imigração, 323; prêmio Nobel da Paz, 318; relações raciais e, 324-5; retrocesso e, 336, 357; slogan de campanha, 318
Ocoee, Flórida, massacre de negros em, 234
Ohio, supressão de eleitores em, 432n2
Omaha, Nebraska, linchamento de Will Brown, 105-6
ômega, 213-4
Onesimus, desenvolvimento da vacina contra a varíola e, 237-8
Oregon, definição de pessoa não branca, 133
Ozawa, Takao, 135

Page-Gould, Elizabeth, 310
Pager, Devah, 195

Paige, LeRoy "Satchel", 262-5
Painter, Nell Irving, 79
Palin, Sarah, 318
Panteras Dalits, 90
Parker, David, 224
Parker, John M., 133
Partido Democrata: casta e eleitores, 332-3; eleições de meio de mandato, 23; eleições presidenciais de 2016, 328-38; eleitores afro-americanos e, 335-6; impeachment e, 23-4; mudanças nas leis eleitorais e, 324; voto branco e, 319-20, 427n5; *ver também* Clinton, Hillary; Obama, Barack
Partido Republicano: casta e eleitores, 332; eleição presidencial de 2008, 319; eleição presidencial de 2016, 328-38; eleitores brancos do Sul e, 320; evangélicos brancos e, 335-6; sistema de saúde e, 361; Tea Party, 324
passagem da grande raça, A (Grant), 38, 93
Paulding, James K., 56
Perera, Sylvia Brinton, 198
Phule, Jotiba, 39, 90; *Gulumgiri*, 403n8
Pickford, Mary, 166
Pioneers of Baseball (Smith), 262
Pittsburgh, Pensilvânia: tiroteio na sinagoga Tree of Life, 357; violência contra nadadores negros, 127
Plessy versus Ferguson (caso), 95, 125-6
Pope, Liston, 38
Portland, Oregon, manifestação e cartaz de "Abraços grátis", 290-1
Powdermaker, Hortense, *After Freedom: A Cultural Study in the Deep South*, 257
Powell, Colin, 248
Primeira Guerra Mundial, soldados negros e a, 230-2, 420n2
Princeton, Nova Jersey: Einstein vivendo em, 384; Marian Anderson e discriminação em, 384-5
privilégio branco, 188-9, 192, 274
Proctor, reverendo Hugh, 410n6
pureza racial, 124-39; Alemanha nazista e,

124-5, 284-6, 410n4; dalits da Índia e, 111, 126, 137-8, 296; definição de pureza e a constância do nível inferior, 137-9; hierarquia pela quantidade de traços, 130-4; julgamentos das castas médias e, 134-6; reações a dessegregação, 126-8, 242, 421n21; santidade da água e, 126-30
Puzzo, Dante, 80

raça: aceitação da ilogicidade da, 78-9; *An American Dilemma* (Myrdal) e, 260; atribuição de, por porcentagem de ascendência, 98, 130-4, 411n25; características humanas arbitrárias como critério de, 74-6; casta versus, 37, 43, 82; categorias de cor no Novo Mundo, 65; caucasiana, origem do termo, 77-8; "cláusula por associação" e, 100; colorismo e, 244-5; como ficção ou um conceito social, 78-9; como fluida e superficial, 32; como invenção humana, 37; definições americanas de, 98, 133-5; descobertas no genoma humano e, 78; divisões políticas e, 334; etimologia da palavra, 76-7; leis de endogamia e, 120-1; maldição de Cam e, 130-1, 408n3; origens do conceito, 76-9; passaporte racial da Alemanha nazista, 285; pigmentos de pele como critério de, 75-7, 183; pressupostos e, 31, 33, 222-9, 240, 308-9; primeira menção de raça e hierarquia nos Estados Unidos, 119-20; regra de "uma única gota", 101, 130, 411n25; rompimento de barreiras e, 376-81; sistema americano de castas e, 31-3, 35, 41, 76-9, 116, 130; sistema de justiça criminal e, 155, 200, 241, 246-7, 289-90, 293, 314, 341, 424n14; traços faciais e, 76; *ver também* segregação, restrições sociais e quarentenas
Race Law in the United States (Krieger), 94
racismo, 79-81; atitudes raciais dos brancos e, 331-2; autora e incidente no restaurante, 373-5; castismo e, 82-3; como concepção moderna, 79; como um problema sistêmico, 81; consequência do preconceito para a saúde, 310-1; controvérsia da excursão pelas vinícolas do vale do Napa, 299, 425n2; criar empatia para acabar com o, 376-81; definido por cientistas sociais, 80; o que é, 82; oposição de Einstein ao, 384-5; quem é racista, 81; Riceville, Iowa, experimento de classe de olhos castanhos versus azuis, 175-7; serviços de saúde e administração da dor, 196, 417n24; soldados negros e, 168, 230-4, 420nn2, 7; tragédia de Devonte Hart, 290-2; viés inconsciente, 193-4, 196-7, 311
Rajshekar, V. T., 87, 153
Reagan, Ronald, 334
Reese, Ashley, 289
Reuter, Edward, 143
Rice, Tamir, 217
Riceville, Iowa, experimento de classe de olhos castanhos versus azuis, 175-7
Robinson, Jackie, 263
Roediger, David, 138, 144, 188
Röhm, Ernst, 100
Rolfe, John, 52
Rommel, Erwin, 346, 430n12
Ronningstam, Elsa, 275
Roosevelt, Theodore, 93

Safina, Carl, 213
Sakurai, Takamichi, 275
Sarangi, Sudipta, 246
Sartre, Jean-Paul, 125, 410n4
saúde e serviços de saúde para afro-americanos, 309, 311-4; ausência de serviço de saúde universal nos Estados Unidos, escravidão e, 361; gordura visceral versus subcutânea e, 312-3; letalidade de casta, 308-14; longevidade, 311-4, 426n6; mortalidade infantil, 363; mortes maternas, 362; *Pacific Standard*, 290; pandemia de 2020 e, 364; raça e administração da dor, 196, 418n24; sistema de castas e, 360

Schmidt, Kenneth Dau, 90
Schrieke, Bertram, 234
Scottsboro Boys, 253
segregação, restrições sociais e quarentenas: afro-americanos e, 125-36, 170, 230, 410n6; de castas subordinadas, 126-30, 175, 296; exceção para cuidadores negros de crianças brancas, 238; integração de escolas públicas, 242; integração de instalações públicas, 242, 421n21; intocáveis ou dalits, 126, 153, 183; legislação dos direitos civis pondo fim a, 242, 258; no beisebol, Paige e, 262-5; ordens executivas de Truman para pôr fim à segregação nas Forças Armadas e no governo federal, 420n7; pesquisa de Davis-Gardner sobre hierarquia de casta em Natchez e, 250-61; povo judeu e, 97-101, 124, 126, 410n4; pureza racial e, 124-39; Riceville, Iowa, experimento de classe de olhos castanhos versus azuis, 175-7
Segunda Guerra Mundial: Batalha da França, 269-70, 423n1; monumentos às vítimas do terror nazista, 349-50, 352; mortes americanas na, 416n2; soldados negros e, 232-4, 420n7; *ver também* Alemanha nazista
"servidão por dívida", 88
Sibéria, Rússia: analogia com a eleição presidencial americana, 18; patógenos da tundra descongelada, 17-8, 25-6, 403n15
Sides, John, 331
Sims, James Marion, 156-7, 414n10
Sinclair, William A., 143
sistema americano de castas (sistema de castas do Sul segregacionista), 21, 30-3, 35-7, 40-1, 129-30, 179, 182, 260; afastamento do, perturbação do, eleição de Obama como, 317-27; autora e escalação errada, 182-4; bodes expiatórios, 199-209; casta dominante, 20, 36, 41, 89, 131, 134, 187; casta dominante, ameaça ao status da, 186-93, 230-43, 337-8, 387-8; casta dominante, como aspiração, 274, 334; casta dominante, controle e, 218; casta dominante, poder masculino, 121-2; casta dominante, radicalização da, 373-5; casta dominante, senso de privilégio, 280; casta subordinada, 36, 38, 41, 52-3, 55, 60, 89, 137-9, 183, 190, 193, 274, 308-9; casta subordinada e mobilidade social ascendente, 230-43, 298-9; casta subordinada, 230-43; casta subordinada lutando entre si para ascender, 244-9; casta subordinada, colorismo e, 244; categorias de cor do Novo Mundo e, 112, 115; classificação transmitida no nascimento, 114-5; como condição inescapável, imutável, 115-7; como sendo basicamente uma hierarquia de dois níveis, 89, 134; comportamento e lugar na hierarquia, 277, 279; confronto de casta, 299-307; consequências do, custos do, 360-4, 383-4, 388, 390-1; convocação da Comissão da Verdade e Reconciliação, 390; desumanização e, 151-8; dogmas de relações intercastas, 66-73; eleição presidencial de 2016, 330-8; empatia radical para pôr fim ao, 392; experiência da autora como correspondente nacional do *New York Times*, 71-3; experiências da autora em viagens aéreas, 300-6; hierarquia com base na religião e, 53-4; hierarquia eugênica de valor presumido e, 281-2; hierarquia ocupacional e, 140-9, 413n9; hierarquia pela quantidade de traços, 130-4; identidade baseada no, 191; identificando o lugar de uma pessoa no, 281-3; imigrantes e castas médias, 62, 64, 89, 134-6, 247; intromissão na vida cotidiana, 216-29; limites de casta, adesão aos, 119-20, 287-94; limites de casta, quebra dos, 376-81; maldição de Cam e, 111, 130; *mansplaining* e *whitesplaining* no, 281; origens do, 41, 52-6, 60, 187; pesquisas e estudos sobre, 250; pondo fim à tirania da casta, 383-94; povos

indígenas e, 54-5, 179; pressupostos e, 222-9; privilégio branco e, 188-9, 192, 274; pureza racial e, 124-39; raça e, 31-3, 35, 41, 76-9, 116, 130; regras tácitas do, 278, 287; ressurgimento pós-eleição de 2016, 223, 328-38; restrições a casamentos e leis de endogamia, 97-8, 100, 118-20, 133, 409n4; segregação, restrições sociais e quarentenas, 125-30, 170; símbolos de casta, 339-49; sistema de justiça criminal e, 155, 241, 246, 289-90, 293, 314, 341, 424n4; sistema indiano de castas comparado com, 87-9, 179; sobrevivência no, 287-97, 333-4, 336; superioridade intrínseca versus inferioridade intrínseca e, 166-71; terrores do, 122-3, 159-65; trabalhadores negros versus brancos, 188; transcender versus escapar, 115-7; um mundo sem castas e, 394

sistema de justiça criminal: afro-americanos e, 155, 241, 246-7, 289-90, 293, 314, 341, 424n4; brancos versus negros, 155, 200; criminalização da dependência de drogas e, 196; estados com linchamentos e pena de morte, 353; pena de morte e a cor da vítima, 246; pena de morte, aplicação desigual da, 155; taxas de encarceramento, 362

sistema indiano de castas, 30, 35, 38, 40, 86-90, 179, 294-5, 422n14; aparência e lugar na hierarquia, 278-9; características identificadoras do, 89, 168; carma e, 89-90, 111, 288; casta dos soldados guerreiros, 180; classificações como *varnas*, 79, 89, 180; comportamento e lugar na hierarquia, 124, 279, 410n1; condição transmitida pelo pai no nascimento, 114; dissensão entre e dentro das castas, 245; hierarquia ocupacional e, 141, 144; intocáveis ou dalits, 34, 38-9, 44, 87-90, 111, 126, 137, 141, 152-3, 159, 168, 183, 271, 288, 295-6, 410n1; intocáveis ou dalits comparados com afro-americanos, 39, 90, 137-8; intocáveis ou dalits, autora e, 280; origens do, 79; os brâmanes e o cordão sagrado, 369-72; portugueses e o uso do termo casta, 79; privilégios sociais das castas governantes, 181; pureza racial e, 124, 137, 410n1; religião hindu, Leis de Manu, e, 110-2, 130, 181; restrições de casamento e intercurso, 118-9; senso de privilégio na casta dominante, 280-1; sistema americano de castas comparado com, 87-9, 179, 259; sistema elaborado de subcastas (*jatis*), 89, 141; sobrenomes como indicadores de casta, 89, 152, 294; sofrimento das castas subordinadas, 179, 181; superioridade intrínseca versus inferioridade intrínseca, 168, 281, 295-6

Smedley, Audrey e Brian, 54-5, 76, 79, 167
Smith, David Livingstone, 157-8, 389
Smith, Lilian, 187, 189-90
Smith, Robert, 262; *Pioneers of Baseball*, 262
Sociedade Alemã pela Higiene Racial, 92
Sokol, Jason, 66
Somerville, Deandre, 290, 424n4
Spiro, Jonathan, 94
St. Louis, Missouri, 234; violência da população pela integração de piscinas públicas, 127
Stacy, Rubin, 104
Stampp, Kenneth M., 41, 155, 159, 162, 169, 219, 237
Steinberg, Stephen, 56, 144
Stephens, Alexander, 341
Stevenson, Bryan, 246
Stewart, Will, 236
Stoddard, Lothrop, 93, 406n6; *The Menace of the Under-man*, 93
Stone Mountain, Geórgia, 342
Stowers, Freddie, 232
Stuart, Charles, 201-3, 205
Sul dos Estados Unidos: açoitamento público como punição por relações inter-raciais, 119-20; Assembleia Geral da Virgínia sobre status da criança no nascimento, se escrava ou livre, 114-5;

bandeira confederada e, 345, 352, 356; bodes expiatórios, 199-200, 204; brancos pobres no, 187-90; Causa Perdida, 341, 346; códigos de casta do, 112; códigos negros e leis raciais, 60, 94, 97; controvérsia dos monumentos confederados, 339-49; credo racial do, 38; dogmas de relações intercastas, 42, 66-7; era da legislação segregacionista (era Jim Crow), 38, 40, 43, 60, 64, 66, 147, 159, 167, 189, 233-5, 238; justiceiros no, 103-6; Ku Klux Klan e, 234; linchamentos no, 53, 103-6, 162-3, 165, 234-6, 250, 271, 342; *minstrelsy* e, 147; narcisismo do, 276; ônibus públicos, passageiros negros e, 170; Partido Democrata e, 320-1; proibições raciais e doutrinação, 138-9; Reconstrução, 39, 60, 125, 142, 342, 346, 357; restrições ocupacionais no, 142-3; segregação racial no, 125-6, 239-40, 410n6; sistema americano de castas e, 38, 42, 64, 187; terror como método de imposição, 159, 342; trabalho feito por pessoas escravizadas e meeiros, 88, 342; *ver também* Guerra Civil Americana; *estados específicos*

Sumner, Charles, 36

supremacia ariana, 14, 91, 93-4, 99, 131

supremacia branca, 38, 42, 43, 66, 130, 147, 188, 346; primeiro supremacista branco condenado por terrorismo, 22

Tartakov, Gary Michael, 365

Tennessee: linchamentos de Moss, McDowell e Stuart, anos 1890, 235-6; práticas de serviços de saúde, 196

terremotos silenciosos, 25

Tesler, Michael, 331

Thind, Bhagat Singh, 135

Tilden, Samuel, 401n8

Tocqueville, Alexis de, 42, 92

Truman, Harry: cegamento do sargento Isaac Woodard, 233-4; ordens executivas pondo fim à segregação nas Forças Armadas e no governo federal, 420n7

Trump, Donald, 18-20, 329, 401nn4, 8, 402n13; debates presidenciais e, 332; desfazendo o legado de Obama, 338; "fazer a América grande de novo", 187; impeachment de, 24, 402n9; informes da Casa Branca para a imprensa, 24; pandemia e, 24; status de casta e eleitores de, 330-1, 334-7; voto das mulheres em, 334, 336

Tsai, Robert L., 337

Tulsa, Oklahoma, tumulto de 1921 e violência contra negros, 235

Two Nations (Hacker), 413n19

Tye, Larry, 262-3

Universidade de Massachusetts, conferência sobre casta e raça na, 43

Vá, coloque um vigia (Lee), 356

Vardaman, James K., 143

Varel, David A., 254-5

Vaughan, Alden T., 53

Vavreck, Lynn, 331

Veeck, Bill, 264

Venter, J. Craig, 78

Verba, Sidney, 88, 142

viés inconsciente, 193, 195-7

violência de justiceiros, 103-6, 122-3, 161; assassinato de Willie James Howard, 122-3, 171; pogroms contra negros e, 234-6; veteranos negros como alvo, 168, 230-3, 420n7; *ver também* linchamentos

Virgínia: como colônia, proibição de casamento entre negros e brancos, 114; infrações penais de negros versus brancos, 155; legislação segregacionista (leis Jim Crow) na, 167; Lei de Integridade Racial de 1924, 134; opção pelo fechamento do sistema escolar em lugar da integração, 242

Virgínia, Assembleia Geral da: açoitamento público como punição por relações inter-raciais, 119-20, 409n3; sobre status da criança no nascimento, se escrava ou livre, 114

Wachowski, Lilly e Lana, 404n1
Waco, Texas: Jesse Washington sendo queimado, 161; linchamentos em, 105
Walt, Stephen, 364
Ward, Jason Morgan, 232
Warmth of Other Suns, The (Wilkerson), 40
Warner, W. Lloyd, 64, 144, 147, 189; pesquisa no Sul Profundo e, 251-2, 255
Washington e Lee, Universidade, Virgínia, 345
Washington, Harriet A., 237; *Medical Apartheid*, 156, 414n10
Washington, Jesse, 161
Watkins, Mel, 129-30
"We Shall Overcome" (canção), 90
Weiner, Mark S., 126
Wells, Ida B., 236
Westmoreland, Richard, 346
Whitaker, Forest, 116
Whitefield, George, 58
Whitman, James Q., 92, 94-5, 97-8, 101; *Hitler's American Model*, 406n1
Williams, David R., 194, 312-4
Williams, Eugene, 127
Wilson, Joe, 322
Wiltse, Jeff, 128
Winfrey, Oprah, 146
Woodard, sargento Isaac Jr., 233, 420n7

Ybor City, Flórida, cubanos definidos como brancos, 134
Youngstown, Ohio, criança negra impedida de nadar em piscina pública, 128-30

1ª EDIÇÃO [2021] 2 reimpressões

ESTA OBRA FOI COMPOSTA POR MARI TABOADA EM DANTE PRO E
IMPRESSA EM OFSETE PELA GRÁFICA SANTA MARTA SOBRE PAPEL PÓLEN NATURAL
DA SUZANO S.A. PARA A EDITORA SCHWARCZ EM JUNHO DE 2023

A marca FSC® é a garantia de que a madeira utilizada na fabricação do papel deste livro provém de florestas que foram gerenciadas de maneira ambientalmente correta, socialmente justa e economicamente viável, além de outras fontes de origem controlada.